高级管理会计

（第二版）

冯巧根　著

南京大学出版社

图书在版编目(CIP)数据

高级管理会计 / 冯巧根著. — 2 版. — 南京:南京大学出版社,2016.11
(商学院文库 / 洪银兴主编)
ISBN 978 - 7 - 305 - 17665 - 4

Ⅰ. ①高… Ⅱ. ①冯… Ⅲ. ①管理会计 Ⅳ.
①F234.3

中国版本图书馆 CIP 数据核字(2016)第 237643 号

出版发行 南京大学出版社
社　　址 南京市汉口路 22 号　　　邮　编 210093
出 版 人 金鑫荣
丛 书 名 商学院文库
书　　名 高级管理会计(第二版)
著　　者 冯巧根
责任编辑 徐　媛　尤　佳　　　　编辑热线:025 - 83597482
照　　排 南京理工大学资产经营有限公司
印　　刷 南京京新印刷厂
开　　本 787×1 092　1/16　印张 18　字数 460 千
版　　次 2016 年 11 月第 2 版　2016 年 11 月第 1 次印刷
ISBN　978 - 7 - 305 - 17665 - 4
定　　价 48.00 元

网　　址:http://www.njupco.com
官方微博:http://weibo.com/njupco
微信服务号:njuyuexue
销售咨询热线:(025)83594756

作者简介

冯巧根,甬江学者,经济学博士,管理学博士后,现为南京大学商学院教授、博士生导师,浙江省第九届政协委员、浙江省注册会计师协会理事、江苏省浙江商会顾问委员会副主任委员等。长期从事成本会计、管理会计的教学与研究。主持并完成国家、省部级课题十余项,出版著作、教材十余部,在《会计研究》上发表学术论文近30篇。

内容简介

区别于传统的管理会计,高级管理会计侧重于对理论解释和预测效果的检验及应用。本书以前沿的应用性理论、简捷的教学案例展现高级管理会计的精髓。本书在研究主线上遵循的指导思想是,服务企业实践,增强管理会计的实用性,通过探讨管理会计的射程与边界,努力构建管理会计研究的新坐标。如果以纵轴代表经济计算功能和信号传递功能的话,那么横轴就是生产、技术导向和组织导向的功能。

本书超越了目前国内出版的各类高级管理会计教材仅对各种新的管理会计分支加以阐述与介绍的局限,注重学术研究与实际应用的结合,为指导企业管理实践提供理论支撑。

本书适合于各层次的研究生(如 MPAcc、MBA、EMBA、IMBA 等各类专业硕士,以及普招硕士)学习高级管理会计之用,可作为经济类、管理类博士生研究会计问题的参考用书,也可以作为会计学及相关专业的高年级本科生学习及提升管理会计理论与方法的教材。此外,还可作为广大经济管理干部自学或进修"高级管理会计学"的参考教材。

前　言

　　《高级管理会计》第一版出版以来,受到广大读者的好评。最近几年,国内外经济环境发生了巨大的变化。财政部于2014年发布了《关于全面推进管理会计体系建设的指导意见》,2016年发布了《管理会计基本指引》。会计理论与实务界对管理会计问题的重视空前高涨,许多新的管理会计问题也不断涌现,其中尤其以"互联网＋""中国制造2025""供给侧结构性改革"等外部因素对管理会计的影响最大。以"互联网＋"为代表的互联网技术正在推动新一轮技术革命的兴起并催生大量的新业态和商业新模式,管理会计的管理重心也从过去强调内部资金的价值管理转向企业外部价值的协同与创新。融合社会资本、智力资本等呈现出的技术因素,则促进了"互联网＋"与"中国制造2025"的对接,进一步提高了管理会计智能化管理的针对性与有效性。"供给侧结构性改革"则要求管理会计从有形会计要素与无形会计要素的整体视角提高管理会计的控制系统与信息支持系统,使管理会计的经济后果朝着预先规划的方向前进。面对经济新常态下的各种环境因素,管理会计必须针对自身特性进行因果管理与变量测试,深化人们对管理会计未来发展趋势的认识。对此,丰富、完善与发展管理会计中的新理论与新方法,迫切需要我们对第一版中的内容进行补充、更新与修订,并适时加以再版。

　　为了方便读者阅读,作者在第二版的修订中力图使各章在保持原有的学术内涵的基础上有所创新与发展,同时考虑整本书的完整性,不可避免地作了一些内容上的取舍。就全书而言,第二版增加了一些新的章节,如第3、第4、第8章,并相应地调整了部分内容;同时对第一版中的第1、第2、第5、第9、第12章进行了重大修改,有的章节接近重写,对于剩下的章节也在案例或参考文献方面进行了适当的修订。此次修订再版的指导思路有以下几点。① 体现管理会计理论的前瞻性。即结合经济新常态下的宏观经济改革与发展的新思路、新观念,将其有机地融入到本书的新增章节之中。② 增强管理会计的应用性。通过对管理会计理论解释与预测效果的评析,以简捷的案例展现高级管理会计的精髓。③ 展现管理会计内容的系统性。在增加新内容的同时,尽可能将体现管理会计本质的内容,如管理会计的射程与边界等保留在修订的版本之中。④ 增进管理会计学科的全面性。

为了维护高级管理会计学科的独立性,对于一些管理会计的基本理论和技术方法只作点上的介绍,没有深入展开。

本书适合于各层次的研究生学习高级管理会计之用,可作为经济类、管理类博士研究生研究会计问题的参考用书。此外,还可作为会计学及相关专业的高年级本科生及广大经济管理干部自学或进修高级管理会计学的参考教材。

特别感谢南京大学出版社府剑萍女士和徐媛女士对本书修订出版工作的大力支持和关心。尽管作者非常重视本书的再版工作,也进行了认真的思考与修订,无奈作者水平有限,总觉得还有许多缺憾。衷心期待读者的批评与指教。

冯巧根

2016 年 6 月

《关于全面推进管理会计体系建设的指导意见》

《管理会计基本指引》

目　录

第一章　管理会计的发展与学科边界

时至今日,各国学者对管理会计本质的理解尚处于探索阶段,还未形成一套国际公认的真实、完整的管理会计模式,从而对历史的和国际间的管理会计进行比较研究显得困难重重。管理会计具有自身的情境特征,其研究成果与环境的要求非常紧密,当管理会计的技术与方法的专用性越强时,其局部或全面推广的风险(如错误的含量)也就越高。因此,充分认识管理会计的发展状况及不同时期的特点,并客观地对学科边界加以界定,才能够切实降低管理会计成果的"误差",既有助于满足企业管理的要求,也有助于促进管理会计学科的发展。

第一节　管理会计在我国的导入与发展

管理会计是为了适应企业内部管理上预测、决策、控制和考核的需要而产生的一门新兴学科。欲使管理会计提高到一个新境界,必须对管理会计学科的形成与发展有一个比较全面的认识。

一、管理会计的导入

我国学术界对管理会计开展系统研究的时间较短,大约起步于 20 世纪 80 年代初。许多会计界前辈在管理会计的导入上投入了极大的精力与热情,如曹冈(1981)、陈元燮(1982)、杨继良(1982)、余绪缨(1983)、杨时展(1983)、杨纪琬(1984)和李天民(1984)等在当时就陆续发表过相关的论文或文章,对我国管理会计的完善与发展作出了重要的贡献。

反观目前国内林林总总的管理会计教材,似乎能给人深刻影响的,还是我国会计前辈们留下的保贵"财富",较为公认的观点是,当时著名的会计学家余绪缨教授率先编写了我国第一部管理会计教材①,开创了我国管理会计学科研究的新领域。相隔不久,著名的会计学家李天民教授应中央电大的邀请,适应中央电大经济类专业教学的需要,编写并出版了一部管理会计教材②,其发行量居全国之首,为中国会计界(管理界)人士认识和理解管理会计的理论与方法发

---

① 需要说明的是,本章仅指为在校大学生编写的管理会计教材。就这点而言,余绪缨教授最早(即 1983 年编写的财政部高等财经院校统编教材《管理会计》)。在其之前,已有一些会计前辈出版过相关管理会计的著作。

② 李天民教授编写的《管理会计学》及《管理会计学参考资料》。这两本书出版于 1984 年 9 月,由中央广播电视大学出版社出版。因当时中央电大经济类有十多万学员,所以其影响面很大。

挥了积极的作用①。其他的前辈也留有大量的代表作,如汪家佑、费文星、温坤、林万祥、欧阳清、易庭源、王文彬等。据此推断,中国的管理会计研究历史不过 20 多年。正因为历史短暂,所以目前对许多问题尚无定论②。

进入 90 年代以后,我国学者的一些管理会计专著开始问世,较有影响的专著有李天民的《管理会计研究》、孟焰的《西方现代管理会计的发展及对我国的启示》以及陈胜群的《现代成本管理》,等等。此外,2002 年,中国财经出版社、财经科学出版社、东北财大出版社等,出版了一套财政部重点会计科研课题系列成果,其中有一部分(系列)属于管理会计的研究成果,如《管理会计应用与发展的典型案例研究》等。

自我国恢复学位以来,国内具有培养会计学博士资格的高校及研究机构开始招收会计学博士生,并开始以"管理会计"为方向鼓励学生撰写博士论文。孟焰博士就是当时较早以管理会计为选题完成博士学位论文的学生之一。目前,"管理会计"已经成为高校及研究机构在会计专业上常设的研究方向之一。可以说,这些学校及研究机构是管理会计导入与发展的主力军。经过 30 年的发展,管理会计理论与方法已在我国企业实践中得到广泛应用。可以说,只要有一种新的管理会计工具(或理论)出现,无论它在世界的哪个国家(当然主要是欧美与日本),我国的学者就会很快将其介绍到国内来,并且有机地将其与本国的实践相结合,努力探索并尽可能形成符合中国国情的管理会计成果,如邯钢经验等③,以提高管理会计理论与方法在我国的适应性和有效性。

改革开放以来,我国学者已经或正在诸如作业成本管理、战略成本管理、战略管理会计、平衡计分卡、环境成本会计、环境管理会计、战略预算管理等领域展开研究。中国会计学会及其《会计研究》杂志社在管理会计的导入与发展方面发挥了领导及推动的作用,如在中国会计学会下面成立了管理会计研究机构,并定期组织开展管理会计问题的讨论。《会计研究》杂志还多次就"成本与管理会计"开辟专栏发表国内外学者的管理会计研究成果(如"金蝶杯"管理会计征文活动等),极大地调动了会计理论与实务界开展管理会计研究的积极性④。

二、管理会计在我国的发展

管理会计侧重于为企业内部的经营管理服务,对企业的组织结构或体制以及企业所面临的市场环境具有依附性。各国在总结自身管理会计的发展过程时,往往由于"依附"的条件有别,而展现出不同的观点与看法。

(一) 我国学者对管理会计发展阶段的认识

我国学者对管理会计阶段的认识,比较有代表性的是以厦门大学余绪缨教授为代表的观点。管理会计学科的阶段划分通常有三种方式:① 以工具或方法为依据;② 以理论学派的形

---

① 这两位教授现已仙逝,在此我们对他们给中国管理会计学教学与研究所作出的巨大贡献表示衷心的感谢,并传递我们对他们的怀念与哀思。

② 这是基于"管理会计"这一概念的导入而言。在我国企业管理实践中,许多西方的管理会计思想在我国企业中可能长期存在着,如经济核算中形成的一些成本管理方法等。有关管理会计的发展历史研究作者将在另文中探讨。

③ 在财政部重点会计科研课题(2002)等中,可以找到许多这方面的研究成果。

④ 这方面的文献已有较多,此处不作展开,可详见胡玉明等(2008)、潘飞(2008)等发表的文章。

成为依据；③ 以时期为依据。尽管前两种的划分依据，其真实性与可靠性更强，然而由于管理会计在我国推广与应用的历史较短，国内学者对管理会计阶段的划分大都以"世纪"为单位，进行笼统的划分，创新性不强。

胡玉明在其《高级管理会计》（2005 年版）一书中，用了两章的篇幅（第一章与第二章），就管理会计的阶段性特征作了阐述。这种论述也可以从余绪缨和毛付根等厦大教授的著作及文章中观察与体会出来①。

对于"20 世纪管理会计"发展，他们认为，20 世纪管理会计的发展是围绕公司制度的建设、金融体系的完善和资本市场的推进而同步发展的，具有共融性的特征。从表象上看，管理会计是在与财务会计的"同源"基础上发展起来的，两者具有密切的联系。这种联系的桥梁是成本会计，因为成本会计既是管理会计的前身，又是财务会计与管理会计的中介。这种解释似乎可以说明，为什么管理会计、成本会计、财务管理之间具有较多交叉性问题②。

对于"21 世纪管理会计"发展，他们认为，进入 21 世纪，市场经济氛围已越来越明显，国际化、金融化、知识化、信息化已扑面而来。21 世纪管理会计的主题将是以核心竞争力培植为特征的发展。这种认识是基于管理学派的能力理论而延伸得来的。但是，这种理论目前也受到挑战。中文版的《哈佛商业评论》曾经有过一篇文章，作者通过研究认为，业绩较为逊色的公司在战略思维上往往被一种思想所支配，即务必在竞争中保持领先地位。而与此形成鲜明对比的是，高增长的公司对于赶超或打败对手并不感兴趣。相反，它们通过利用"价值创新"这一种战略逻辑，大力拓展行业的边界，让竞争对手变得无关紧要③。可以肯定的一点是，随着信息技术的突飞猛进，会计人员不再独立拥有会计系统的全部设计权。工程师和经营管理者等的共同参与将是 21 世纪管理会计发展的一个重要特征。

（二）管理会计在我国的发展趋势

从近年来我国管理会计理论与实践的发展来看，会计实务部门对管理会计应用的积极性大大提高，对理论与方法的认识不断提升。实践中表现出来的一个重要特征是，管理会计与财务会计之间的相互交融开始增强。即有时传统的管理会计内容转化为了财务会计的核算内容；而有时，一些管理会计的创新内容却是从财务会计的实践中萌生出来的。譬如：① 适应报告企业社会责任的需要，增值会计有可能转化为财务会计的核算内容；② 适应预测企业未来业绩和财务状况的要求，原来属于管理会计的预测决策会计可能转化为对外报告会计的一个组成部分；③ 适应表外信息披露的需求，财务分析将成为财务会计一个不可或缺的重要组成部分；④ 随着企业集群、物流产业以及环保产业的发展，财务会计对供应链会计、碳会计等提出了进一步控制与监督的需求，进而为管理会计的创新提供了新的研究范畴，等等。

---

① 可以从余绪缨和毛付根教授等编写的《管理会计》教材及发表的相关文章中体现出来，如余绪缨（2001）。

② 以管理学理论为基础，20 世纪的管理会计可以分为四个阶段，即追求效率的阶段、追求效益的阶段、反思阶段和过渡时期阶段。

③ 现行的主流观点认为，21 世纪管理会计主题以"价值创新"为特征，这种认识是基于管理学中创新学派的思想而形成及发展的。

第二节 国外管理会计的发展与特征

有学者认为,美、日两国的管理会计是当今全球管理会计理论与方法体系中最为领先的国家,许多根据这两个国家企业的情境特征提炼和总结出来的管理会计成果也广为世界各国的管理会计学者研究与引用。

一、日本管理会计的发展与特征

(一)日本管理会计的发展阶段

日本国内对管理会计发展阶段的认识也是观点纷呈,比较有代表性的是西村明教授的观点。他通过国际比较,以管理会计工具为阶段划分的着眼点,分析并提出了管理会计发展的四个阶段如表1-1所示。

表1-1 管理会计的发展阶段

阶　段	管理会计	思考特征	方　法
第1阶段	管理会计的进化	财务数据应用于管理领域	财务比率分析、经营比较分析
第2阶段	传统的管理会计	以科学管理方法为基础的基于计划的效率分析与管理	标准成本计算、预算管理、本量利分析、收益、成本差异分析
第3阶段	计量与信息的管理会计	以经济学为基础的最佳收益管理(计划管理与业绩评价)	存货模型、信息分析、行为科学、收益预测、机会成本(差异)分析
第4阶段	综合的管理会计	会计的管理和组织管理间的综合(依据计划管理的预防、前馈思路)	成本企画、成本改善、作业成本管理、消除或缩减差异的计划值

资料来源:西村明等(2004)。

随着管理会计工具的不断创新与整合,笔者认为,无论在日本还是国内,管理会计的发展已经进入了第五个阶段,即"价值创造的管理会计"阶段。这一阶段的思考特征包括会计管理与知识管理相结合,价值链优化、核心竞争力的提升等。其方法由IT技术、供应链、平衡计分卡(BSC)、经济增加值(EVA)等组成(如表1-2所示)。

表1-2 管理会计的功能延伸

阶　段	管理会计	思考特征	方　法
第5阶段	价值创造的管理会计	会计管理与知识管理相结合的价值创新,价值链优化、核心竞争力的提升	IT技术、供应链、BSC、EVA等

经济泡沫化之后,日本管理会计界对管理会计发展阶段中的代表性工具成本企画产生了怀疑,质疑声或提出完善之策的文章时有出现。对于成本企画,2005年当选日本成本研究会

会长的田中雅康先生应该是跟踪研究得比较多的代表性人物之一①。当前,成本企画的创始单位——丰田公司正面临"召回门"事件的考验②,日本管理会计界迫切需要对包括"成本企画"等在内的管理会计工具进行总结与反思。

（二）日本管理会计的特征

在管理会计的发展过程中,日本学者偏重于规范性研究。从日本会计界代表性杂志(如《会计》《企业会计》等)中进行归纳,较为集中的研究课题主要有:① 亚洲各国管理会计发展的比较研究;② 各类案例研究③;③ 环境管理会计研究④;④ 物流管理会计方面的研究;⑤ 内部控制研究;⑥ 组织结构相关的管理会计研究;⑦ 将经济学应用于管理会计的有效性研究,以及对欧美国家管理会计的介绍与评判,等等。

尽管在日本的管理会计教师中留美并获得博士学位的学者居多,但回国后从事实证研究的学者却相当稀少。这是为什么呢? 我认为大致有以下一些原因,一是基于实用性的考虑,如何将日本企业中的典型案例加以总结并推广应用,始终是日本学者的期望之一;二是普遍认为,实证研究的成果对会计管理当局的政策影响不大;三是由于报表数据存在的"盈利管理"等现象的客观存在,进行实证研究缺乏实际意义;四是基于分工考虑。资本市场的实证研究应当由经济学家或证券、金融专家去研究,会计属于商科,把自己的事情做好,搞一些高水平的管理会计本土(原创性)研究才是正题。正因为他们的专注,才会使日本的成本企画等管理会计工具在国际会计界发挥积极影响。此外,还有一种原因是,目前主导管理会计研究的权威性人物大都在 60 岁左右(或以上),这批老前辈们几乎不看好实证研究。按照西村明教授的管理会计发展阶段来看,似乎日本会计界一直以来就放弃了这一块的研究,即在会计的发展历史中跳过了这一环节。

二、美国及欧洲管理会计的发展

对国内管理会计学者来说,卡普兰(Kaplan)应该是无人不知的。其与阿特金森合著的《高级管理会计》(第三版)(吕长江主译,1999),以及他与诺顿著的《平衡计分卡——化战略为行动》(刘俊勇、孙薇译,2004)这两本书对中国的管理会计学者影响较大。当然,英文版的其他著作和学术论文也对中国管理会计学者产生了积极的影响,如 Keith Ward 于 1992 年出版的 *Strategic Management Accounting*,以及 John K. Shank 于 1993 年出版的 *Strategic Cost Management* 等⑤。近年来,我国一些会计博士生所撰写的博士论文,如涉及战略管理会计、战略预算管理、战略环境会计等方面的研究,大都参考了欧美等国家学者的相关著作。

---

① 我对多位日本管理会计教授进行过访谈,他们普遍认为,在日本管理会计界最有影响力的是门田安弘教授,原因在于他率先将成本企画介绍到了美国及欧洲国家,使日本原创性的管理会计成果得以在全球确立,并由此提高了日本管理会计的地位。

② 自 2009 年 11 月开始,丰田汽车因油门踏板问题而陷入"召回门"事件以来,事态不断升级,不仅严重影响了丰田的品牌形象,还使人们对昔日辉煌的"丰田模式"产生了质疑。

③ 相关的实用型的案例很多,如"基于电子产业的日本企业的国际管理会计实务:以夏普公司为例",等等。

④ 日本由于受本国严重的环境污染影响,成为世界上最早普及环境会计(对外报告为主)的国家。自 1999 年起日本政府就开始颁布《环境会计指南》,并先后于 2000 年、2002 年和 2005 年进行了重新修订和颁布。近年来,日本也开始关注环境管理会计的创新活动。

⑤ 有关欧美管理会计发展方面的文章介绍,国内学术刊物登载得较多,本文不加以展开。

从时间上对美国管理会计的发展阶段加以划分,大致有以下的界限:一是从 19 世纪到 20 世纪 50 年代。这一时期的代表性管理会计工具或方法有成本计算、预算、标准成本、责任会计、转移价格等。二是 20 世纪 50 年代到 80 年代。这一时期的代表性方法有:本量利分析、投资决策、最优存货量等。三是 20 世纪 80 年代至 90 年代初。这一时期的代表性方法有 ABC/ABM、TQM/JIT、ERP/Intranet 等。四是 20 世纪 90 年代到现在。这一时期的代表性方法有平衡计分卡、经济增加值、战略管理会计、价值链管理、环境管理会计等。

近年来,美国管理会计协会(以下简称 IMA)积极地推广、介绍德国的成本会计方法①。同时,欧美各国正在以管理会计工具的整合为契机,加快提升《管理会计文告》在世界管理会计界的影响力②。以往和近年来的文献都说明,在美国,偏重于财务报表的心态在会计上居凌驾地位。美国有两种会计执行资格,即 CPA(注册会计师)与 CMA(执业管理会计师)。长期以来,美国把重点放在编制财务报表上。公众普遍认为,CPA 证书是会计人员能力的唯一证明。CMA 的人数只及英国、加拿大和德国的十分之一。因而,使美国公司提供良好的管理会计技术的能力大大受损,使企业为决策、计划和对增加价值的业务控制所提供的信息质量下降,这一现状的持续发展极有可能引发企业的经营失败。

在管理会计的研究方法上,自 20 多年前 Kaplan 教授号召学术界人士走出"象牙塔",多多从事案例研究以来,他自己也确实身体力行,并取得了相当丰硕的成果③。然而,学术界的反响并不很热烈,大部分学者的态度仍然只推崇实证研究(Empirical Research),常常看低这一类的案例研究。应该说,这是一种偏见。事实上,由 IMA 资助所作的一项案例研究,在 2006 年的 AAA 年会上,被宣布获得"卓越的会计文献"奖。可见,案例研究是一种很有价值的研究方法。然而,从事案例研究是很难的,"成本"很高,学术界人士从视为畏途进而贬低它的价值,在美国成了一种普遍现象(Raef A. Lawson、杨继良,2006)。

第三节 日本企业的经营模式与管理会计发展

人们常说,21 世纪的竞争是经营模式与经营模式之间的竞争。长期以来,以经营模式的创新应用为荣耀的日本企业,受经济增长停滞"陷阱"和企业海外扩张文化价值观"受阻"的影响,正面临严峻的挑战。尤其是 2009 年年底爆发的丰田"召回门"事件,使日本企业的经营模式受到愈益强烈的质疑。

丰田经营模式(又称精益生产模式)和京瓷经营模式(又称稻盛经营模式)是日本最具代表性的两大经营模式,它折射出日本管理会计界对企业管理作出的积极贡献。丰田经营模式包括成本企画、拉动式的即时生产系统(JIT)、全面质量管理、团队工作法(Teamwork)、并行工

---

① 如协会主席怀特在 2004 年 9 月《战略财务》的"主席的话"栏目中,发表了《为什么要注意德国的成本管理》一文,提到 IMA 正在从事推介一种简称为 GPK(弹性边际成本法)的德国成本会计的方法。

② IMA 作为管理会计领域中全球最大的研究、教育机构,拥有包括世界各国或地区在内的 300 多个分支机构,它定期通过《管理会计文告》(SMA),对管理会计人员在经营活动以及过程中应遵循的标准作出规范,进而推动管理会计的发展。

③ 1980 年以来,在管理会计方面产生比较大的影响的研究成果有两项,即作业成本法和平衡计分卡,这两项成果都是到企业去、从实践中总结出来的。Kaplan 本人是位数学博士,是美国会计学"实证研究"的创始人之一。但提出号召后他再也没有发表实证研究的文章。

程(Concurrent)等内容,是一种成本控制与质量控制相结合并贯穿始终的管理体系。丰田经营模式对全球的影响巨大,我国海尔的"日清日高,日清日毕",邯钢的"模拟市场,成本否决"等均来源于该模式。京瓷经营模式以构建"阿米巴(变色龙)"组织,实施单位时间核算,强调"大家族精神"的企业文化等为特征①。从会计等式"收入–成本=利润"来考察,丰田经营模式的管理会计创新侧重于成本,体现出的是一种"成本费用观",而京瓷经营模式则侧重于收入,表现出的是一种"收入分配观"。

一、丰田经营模式对管理会计发展的启示

丰田汽车的产品向来因物美价廉、性能可靠和品质优良而独树一帜,但随着生产版图从非洲大陆延伸到南美洲,以及从俄罗斯延伸到东南亚,各种经营问题也相应增多。自渡边捷昭接替张富士夫担任新一任丰田社长(目前的社长为丰田章男)以来,公司的质量专家们就一直担心,这种发展速度将使生产瑕疵也随之迅速增加。以成本企画、CCC21 计划(面向 21 世纪的成本竞争计划)为代表的成本控制是丰田赖以迅速崛起的精益生产方式(TPS)中的重要一环。它在企业经营管理中的体现是:① 成本企画在一级供应商网络中延伸;② 平台共享与零部件通用策略;③ 努力扩大市场份额,形成规模经济;④ 价值创新(VI)思维在整个价值创造网络中扩展。近年来,丰田要求它的工程师和供应商回到汽车开发的基本层面,寻找节约成本的新思路。例如,针对三菱汽车"轮胎门"事件(汽车在行驶过程中,轮胎飞出事件),他们提出"如果我们开发出不需要螺栓的汽车零件,又会怎样?"

围绕丰田的"召回门"事件,理论与实务界针对其成因议论纷纷,大致有以下观点:① 认为丰田模式偏离了顾客导向。为了抢占市场,扩大规模,丰田的经营策略由以往的"拉"式转变为美国的"推"式。即丰田长期以来坚持的是根据顾客的需求进行研发生产再销售,而现在的丰田则是生产之前无视顾客的意见,生产之后再致力于劝服消费者接受。同时,过度压缩成本,不断降低质量标准。② 对风险的淡化。适应海外扩张战略及成本控制的要求,以及随着零部件的就近外包及"零部件通用化"发展策略的实施,使丰田公司的经营风险进一步放大。③ 设计及员工培训方面的投入不足。为了跟上扩张速度,丰田不断缩短产品从概念到量产的时间,甚至忽视了必要的零部件开发和实验阶段的运作程序或对此不恰当的简化,同时大规模降低研发阶段的各种费用等,这无疑为召回事件埋下了伏笔。另外,在过去的 3 年中,丰田雇用了4 万多名对丰田文化知之甚少的新员工,其中特别是海外新厂的一些雇员因缺乏必要的培训,既无法融入丰田的企业文化,在生产技能方面又不够熟练。④ 管理方式的僵硬化。丰田模式的内涵是日本文化,即依靠自律性实施看板管理②,通过团队合作实现全面质量管理并达到零缺陷,依靠家族精神使丰田及其供应商结成紧密体系以实现共同进退。然而,这套以日本文化为依托的管理模式,在文化背景完全不同的海外工厂中却无法发挥应有的效果。

丰田"召回门"事件对管理会计创新与发展的启示很多。譬如,要以顾客价值为导向,以满足顾客需求为成本管理的基本原则;要强化风险管理,在成本管理模式中融入风险元素;要突

---

① 京瓷株式会社(总部在京都市伏见区,以下简称为"京瓷")是一家创立于 1959 年 4 月,最初是以创业者稻盛和夫为首的 16 名合伙人在京都市左京区西之京原町成立的集生产和销售为一体的技术陶瓷公司(当时资本金为 300 万日元)。

② 日本的自律性文化的特征之一,就是从小就教导孩子们"不要给别人添麻烦",麻烦别人是耻辱的。

出组织效能,提高成本管理的效率;要强化突发性事件的管理等。然而,其中最重要的一点是,必须在管理会计工具的整合与创新中体现文化融合的功能。以精益生产方式(TPS)的推广为例,日本媒体曾报道说:"在中国,丰田不得不面对严格执行 TPS 和供货紧张之间的矛盾。是 TPS 本身有问题,还是在执行的过程中出现了问题?"在文化同宗同源的中国即是如此,其他国家可想而知。

二、京瓷经营模式中管理会计的积极意义

在丰田经营模式遭遇困境之时,京瓷经营模式受到人们推崇。从管理会计视角观察,该模式有两大基本特征,一是权变式经营,构建阿米巴组织①(详见图 1-1);二是各部门统一采用"单位时间核算"。它用于衡量标准单位时间阿米巴组织的产出效果(强调时间的公平性);单位时间核算是阿米巴会计中核心的收益概念。在阿米巴经营方式中,分部门类别核算的公式如下:

(生产部门)　制造阿米巴利润=销售额-生产费用-销售佣金　　　　　······(1)

(销售部门)　销售阿米巴利润=销售佣金-销售费用　　　　　　　　　······(2)

(公司整体)　全公司利润　=制造阿米巴利润+销售阿米巴利润　　　　　······(3)

　　　　　　　　　　　=(销售额-生产费用-销售佣金)+(销售佣金-销售费用)

　　　　　　　　　　　=销售额-生产费用-销售费用　　　　　　　　　······(3)′

公式(1)中的制造阿米巴利润就是生产部门的利润,销售阿米巴利润就是销售部门的利润。由于阿米巴经营方式的焦点是部门类别核算,所以特别强调(1)式和(2)式。实际上,它所体现的是生产与销售均为利润中心的"双中心"思想,如(3)式所示,全公司的利润就是制造阿米巴利润和销售阿米巴利润之和。

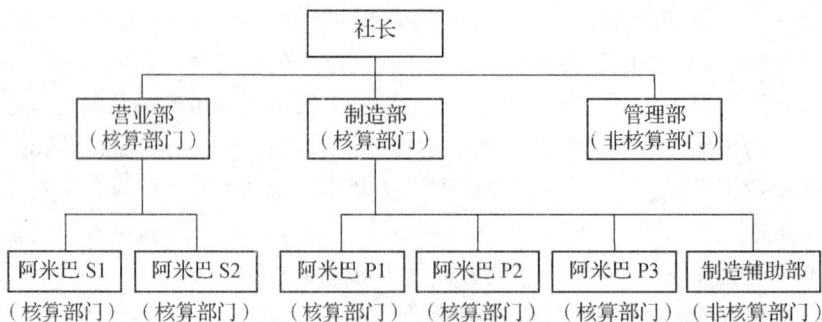

资料来源:上总·渡边,2006。

图 1-1　作为直接核算制组织的阿米巴小组②

与此同时,阿米巴经营要求在各部门的核算中引入资本成本理念。换言之,如果利息、折旧费作为资本成本的话,各部门的核算按以下公式展开:

---

① 阿米巴组织是适应环境变化而加以自主应对的小型自律性组织,其形成基础并非事业部制,而是以职能制为基础的生产线核算组织。

② 在本图中,制造部和营业部是核算部门,管理部是非核算部门。制造部里有从制造阿米巴 P1 到制造阿米巴 P3 的 3 个下位阿米巴小组,营业部里有营业阿米巴 S1 和 S2 的 2 个下位阿米巴小组。

部门核算额＝销售额－生产费用－销售费用

　　　　　＝销售额－(直接费用＋间接费用＋利息与折旧费＋总公司经费)

　　　　　＝销售额－(直接费用＋间接费用＋总公司经费)－利息与折旧费

　　　　　＝销售额－(总成本－劳务费)－资本成本

　　　　　＝销售额－总成本－资本成本＋劳务费

　　　　　＝净利润＋劳务费

　　在此,部门核算额是净利润(Residual Income, RI：Solomons,1965)和劳务费的总和。京瓷的价值观就是强调"自己赚钱养活自己",下面的公式可以得到体现：

净利润(RI)＝营业利润－资本成本

　　　　　＝部门核算额－劳务费

　　员工将自己所赚扣除自己所需(劳务费)而剩余的部分就是"剩余利润"。如果能够合理地计算出资本成本,就能计算出 Stern Stewart 公司所倡导的经济增加值(Economic Value Added, EVA)。这种经营模式所体现的管理会计思想在于：① 基于可控性视角计算阿米巴组织的利润,增强阿米巴组织经营的积极性；② 生产费用和销售费用中不含劳务费。因为劳务费不是阿米巴负责人能够管理的费用,因此在追求"经营的本质",即"收入最大,费用最小"的过程中,不是通过削减劳务费,而是通过职工的能动性来提高经营效率；③ 生产费用和销售费用中包含"利息、折旧费"。京瓷认为"资产需要花费利息",内含着经济增加值的思想。

　　京瓷模式体现出的是一种"收入分配观",它的"借助于市场意识的提升,创造出更多的增加值"的想法与通常制造部门"降低成本"的想法正好相反。具体而言,为了改善单位时间核算,阿米巴负责人有两种选择,一是增加制造阿米巴的利益；二是减少总时间。当然,上述两种选择也可以同时实现。京瓷的另一项管理战略手段是通过速度链效应规避机会损失。他们认为,一味的节省只能产生生产能力的剩余。重要的是发现存在的机会损失,围绕共同的愿望和高水平的目标,积极消化"制造阿米巴"产生的剩余生产能力,并利用这些剩余人员改善工作方法,完善工作流程,开拓产品新的用途,开发新产品等。其中,利益链(价值链)管理是一个由某个阿米巴组织的提速引发其它阿米巴组织链条提速的机制。

　　由此可见,管理会计的发展推动了企业经营模式的创新,而经营模式的完善又反过来丰富了管理会计的内涵。丰田"召回门"事件给管理会计工作者提出了新的课题,如管理会计成果的推广如何与企业文化的发展相结合等。应该说,丰田经营模式经过完善与发展之后仍然是一种具有延展价值的企业管理模式；当前,京瓷经营模式值得大力推行,尤其在我国民营企业更具广阔的应用前景。总之,任何事物都不可能尽善尽美,结合自身特点加以完善与发展至关重要。

第四节　管理会计与相关学科之间的关系

　　2014 年,随着财政部《关于全面推进管理会计体系建设的指导意见》的颁布实施,管理会计成为了我国会计界关注的焦点。为了体现管理会计包容发展、持续创新等的内在要求,需要对管理会计体系中的有关问题进行深入的研究与探讨。管理会计与相关学科之间的关系是合理界定管理会计学科边界,推进管理会计理论与方法体系建设的重要课题。

一、财务会计与管理会计的关系

相对而言,财务会计与管理会计的学科关系已比较成熟,余绪缨教授(2001)认为,它们只是现代会计"同源分流"的两个分支。财务会计主要服务于企业的投资者与债权人,并按照会计准则的要求确认、计量与报告企业价值的相关情况;而管理会计主要服务于企业的管理当局(如经营者),通过决策支持系统(控制与信息系统)为企业创造价值并合理分配价值提供帮助。前者提供的信息主要对外,后者则主要满足内部需求。理论界对管理会计涵盖的范围主要有两种观点。一种是狭义的管理会计,它以唐·R·汉森(Don R. Hansen)、玛丽安·M·莫文(Maryanne M. Mowen),以及国际会计师联合会(IFAC)的管理会计表述为依据,认为管理会计涵盖标准成本、预算控制、差异分析和内部控制等功能。另一种是广义的管理会计。它以美国全国会计师联合会(NAA)下设的管理会计实务委员会为代表。他们认为,管理会计是向管理当局提供关于企业内部计划、评价、控制以及确保企业资源的合理使用和经营责任的履行所需要财务信息的确认、计量、归集、分析、编报、解释和传递的过程。从实务角度讲,管理会计能够帮助管理当局作出明智的决策,并实现企业可持续地成功。虽然,市场经济与资本市场的发展离不开财务会计,然而企业欲在激烈的市场竞争中获胜,并培植企业核心能力,更需要管理会计的控制与信息支持(胡玉明,2015)。

作为"同源分流"的两大学科,它们之间具有内在联系。一方面,管理会计理论与方法体系的构建,尤其是对高水平本土化管理会计的提炼与总结,需要财务会计提供及时准确且真实反映企业财务状况和经营成果的信息;另一方面,财务会计的完善与发展也有赖于管理会计的不断创新。可以说,管理会计与财务会计学科之间的交融发展是社会实践及经济理论双重影响的结果。譬如,企业实践中管理会计的内容可能转化财务会计的核算范畴,如2010年开始在央企实施的经济增加值(EVA)指标考核,现已成为央企财务会计核算的一项基本标准。同时,它还进一步促进管理会计目标的创新与发展。如2015年开始,国资委对央企的利润总额和经济增加值指标,在确定基本目标的基础上进一步提出奋斗目标,基本目标和奋斗目标将一并纳入中央企业负责人与国资委签订的业绩责任书。此外,随着我国全球第二制造业大国地位的确立,供应链与企业集聚区域的特色产业、物流与快递产业,以及环保产业等迅速发展,财务会计对组织间会计(如供应链成本与企业群成本)、精益生产会计、碳排放会计、互联网经营会计等提出了核算与监督的要求,然而限于会计准则建设的滞后,需要管理会计率先开展创新与扩展研究视野,进而给管理会计发展带来了新的活力与动力,等等。总之,研究财务会计与管理会计学科之间的关系,既要有理论的深度,更要有实践的广度,要能够为中国特色管理会计理论与方法体系建设提供有益的支持与帮助。

二、成本会计与管理会计的关系

管理会计是从成本的分类中延展而来的一门学科。成本概念可分为两大块,一是传统的成本概念,如标准成本、预算成本、质量成本等;二是现代的成本概念,如战略成本、成本企画、作业成本、网络成本、核心竞争力成本等。成本会计中的"成本概念"需要符合以下特征:

(1) 所提供的成本信息是可以用货币计量的;

(2) 成本信息具有可靠性和相关性;

(3) 成本信息是有用的,能够支持所有类型的管理决策。

成本会计是财务会计与管理会计之间的桥梁。上个世纪末对成本会计学影响最直接的技术因素是适时制(JIT)和计算机集成制造系统(SIMS)。本世纪对成本会计影响最直接的将是由社会资本、智力资本所表现的技术因素,如互联网经济(各种形式的"互联网＋")、品牌及技术标准等。

成本会计学的构建有两种范式,一是以概念为中心;二是以案例为中心。现行的成本会计学范式是一种以概念为中心进行确认、计量与报告的模式。这种范式常常容易受到人们的责难。比如,为什么企业的成本会计信息不公开向社会报告? 可不可以从案例入手进行成本会计学的构建,等等。事实上,我们在 1993 年实施新的会计准则之前,企业是有统一编制成本报告要求的,后面之所以取消成本信息的对外报告规范,根本原因还是竞争的因素,即为了更大限度地保护企业的商业秘密。当然,企业内部的成本报告如何编制、编到什么程度等,其自由裁量权则留给企业自己来选择。另一种范式是案例导向。采用案例为中心这一新的范式编写成本会计学,当然是可以考虑的。问题在于,成本会计学研究的重点究竟应偏向哪些方面,案例中心的范式有可能会使其与管理会计学的边界更加模糊,毕竟成本会计学是要遵循《企业会计准则》的规范要求的,它不同于管理会计。

围绕成本会计与管理会计学科之间的讨论,学术界观点不一,有的主张继续保留成本会计学,通过与管理会计学科之间的合理规划体现出成本会计学科自身的特色;有的认为成本会计可以取消,以节省教学资源。即将严格遵循会计准则部分的成本核算内容归入中级或高级财务会计学,而将其余的成本会计内容并入管理会计学。然而,这种结果可能存在风险。一方面,成本会计学的存在使财务会计与管理会计有了博弈的动力,进而促进了各自学科的发展;另一方面,学科之间的适当交叉是事物发展的客观规律,就如水体与陆地之间需要保留一定范围的"湿地"那样,否则可能发生"太湖蓝藻"之类的事件。还有一种观点则认为,可以将两门学科合并,这也是目前许多高校教学实践中采用的方式,市面上也有一些相关的教材。这种方式的好处显然易见,教学课时得到精简,交叉部分得以消除。然而其不足之处也很显著,一是学生的学习压力过大,在短短的一个学期里面难以同时消化成本会计与管理会计的内容;二是不利于成本会计与管理会计的各自发展;三是教师的教学效果往往不理想。

综上,笔者认为,成本会计学还是单独成科比较合理。从理论上讲,成本会计正在不断创新与扩展,譬如,与环境成本相关的成本会计学中增加了物料流量成本会计、资源消耗成本会计等内容;从实践上看,成本会计正在向成本核算、管理与控制等综合应用的方向转变,尤其是随着中国经济进入新常态,成本问题将是打造中国制造"2025 规划"的重要基础。总之,成本会计学科的独立发展是会计学科发展规律的客观需要。

三、财务管理与管理会计的关系

我国历来重视财务管理工作,与国外的企业金融管理工作不同,中国政府还在法规体系上对财务管理进行了边界约束与制度规范。这项制度与《企业会计准则》是并列的,它就是——《企业财务通则》(2007 年修订)。广义的财务理论主要属于公司金融的范畴;狭义的财务理论属于经营财务学的范畴。中国财务管理有自身的特色,其理论基础是财政学与管理学等(在教育部的招生目录中,财务管理专业往往会出现在两个层面上,一是财政学下设的财务管理专业,另一个是管理学下设的财务管理专业)。现阶段,财务管理基础框架与研究内容还不是很成熟,也难以在全球范围内得到普遍认同。在日本的《经营财务学》教材中,其内容主要涉及的是股份公司财务管理体制、投融资管理,以及资产管理等。譬如,在片山伍一等编写的《新版经营财务学》中,其章节主要有:① 经营财务学体系(历史发展、理论结构、基本框架);② 股份公司的理论基础(资本形式,股份公司、资本利得,股份公司与银行间关系等);③ 股份公司的财务管理体制:集权与分权;④ 股份公司融资;⑤ 投资决策分析;⑥ 营运资产管理。在高桥昭三的《经营财务学》中,其章节主要有:① 经营财务的若干基础问题(经营财务的结构与特征、企业投资决策与股份公司融资等);② 股份公司金融的基本问题;③ 设备投资的经济核算;④ 不确定性下的投资决策基准;⑤ 有关资本结构与资本成本的若干问题;⑥ 投资决策与股价最大化。

由于人们对"管理会计与财务管理关系"缺乏正确的认识,或执着于某一学科,经常会在这种"关系"的评价上有失偏颇。譬如,有学者持"管理会计无用论"观点。汪一凡(2014)认为:"管理会计缺乏体系感,仿佛是由一堆技术和方法无序地拼凑而成的,这些成份一旦被运筹学、工业工程学等分别'认领'后,便所剩无几,还算不算得上一门学科都成问题。管理会计处于未能充分提炼共性的层次……,管理会计的各种报表和数学模型都有意无意地避而不谈数据来源,从而缺乏实用价值。"有的学者持"管理会计次要论"观点。涂必玉(2014)认为:"财务管理与管理会计存在异名同构现象。CPA财务管理考试教材中已经将管理会计的内容(尤其是专有的'本量利分析')都覆盖了。"整理这类观点,其基本认识是,财务管理与管理会计可以合并在一起,至于其名称是叫"管理会计"还是"财务管理"可以再作讨论,但从会计学科的国际化考虑,统一称"管理会计"可能更好。

笔者认为,从尊重我国企业管理实践出发,将财务管理与管理会计并列是当前学科发展应该选择的方向。正如上面讨论成本会计与管理会计的关系那样,财务管理侧重于资金管理体制与投融资管理等,它有其自身发展的特点与规律;而管理会计侧重于企业的战略制定、预算规划、经营决策与绩效管理等具体工作。两门学科的内容体系丰富,机械地将他们合并可能不尽理想。当然,针对两门学科发展过程中的理论争论,如兼并重组等资本经营问题、存货与资产管理问题等究竟由哪门学科来加以规范与发展等,可以任由各自学科选择,即所谓学科之间的"适当交叉"是一种正常的现象,它的存在不但无害,反而有助于促进各自学科的发展。

四、内部控制与管理会计的关系

管理会计是由信息支持系统和管理控制系统组成的综合体(王斌、顾惠忠,2014)。作为管理会计控制系统,它权变性地应用管理控制系统中的各种管理工具并有机地加以组织和改造,以提升企业内部控制的效率与效果;作为管理会计信息支持系统,又进一步对管理会计控制系统进行正确决策及可持续性成功提供积极的支撑和帮助。管理学大师彼得·杜拉克说过,企业家只需做好两件事,第一是销售,第二是控制成本。管理会计与内部控制的关系表明,管理的精髓就在于控制。企业既要关注外部市场机会带来的"开源"效应,也要注重内部控制能够获得的"节流"效应。

内部控制是一个大范畴,涉及的面很广。就我国而言,以法律的形式规范内部控制,最早见于《中华人民共和国会计法》(2000年7月)。时隔一年,财政部颁发了《内部会计控制规范——基本规范》(2001年6月)。随后,陆续颁布了各种分项的企业具体内部控制制度。2012年11月财政部发布《行政事业单位内部控制规范(试行)》(2014年1月1日起正式实施)。它表明,我国内部控制的制度体系已相当完备。然而,从企业实践角度看,内部控制在企业中的作用还发挥得不够全面,效果也很有限。其原因主要是缺乏相关的管理会计制度体系的支撑,离开管理会计的规范与约束,企业内部控制只能是空中楼阁。因此,加强内部控制与管理会计之间的关系研究就成了全面推进管理会计体系建设中的一项重要内容或关键问题。管理会计视角中的内部控制只是整个控制体系中的一个方面,加强管理会计与内部控制关系的研究可以起到以下的效果:① 将企业的内部控制制度与公司治理和企业的经营过程融为一体,提高管理者对内部控制的重视程度;② 将内部控制主体嵌入公司治理结构之中,发挥公司董事会、管理层、全体员工在控制中的功能定位与作用机制;③ 将内部控制环境和人的控制等软性控制与公司业务环节控制,以及公司风险识别、评估和反馈控制相结合,实现内部控制、战略经营与风险管理的有机结合,等等。

内部控制涉及人财物、产供销等各个环节,而管理会计中的控制系统主要是围绕价值管理而对控制机制的设计,以及直接参与管理控制活动。通过厘清内部控制与管理会计的关系,可以优化管理会计行为。基于管理会计的内部控制是一种狭义的内部控制,是管理会计中的一个重要组成部分(冯巧根,2014)。在当前的经济新常态下,管理会计应当以资源效率为核心,通过内部控制等手段实现企业经营活动的合理化与经营决策的科学化。对于进入成熟期的企业来说,管理会计控制的重要性更为突出。此时,企业战略由成长期关注市场和销售份额转移到关注盈利能力和利润空间方面。这一时期,管理会计控制的主要内容有节能降耗、压缩成本、提高资产使用效率和效果等。对于制造业而言,新常态下的管理会计控制,重点应放在存货占用成本和产品耗材成本等的控制与规划方面;同时,积极开展环境经营,努力开发低碳环保等方面的管理会计工具或技术方法等。当务之急,是制定一个可以供企业管理者参考与选择应用的内部控制指南。譬如,面对新常态下的经济中高速增长,管理会计的内部控制应该将重点放在收入与费用的配比与管理上,如经营活动中的实时持续控制等,这也是企业风险评估的基础,它对于完善和发展企业整体的内部控制体系具有重要的理论价值与现实意义。

综上所述,管理会计与相关学科间关系的讨论由来已久,各种观点往往难以统一,存在"盲人摸象"的现象。为了便于后人对这一问题的理解和认识,我对学科之间的边界寻求提出如下几点原则:一是注重学科前景与发展能力。在探讨学科之间的存废时,哪门学科的前景好,发展能力强,则其独立成科的可能性就大。譬如,财务管理与管理会计之间都存在预算管理边界的划分问题,若从未来企业管理的实践来判断,则"全面预算管理"有可能单独成科,这对管理会计与财务管理的发展都是一个促进。二是学科效率与交易成本。某一学科为企业管理带来更大的效率与效益,且能够节省交易成本(便于企业寻求外部成本内部化与内部成本外部化的对策与措施),则该学科的发展动力必然强大。三是变革管理中的包含关系。在学科的变迁过程中,谁的逻辑关系清晰,管理效果突出,谁在今后的企业管理实践中就能够脱颖而出,等等。

第五节　管理会计射程与边界

管理会计的射程与边界,即管理会计学科研究的范围。管理会计的边界可以从学科关系的讨论加以扩展,管理会计射程则需要通过丰富和发展管理会计功能来加以引发。

一、管理会计的考察视角与功能延伸

一般认为,管理会计倾向于追求短期效率,这种观点存在一定的局限性。从 20 世纪管理会计发展的历程看,管理会计学的科学性不在于追求短期的效率或对某种单一现象进行跟踪,

而是依据在长期的历史实践中被认识的科学理论、概念积累的基础上发展形成的。当然效率是不能忽视的，但它仍然需要借助于历史的实践和科学的概念加以提炼并由此作出判断。管理会计研究同样需要考察这些问题。

（一）拓宽管理会计的考察视角

20 世纪 70 年代，日本对应于美国计量、信息管理学的普及，以适时制（JIT）为基础，逐步形成了成本企画、成本改善等创新的成本管理模式。其后，美国管理会计界提出了作业成本管理理论，日本则以成本企画为基础推出了目标成本管理，德国则通过对作业成本管理的改进，提出了弹性边际成本管理，等等。近年来，战略管理会计围绕平衡计分卡的发展提出了战略平衡计分卡等一系列创新思路，法国学者则结合平衡计分卡对其传统的仪表板业绩评价模式进行了完善。

我国会计界于 20 世纪七八十年代引进了西方管理会计，并在结合中国经济责任核算等经验的基础上改良并推广了这些管理会计技术和方法，取得了一定的成效。进入 90 年代（尤其是到了后期），随着企业经营环境的巨大变化，一方面，信息技术突飞猛进；另一方面，国际市场（资本市场）结构的调整和变迁，从而使企业国际化步伐加快，全球范围的竞争加剧。我国会计界在管理会计功能变迁的推动下，积极推广和应用基于顾客价值的战略管理会计和以核心竞争力为导向的战略管理会计，并对欧美管理会计学界的新成果进行了消化、吸收和改进，取得了一些有益的成果。

（二）把握管理会计的功能延伸

传统的管理会计功能主要包括计划、控制、决策和业绩评价等；然而，随着会计环境的变迁，人们在进行管理会计分析时，改变了原有的功能结构，主要采用新的坐标功能评价的分析方法。即从大的方面讲，管理会计具有两种系列功能，一是经济计算功能和信号传递功能；二是生产、技术导向和组织导向的功能（如图 1-2 所示）。

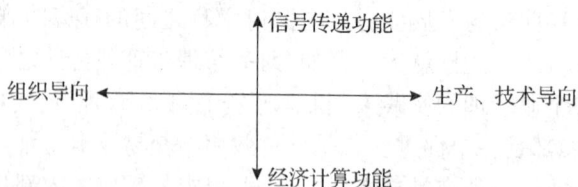

图 1-2　管理会计的功能坐标

我们将第一类功能作为纵轴，第二类功能作为横轴。同时，可以借助于这个分析框架，对经济、金融全球化发展中企业的国际化现象作出理论解释。

二、管理会计工具的效用与扩展

20 世纪末与 21 世纪初，对管理会计发展具有较大影响的管理会计工具主要有作业成本法（ABC）与平衡计分卡（BSC）等。近年来，欧洲大陆国家（如德国与法国）的成本管理工具也在很大程度上影响和推动着管理会计的发展。

（一）ABC 对管理会计的贡献

在会计方法国际化的推动下，基于成本流量模式化的视角考察管理会计的结构层面，产生了作业成本法(Activity-based Costing，ABC)①。这种产生于美国的 ABC 管理方法，不仅注重对企业结构与经营环节的管理控制，而且在成本的战略管理、竞争优势、成本驱动因素等方面进行了探索。ABC 是针对美国哈佛商学院卡普兰(Kaplan)教授发表的《相关性消失：管理会计的危机》一文指出的现实情况运应而生的一种新的管理会计工具，这种工具对世界各国的管理会计产生了深刻的影响。若将战略简单地定义为"实现企业目标的蓝图"，则 ABC 在战略形成中的相关性也是与时俱进的。当初，ABC 是为了解决企业增加的制造性间接费用如何优化分配，以便更正确地反映产品收益性而提出的。在这一点上，它对制造战略的推进有积极的贡献。随着进一步的发展，ABC 将产生的信息应用于经营改善，并由此转变为作业成本管理(ABM)，相应地将其进一步应用于预算管理，则称之为作业预算(ABB)。在活跃的美国式企业控制理论环境中，ABC 是作为企业价值创造的规则发挥着作用的，它与经济增加值(EVA)、平衡计分卡(BSC)，以及制约理论(TOC)并列而成为当代管理会计的重要工具。现阶段，ABC 为了更确实地为企业创造价值，正与管理会计的其他方法加以融合，各种研究方案正在形成之中(如时间驱动的作业成本法等)(卡普兰，2005)。

ABC 与其他方法的整合，一方面需要从 ABC 独有的成本模式化功能着眼。例如，EVA 与 ABC 的融合设想，是将 EVA 按作业类别加以计算；此外，贡献毛益法和 ABC 的融合设想，是基于阶段性固定费用回收核算的考虑，从适应作业层次的角度归集间接成本。将 ABC 与各种管理会计工具灵活应用属于一种新的尝试，确实是对迄今为止采用的分析方法所作的一种深化。另一方面，如何使 ABC 这种管理会计工具展现出战略性，也是具有深远意义的现实课题。在美国管理会计教科书中，比较有代表性的作者之一的 Horngren 在其《管理会计入门》一书的新版本(2002)中，可以发现其对 ABC 处理方法所作的一些变化。例如，该书的第 10 版(1996 年)将 ABC 定位在产品成本计算的范畴，然而鲜明地将 ABC 的本质特征表现出来则是在该书的第 12 版(2002 年)中。即将原来的"成本性态的计量"一章更名为"成本管理系统与ABC"，意示着 ABC 将作为成本管理模式化的一种方法而被定位。这一点对 ABC 来讲，是"成本核算系统设计中最重要的改善"，也表明 ABC 对管理会计作出了重大的贡献。

(二) BSC 对管理会计的影响

依据 Kaplan & Norton 的观点，平衡计分卡(BSC)是对企业管理者贯穿始终的企业使命、战略方面的业绩指标系统进行的集成与组合②。当然，BSC 的中心概念是"战略"，并向其下级管理层浸透。BSC 的真正价值体现在其计划的过程，即"战略——取得共识——改善——下一步战略"，体现的是一种"战略的管理"。进一步讲，根据 Kaplan & Norton 所作的定义，这种为达成企业使命(目的)的战略是"原因和结果具有关联性的集合"，即从众所周知的四个角度，通过财务与非财务指标浸透来发挥 BSC 的作用。因此，有效地应用 BSC，将战略和业绩评价指标间的链接很好地运行下去是十分必要的。同时，Kaplan & Norton 将这种战略和指标间的链接关系体现在三个原则上：① 两者因果关系的原则；② 成果与驱动因素结合的原则；

---

① ABC 是将企业消耗的资源按资源动因分配到作业，再将作业成本按作业动因分配给成本对象的一种成本计算方法。后面章节将详细阐述。

② 平衡计分卡是一种综合的业绩评价体系，它采用财务与非财务指标结合的方式进行计量与评价，主要从四个方面来考核和评价企业的业绩：即财务视角、客户视角、内部经营过程视角以及学习与创新视角。详细内容后面章节将有阐述。

③ 面向财务的链接原则。通过这三个原则,从企业组织层的最上端直至现场工作人员层次的最底端的全过程,均作为实施战略的环节来加以描述,这三个原则是把握 BSC 成功的关键。这些链接的探讨是推进战略制定计划方面的一个新的控制思路,并成为 BSC 与其他方法区别的一个标志。明确了 BSC 的这些主要论点,对于今后改进 BSC 的平衡具有积极意义。一种思路是,在企业进行计划(预算)的具体编制之前能够对有关情况进行把握。即在达成目标的战略制定阶段进行事先的模拟。最近的研究表现出的一种趋势是将前馈控制或前馈机制应用于 BSC 之中来扩展管理会计的功能。这一点,在今后战略层次的控制中会显得愈益重要。由此可见,BSC 对于促进控制理论与管理会计理论在新的层面上加以融合与拓展具有积极的意义。

ABC 若是管理会计的发展,尤其是其内涵性发展契机的话;BSC 所展示的,则是管理会计的外延扩展,即是着重于会计信息应用上的问题(经营控制问题)。以往,在法国被视为典型的评价方法的是传统的经营控制,它由作为业绩指标的多样化计量模式(如仪表板模式),以及企业预算、经营比率、成本计算等的方法构成。然而,以"管理会计的相关性消失之争"为契机,经营控制中以往作为内隐性的组织、战略、技术等要素,也以外显化的形式体现出来,促使面向管理者的经营控制发生转变,并对管理会计提出了新的要求。即将管理会计的流向轨迹从单向的事实确认手段,转向基于 ABC 的成本动因导向式的手段,以及以 BSC 为代表的将动因模式化的手段。这种趋势表明,管理会计本身能够根据内外部环境变化的要求,调整和完善自身,体现适应学科发展的内在规律。

(三)管理会计结构的扩展:再造与优化

最近两年来,美国管理会计协会(以下简称 IMA)积极地推广、介绍德国的成本会计方法。协会主席怀特在 2004 年 9 月《战略财务》的"主席的话"栏目中,发表了《为什么要注意德国的成本管理》一文,提到 IMA 正在从事推介一种简称为 GPK(弹性边际成本法)的德国成本会计方法。该方法由德国汽车工程师弗劳特(Flaut)创立,德文为 Grenzplankostenrechnung,英文简称 GPK,可意译为"弹性分析成本计划与核算制(Flexible Analytic Cost Planning and Accounting),即弹性边际成本法"。这种方法纠正了美国通行的任意分配成本的做法,其重点在于通过成本核算把责任制贯彻到企业的最基层。GPK 与 ABC 融合是管理会计功能结构上的一种扩展。如前所述,ABC 重点在于纠正产品成本受扭曲的问题,而 GPK 注重从成本位置的转移上合理分配资源,将这两者有机整合,就形成了具有德国特色的资源消耗会计(RCA)。换言之,RCA 是把 GPK 与 ABC 揉和起来的一种新的成本会计方法,它是一种能动的、综合而总括的成本管理系统,是将德国成本管理的各种原理与 ABC 有机结合的产物①。RCA 能够将资源分析与动因分析两者加以综合,促进了成本管理系统的创新,为成本改善提供了契机。

同为欧洲大陆国家的法国,也对管理会计结构进行了再造与优化。法国管理会计界结合美国的 ABC 管理对自身传统的方法——"同质分部法"进行了完善。"同质分部法"是对管理会计内涵的扩展,它是通过企业行为来重新构造企业系统和成本流量,并据此寻求这些行为的活动规律的一种新的管理模式。这种模式是基于 ABC 的一般成本管理原则,从经济计算的功

---

① RCA 是基于德国的成本管理与美国成本计量基准的 ABC 而相互融合形成的一种成本管理工具,是对总括的管理会计信息系统的灵活应用。有关 RCA 的内容,后面章节将会叙述。

能和信号传递功能两个方面推进管理会计的发展,同质分部管理与 ABC 的结合是管理会计外延扩展的重要体现。前面提及的平衡计分卡,可以看作是这种扩展的一种信号。

管理会计的发展具有同质化的倾向,美国管理会计的发展对各国管理会计必然产生联动的影响。在前述的管理会计外延扩展的过程中,法国传统的指标评价方式——仪表板业绩评价模式也随着平衡计分卡的发展而得到融和发展[①]。具体地讲,同质分部法是将作业实体的成本流量模式按成本管理的一般原则对同质性的成本进行归集,即对相互间具有同比例成本发生的部门进行联动,联动的资源归集和这些资源的相互补充是同质分部法的核心。ABC 管理从联动角度来讲,也需要对成本流量按相同的比例归集同质成本、联动成本,不同于同质法之处在于,ABC 认为现代经营实体的分部(位置)不是单一的,而是由多种分部相互活动而构成的,是一种活动量成本管理(成本驱动的管理)。认识各国管理会计工具的本质区别是十分必要的,它对于完善各国的成本管理技术与方法具有重要的参考价值。

"同质"这一属性对技术层面产生强烈的影响,换言之,技术决定了这种同质性,成本的联动性通常归结为某种技术。成本的稳定性,是指成本处于消耗阶段的技术环节的稳定性。有关成本管理模式的技术规定性,对于坚持同质性原则的同质分部法和 ABC 来说,它们共同处于相关技术链条中各自适应的某一个环节(详见图 1-3)。

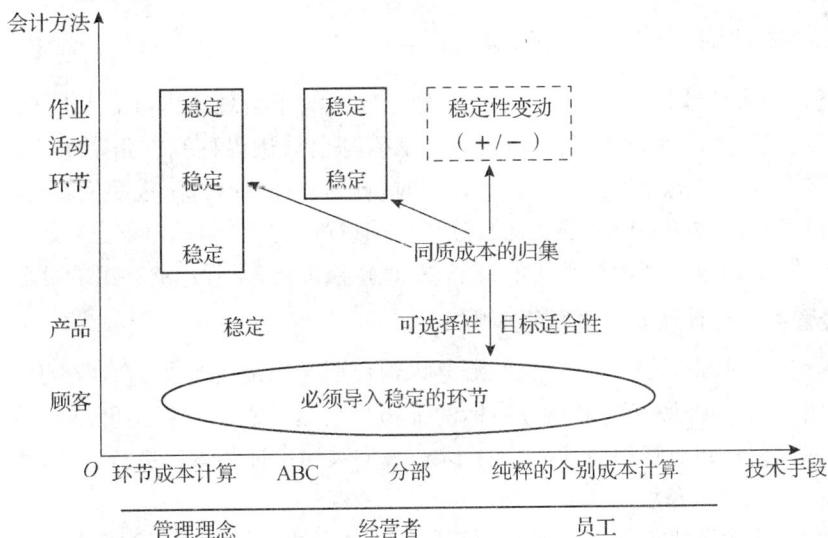

资料来源:大下丈平(2004)。

图 1-3　技术和会计方法的关联情况

图 1-3 展示的是技术与同质性层面的关联情况,表 1-3 则是技术和会计中各成本流量模式间的关联状态(详见表 1-3)。

[①] "仪表板"是法国人提出来的一种业绩评价方法,它借用汽车(或飞机)驾驶员座前显示各项行驶指标(如速度、尚余燃料等)的仪表板,形象化地表示企业需要对各项指标的完成情况,作多方面的反映。唯有如此,才能使驾驶员掌握全盘情况,顺利到达目的地。美国人提出平衡计分卡制度,采用的也是以多项指标反映企业的各项工作应达到水平的原则。因此,法国人认为不需要推行美国的平衡计分卡,认为他们的仪表板系统也同样有效。近年来,美国人的一些企事业单位中,也有仿效仪表板业绩评价制度的,形象化地把企业的各项指标的完成情况,以类似汽车仪表的指示方式来表示,比较生动。

表 1-3 与制造环境相适应的管理会计信息和数据处理技术

来自会计"工厂"的生产物 会计"工厂"	全部成本	直接成本	合理的分配	预测成本
同质分部法				
环节成本计算法				
ABC				
GPK				
RCA				
……				

如图 1-3 所示,遵循生产技术要求的同质性层面的作业是由顾客所处的某一阶段作业决定的,对此所采用的会计方法从选择情况看也是能够理解的。环节成本计算和纯粹的个别成本计算作为两个端点,ABC 和同质分部法被定位在中间部位。表 1-3 将同质性层面按不同的制造技术规定所采用的会计方法称之为"会计工厂"。

三、管理会计边界的平衡与拓展

随着经济、金融全球化的推进,会计及其管理的方法正呈现出国际化和同质化发展的倾向,许多具有鲜明特性的课题展现在人们面前,从管理会计边界控制的角度讲,这些课题将对管理会计的根源及其目的产生重大的影响。同时,管理会计原有方法也面临新的冲击,例如传统的管理会计教材作为核心内容的责任会计正面临挑战,主要体现在两个方面:一是各种"责任中心"的设置,受到组织结构扁平化的挑战;二是转移价格,受到作业小组的挑战。

(一)经营控制对管理会计边界的影响

以平衡计分卡(BSC)为例,BSC 的平衡意味着长期与短期的平衡、企业组织内外的平衡、整体与个别的平衡,以及财务与非财务指标的平衡。当然平衡的项目还可以列举出若干。为了客观地反映经营控制对管理会计边界的影响,我们采用反证的方式进行论述,暂且将其命名为"逆反性"[①],并从这个角度来考察平衡。

在管理会计或者经营控制的讨论中,使用"逆反性"这一概念,似乎感觉有些矛盾。事实上,欧洲一些国家,如法国的部分从事经营控制研究的强力派学者,正是以这种逆反性概念为基轴,从而构建控制理论之框架。这是有根据的,正如后面将提到的那样,将这种概念作为基轴的理论性框架,隐含着许多考察战略经营与管理会计相关性的情况。进一步讲,可以将我们所讨论的 ABC 或 BSC 等的管理工具与管理会计之间的相关性作为参考的依据,并对其加以整理形成相关的理论。作为经营控制论者的代表人物之一,巴黎第九大学的 H. Bouquin 教授(见其 2002 年著述)是从理论框架基础上首先提出逆反性的学者。尽管从他的研究中很难提炼出"逆反性"概念的内涵,但其研究成果却是以"逆反性"来作为理论架构的核心。尤其是

---

① 虽这么说,但对"逆反性"这个概念很难给出特别的定义。换言之,我们不能单纯地将逆反性看作是矛盾、反论之类日常使用的含义。

以 Bouquin 的逆反性概念(及其利用方法)为线索,研究他的经营控制理论,有助于我们探索和扩展管理会计的构造及其功能模式。换言之,无论管理会计能够或不能够,寻求未来管理会计的战略及其变迁路径,这种逆反性的思路是有借鉴意义的。

正如 BSC 所展示的典型形态那样,美国管理会计学者将经营活动以"逆反性"的视角加以考察,在"战略经营"导向下倡导财务与非财务指标的统一等,进而推动业绩评价的"平衡"或"综合",并由此产生了平衡计分卡(BSC)这种新的管理会计工具。许多论者往往有这样的认识,即这种平衡或综合为什么是必要的,所谓的"平衡"为什么无法在本质形态上作出回答等。也许这些平衡或综合所展现出的必要状态,以及对其的认识,是我们采用"逆反性"概念的原因吧。例如,作为管理会计应用手段之一的决策及业绩评价,常常使用不同种类的指标,寻求这些指标之间的平衡是一种内在的要求(例如财务指标与非财务指标的平衡)。换言之,若不能确保这些指标之间的平衡,就不能获得企业竞争力。

作为这些指标对象的经营环节是复杂的,由于错综繁杂,就存在指标相互之间在考察视度方面带有矛盾的倾向,不得不陷入所谓的"逆反性"状况。正因为经营环节是那样,依据所考察指标间的平衡规范经营环节的秩序就十分必要。从这个意义上讲,BSC 包含着这种逆反性状况,且仅靠 BSC 方法进行内部变革,往往也难以提供解决矛盾问题的相关理论。从改革的观点分析,长期的战略控制和短期的经营控制,以及实际层面的控制,也仍然能体现出长期、短期之间典型的逆反性状况。经常提及的一种矛盾现象,即"经营者谋求长期视野的经营,而业绩评价却着眼于短期视角",这就是经营逆反性的一种典型反映。类似的,企业持续而自然地提出的利润计划或预算,也往往存在这种逆反性状况。例如,利润计划的制定,一方面体现了经营成果预测的充分性,而另一方面也会导致企业组织形式的官僚化(或专断、僵化),难以面对环境的变化作出迅速、有效的灵活应对策略或措施,导致经营决策的迟缓。此外,预算也同样存在这种情况,预算有助于短期的权限委托,但另一方面,预算赋予管理者短期的视野,其逐渐发展的结果则可能陷入单方面的形式主义。

即使在"责任中心"这种经营控制结构中,尽管能够对管理者的管理能力作出明确的定义,但管理者陷入本位主义的可能性仍然存在。即便是企业集团之间实施的内部转移价格也同样存在类似的问题,转移价格作为各部门(子公司)财务成果的衡量尺度,然而由于内部各组织之间利益上的冲突,有可能影响其有效性。由此可见,在上述经营控制结构体系中,为了避免组织层级之间的误解,采用集权式的官僚体制形式进行利益的预测或者短期权限的委托是有必要的;同样地,若脱离本位主义来考察管理者的管理能力也是难以实现的。Bouquin 教授认为上述两者之间存在的矛盾和反论(逆反性)似乎是很自然的事情,所以有必要将其作为经营控制论的轴心。各种控制工具可以说都具有追求自身合理性的功能,从另一方面讲,具有非合理性的事物(逆反现象)也是难以避免的。总之,Bouquin 教授阐述的内容,不敢说适合于所有状况的经营控制工具(作为以"成本方法"为主的管理会计研究也是如此),但以战略、管理、实施三个控制系统为前提,在不同的经营控制工具组合中增加相应的投入,充分考虑他们之间的相互平衡则是十分必要的。

(二)管理会计从平衡中寻求拓展

之所以提出"逆反性"的平衡化这一观点,是因为前述的 BSC 将逆反性的平衡化在企业的经营活动中借助于管理方法的融合得到了实现。诚然,有关 BSC 的特性通过四个视角的指标体系得到了展现,然而在 BSC 平衡化这种形式下,同样也存在着经营控制的逆反性以及各种矛盾问题的涌现。进一步讲,为了拓展管理会计的边界,BSC借助于各项单一指标的综合,谋求财务指标与非财务指标的平衡,进而围绕企业价值的增值积极寻求克服经营逆反性的内在理论和方法。在不局限于平衡计分卡(BSC)的情况下,通过对战略、管理、实施三个控制系统的协调与完善,积极探讨克服经营逆反性的手段,也可以在每一责任层面通过管理会计工具或方法的整合取得理想的平衡效果。对此,必须确保管理会计工具能够在相同的情况下保持稳定,或者说各种控制方法之间不存在本质的变化。同时,除了管理会计工具本身能够保持其原有的合理性之外,实现企业经营活动整体的平衡将更为重要。有关预算及责任中心具有的内在逆反性,如表1-4所示。表1-4表明,就一定意义而言,对于这方面的逆反性,依据上层管理者的直接干预,以及强化按层级的监管,完全有可能达到有效克服逆反性的效果。

表1-4 逆反性平衡化的若干方法

第一层	战略的集中化、依靠管理者对工作的直接认识、利润的分配制度(股票期权)
第二层	按层级、按功能的监管,管理者对市场和创新的干预
第三层	计划制订
第四层	功能岗位人员的增加、ROI、基于市价的内部转移价格、横向的协调委员会
第五层	利润中心化的组织(事业部)、财务报告、预算、责任中心、市场占有的目的、内部使用发货单的编制

表1-4还表明,即使是采用内部转移价格制度的企业,借助于市场价格的方法来规避逆反性现象是具有可行性的。当然,我们在具体的实践工作中也需要灵活应用上述各种方法,否则,很难使管理会计的战略具有明确的理论导向。仍然以转移价格为例,如果我们对其仅是单纯地采用市场价格,尽管这种做法具有市场条件的包容性(市场导向),但在内部一些利益的处理上可能会加深矛盾,从而激发出更严重的"逆反性"。

在经营的逆反性得到充分理解的前提下,有学者从战略控制论的角度积极地予以探讨。有学者提出对企业经营战略的四种控制杠杆的框架,以汽车运行过程中的刹车装配来形象化地加以说明,即将逆反性作为一个整体,通过不断地分解与融合,来传导管理会计的战略控制思想。正如前面提到的集权式的官僚制、经营控制和管理会计的关系那样,学者们曾多次从反面的角度批判官僚制。然而,正是这种官僚体制构成企业的基础[①],如果没有它,被人们经常高度评价的企业战略性、弹性、创造性这些属性几乎难以为继。迄今所提倡的经营控制的各种手段,无论是计划、预算,还是事业部制或责任中心,都是依靠集权式的官僚体制得以支撑的,如果离开它的支持,企业可能寸步难行。所谓的官僚制和经营控制系统的一体化,是由两者相互整合,并共同支撑才能够运行的。在经营控制的各种手段中来自成本分析网络的信息是由管理会计提供的,管理会计与经营控制手段一起支撑着现行的官僚体制。从这个意义上讲,管理会计可以说是企业经营控制中最重要的组成部分。

换言之,在经营控制系统中,管理会计是一项基础工作,企业通过"成本管理工具"对内外

---

① 这与中国企业的文化相关,我国企业"自下而上"的文化目前难以发挥作用,所以"官本位(官僚体制)"的管理体制可能更有效。

部环境进行分析,并由管理会计提供这些相关的成本信息。同时,企业通过这种自我分析(当然是通过市场的自我分析),即对市场中的竞争对手分析和关联市场分析中形成的充分信息,在市场战略中找到自己的定位。"知己知彼,百战不殆",这表明企业开展与竞争对手的比较分析以及市场方面的分析是十分必要的。由此得出结论,所谓的经营控制,可以作为一种克服经营逆反性的方法论体系加以认识。即在经营控制手段的计划、预算、责任中心及其内部转移价格等环节,致力于设置与企业自身状况相适应的管理会计工具组合是非常重要的。为了防止经营控制逆反性对管理会计功能的影响,通过管理会计提供确切的信息,使企业决策层次和控制环节相互协调,充分发挥成本管理工具的作用,减少"成本管理工具"的副作用值得进一步探讨①。

适应管理会计学科不断深化与发展的需要,我们在研究管理会计边界与射程的过程中,必须重点把握企业组织经济模式的变迁特征及未来走向。同时,为了克服企业组织经营过程中的逆反性,充分发挥经济合理性这种内在属性,基于管理者的要求将管理会计工具灵活地予以融合或整合,具有积极的意义。总之,经营控制是必要的,但在当前复杂的经营环境下,如何有效有展开企业自身与竞争对手的分析,并在现有的管理会计系统中,通过各种管理方法的有机整合,在一定的可能限度内消除经营的逆反性,将成为今后管理会计应用性研究的一个重要趋势。

案例与讨论

背景资料

某公司财务科长退休了,公司借调整之机,准备改财务科为财务部,并招聘财务经理一名。广告刊登后,应征人员很多,董事长非常重视并亲自面试,发现某一位具有上市公司财务科长背景的人员很有见解,就高薪聘用了他。

新任财务经理上任后,对该公司会计流程批评较多,却没有能力加以改善,日常的一些工作也与部下沟通不畅,甚至一些资深的老会计还怀疑他是假冒内行。为此,董事长觉得很纳闷,在大公司(上市公司)当过财务主管的人,怎么可能是外行呢?

请讨论

1. 根据上述材料,结合所学的会计知识,阐述会计、财务与管理之间的内在联系。

2. 如果你是董事长,当你遇到上述问题时会怎样处理,请加以阐述。

答题提示

这里的关键在于没能正确认识会计、财务与管理的关系。对于多数企业主管来说,财务与会计是差不多的工作,这种观点在中小企业可能是正确的。因为在中小企业会计兼财务,财务主管也是由会计一步一步提起来的。但在本质上,会计和财务这两者是相关而非相同的工作,前者是提供信息,后者是利用信息,在大企业,通常分得很清楚,所以财务主管对会计工作不一定是非常内行的。上面这位财务经理正好是这种状况,所以要他解决会计问题,确实有点勉

---

① 以作业成本为例,这种成本管理工具目前也暴露出许许多多的问题,需要进一步加以解决。有关这方面内容详见后面章节。

强。我们建议该公司在财务部内,训练一位资深会计人员担任会计主管(或副经理),处理会计问题,财务经理则专心于财务问题及其改善。这项建议采纳后,果然不负所望,这位财务经理不仅解决了公司中的许多"老大难"问题,也使企业的经营能力有了很大的改善。

这个例子告诉我们,会计与财务是有很大区别的,反而财务与管理却是相当的接近,当财务工作做好了,多数管理目标也差不多就完成了。企业经营者可以不懂会计,不了解财务,甚至对管理也一知半解,但它们之间的关系则必须掌握,这样企业的经营就可以做到轻车熟路。那么会计与财务在实际工作中区别在哪里呢? 先来看会计工作。会计工作主要是根据有关会计制度,对凭证进行审核、整理、登记、账簿、计算、报告——"确认、计量、报告"。这些工作原则上是会计人员的责任。简单地讲,就是编制出一份可供检查、审核的财务报表,而通过这份财务报表,并据此分析出企业存在多少经营管理上的失误,如何采取适当的行动等,则是财务人员的责任了。财务人员的日常工作是,预算的编制(包括损益预算、财务预算、投资预算、资金预算等)及日常的管理、财务报表分析及改善、财务运营与资金调度等工作。这些工作与管理作业程序(计划—控制—策略—行动)在本质上是一样的,不同之处在于财务人员的工作是全面性、综合性、价值性、制度性的工作,如果企业以财务管理为主轴,就是所谓的"财务导向的管理"。

本章参考文献

[1] Chandler A. D. Jr. Strategy and Structure: Chapters in the History of the Industrial Enterprise[M]. Cambridge, Massachusetts: MIT Press,1962.

[2] Cooper R. Kyocera Corporation: The Ameba Management System[M]. Boston, Massachusetts: Harvard Business School,1994.

[3] Jay D. White. Research in Public Administration-reflections on Theory and Practice[J]. Management Research,2001(12): 389-402.

[4] Raef A. Lawson,杨继良. 管理会计面临挑战. 中国会计学会环境与管理会计年会[R]. 重庆,2006.

[5] Solomons D. Divisional Performance: Measurement and Control[M]. Homewood, Illionois: Dow Jones-Irwin,1965.

[6] 曹冈等. 变动成本法[J]. 外国经济与管理,1981(2).

[7] 陈元燮. 成本控制理论的探讨[J]. 会计研究,1982(3).

[8] 杨继良. 零基预算法及其效果[J]. 外国经济参考资料,1982(5).

[9] 余绪缨. 现代管理会计是一门有助于提高经济效益的科学[J]. 中国经济问题,1983(4).

[10] 杨时展. 管理会计向传统的挑战[J]. 江西会计,1983(1).

[11] 杨纪琬. 努力建设适合中国国情的管理会计[J]. 中央财政金融学院学报,1984(1).

[12] 李天民. 浅谈"影子价格"在决策分析中的作用[J]. 会计研究,1984(4).

[13] 李天民. 管理会计研究[M]. 上海:立信会计出版社,1994.

[14] 孟焰. 西方现代管理会计的发展及对我国的启示[M]. 北京:经济科学出版社,1997.

［15］ 陈胜群.现代成本管理［M］.北京：中国人民出版社，1998.

［16］ 罗伯特·S.卡普兰，安东尼·A.阿特金森.高级管理会计（第三版）［M］.吕长江，等译.大连：东北财经大学出版社，1999.

［17］ 余绪缨.半个世纪以来管理会计形成与发展的历史回顾及其新世纪发展的展望［J］.财务与会计导刊，2001(4).

［18］ 大下丈平.经营的逆反性与管理会计：管理会计比较的视角［J］.会计（日），2003(3).

［19］ 西村明，大下丈平.管理会计的国际展望［M］.福冈：九州大学出版会，2003.

［20］ 罗伯特·S.卡普兰，大卫·P.诺顿.平衡计分卡——化战略为行动［M］.刘俊勇，孙薇，译.广州：广东经济出版社，2004.

［21］ 徐淑英，张志学.管理问题与理论建立：开展中国本土管理研究的策略.南大商学论坛，2005(12).

［22］ 胡玉明.高级管理会计（第二版）［M］.厦门：厦门大学出版社，2005.

［23］ 上总康行，渡边纪生.新时代的管理会计构想［M］.东京：中央经济社（日），2006.

［24］ 上总康行.京瓷大家族主义经营和管理会计——阿米巴经营和单位时间核算制度［J］.管理会计学（日），15(2)，2007(3).

［25］ 潘飞等.改革开放30年中国管理会计的发展与创新［J］.会计研究，2008(9).

［26］ 汪一凡.中国式管理会计刍议［J］.财会学习，2014(8)：9-11.

［27］ 涂必玉.财务与会计体系中的管理会计建设管窥［J］.财会学习，2014(10)：18-21.

［28］ 王斌，顾惠忠.内嵌于组织管理活动的管理会计：边界、信息特征及研究未来［J］.会计研究，2015(1).

［29］ 胡玉明.中国管理会计的理论与实践：过去、现在与未来［J］.新会计，2015(1).

第二章　管理会计的战略理念与价值体系

战略管理拓展了人们的价值观,使得以顾客价值为导向的管理会计理念得以盛行。随着外部环境的变化,企业组织结构开始向微型化、扁平化等的方向转变,管理会计的主题也转向提高企业竞争力这一核心目标。即从战略视角树立顾客价值意识,并积极构建管理会计的价值体系。

第一节　管理会计的战略理念

之所以强调以战略经营系统来定位管理会计,是因为管理会计不仅仅是停留在业务管理的系统层面,它还必须有助于企业的战略管理。

一、经营系统中战略的重要性

经营战略系统的成功实施为管理会计发展提供了新的驱动力。第二次世界大战后,尤其是进入 20 世纪 80 年代以来,企业面临的竞争日趋激烈,企业的国际化趋势日益加快,全球化竞争愈演愈烈。这一时期兴起的高级制造技术(AMT)和适时生产技术(JIT)的发展改变了许多企业的生产工艺。管理者面对许多新问题,譬如,怎样计算产品成本,如何评价对高级制造技术的投资,如何完善控制系统和业绩评价指标使之激励管理者实现企业的战略目标等。作为这种战略经营系统,从管理会计工具来看,主要有平衡计分卡,以及英国学者 Neely 提出的业绩眺望(Performance Prism)和 Hope Fraser 提出的超越预算(Beyond Budgeting)等,这些工具是管理会计进入战略经营系统的典型代表。战略经营系统的思想表明,管理会计不仅是对企业计量"短期的"财务成果的控制手段,而且还需要扩大领域,将战略制定从"中长期的"视角加以推进,并融入其内。

激烈的竞争使传统的管理体制在新形势下逐渐显示出滞后的一面,为了取得竞争优势,实现企业的长期生存和发展,企业管理者更加重视对企业内外部环境变化的预测和把握,以便对企业的发展方向和道路作出全局性的长期筹划,企业管理进入了战略管理的时代。一般的管理会计书籍,除了在开头部分阐述管理会计的意义之外,其余不外乎以长期收益计划为开始,然后持续地对短期收益计划、预算管理、资金管理等所谓的整个公司的管理会计进行论述。其中,与中长期战略实施紧密相关的涉及中长期收益计划的详细内容几乎没有,管理会计只是对短期的业务管理进行了极为详细的讨论,有关中长期的观点仅局限于设备投资经济性的计算上,没有作出更为积极的拓展。

从不同的视角考察管理会计,其内涵是不尽一致的。将管理会计领域划分为决策会计与业绩评价会计,那么,决策会计就是涉及长期的结构计划的管理会计,业绩评价会计则是以短期的决策与控制为焦点来加以讨论。在决策会计方面,例如,基于经营战略的新产品开发被作出计划安排之后,对此展开的投资或者有关新产品的生产设备投资就需要认真加以思考,同时,产品开发将围绕成本企画加以推进,它是一种完全按计划实施的操作系统。另一方面,业绩评价会计围绕以往的长期决策最大限度地予以灵活应用,通过采用短期及期间决策以及控制的形式来加以实施。从根本上讲,它是以短期收益最大化的经营为导向开展的管理活动。此外,在以往的管理会计中,尽管人们对非货币信息在思想上也较为重视,然而在实际的管理中,对非货币信息的重视程度往往不够,在组织整体的经营系统中应该如何加以导入,并取得好的效果,这方面的讨论不够充分。为了增强经营系统的战略导向性,并将预测环境变化,或者敏感地感受到变化的情况体现在战略之中,需要通过会计揭示手段将经营系统成功应用的情况反应出来,以体现会计的社会责任。与此相适应,充分把握企业内部的经营管理活动变化也是战略经营系统应当考虑的重要内容之一。

二、决策会计与业绩评价会计的融合

综上所述,决策会计与业绩评价会计必须有机地结合起来。譬如,在一定的战略期间(如3年)内,作为一种长期的经营决策,除了考虑这3年的战略目标外,还应当考虑各个年度应该实现的目标,以及与此目标相联系的计划。对此,围绕各年度开展的目标,要反应出具体财务目标的内容,体现出引导财务目标实施的导向性原则,还要具有非财务目标的控制内涵。

传统以来,决策会计以计划为对象,业绩评价会计是将某一会计期间内的行为按对象进行具体划分,并据此加以管理。然而,从中长期经营战略来分析,在综合考虑企业经营状况的前提下,一种战略一旦涉及影响企业不同期间的经营决策时,决策会计需要提供是否接受决策结果的若干备选方案,譬如,设定各年度应该达到的目标范围,同时将经营业绩评价相关的内容纳入其中,从而使决策会计与业绩评价会计能够在同一框架内进行讨论。"业绩"这个词在英语中对应的概念是"Performance",它除了表示业绩及成果外,还含有"正在进行之中"的意思。将其应用于业绩评价或业绩管理,能够扩大会计管理的内涵。为了达成中长期业绩评价的目标,需要判断现在推进的事项是否按预定的计划展开了,针对这方面的事项进行的计量、评价以及控制就是业绩评价或业绩管理的内容。即业绩评价会计决不只是计量结束期间(不局限于季度、半年、一个会计年度)的财务成果以及控制。

因此,为了使组织更具战略导向性,将组织的中长期战略目标以先导性的财务成果形式嵌入到相应的计划以及各自的年度目标中,使决策会计与业绩评价会计融合,形成一个共同的框架,这是当前战略管理的一个重要课题。在这个框架中,最有名的是 Kaplan & Norton 开发的平衡计分卡(BSC);除此之外,作为与 BSC 同一系统的管理会计工具,还有英国人 Neely 提出的业绩瞭望[①]。这两种管理会计理论,作为引导财务成果的管理工具,对具体的应用环节作了详细的阐述(有关如何引导财务成果方面的讨论尚未形成统一的观点),给管理会计创新带来了活力。此外,理论本身也是发展的。譬如,BSC 就一直在进化之中,基于战略经营的平衡计分预算就是这方面的一个体现。平衡计分预算主要是对促进企业发展的新产品、新服务、新

① Neely A. Adams,M. Kenner-ley,*The Performance Prism*:*The Scorecard for Measuring and Managing Business Success*,Prentice Hall financial Times,2002.

客户关系进行的预算。与传统预算相比,基于战略经营的预算是以新增业务单元为对象来确定资源配置方案的,这类业务单元可以是新增产品、新增服务或符合公司既定战略意图的新增投资目标,它从平衡计分卡的四个维度,特别是非财务维度来衡量未来经营目标、所需资源,并结合财务目标导向来确定资源配置方案。另外,利用预算报告系统对战略、经营计划及预算的实行情况进行过程跟踪、反馈与控制。今后,围绕 BSC 如何在学习与成长环节上提高评价的科学性,以及合理地对无形资产加以评价正在成为人们热议的话题①。

第二节 管理会计的实践创新:以战略为导向

长期以来,人们仅仅看到了一些传统会计教科书上的管理会计问题,而没有关注管理会计在一些新的价值增值领域的作用。对此,确立管理会计的战略管理新坐标具有积极的现实意义和长远的理论价值。

一、管理会计面临的挑战

管理会计的领域很广,涉及企业所有的经营活动和所有业务链和价值链,覆盖所有的管理功能。近年来,随着企业经营环境的急剧变化,管理会计自身也遇到了新的挑战。

(一)管理会计功能有减弱的倾向

自卡普兰提出"管理会计——相关性消失了"以来,曾经有一波管理会计运用的高潮,如作业成本法(包括发展成为作业成本管理),以及平衡计分卡的应用等。但最近几年,由于作业成本法遇到了一些困难,许多企业开始放弃这种方法,这就导致了第二次管理会计的危机(杨继良,2007)。管理会计功能的减弱,主要归结为以下两点。

1. 过分依存于财务会计

管理会计和财务会计的目的是不同的,本质上也有差异。然而,作为应用财务会计信息为内容的管理会计,其功能作用的发挥受到一定的局限是可以想象的。迄今,仍有部分学者主张构建独立的管理会计信息系统,譬如,要求成立独立的管理会计研究组织,在企业中设立管理会计机构等(冯巧根,2005)。然而,这些设想的实施因受到成本等的制约,如所耗费的成本过大,或者说管理会计本身还没到相应的时机等,一时难以成为现实。但是,最近这方面多少有些变化的情况,如 2006 年 7 月,财政部成立中国企业内部控制标准委员会,它标志着我国管理会计组织建设有了一定的外部环境条件。

2. 管理会计对企业决策与业绩管理不具有相关性

一方面,管理会计起始于数量评价或货币评价;另一方面,对管理会计产生的结果,或者对其产生影响的因素,如人的因素等难以选择有效的数学变量来加以考察。据此开展的经济计量及由此计算产生的差异,以及进一步展开分析等一系列惯性的工作缺乏坚实的实务基础,导致管理会计的功能作用难以发挥。正因为这样,若由此来限定管理会计的使命,使管理会计的

---

① 一些欧洲学者也持有反对的观点,认为即使 BSC 作为一种优秀的战略经营工具,在现行的经营框架中实施仍然难以产生人们所期望的结果。据此,欧洲一些学者提出了超越预算的理念,这方面的内容详见第六章。

研究者只停留在所谓会计的问题上加以探讨,就管理会计而管理会计,恐怕得不到理想的结果。会计与管理是不可分离的,将两者有机结合将会事半功倍。这就迫切要求管理会计学者及实务工作者拓展研究领域,加快管理会计制度的创新,为管理会计实践提供理论支持。

(二) 对管理会计的认识不足

管理会计与财务会计是有本质区别的,这一点似乎是老生常谈,而实际上不同视角的观察结果是不尽相同的。一方面,管理会计与财务会计围绕各自目的而体现的有关理论与实务的指导原则存在差异,财务会计强调"公正性",而管理会计则突出"有用性"。财务会计的重要功能,是在企业(或者经营者)以及企业利益相关者(股东、投资者、债权人、员工、顾客、供应商、政府、一般市民等)之间进行多方面的利害关系的调整。各种利益相关者,基于企业提供的信息(主要来自财务报表),就有关自身特殊的利害关系作出判断,并开展活动。各利益相关者将各自的利害情况借助于财务报表加以应用。然而,财务报表的编制使其进一步反映特定关系者的利益,或者对特定对象更有利。假如进行了这样的信息披露,那么财务报表对其他的利益相关者就欠公平了。总之,财务会计在本质上讲,具有社会的性质,对社会公众承担着重要的责任,它必须采用"公正性"这种社会概念作为其指导性原则。

另一方面,管理会计的目的是将经营管理活动所产生的有用信息传递给经营管理者。因此很显然,管理会计的指导原则是"有用性"。一般地讲,"有用性"是将某种事物按其所意图的目的发挥作用,或者能够容易地实现这种目的的可靠特性。这里所说的目的,不是会计自身的目的,而是提供信息的经营管理者的行为目的。概括地讲,基于管理会计的有用性,对管理者就意味着通过管理会计提供的信息,在实现它所意图的目的上发挥作用,或者较为容易地实现这种目的。一旦将这样的有用性概念带到财务会计中去,就会产生以下的不适应:所有的利益相关者所需要的全部信息需求,通过一份财务报告的编制来达到,显然是不可能也不现实的。因此,财务报告依据利益相关者的重要程度按顺序展开,最重要的关系者放在编制时首要的考虑位置,其他的只能次之。其结果,财务报告变得不受重视,或者走过场,伤害利益相关者的情况就出现了。从这个意义上讲,将"有用性"作为财务会计的指导原则是不行的。

以上表明,两种会计不仅指导原则不同,本质上也不尽一致,迄今的管理会计课题,大体上只是将财务会计的信息拿来使用,或者说是按照自己的意图将这些资料最大限度地加以应用而展开的。从两种会计本质上的差异来说,以财务会计信息的内容作为管理会计的资料,其作用将受到局限是必然的。因此,如何发挥管理会计更大的功能作用,需要从源头上加以思考,并积极地寻求解决的对策。

二、增强战略性:提升管理会计的内在功能

尽管我国的经济、社会环境与发达国家还有一定的差距,但选择应用适合我国现阶段经济发展特征需求的管理会计工具正当其时。从我国的现实情况看,管理会计的机遇期已经来到。

(一) 向股东主体的治理转移和两种会计的趋近

近年来,会计改革出现了两个新的特征,一是伴随企业经营的集团化,公司治理向股东治理的方向转变;二是基于全球化经济的冲击,财务会计进行了重大的改革,如 2007 年 1 月 1 日我国全面实施了与国际惯例相一致的会计准则体系。20 世纪末,随着信息技术的突飞猛进,企业集团化的步伐急速推进。以 2001 年 11 月中国政府在多哈正式签署了文件加入 WTO 为

标志,中国的对外开放进入了一个全新阶段。在这一阶段,中国对外开放出现了三个主要转变,即中国由有限范围和有限领域内的开放,转变为全方位的开放;由以试点为特征的政策主导下的开放,转变为法律框架下可预见的开放;由以单边为主的自我开放,转变为与世界贸易组织成员之间的相互开放。中国经济全面而深入地融入了国际分工体系。外国投资者能够便捷地持有我国上市公司的股票,从而使传统的股权结构不仅实现了量的构成变化,也开始发生质的变化。即从无声伙伴变成具有话语权的股东,不仅外国投资者,国内的机构投资者也为了提高委托者的收益而行使决议权。他们进入投资企业的经营,并以谋求效率化为目的。这一情况是近年来围绕公司治理模式展开讨论引发的。论点之一,董事会的决策机制效能化、敏捷化,一方面要减少董事的人数,另一方面为使经营活动简捷化、高效化,应当增加企业执行官的数量。还有一个观点是,为了有效地改变经营效率的确认机制,必须在以往独立董事制度的基础上加以完善,提高独立董事的激励与约束机制。总之,这些改革都是围绕提高股东利益而进行的。毋庸置疑,这种改革不仅是以美国为代表的国际化企业的做法,我国许多有实力的企业,最近也沿着这一趋势着力实施相关的制度改革。

比较显著的一个现象是,重视股东,并谋求股东价值最大化而转变经营的企业正在持续地增加。因为股东价值的增减与股价的波动有紧密的联系,对于企业来说,注重股价的稳定与提升也是必须加以重视的问题。重视股东价值的倾向,由 1993 年的会计改革而强化。但是,企业是股东的企业,因此,为股东开展经营,这种作为企业使命的企业观(股东主体观)是不是已经在中国定论了呢,还远远不能对此下结论。现阶段,以构建和谐社会为动力的企业社会责任制度体系的创新,正在修正传统的股东主体观。从管理会计与财务会计的融合视角观察,上述围绕股东价值的经营转变,为使财务会计与管理会计之间在距离的缩短上起到了重大的作用,使两者拥有的共同部分得到了根本性的改观。如对管理者有用的信息即便对股东而言也变成是有用的信息。即在"有用性"这一层面上两种会计得到了融合。据此,管理会计沿用财务会计的信息成为理所当然。或者说,朝着打开了管理会计功能的财务会计方向应用信息具有了可能性。对于股东有用的信息是否对管理者也有用,往往是不确定的。相反,是否对投资者有用的信息对管理者也有用,也是不一定的。然而,构成股东集团的每一个股东,他们与企业之间的关系在一瞬间突然增多,可能不是一件好事。因为作为投资者的某些股东可能机会主义动机强烈,一旦他们不将企业经营从长远的立场来把握,并且不从防范会计欺诈的要求出发来考虑问题,财务会计中就会出现问题。也就是说,可能会隐藏着巨大的风险。

(二) 会计变迁的制度冲击与两种会计的靠拢

作为经济全球化的一个组成部分,我国财务会计制度必须进行彻底的转变。自 1993 年会计制度的转变到 2007 年新会计准则的全面实施,会计制度发生了巨大的转变,具体地表现在:① 合并的范围转向实质性的支配权基准;② 导入合并现金流量表;③ 导入所得税会计,并实施了统一的所得税率(由原来的 33% 改为 25%);④ 退休金会计(年金会计等)的导入;⑤ 根据金融商品会计导入了公允价值评价;⑥ 销售用的不动产所含有的损失要求强制评价并进行减值处理;⑦ 企业持有的其他公司股票要求采用公允价值评价;⑧ 导入固定资产的减值会计等。上述这些改革,对企业实践带来的冲击,对应地表现为:① 靠子公司进行损失隐瞒的行为变得困难;② 基于现金收支的企业评价成为可能;③ 规范了基于税务处理的财务压缩空间;④ 年金、退休金等的积累不足被显性化;⑤ 股票等有价证券类的评价损益表面化;⑥ 经济快速成长期取得的销售用不动产的评价损失外在化;⑦ 推动股权持有的分散化,以防范风险;

⑧ 土地、生产设备等的经营用资产的评价损失将得到公开披露。借助于会计改革,将隐藏的现象暴露出来,通过提高会计的透明度来确保其真实性,将提升我国会计准则的国际化水平。结合企业集团的实践来看,会计的冲击主要集中在业绩评价和资产评估方面。在业绩评价上,以往依据单个企业的财务报表向合并财务报表为重点的方向转移,合并现金流量表得到应有的重视;在资产评估方面,随着以买卖为目的的有价证券公允价值评价的采用,企业拥有其他公司的股票也需要应用公允价值来评价,并且,导入固定资产减值会计之后,资产评估的难度进一步加大。

众所周知,集团经营管理及公允价值评价对于管理会计而言,原本就是题中之意。例如,在减值会计中使用的 DCF 法在设备投资的经济计算上的应用,就是一个很好的例证。现在,公允价值评价在财务会计中得到广泛采用,是会计"客观性"概念的回归。同时,这种改革也促进了两种会计的进一步趋近。然而,制约两种会计发展的问题还是存在的,如怎样沿着收益发生的确认时点上使两者趋同,以及产品成本的范围问题如何有效地统一等。看来,今后的发展依然会拉大两种会计间的隔阂。

(三) 构建独立的管理会计收益计量系统

为了使管理会计工具发挥更大的作用,提高管理会计的功能作用,将现行的过度依存财务会计状况解脱出来是一种理想的选择。从这个意义上讲,构建独立的管理会计系统,特别是构筑其中的收益计量系统是十分必要的。管理会计的收益计量系统具有如下的特征:

1. 收益的协调性

企业最大化的收益是"可预见的未来获得的净现金收入的现在价值"。为了谋求这种收益的最大化,必须将期间收益以及部门收益这类具有操作可能的收益概念作为代理问题处理。管理会计上,期间收益与企业极端的收益最大化是不矛盾的,或者说有助于促进这类计量,部门收益与这种期间收益最大化之间是可以协调的,可以借助于这套计量系统加以促进和完善。

2. 目标的长期性

管理会计上的收益计量注重期间评价,如将会计期间从 1 年延长到 3~5 年。收益获得的期间长期化,可以使管理者具有长期的战略眼光。相反,管理者如果不具有长远的观点,不能够摆脱企业的困境、实施可持续发展,将是一种可耻的行为。不仅如此,若一味地对业绩评价采用短期化的方式操作,满足短期的目标行为,就会损及企业的长期目标。

3. 管理的有效性

从长远角度观察事物,促进了企业部门经营或分部经营的发展,从而使企业的精益收益管理成为可能。在这种情况下,部门设立的标准需要结合该部门产品在市场上的价格情况进行判断,进而推动了该部门的收益计量,使该部门能够成为辅助利润中心,并得到相应的处理。

4. 收益计量的阶段性

环节管理在这种计量模式下得到体现,收益的计量需要考虑发生的原则。这样,企业经营在发生的阶段(该产品一直到具有市场性的阶段)就开始计量收益,即经营的全部成果并非集中在销售活动中,而是根据与之贡献的情况相对应,正确地进行各期间、各部门的业绩计量。对于固定资产的评价,需要正确计算折旧费用,注重重置成本的应用。

5. 收益计量的灵活性

期间收益或部门收益,由于其产出从期间到期间,或者从部门向部门并由此形成资金流动,这一过程很大程度受到价格波动的影响。为了提高期间及期间变动资金的有效性,可以在收益计量模式的设计中增加以下一些正效应:① 当存在结转品的销售市场价格时,就采用这种市价进行收益的计量;② 若不存在这种市场价格时,就按模拟的销售市价计算,并应用于收益计量模式之中;③ 若模拟存在困难或者难以计算时,则按变动费来计算,这也是合理的。在这种情况下,模拟销售市价,按上一环节的中间产品或者最终产品的销售市价,以一定的变动费折扣来反算以求得适用的价格。此外,变动费在转移的情况下,需要依据该产品在收益实现时按变动费比例进行分配的收益状况,将其一部分返还给转移的期间或部门。此外,对于产品成本的计算,管理会计计量偏重于采用直接成本法。

（四）直面经营环境的战略管理

近来,企业及其面临的环境变化激烈,经营战略制定的重要性再次受到人们的关注。企业必须在经营活动中兼顾各方利益者的需求,才能在经济社会化程度日益提高、企业集团全球化趋势加快,以及 IT 技术不断普及与创新的环境下求得生存与发展,企业的社会性要求企业积极履行社会责任。当前环境对企业产生影响的各种情况,可以归纳如下(详见表 2-1)。

表 2-1　经营环境的变化与对企业活动的影响

经济社会的成熟化	产品(包含服务)需求的个性化(多样化)、高度化——多品种少批量生产、高附加值产品的开发
企业的集团化	与世界巨头的竞争——全面的大竞争 进出世界各地(调配、生产、开发)——集团经营战略
IT 的发展与普及	产品差别化、低成本化的余地扩大——竞争激化
企业的社会性增大	对社会的贡献、对环境的考虑——战略范围的扩大

总之,经营环境的变化带来了竞争的激化,对应的措施是企业不断地制定顾客导向的战略,加快革新产品的开发、生产、销售等各项活动。在此前提下,基于公司的整体视角,围绕企业领域(或范围)以及经营组合的战略将变得越来越重要(见图 2-1)。

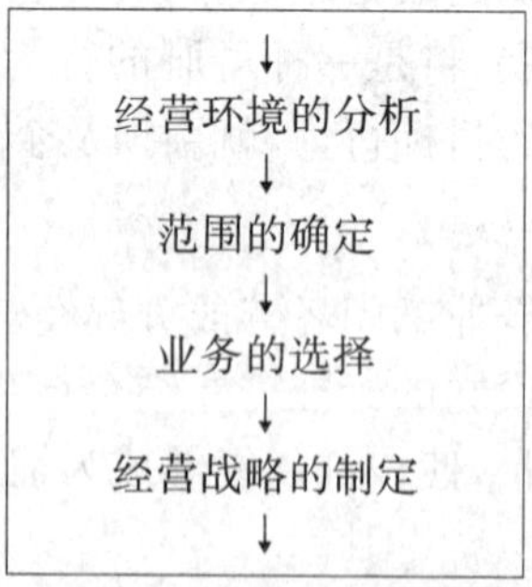

经营环境的分析
↓
范围的确定
↓
业务的选择
↓
经营战略的制定

图 2-1　经营战略的制定环节

这种基于公司的整体战略与经营战略(竞争战略)是否科学,对企业的成败起着决定性的作用。因此,所谓"经营战略"就是企业及业务的未来走势及发展形态,以及达到这种经营规划的设计蓝图。有关集团经营战略和战略范围的扩大,需要重点加以说明。

首先,是集团经营战略。当前,企业间的竞争形态正持续地从个别企业对个别企业向集团企业对集团企业的方向转变。自我国于 1993 年实施会计制度改革以来,企业的信息揭示制度日益完善,财务业绩的评价方法也开始从个别财务报表主体向合并财务报表主体转变。其结果是,经营管理及经营战略的中心由个别企业向企业集团转移,集团经营的重要性受到人们高度关注。无论在集团层面,还是在国内经营的各个分支领域,集团经营所产生的功效正在深刻影响着当地经济的发展。

其次,是战略范围的扩大。在战略发展中考虑环境因素,已经在企业各个领域得到反映,尤其在产品的开发阶段,这种考虑了环境因素的产品设计将具有很强的市场竞争力。当然,进入市场对于企业来说需要考虑的一个重要因素是有没有利润可赚,合不合算。然而,进入到何种程度是合理的或合算的,这种判断并非如此简单。一种方法是援引统计学的方法,围绕消费者的偏好而努力。这样,在企业战略范围的扩张过程中,必须综合考虑企业的环境保护程度,以及企业的形象、品牌提升,或收益提高的相关性。企业通常借助于环境报告等与消费者及投资者进行环境信息的沟通,共同提高大家的环保意识,可以围绕环境保护在消费者的购买行为与投资者的投资行为等方面形成一种协调机制,使企业战略顺利实施。

(五) 基于战略的管理会计

应对上述经营环境的剧烈变化,企业会计不仅与战略管理相对应,而且还要与世界上的强大企业之间开展竞争,并力争在这场大竞争的环境中获胜。面对经营环境的变化寻求积极的应对策略,需要管理会计发挥作用。基于战略的管理会计,需要系统地对管理会计工具进行整合与创新,可以从现有的管理会计工具入手,如成本企画、平衡计分卡(BSC)、ABC、ABM、TQC、TQM、小型辅助利润中心、SCM、集团合并经营、环境管理会计等。传统的管理会计一般受企业目标的影响,它是一种为了达到目标而制定计划,并围绕目标对各种活动的环节加以控制的管理活动。

近年来,为了应对激烈的经营环境和大规模的变化,那类长期稳定的经营计划就变得不够充分了。在预测环境变化对企业成长过程的影响时,必须制定适应的经营战略,并在较短的间隔定期对其加以修正。这种在短期并适时修正的战略系统是一种战略导向的管理会计。在今天这个变化的时代,从战略出发并反馈于战略的闭环已不存在,传统管理会计作为有效周期的机制也失去作用。基于反馈信息不断地进行战略自身的修正将不可或缺。目前的一种新倾向是:一方面,重视战略;另一方面,采取面向业务部门的终端活动,并在更广泛的领域与员工展开交流。这些虽然在BSC中也提出过,然而使所有阶层的员工实现战略信息的共享,采取面向战略实施的行为,我想会发挥出更加积极的效果。进一步讲,企业最关心的是对经营活动成果及由此产生的冲突之间如何有效协调,快速决断。从经营环境的剧变产生的需求而言,管理会计踏入战略领域,需要明确说明由此带来的结果及其影响因素,并不断针对存在的问题加以补充完善,管理会计的有用性也定将获得巨大的提升。

第三节　管理会计"价值观"的框架

管理会计的"价值观"与财务会计的"价值观"是有一定差异的。财务会计比较注重的是企业的账面价值,即确保企业资产的安全、完整,以及保值和增值。而管理会计的价值观更多的是强调企业的核心竞争力,这种核心竞争力首先体现在企业在市场中的价值创造能力或地位,即管理会计强调的是"顾客价值创造经营(Customer Value Added Management,CVAM)";其次是实现核心竞争力的保障,如时间价值与风险价值的管理,通过为顾客创造价值来实现企业最大限度的价值增值。

一、企业价值的构成

企业价值一般有以下三种表现：

(1) 账面价值。账面价值是财务会计核算过程中账面所记载的金额或价值。由于账面价值形成过程中所采用的权责发生制(准备金、待摊与预提等)和历史成本原则等的不同，故其数据的真实性是相对的；而且账面资产在财务报表上显示的主要是有形资产。加之，受稳健性原则的制约，资产在持有期间的增值是无法体现在报表上的，因而掩盖或隐藏的资产价值数量相当巨大。

(2) 市场价值。主要针对上市公司而言的，亦即股票市值。股票价值高，意味着企业有长期价值且所在的这个行业未来有好的前景。即未来的利好(有持续的核心竞争力)，导致股票价值始终保持一种旺盛的成长势头。

(3) 投资价值。一个企业的投资价值，从上市公司来看有如下几种可能，一是潜在的价值。譬如，企业的资产未被市场发掘(若市场已发掘，则早进入市场价值之中了)，它常常表现为企业的无形资产价值，如企业拥有的特许权证，企业独有的人力资源价值等。二是披露不完整的价值。一些隐藏的企业资产没有得到充分的信息披露，加之报表上的资产账面价值与真实价值之间存在较大差别，这些披露不充分的资产及资产价值在现实中仍有较高的变现能力和偿债能力。一旦这些价值信号传达到股市，市场价值就会大增。三是壳资源的内在价值。作为上市公司来讲，除了账面价值外，壳资源也存在较大的价值，其他公司可以借壳来实现上市，或者开展资本重组等有投资价值的行为。

二、管理会计价值体系的框架

本章提出的价值体系或者称其为价值观念体系，就是企业在管理会计工作过程中依据的价值管理思想及其方法体系。管理会计的"价值观"在引领企业价值管理的路径创新上具有积极的意义。通过优化企业价值管理的路径选择与方法应用，保持企业旺盛的持续能力或竞争优势，是构建管理会计价值观念体系的内在要求。在经济进入新常态的情境下，面对"互联网＋"的风口，管理会计价值观体系可以引导管理会计工具的创新与发展。譬如，如何在确保价值创造的前提下使企业自身的实体价值流与虚拟价值流得到结合(傅元略，2004)；怎样围绕"互联网＋"积极布局线上线下等的管理会计运作模式，以实现企业的价值增值；如何应用供应链金融及各种基于互联网的支付手段来完善和发展管理会计的信息支持系统等，亟需管理会计的价值观念加以引导。

管理会计"价值观"既是一种观念，同时又是管理会计工作的价值指引。从当前热门人物马云来看，其在股份中的持有份额就体现了其个人及团队的价值观。大多数公司的企业家或企业团队往往强调在股份中占大头，即希望持有 70% 以上的股份，而马云在公司上市的时候，其所拥有的股份远低于 10%(冯伦，2015)。如果一味强调在股份中占绝对的比例，则阿里集团到现要恐怕也无法上市。通过社会资本的进入，强调经营权的控制，尽快实现资本市场的上市运作，以及实现企业最大限度的价值增值，这才是管理会计价值观所强调的，它也是马云及其团队价值观的体现。同样的，在股票投资活动中，管理会计的"价值观"可以为投资主体在投机与投资两个方面作出指引。投机与投资是投资者心态的体现，也是管理会计价值观的体现。投机主要赚的是其他股民的钱，即博傻游戏，赚别人的钱；投资主要是赚上市公司的钱，通过公司的发展一起成长与盈利。作为管理会计提倡的"价值观"，虽然不反对投机，但总体上还是强调以投资为主。即引导投资者的战略眼光,坚持与上市公司一起成长与盈利。管理会计的"价值观"体系的框架,以顾客价值为上限,以伦理价值为下限,通过价值创新,提升管理会计的增值机制,加强时间价值与风险价值的管理,实现企业的价值增值。如图 2-2 所示。

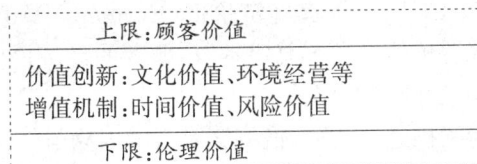

```
┌─────────────────────────────────────────┐
        上限:顾客价值
  ┌───────────────────────────────────────┐
  │价值创新:文化价值、环境经营等              │
  │增值机制:时间价值、风险价值                │
  └───────────────────────────────────────┘
        下限:伦理价值
└─────────────────────────────────────────┘
```

图 2-2　管理会计价值观体系的框架

图 2-2 表明,在管理会计的价值观体系下,顾客价值是管理会计价值观中的主线,或者说是核心价值观;伦理价值是管理会计价值观中的底线,"君子爱财,取之有道",在当前环境下树立环境伦理观与企业社会责任伦理观尤为重要;价值创新是完善和发展管理会计信息支持系统和管理控制系统的前提,从我国管理会计的情境特征考察,文化及其环境等的行为特征是价值创新的重要内容,也是中国特色管理会计的重要体现;以时间价值和风险价值管理为基础的增值机制是实现企业价值增值目标的重要基础与保障。

第四节　管理会计价值体系的结构特征

管理会计的价值观体系是企业价值管理的基础,它从价值理念等层面指引管理会计理论与方法体系的完善与发展。

一、管理会计的顾客价值

管理会计理论与实践的发展不能脱离为顾客创造价值这一宗旨,顾客价值是管理会计价值观中一个基本的指导思想,或者说是管理会计的核心价值观。

(一)顾客价值及其计量

随着企业经营重点由销售额向利润,并进一步向价值管理的方向转变,企业的价值理念发生的变化。即更加重视企业价值以及股东价值之外的顾客价值。"顾客价值"兴起于 20 世纪 90 年代,顾客价值创造经营已成为现阶段一个重要的课题。目前,"顾客价值"尚无统一的定义。概括美日等国对顾客价值的表述,大致有以下三种观点(冯巧根 a,2009):

第一种观点认为,顾客价值就是"顾客感知价值(Customer Perceived Value)"。它是指顾客对企业提供的产品或服务所具有的价值主张。其计量公式是"顾客价值＝感知利得(Perceived Benefits)－感知利失(Perceived Sacrifices)"。其中,感知利得包括物态因素、服务因素及与产品使用相关的技术支持等质量要素;感知利失则包括顾客在购买时所付出的所有成本,如购买价格、获取成本、交通、安装、订单处理、维修以及失灵或表现不佳的风险。

第二种观点认为,顾客价值可以分为有形价值(如通过降低顾客成本,提高顾客收益,使顾客获得更多实实在在的利益)与无形价值(如体现在企业商誉等无形资产中的价值),即企业为顾客创造价值过程中的能力权衡。其计算公式是"顾客价值＝价值实现(Realization)－价值牺牲(Sacrifice)"。价值实现是顾客获得的价值,它从各种源泉中产生。例如,在汽车制造过程中,可以从车内的空间、马达的大小,电动装配的种类,前轮与后轮,汽车的驱动等特性方面寻求价值创造的源泉;价值牺牲是顾客放弃的价值,如商品购入的费用及未来的成本等。

第三种观点认为,顾客价值是商品价值的新发展,它经历了交换价值向劳动价值,再进一步向生产价值的转变,最后形成顾客价值。其计算公式是"顾客价值＝顾客分配价值(Customer Delivered Value,CDV)＋顾客经济价值(Economic Value to Customer,EVC)"。其中,"顾客分配价值＝顾客总价值－顾客总成本";"顾客的经济价值＝生涯成本－其他成本(替代品的配套及成本＋购入后的成本)"。

随着互联网新经济的持续推进,顾客价值将会有新的内涵与外延。笔者认为,可以有第四种观点,即顾客价值是线上与线下共同满足顾客感知的价值体验;其计算公式是"顾客价值＝顾客体验的实体价值＋顾客感知的虚拟价值"。总之,只有正确认识和把握管理会计价值观中的"顾客价值",才能发掘出价值创新的形成路径与行为规则,并最终实现管理会计价值增值的发展目标。

(二)顾客价值的创造

能否为顾客创造价值是企业成功的衡量标尺,是管理会计达成既定目标的重要体现。要实现企业的价值增值,必须努力实现顾客的价值创造,只有创造大且含金量高的价值,才能真正实现企业的价值增值。管理会计价值观中顾客价值的实现路径主要体现在以下几个方面:一是围绕经营质量进行价值创造。在《日本经营质量审查准则(2007年版)》中,对经营质量和产品质量给予了区别对待。将经营质量定义为:"不仅是产品或服务的质量,而且是企业经过长期经营,创造出的顾客所需求的价值,并由此形成维系市场上的市场竞争力及其相关的框架结构"(JAA,2007)。二是以顾客满意为导向的价值创造。最直接的表现就是生产出性价比好的产品或提供相应的满意服务,即将满意度的提升作为评判顾客价值的核心指标。这种价值创造路径可以使实践中的无形满意度转化为切实的利润源,使各利益关联方达成共赢的结局。

管理会计借助于管理控制系统与信息支持系统,围绕顾客价值需求努力实现企业的价值增值目标,其在价值创造实践中的作用可以分为直接与间接两种效果。一方面,通过管理会计控制系统发挥积极的直接效果,如参与决策并直接创造价值;另一方面,通过管理会计信息支持系统发挥间接效果,如对价值驱动因素的鉴别,以及提升管理会计信息质量特征等手段。

现阶段的顾客价值创造重点要关注三个方面的内容:一是要从单一企业的视角转向供应链与企业群价值创造的视角;二是从实体价值链向实体与虚拟价值链结合的方向转变;三是从满足顾客需求向顾客感知(如体验等)等价值创造方向转变。在互联网新经济环境下,企业业务与财务一体化得到融合,顾客价值创造的内涵与外延也在不断扩展。管理会计必须注重企业内外价值链的研究与有效管理,积极嵌入互联网新经济下的网络集聚新模式;同时,增强管理会计价值观的战略性,进而实现企业市场份额与价值成长的紧密结合,以及价值链管理与战略管理的相互促进。

二、管理会计的伦理价值

管理会计的伦理价值是管理会计"价值观"体系的底线要求,管理会计是最早具有自身道德规范的职业种类。在影视产业领域,有热衷于采用"吐槽"的方式来获取高票房,即电影有着超高的票房,但口碑却不经人意。近年来,这种现象经常出现逆反情境,即观影过后的吐槽反而让更多的人去影院一探究竟,到底好不好看因人而异。从社会责任角度评价,这是一种以损害伦理价值来获得企业价值的行为。

（一）环境管理视角的伦理价值

管理会计实践中存在的问题之一就是"管理会计价值观的普及面窄,尤其缺乏企业的伦理价值理念,其后果是过分追逐价值创造中的收益性或盈利性,而不考虑企业价值增值中的责任性与社会性"。伦理价值是管理会计道德观在企业实践中的体现,在环境管理活动中可以浓缩为是以"公平、公正与可持续发展"为导向的价值观。经济发展与环境保护(环境成本抑制)可以称其为"善",而环境污染(巨大的环境成本)与贫困则是一般意义上的"恶",企业在决策过程中面临善与恶的两难选择。很显然,企业的行为不应该是将"善"推至极至,也不可能将"恶"放至无穷,企业的当务之急应该在既有的伦理制度框架下寻找"善"与"恶"的最佳结合点。通过加强环境管理,将环境成本逐步内在化,这种环境伦理价值的行为体现的就是管理会计价值观的一种底线要求。环境视角的伦理价值管理有助于实现企业环境负荷的最小化以及构建可持续发展的循环型社会。换言之,作为提升管理会计价值观体系的伦理价值管理,能够促进企业优化环境行为,节约环境资源,提高价值创造的动力与活力。环境管理会计正是在这种伦理观引领下发展形成的管理会计新分支,加强管理会计伦理价值观的普及与推广,可以加快中国特色环境管理会计指南或指引的构建及其创新发展。

（二）经营活动视角的伦理价值

伦理价值缺失的表现有很多方面,较常见的有:企业在并购活动完成后大量裁员,以及诱导消费者买入难以增值的资产,或者追求过高的利润率,缺乏技术创新的动力等。如果没有创造价值而获得了"价值",那么这种"价值"可能违背了价值增值的基本规律,因为它缺乏"德"的支撑,其结果可能又从起点回到原点。从理论上讲,这种回归是缺乏伦理价值的一种"回报"。中国传统哲学提出的"厚德载物",其中的"德"就是要求企业做事的准则和具体行为要与事物运行的本来规律相吻合,做事准则越符合规律,"德"则越大;反之,则越少。"德"在经营活动中就是企业的伦理价值,它有两个作用:一是为企业提供施展的平台。"德"大能够寻找到真正的用武之地,机遇、资源和条件都会来到企业身边;二是能够承载企业的收获或成果,即最大限度地实现企业的价值增值。企业要实现伦理价值的规范要求,需要包容管理会计价值观的各种特征要素。即在构建伦理价值环境上,必须强化"德"的基本要求。从经营活动视角考察,管理会计的价值观需要面向管理者构建一个基本的伦理框架,强化管理会计价值观体系的底线思维。企业管理当局在经营活动的决策选择上,应主动承担决策的责任和相关的义务。即管理者应该承担的不仅是法律的责任,也需要履行伦理的责任。

三、管理会计的价值创新

围绕顾客价值实施价值创新是管理会计价值观体系中的重要实现机制。管理会计创新受组织及其制度建设、技术及其需求状况,以及文化及其行为特征等的影响。从中国管理会计的情境特征考察,当前对管理会计价值创新影响最为直接是文化及其环境等因素。

（一）管理会计文化视角的价值创新

随着文化的不断融合,企业的价值观呈现出动态、权变的行为特征。文化中的最高理想"不是实现最后对于自我随心所欲的超越,而是试图不断地回归到现实社会中去,用自己的努力和成就强化社会的联系",这种观点在文化的融合中持续演进着(冯圆,2014)。从管理会计文化的价值创新视角考察,现阶段管理会计应用最具代表性的美、日两国,其管理会计的价值观体系也存在明显的差异性。美国的管理会计崇尚操作规范,把实用性作为管理的要求,并以此作为行为准则的依据和价值判断的标准。日本的管理会计则崇尚价值理性,把道德规范作为管理的理性要求,并以此作为行为的准则、价值指向和追求的终极目标(JAA,1994)。如果将"制度"比喻为"硬"文化,而将"情感"等比喻成"软"文化,则美、日两国管理会计价值观体系存在不同的标志。"硬"的机制方面,美国要强于日本,即美国企业更强调正式组织的作用,建立一套完整而有效的管理会计价值观体系是美国企业所更为关注的。即它强调用各种法律法规与制度去指导和规范企业的管理会计行为。"软"的机制方面,日本企业则明显高于美国,日本文化强调"含蓄"并"深藏不露",且注重权变性。同时,日本文化强调企业有机体的组织特征,管理会计中的柔性化和以人为本理念盛行,即通过文化价值观与伦理价值观的融合来规范员工的行为。

"良好的企业文化能够促进整个企业形成合力,提升员工的归属感、忠诚度,形成全员参与、全员奋斗的氛围,有助于企业各部门相互协调,不断提高工作效率,进而促进企业绩效提高和企业成长。"(张玉明、陈前前,2015)广义地讲,文化可以理解为一种制度。它是与一定时期、特定阶段的企业情境相适应的。企业创办初期,文化价值观尚未形成,处于探索阶段,其重点在于培育;企业处于成长期时,文化价值观开始逐步形成,制度规范成为价值创新的重点;企业进入发展与成熟期时,文化价值观则要与战略规划相适应,通过国内外的价值观比较,以及价值创新来完善与发展管理会计的价值观体系。文化价值观的差异是客观存在的,以美国心理学家马斯洛的"需求五层次论"为例。对于美国社会中发展出来的用于测试成就动机的测量量表,一般研究者往往都是稍加修订之后便用来测量中国人成就动机的工具,然后拿去跟美国社会中所测量的成就动机的指标加以比照。研究结论是,中国人的成就动机测量指标达不到美国社会中马斯洛提出的自我实现的成就动机,也就是说中国人的成就动机这项指标总是低于美国人,难以符合量表设计的马斯洛理想化的需求层次理论为基础的成就动机。这种文化价值的比较没有考虑中国本土社会生活人群的情境特征,难以达成本土契合性的理解。这种价值观的差异性对管理会计价值观体系的建设带来了积极的启示,即管理会计必须强化价值创新的功能作用,要引导中国企业重视以服务于社会关系为取向的成就动机,克服过份追求自我实现的动机,增强伦理价值的底线思维。

(二)管理会计环境经营视角的价值创新

文化的本质观表明,环境经营就是从环境的角度重新思考原有的企业文化。或者说,它是一种基于企业文化的环境方面的管理会计价值观的变迁。预防和减少污染排放,提高企业资源的利用效率,促进企业经济效益、组织效益与环境效益的统一,离不开科学有效的环境经营及其管理活动。环境经营本身就是要通过环境成本内在化等手段克服企业经营活动中牺牲环境资源等的"市场失灵"现象,提高企业经营成本的真实性和有效性,引导企业积极履行社会责任,实现社会的公平与效率。在环境经营的具体行为上,"就是要将企业的价值观、经营意识由大量消耗自然资源和能源、追求经济至上,转向节约资源、循环利用,谋求环境、经济和社会效益的协调发展上。由此带来企业一系列的转变,包括由'动脉系'(大量生产、大量消费型)经营结构向'静脉系'(环境协调型)的经营结构的转换;以及企业的设计、生产工艺、材料和产品、流通工艺向减少环境负荷的方向转换"(余晓泓,2003)。

基于管理会计的环境经营是提升企业价值的一种重要途径,它要求企业优化企业环境,节约环境资源。企业面向环境保护采取主动、积极的行为,并努力实施技术手段与经济手段相结合的环境策略与措施,是获得企业外部利益相关者公正评价,提升企业文化与其内外在价值的保证。杜邦公司就是凭着其环境经营的价值创新(构建环保理念),从一个总资产仅为3.6万美元的火药小作坊成长为年销售收入为240亿美元的跨国巨头(余桂玲,2007)。从我国环境经营的实践中加以总结,"效益导向环境成本管理(简称EoCM)"这种工具创新就是管理会计价值观体系中价值创新的一种具体表现。EoCM的研究对象是企业资源的利用效率,目标是实现企业的"三赢",即获得经济效益、环境效益和组织效益的统一。其中,经济效益的目标是降低成本,提高生产率;环境效益的目标是减少废物、废水、废热和大气污染物的毒性和数量;组织效益的目标是有效实施改进,提高组织解决问题的能力。这种管理会计工具的具体方法是,通过EoCM循环(外循环与内循环),寻求企业的非产品产出(Non-Product Output, NPO)。非产品产出(NPO)是EoCM理论的核心概念,它是指那些用于生产过程却未形成最终产品的原材料、能源和水。通过对NPO的计算,找出NPO中的不合理因素,并提出相应的解决方法与改进措施,以此提高企业的产品产出,从而在降低成本的同时,提高资源的生产效率。EoCM是管理会计环境经营视角的价值创新,它较好地体现了企业文化与环境经营的融合理念,对于构建管理会计的价值观体系具有积极的促进作用。

四、管理会计的增值机制

管理会计的增值机制是管理会计价值观体系的重要组成部分。尽管美、日两国在管理会计的文化价值理念上各具特色,但他们在管理会计的增值机制的认同度上却具有极高的一致性。即均高度重视时间价值与风险价值对企业价值管理发挥的重要功能与作用。

管理会计的增值机制主要受两个因素影响,一是时间。时间不同,空间应用不充分,价值评判就会完全不一样。二是风险。生产某种产品或进入某一行业,风险控制程度的差异将会影响企业价值实现的难易与高低。时间价值与风险价值既是企业价值增值基础,也是企业进行科学决策的依据。

(一)管理会计增值机制中的时间价值

从管理会计的价值观来看,一家企业可能在其形成与发展的过程中没有过于突出的表现,但其运作平衡,经营活动持续性强,或者成为了一家百年企业,那么这家企业的价值观就是成功的。反过来讲,时间成为了评价管理会计价值观的一个重要尺度。时间作为一种资源,具有有限性与稀缺性的特征,它既无替代品,也不具有弹性。社会变化越快,顾客越会重视时间价值。西泽修(2000)认为,时间价值体现在企业研发、生产与销售等的整个运作环节,它是取得竞争优势的基础。时间价值不只是利息等财务费用的概念,而是速度价值、符号价值等虚拟空间带来的价值,譬如怎样实现"互联网+"条件下的企业创新驱动,如何选择与时间价值相匹配的价值创造领域,并进而实现最大限度的价值增值等均是时间价值观的体现。管理会计价值观体系中的增值机制就是要发挥时间价值的功能作用,使传统规模经济向速度经济转变,通过时间价值的管理与创新帮助企业管理当局获得竞争优势。

管理会计价值观体系中的时间价值不仅体现为时间差量价值(绝对数),还兼顾着速度价值(相对数),以及适应外部环境变化的权变价值。时间价值作为管理会计增值机制的重要内容已成为管理会计的新热点,如卡普兰提出的"时代驱动的作业成本管理"等。时间的有限性与稀缺性已为越来越多的学者所认同(柯大纲,2008)。时间价值的功能作用具体表现为:① 经营质量的提升。即不仅能够提高劳动效率(系统整体产出速度和物流运行效率的提升),

同时还提高了产品的质量,使产出、成本与收效等实现持续的改善,如利用"互联网＋"改造传统产业,提高企业的经营质量,销售百货企业的实践就是这方面的典型代表;② 顾客满意度提高。时间价值管理能够更好地满足顾客需求,提高顾客的回头率与满意度。譬如,顾客往往愿意为时间买单,当顾客因速度加快所获得的效用高于支出的成本时,这种情境更为普遍;③ 管理水平改善。基于时间价值的速度经济可以降低在产品库存,有助于降低成本,提高生产效率。适应外部环境的不确定性,必须体现时间价值管理的权变价值。从管理会计两大系统的运行机制着眼,管理会计的传统价值管理与时间价值管理的差异性可以总结如下,详见表2-2和表2-3。

表2-2　基于管理会计信息支持系统的认识

	传统价值管理	时间价值管理
信息范围	内部信息为主	内外部信息综合应用
信息功能	采用作业成本等方法优化成本的归集与分配,突出成本信息对决策的重要性	通过时间差量和速度价值来获得价值增值

表2-3　基于管理会计控制系统的认识

	传统价值管理	时间价值管理
目标导向	目标单一:以成本决策为主 局部最优:如某一环节等的成本降低	目标多元化:满足个性化的决策需求 整体最优:强调速度价值(注重生产与物流的效率与效益)
指标设置	以成本降低额与降低率等的财务指标评价为主	在财务指标评价的基础上,注重 JIT 等非财务指标等的应用

(二) 管理会计增值机制中的风险价值

管理会计的价值观体系就是要帮助企业管理者正确把握经营活动中的风险、机会等环境因素,将那些现在未知而未来可能会变得重要的趋势控制好,管理好。外部不确定性风险的对策主要有:① 组织结构变革;② 增大有关环境的信息;③ 提供稳健性的资金安排(如准备金);④ 品种结构的优化等。换言之,通过动态调整企业的管理会计增值机制,积极应对各种不确定性因素带来的负面影响,并探寻出有效的解决路径与方法,其结果所呈现出的就是风险价值的实现过程。具体的风险价值实现过程主要表现为以下几个方面。

1. 价值动因视角的风险价值管理

一方面,结合企业的价值动因对风险收益状况进行调整;同时,结合各项财务指标,如销售、资产的运营效率及现金流量的时间分布和加权资本成本等进行风险价值的测量与评价。另一方面,增强企业自由现金流的财富创造机制,主动应对和管理各种风险,提高企业价值创造的内在动力。

2. 制度建设视角的风险价值管理

一方面,通过制度规范来体现风险管理的价值。譬如,在企业的经营决策中以竞争机制来强化企业的风险管理。即无论是自制还是外包等经营决策都必须以满足企业核心竞争力为先导,强化经营活动中的制度约束。另一方面,强化风险管理中的品牌意识。在某种特定的条件下,品牌、市场份额与利润之间是一种相互平衡的关系,即"品牌＝市场份额＝利润"。为了最大限度地发挥销售效应,必须规划好固定成本,力求使企业的经营风险与利润之间保持一个最合适的比例。

3. 社会成本视角的风险价值管理

一是将企业成本转化为社会成本;二是将变动成本通过社会力量转变为可变化的成本,同时实现固定成本的不固定,等等。管理会计的风险价值是一种动态的价值理念,它强调企业边界与资金流动性的匹配。即在确保风险最小化的前提下,实现商品经营与资本经营两个轮子同时转。

在经济新常态的环境下,管理会计价值观体系中的增值机制要与创新驱动相联结。一方面,借助于互联网新经济的内在要求,实现组织结构的创新,如组织的扁平化、网络化、虚拟化等手段,强化组织间的风险控制,即构建动态、权变的组织结构体系来防范风险。同时,构建组织内部多层次的风险防范体系,制定综合的、全面的企业业务过程标准和政策等,通过强化各种责任中心来引导组织整体价值的最大化(张振川,2004)。另一方面,建立风险预警与报告制度,围绕价值创新开展风险管理,强化风险控制。此外,完善绩效考评,落实风险责任制。不仅要对经济目标与非经济目标进行考虑,还要确立"奋斗目标",优化经营者的问责机制,实现薪酬制度与业绩考评制度的紧密挂钩。

作为管理会计工作的指导原则或行为准绳,管理会计的价值观体系能够帮助管理者作出正确的经营决策。冯仑(2015)认为,企业家主要干好三件事,一是看到别人没有看到的地方;二是算别人算不清的账;三是做别人不做的事情。前两点主要强调的就是管理会计价值观体系中的时间价值与风险价值,即在为顾客创造价值的同时实现价值创新和价值增值;后者就是积极履行社会责任,通过慈善等活动提升企业的伦理价值。总之,积极构建管理会计的价值观体系是全面推进管理会计体系建设的主要抓手之一,也是中国特色管理会计理论与方法体系建设的一项重要内容。

总之,管理会计价值观体系的构建就是要树立顾客价值创造经营的正确理念,强化企业的伦理价值观,同时努力实现企业的价值创新,通过管理会计的信息支持系统和管理控制系统实现企业时间价值与风险价值的增值效应。经济新常态给管理会计带来新的挑战,管理会计的作用范围正在由组织内向组织间扩展,由制造业向非制造业延伸,由经验判断向信息支持手段转型。企业对未来的判断,对环境的正确把握,是企业拥有管理会计"价值观"的重要特征之一。

案例与讨论

☞　案例一

背景资料

广告"标王"陷阱探究

现代市场竞争激烈,企业在竞争中大打广告战,以期扩大销售额。中央电视台黄金段位的广告,为众多商家所梦寐以求,而"标王"桂冠,更为许多人所注目。它已不是一般意义的广告,更是竞争对手比拼实力、排定座次的象征。然而，巨额的中标广告支出，造成企业固定成本的急剧增加，这必须依靠销售额的显著增长来补偿，否则，广告费将成为企业不能承受之重，甚至使企业陷入万劫不复之地。

年底中央电视台黄金段位首次面向全国招标，孔府酒以 3 079 万元成为"标王"，获得了 1995 年的黄金段位，曾经一度风光，但最终却落到被零成本收购的地步。1995 年年底，秦池以 6 666 万元一举成为"标王"，1996 年更是以 3.2 亿元的天价蝉联"标王"，但仅仅两三年后，秦池就负债累累，其商标被作价 300 万元拍卖，企业最终被整体出售；1998 年以 2.1 亿元获得标王桂冠的爱多 VCD，在当年就败于碟机价格大战中。由于历年"标王"屡屡落马，于是就有了所谓"标王陷阱"之说。不过，如果应用本量利分析，就可以发现标王落马的部分原因。且看标王秦池酒厂的发展轨迹。

秦池酒厂成立于 1990 年，当时年白酒产量仅 1 万吨左右，产品只在潍坊地区销售。姬长孔接手之后，凭 50 万元在东北进行促销，包括电视广告、免费品尝、宣传单等，从而扩大了东北市场，销售额节节上升，1994 年开始获得了较多的利润。1995 年，姬长孔踏入中央电视台梅地亚中心，随身携带 3 000 万元（相当于 1994 年秦池酒厂的所有利税之和，或者 3 万吨的白酒。）但这距离"标王"的桂冠还很远，经过紧急协商，秦池酒厂调整标底，最后以高出第二名近 300 万元的 6 666 万元竞得"标王"，获得当年的广告段位。

从这些资料分析，该厂原计划是将 1994 年的所有利税投入 1996 年的广告，如果销售量没有增长，企业将无盈亏。但最终获得"标王"的代价是 6 666 万元，意味着如果销售量没有增加，则企业将亏损 3 666 万元。而如果要保持盈亏平衡，贡献毛益总额必须增加 3 666 万元，而秦池酒作为一种低价酒，单位贡献毛益不太大，因此主要的增长必须依靠销售量，即市场份额的扩大。一旦预期的市场份额扩大量没有实现，则企业将出现亏损。所以一掷万金的举动，在当时确实相当的大胆。幸运的是，"标王"所带来的品牌效应，使秦池酒获得了巨大的销售额，据秦池对外通报的数据，当年企业实现销售收入 9.8 亿元，利税 2.2 亿元，增长 5～6 倍。如果按 1994 年的数字匡算，应当是 7 万吨左右的白酒。即销售额的显著增加，不仅补偿了秦池酒厂所增加的广告费投入（固定成本），而且使酒厂的利税获得了巨大的增长。

1996 年年底，尝到甜头的秦池酒厂再次走进了中央电视台梅地亚中心。受秦池酒厂去年成功经验感染，竞标相当激烈，广东爱多 VCD 一口气喊出 8 200 万元，超出去年秦池 1 000 多万元。而一家名不见经传的山东白酒金贵酒厂更是喊出 2.009 9 亿元的天价，企图一鸣惊人。岂料，秦池酒厂竟开出了 3.212 118 亿元的投标金额——这一数字，竟是根据当时的经营厂长姬长孔的手机号码确定的。时任总经理王卓胜放言："每天开进央视一辆桑塔纳，开出一辆豪华奥迪。"确实，1997 年固定成本中的广告费比 1996 年增加了 2.55 亿，如果不考虑其他固定成本的增加，要使 1997 年的利润和 1996 年持平的话，企业的销售额就必须增加 2.55 亿。于是秦池酒厂订出了 15 亿元销售额的计划。如果 1996 年的奇迹照常出现的话，那么，利润岂不是又要增加五六倍了吗？但是，当企业经营规模进一步扩大的时候，超过了现有的生产能力，就必须面临增加投入扩大规模决策，如果规模没有改变，那么生产将无法满足扩大销售量的需求，从而无法实现预期的销售额增长，也就无法实现利润的增长。

显然，一些媒体的记者比沉浸在蝉联"标王"成功喜悦中的秦池酒厂的管理者更为精明。带着对"一个县级小酒厂，怎么能每年生产出 15 亿元销售额的白酒"的困惑，北京《经济参考报》的 4 位记者便开始了对秦池的一次暗访调查，结果发现，秦池每年的原酒生产能力只有

3 000吨左右,不断增加的销售量对产量的需求,不是通过扩大生产实现的,而是通过从四川收购了大量的散酒,再加上本厂的原酒、酒精,勾兑成低度酒,然后以"秦池古酒""秦池特曲"等品牌销往全国市场的。消息传开,秦池酒轰然倒下。1997年,秦池完成的销售额不是预期的15亿元,而是6.5亿元,再一年,更是下滑到3亿元。结局是可想而知的,没有了销售额的支撑,贡献毛益急剧下降,而巨额的固定成本却仍要支出,亏损是不可避免的。结果秦池酒厂的商标以300万作价拍卖,2004年,秦池酒厂无奈被整体出售。

可见,巨额广告并非万能。作为固定成本,广告费的增加使企业的盈亏临界点上升,在其他因素不变的情况下,安全边际下降,利润空间减少,企业风险加大。只有增加销售量才能使该广告支出得到补偿,并带来利润。而销售量的增加又使企业的收入和成本性态发生变化,超过相关范围后,将使单位收入下降和单位变动成本上升,进一步导致盈亏临界点的上升和安全边际的下降。一旦销售量由于市场原因或是企业经营规模限制而无法增长时,无限制的固定成本(广告费)支出只能增加企业的风险,从而加速企业的灭亡。

——案例来源:国家会计学院会计硕士专业学位(MPAcc)系列教材《高级管理会计理论及实务》

请讨论

1. 结合上述材料,从管理会计的战略理念出发,怎样理解广告产生企业价值? 企业应如何在广告投入与产出上体现管理会计的战略导向?

2. 基于管理会计的价值体系,如何规划企业发展与广告促销之间的关系,并进而在市场中获取竞争优势?

答案提示

略。

☞ **案例二**

背景资料

美国一家制造太空梭零件的中型企业,专门生产电子产品出售给太空初级设备制造厂家,年销售额达900万美元。该公司于2006年起应用战略成本管理,开展经营绩效评估,以增强市场竞争力。他们的做法是:对公司的主要客户征询有关产品设计、质量以及企业信誉方面的意见,同时对销货协调等方面的能力进行了调查。上述征询与调查的结果表明,客户最为关注的是企业产品的成本与质量以及售后服务情况,对产品工艺、企业技术的先进性似乎不十分关注。综合各项意见,发现顾客对成本、质量及售后服务不甚满意。为此,公司成立了专门小组,从战略角度着力加以纠正和完善,依据企业管理(结合成本管理)的要求,将原先的32个指标缩减为10个指标:① 及时送发货;② 生产流程的稳定性;③ 工程成本;④ 新产品研制周期;⑤ 产品初次合格率;⑥ 产品生产周期;⑦ 生产效率;⑧ 保证退货;⑨ 质量情况;⑩ 再加工与残料成本。同时围绕上述指标,按月开展分析、编制业绩报告,及时反馈给生产员工,并附送给顾客。专门小组还鼓励中层管理者根据自身工作职能提出合理化建议。

上述指标运转一段时期以后,他们又适时地将指标压缩成5项,即① 保证退货;② 新产品研制周期;③ 产品生产周期;④ 及时送发货;⑤ 生产效率。从这5个指标中不难看出,指标多以成本、质量及时间要求为主,而这些正是顾客所关心的。在企业这一战略管理的实施之初,也遇到了一些阻力,主要是中层管理人员配合不积极,有的为显示良好业绩甚至隐瞒真情,经过专门小组的组织协调,最终实现既定目标。2007年实现的绩效情况是:① 及时送发货提高89%;② 产品研制周期下降35%;③ 生产成本与销售额的百分比下降10%;④ 客户报价时间提高50%。这表明,战略成本管理之所以成为一种新趋势,是因为:① 它是一种实用的管理技巧,绝不是一种新流行;② 它是提供企业达成财务与竞争优势的重要阶梯;③ 当管理者有效地学习并使用这种方法,将会产生独特的效果;④ 它不仅能促使企业成本下降,同时也可以提高企业的服务质量;⑤ 它是适应企业改革与发展、开展绩效评估的有利工具。因此,在企业确定制胜的竞争战略过程中,实施战略成本管理是十分必要的。

请讨论

结合上述材料,谈谈战略管理在管理会计应用中的重要性。

答案提示

略。

本章参考文献

[1] Johnson H. T.,Kaplan R. S. Relevance Lost: The Rise and Fall of Management Accounting[M]. Boston, Massachusetts: Harvard Business School Press,1987.

[2] 日本会计研究学会(JAA)特别委员会.成本企画研究的课题[Z],1994.

[3] 西泽修.以顾客价值创造经营为目的的管理会计[J].企业会计(日),2000(6).

[4] 余晓泓.日本企业的环境经营[J].中国人口·资源与环境,2003(5).

[5] 张振川.现代企业风险价值管理问题探讨[J].会计研究,2004(3).

[6] 傅元略.价值管理的新方法:基于价值流的战略管理会计[J].会计研究,2004(6).

[7] 朱七光,何米娜.企业环境成本的演进逻辑及伦理学本质探析[J].上海立信会计学院学报,2006(6).

[8] 于增彪,王竞达,袁光华.中国管理会计的未来发展:研究方法、热点实务和人才培养[J].首都经济贸易大学学报,2006(1).

[9] 日本会计研究学会(JAA)特别委员会.市场、产品、顾客与管理会计的新范式[Z],2007.

[10] 余桂玲.略论环境经营企业文化[J].环渤海经济瞭望,2007(3).

[11] 柯大纲.基于时间竞争(TBC)的管理会计理论与方法[J].上海立信会计学院学报,2008(1).

[12] 冯圆.成本管理的概念扩展与创新实践[J].浙江理工大学学报,2014(6).

[13] 冯仑.赚钱以外的功夫[J].读者,2015(7).

[14] 冯巧根.管理会计的框架结构——情境特征的管理过程[J].会计之友,2015(20).

[15] 张玉明,陈前前.企业文化与中小上市公司成长的实证研究[J].会计研究,2015(3).

第三章 管理会计的内在治理与控制机制

管理会计对公司治理的积极作用是通过财务治理来实现的,内部控制与风险管理是实现公司治理内在化的重要手段。完善管理会计的控制机制离不开管理会计与财务会计的沟通和协调,公司治理内在化从战略视野引导管理会计的控制机制持续优化。

第一节 管理会计与公司治理的内在化

公司治理(Corporate Governance)的内在化是以组织结构的优化为基础的,它要求对传统的企业运行制度和机制进行全面性的调整与改革。管理会计作为企业财务的一部分,需要结合现代公司制度中产权制度、组织制度、管理制度及相关制度环境的变革,作出相应的整合。适应公司治理的内在化,管理会计信息有必要在维护商业秘密的前提下向社会公告,并接受外部监督。同时,进一步扩展管理会计的功能体系,并不断推陈出新,为满足公司治理职能的需要,提供有助于决策、激励和监督的有用信息。本文从管理会计与公司治理内在化两个视角探讨它们之间的内在联系。

一、管理会计中的公司治理作用增强

公司治理是关于公司各利益主体之间权、责、利关系的制度安排,涉及决策、激励、监督三大机制的建立和运行等。公司治理系统运作的核心目标是控制经营者行为,使其经营活动自觉追求股东财富最大化,实现经理利益与股东利益的一致。2002 年 1 月,中国证监会发布了《上市公司治理规则》,依据这个规则,中国的公司治理以上市公司为中心进行了推进。从管理会计的角度看,公司治理的作用主要体现在以下几个方面:

(一)公司治理在很大程度上依赖于财务治理

在《上市公司治理规则》中明确规定,公司治理的基本目标是保护股东权益。公司要求在持有股份的股东之间就人事、资产、财务等方面拥有独立性。公司治理中的管理会计作用主要是通过财务治理(Financial Governance)来体现的,而财务治理又主要是通过以下两个方面来表现的。

(1) 财务总监(Chief Financial Officer,CFO)。CFO 制度是在企业所有权与经营权分离以及多层次管理的治理结构下,由企业所有者在企业内部所建立的、旨在保障所有者利益和实现公司资本保值增值并由特定专业人员、机构、制度和措施等因素有机组成的财务监督与管理制度的总称。CFO 由企业的所有者或全体所有者代表决定,并体现所有者意志,他是全面负

责对企业财务、会计活动进行监督与管理的高级管理人员。CFO一方面代表股东对经营层进行监督，另一方面作为领导团队的一员，是CEO(Chief Executive Officer,企业最高行政长官)的战略合作伙伴。CFO是依据管理会计手段实施公司治理的主体,他负有履行股东赋予的监督权和CEO赋予的经营权两种权力。从管理会计层面上看,CFO履行股东赋予的监督权的过程就是优化企业财务管理、强化内部控制和审计监督,提高会计信息的真实性,勤勉尽职地做好财务会计的领导工作,维护广大股东的切实利益;CFO履行经营权的过程就是组织预算制定并报经董事会批准,制定战略方案以供CEO决断,组织预算的执行,并向董事会或其下属专门委员会汇报。董事会已成为管理会计信息的最大需求者。

(2) 会计背景的独立董事。独立董事代表中小股东对公司进行监督与管理,其在公司治理中具有特殊的地位,并发挥着积极的作用。独立董事参与面广,它将参加董事会下属的审计委员会、薪酬委员会和提名委员会等组织,并且在一般情况下,会计背景的独立董事还将担任审计委员会的召集人。《上市公司治理规则》中明确要求上市公司至少必须配备一名会计背景的独立董事,这就为财务治理作用的发挥提供了制度上的保障。独立董事作为公司的外部董事,一般而言,其作用的实施大都借助于对管理会计功能的有效发挥。例如,参与投资战略的决策、判断财务状况的真实性和可靠性、评价经营成果的有效性,以及考评经营班子的业绩等。

（二）企业管理制度的建设离不开管理会计

随着全球化市场竞争的加剧,以及组织结构变迁速度的加快,企业的各种不确定性因素增强,企业管理制度建设面临深刻的挑战,此时管理会计的支撑将显得十分重要。"在经济学与会计学演化的历史长河中,经济学历来揭示经济的本质及运行目标,而会计学为体现这种本质并顺利实现运行提供保障。例如经典意义上的企业本质与目标,即营利性组织与利润最大化,只有在会计提供了一整套'资产、负债、所有者权益'与'收入、费用、利润'理论与指标后才完成了经济学理论向现实的转化。"(杨雄胜,2005)换言之,管理会计可以通过"硬"的方面——会计制度规范来提供决策有用的信息,同时,通过"软"的方面——组织文化建设为企业发展提供环境条件。实践证明,公司目标和文化的差异以及企业内部环境会显著地影响其对内部控制和激励的需要程度。与财务会计的信息不同,管理会计系统提供的信息主要是,股东和其他利益相关者的收益保障信息;CEO业绩责任的制定依据;企业经营业务的质量判断;董事会的业绩考核标准;企业组织结构与业务流程的优化状况;企业的价值观和文化建设情况;各个管理层次的业绩评价和激励补偿系统设计(包括针对高层管理人员的奖励与补偿合同的制定)等。

随着公司治理内在化的推进,管理会计的地位将被提高到前所未有的高度。由CFO和会计背景独立董事所履行的各项职能既具体又概括,通过CFO总体把握并制定出的决策方案,有助于CEO作出最终决断;通过会计背景独立董事所体现的财务治理功能,加强了董事会对管理会计重要性的认识。董事会成为管理会计信息的最大需求者之后,管理会计的内在动力被激发了出来,使管理会计真正落到实处,并成为连接股东和经营层的信息纽带。

二、公司治理的内在化:强化内部控制与风险管理

传统的公司治理注重政府的监管,并从宏观的视度观察问题,如侧重对公司治理成本的提高与公司治理状况及经营业绩有无相关性等的研究。然而,这种研究往往难以解释为什么政府强化监管力度,而企业财务造假事件却无法消除,有时反而会有增加的迹象。公司治理的内在化则将视角从宏观转向微观,从完善企业内部管理机制着手进行治理结构的优化。作为公司治理的核心问题,即经理自主权的有效控制并使之与股东利益一致,只有在有效的内部控制制度和风险管理的保障下,才有可能形成解决之道。

（一）我国企业内部控制存在的问题

我国的内部控制及其制度建设没有欧美国家那样充分和完善,至今尚未实现会计与审计的有效联动。从财政部公布的《内部会计控制规范》①来看,中国的内部控制框架是以企业内部管理的流程化、合理化为目的的内部控制,这与欧美之间的内控意识存在一定的差距。其具体表现在:① 未能将企业的内部控制制度与公司治理和企业的经营过程结合在一起,难以促进和提高管理者对内部控制的重视;② 内部控制的责任主体单一,只将本单位负责人作为内部控制的主体,而欧美国家的内部控制框架将董事会、管理层、其它员工均作为控制的主体;③ 内部控制重视硬性的控制方法、程序和手段,忽视内部控制环境和人的控制等软性控制;④ 内部控制注重业务环节控制,忽视企业风险的识别、评估和反应控制;⑤ 重视内部控制制度的建立,忽视内部控制的评价和监控,等等。这样的内部控制很难使企业管理者乐于接受,因此建立一套科学的概念性的内部控制规范,供管理者在构建一个有效的内部控制时作为指南就尤为重要。

（二）完善企业内部控制的具体思路

尽管欧美各国基于防范经营者欺诈的客观需要,制定了严格的内部控制制度,并建立了诸如特许管理会计师协会(Chartered Institute of Management Accountants, CIMA)、管理会计师协会、内部审计人协会等组织,然而会计造假现象仍然频繁发生。这表明,内部控制本身存在着"制度剩余",需要从公司治理内在化的视角进一步加以改革与完善。结合我国内部控制系统的现状,我们应从内部控制的基础着手,通过强化财务信息的公开揭示来确保会计的真实性。其具体的思路是:① 借鉴美国《萨班斯—奥克斯利法案》的精神,改进我国上市公司的信息披露制度,强制要求披露内部控制评价等相关信息,加强管理者对内部控制的重视;② 建立会计与审计的联动机制。研究制定内部控制审计准则,为我国审计人员执行内部控制审计业务订立职业规范;③ 建立切实有效的内部控制评价制度,加强对企业内部控制建立和实施情况的监督检查;④ 建立内部控制评价结果与市场评价结合机制。借鉴美国的做法,将内部控制的评价结果和企业等级鉴定结合起来,借助于等级鉴别及股价判断,让内部控制的评价结果影响企业价值,促进企业对内部控制的内在需求。

（三）实现内部控制、战略经营与风险管理的有机结合

内部控制是围绕价值创造从企业内部对依法经营的企业活动情况实施的控制。内部控制的基本内容是对价值创造的一种自我责任控制,这与基于保护外部利害相关者并从外部进行强制的控制、如外部审计不同。虽然两者难以割裂,然而内部控制作为外部审计的补充强化手段,这在当前内部控制不断扩展和深化过程中却是客观存在着的现状。内部控制与战略经营及风险管理紧密联结,超越了单纯的内部牵制制度、内部审计的强化及控制制度的确立之类课题,而是与公司治理及企业的社会责任这类企业经营问题紧密相联。

---

① 2001年8月4日公布,具体分两个层次,一是内部会计控制基本规范,主要涉及内部会计控制的目标、原则、内容、方法、检查、督导和实施等问题;二是内部会计控制具体规范,主要是对单位内部的各种具体会计工作进行的规范。

当前,企业内部控制与优化价值创新模式紧密相关。随着经济社会不稳定性的提高,市场的个性化和外部激烈的竞争状态使世界各国都面临环境、生态保护的严峻形势,价值创造不能够无视环境保护和战略经营,同时,这种战略经营更难与风险相分离,它们往往是交织在一起的。即在风险中不仅存在战略,战略还将风险转化为收益的机会。因此,战略经营的常规化使日常业务活动与风险直接联结。今天的风险,不是与金融、投资、产品与技术开发等相关的个别现象,而是作为基于战略轴心而展开的紧密联结日常业务活动的综合性现象。因此,风险管理需要在公司内由一个独立部门来管理,该部门不仅是能否在内部控制中扮演好重要的角色,更重要的是应当保持与企业的各级管理者(以 CEO 为中心),以及企业员工所从事的日常活动之间开展联系。这种内部控制框架与风险、战略间的关系可以图 3-1 来表示。

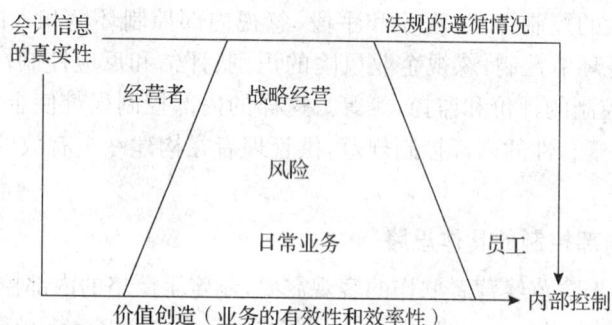

资料来源:根据西村(2005)修改而成。

图 3-1　内部控制的框架

图 3-1 表明,经营者为保证价值创造的实现、遵守法律规范[1]、提高会计信息的真实性必须实施内部控制。当前,经营者的欺诈及经营的失败并非单纯经营者个人的道德及会计操纵的原因,它在更多情况下可能是由于战略经营的失误及风险经营的失败而导致的。有人对法规的遵循情况进行过研究,他们对 1993—1998 年这一期间《幸福》杂志上的 1 000 家企业进行过调查,选择其中一个月内股价下降最大的 100 家公司作为样本,揭示出引起股价下降的起因和现象。根据对这些原因的分析,战略风险是频率最高的因素(58%),日常经营(operational)风险紧随其后(31%)。财务风险在各种原因中仅为 0.6%,突发性事件引起的风险(hazard risks)没有对股东价值产生大的影响。从安然、世通等案件观察,"为实现雄心勃勃的利润计划而对经营者施加压力,是诱发违反会计准则的一个动因"。经营战略的失误及风险经营的失败将善人也改变成了恶人,优秀的会计方法也转化为了粉饰的手段。战略决策的失误及风险经营的失败,超越了单纯的个人及团体的领域,企业甚至企业集团整体遭致破产,有时善意的经营者也不得不染指虚假或欺诈。因此,问题的核心是公司治理的内在化,通过管理会计与财务会计的融合,以及会计技术与方法的不断优化,增强法规的执行力度,提高会计信息的真实性。

三、管理会计创新:公司治理内在化的战略意图

由于人们对公司治理认识的局限,当前存在着这样一种危险:即人们花费越来越多的时间

---

[1]　主要是满足财务会计的要求,如保证会计信息(财务报告)的真实性等。

致力于改善企业的控制标准和道德水准,而对能创造价值、保障公司目标实现的公司战略的关注则明显不够。从公司治理内在化的视角实施管理会计的战略选择,是今后一个时期管理会计研究的重要课题,也是公司治理优化的关键所在。

(一)企业治理:一种新理念

一般认为,对经营者的约束与激励来自于相互联系的三个方面,市场(包括资本市场和经理市场)、公司治理结构、业绩评价与报酬计划。市场和公司治理结构组成公司治理,业绩评价和报酬计划是管理会计的研究范畴,对经营者的约束和激励是公司治理的源泉,而公司治理对经营者的约束和激励是以管理会计的业绩评价和报酬计划的信息反馈为依据。然而,国际会计师联合会(IFAC)的事业委员会专门理事会(PAIB)与特许管理会计师协会(CIMA)携手,实施了管理会计的创新,将上述公司治理与管理会计的关系进行了重组,提出了企业治理(Enterprise Governance)与经营治理(Business Governance)的公司治理结构新组合(见图3-2)。

资料来源:PAIB,*Enterprise governance*:*Getting the Balance Right*,CIMA and IFAC,2004,p. 10.

图3-2　企业治理的框架

图3-2表明,内部控制与风险经营共同作为公司治理(Corporate Governance)的一部分的同时,使其与战略问题相挂钩。将这种战略过程进行有效监督(oversight)的环节被视为经营治理(Business Governance),将这两方面有机结合就形成了企业治理的新概念。

(二)公司治理内在化中的管理会计创新

公司治理的内在化在于谋求组织内部战略的有效实施,或者将战略与管理会计进行融合,在必要的情况下创新战略,丰富和发展管理会计功能。它主要体现在以下两个方面。

1. 传统的平衡计分卡向战略方向转变

为了监督公司治理内在化条件下的企业战略状况,国际会计师联合会(IFAC)的事业委员会专门理事会(PAIB)提出了两种思路,一是支持董事会,特别是独立董事对战略过程实施监督;二是赋予CEO进行战略选择及经营结构调整的权利。同时,为了全面反映企业的战略过程及其行为,揭示真实、公正的有关战略地位与进展情况的信息,传统的平衡计分卡(The Balanced ScoreCard)开始向战略计分卡(Strategic ScoreCard)方向发展。战略计分卡不是"详细的战略计划",而是董事会实施战略选择的过程描述(见表 3-1)。

表 3-1 战略计分卡

战略位置(Strategic Position)	战略取舍与选择(Strategic Options)
微观环境(市场、竞争) 宏观环境(经济、政治、法规) 剧烈变化的威胁 企业状况(市场占有、价格、质量差异化) 能力(核心能力、SWOT 分析) 企业相关者(投资者、职员、供应方)	范围的变化(地域、产品、市场区位) 经营方向的变化(低或者高的成长、价格或者质量的提供)
战略履行(Strategic Implementation)	**战略风险(Strategic Risks)**
依据董事会的意图推出的最新策略 特定方案的选择及详细评价的进程 可能实现的标志,时间方向的设定 设定具有决定性的各种成功要素	基于战略风险的彻底审查 沉淀在公司/业务部门计划中的战略风险 与主要风险相关的影响、以及可能性分析 重新检查风险的正当手续 面向主要风险的重要行动计划 潜伏在兼并、购买计划中的风险管理

资料来源:PAIB,*Enterprise governance:Getting the Balance Right*,CIMA and IFAC,2004,p. 26-31.

表 3-1 表明,这种战略计分卡是由战略地位、战略取舍与选择、战略实施、战略风险四个方面的内容构成的框架。这种计分卡不仅较好地履行了战略管理的要求,而且这种灵活实施的状况是基于董事会责任基础上所展开的"监督、报告、跟踪"系统。根据战略计分卡与内部控制结合的思路,可以设计出如下的内部治理机制,见图 3-3 所示。

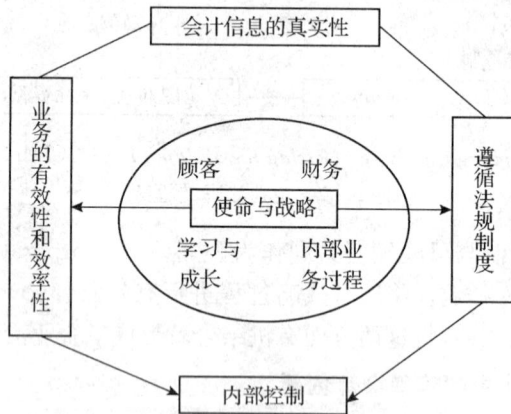

图 3-3 平衡计分卡与内部控制

图 3-3 表明,它是一种支持"向战略转移行动"(Translating Strategy into Action)的过程,它通过管理会计创新将平衡计分卡嵌入到内部控制之中。从战略计分卡来看,平衡计分卡是通过战略导向将一些非财务的核心指标融入于公司治理,尽管这一思路对业务经营(Business)起着积极作用,但是面对不稳定及复杂的决策情况,必须通过根本性的质量转变来实现战略管理的要求,这进一步表明了风险经营和"战略行为"之间所具有的关联性。

2. 前馈机制应用于内部控制和公司治理

传统服务于价值创造的内部控制系统采所用的是一套反馈体系。它与市场、竞争及风险密切相关，并在促进风险要素之间交流，积极开展对策评价与监督等管理活动，但这些工作主要以事后的信息反馈为基础。理论上讲，正因为该过程涉及公司的整体状况，所以当内部控制的价值创造与管理层的经营报告，以及内部审计相结合时，公司治理的结构将得到优化，会计信息的真实性就会有保障。然而，在现实的过程中，实际的结果几乎与目标不一致。企业的战略失误及风险管理的失败使其处于难以自拔的窘境，安然、世通等的案件表明，反馈式控制往往是无效的，或者即便有效果其反馈的过程将需要投入巨大的成本和时间，其结果可能将经营母体拖垮。一种解决思路是在反馈机制的基础上引入前馈机制，使内部控制与风险管理服务于公司治理的内在化。前馈不仅是计划与预测，它是应用事前的信息，传递（沟通）、监督、评价系统的控制计划，将接近目标的现实情况在事前通过各种手段发挥作用的过程。前馈机制的引入使公司治理的目标由单纯的事后控制转向事前与事后控制的融合，并促进了管理会计与财务会计的信息沟通。这一过程若用博弈论的观点加以分析，可以设计出如图 3-4 的博弈模式。

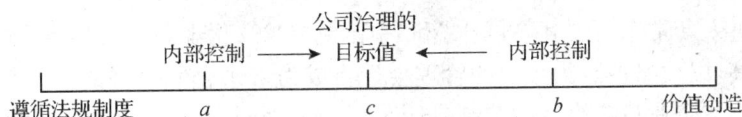

图 3-4　内部控制与公司治理

图 3-4 中 c 表示理想的公司治理状况（目标值），a 是内部控制的一种现实选择，b 是另一种内部控制的现实选择。为什么这种"内部控制的选择"不直接采用理想的公司治理状态（目标值）呢？主要是因为在反馈的信号传递中，为了发挥遵循法规制度的最大效用，人们不愿意完全放弃诸如"盈余管理"等类似的会计操作手段；而在前馈的信号传递中，企业为了实现更大的价值，不愿意完全按照公司治理的要求行事，因为那样可能束缚较多，"灵活性"受到影响。即 a、b 这两种内部控制的现实选择，基于自身利益的考虑都不愿意在短时间内达到 c（目标值），但是其最终的结果将会趋近 c。换言之，现实中的内部控制是在价值创造与遵循法规制度之间不断博弈所达成的一种均衡，它们通过将偏离的"现实"在事前或事后采用均衡的方式接近理想的企业治理目标系统（目标值）。并且，这一过程由反馈与前馈共同构成。前馈机制的引入改变了以往内部控制制度选择的单一博弈格局（在遵循法规制度与公司治理目标值之间），使内部控制的现实选择在遵循法规制度与价值创造之间进行双向博弈。从这个意义上讲，内部控制系统不仅仅包含管理会计领域，也意味着管理会计向财务会计（核算）方向的靠拢。

结合管理会计探讨企业内部控制是优化和完善管理会计控制机制的重要途径，它有助于从内在化的视角设计公司治理（企业治理）的结构体系，并将战略性的意图传达给管理会计。公司治理结构的优化必须将内部控制、风险管理，以及财务会计等有机地连结起来。同时，充分发挥内部审计组织的服务功能，使其服务于企业的"经营"及业务的发展，实现企业经营管理活动与内部控制两个轮子同步前进，并且通过强化会计信息的真实性来促进公司治理内在化目标的顺利实现。会计信息载体的财务报告不单是遵循法规制度的产物，而是以董事会、经营层控制责任与受托责任的结合为基础的，并据此获得相关利害关系者的信任是一种公司治理内在化的形式体现。随着我国公司治理结构的进一步完善，以及会计准则全面国际化的推进，管理会计学者以内部控制作为自身的研究对象，并在与财务会计不断沟通的基础上展开探讨是极具现实意义的。

第二节　管理会计的战略控制

在企业控制问题的研究上存在两个研究维度，一个是规则维度。从企业经营活动所体现的严格规范以及相关细则入手加强制度约束与管理。基于组织控制的视角加以解释，这是一种经营控制，它体现为组织中的中层管理者对基层员工的控制。另一个是战略维度。即从企业发展战略的视角来把握企业的经营活动。它与组织的权力结构、责任结构和业绩评价结构相对应，表现为组织的高层管理者对中层管理者的控制。管理会计视角的控制以往主要偏重于经营控制，对企业的长远发展重视不够。

一、管理会计战略控制的机制理论

随着经济进入新常态，在"互联网＋"和"中国制造 2025"规划的引导下，企业管理的智能化要求越来越高，以战略控制为导向的管理会计将成为未来企业控制的一个重要课题。管理会计的战略控制与企业战略维度的控制有所区别，除了突出战略导向管理会计控制外，对企业微观层面的经营控制依然关注。具体而言，管理会计的战略控制可以通过以下两个途径体现出自身的功能作用。一是适应企业规模扩大，通过重点管理和例外管理驱动企业管理创新的积极性；二是结合不同时期经营目标的配置，为企业经营业绩的稳定增长和经营风险的控制提供制度上的安排。

在管理会计实务中，管理控制最早见于法约尔（Fayol，1916）的管理四功能（计划、组织、协调与控制）之中。他认为，"控制"是管理功能中的重要组成部分之一，是一个延续不断的、反复发生的过程，其目的在于保证组织实际的活动及其成果同预期目标相一致。战略控制是基于控制论的内部控制理论与方法，其核心就是预算控制（Dent，1990；Waterhouse & Tiessen，1978）。Flamholtz（1983）认为，管理控制是任何试图影响他人为了达到组织目标而努力的概率的行为。Sulaiman 等（2005）认为管理控制系统中最重要的观点是：① 关注公司战略。即公司战略是事先规划好的，有计划地实施。② 明确因果关系。即结果是按照计划得来的。Kren（1997）指出管理会计中的管理控制系统主要研究的问题是会计业绩指标、预算参与水平、激励机制和其他控制工具的决定因素和后果。其框架结构由三个递进概念组成，即前因变量、特征变量和后因变量。Garrison（2006）提出的管理控制包含计划、执行、控制和决策等四种职能。

于增彪等（2005）对 Kren（1997）的研究框架进行了改进，认为管理会计系统研究是由系统决定因素（前因变量）、管理控制系统（中间变量）和系统运行后果（后果变量）这三组变量组成的结构框架。王斌、顾惠忠（2014）认为，管理会计是围绕公司战略及价值驱动因素等，直接参与企业内部各项行动方案、指标与管理目标规划、设定，并通过预算、责任考核及业绩评价等管理会计机制实施控制，以实现价值增值目标的动态过程。它是落实组织战略、确定组织具体目标、修正行动方案、实施过程控制的重要机制，旨在有效控制因组织内容不确定性对组织可能产生的消极影响、提升组织的价值创造能力。傅元略（2015）认为，根据管理控制的内在要素，即控制目标、衡量执行情况和纠正偏差等,可以推导出管理会计控制系统的三大要素,即目标设定、内部报告和责任人激励。结合国内外学者的观点,可以将管理会计的战略控制机制理论按以下几个方面加以归集。

(一) 信念控制理论

这一理论以默钱特(Merchant)和大内(Ouchi)等为代表。前者从管理控制的信念入手确定管理控制的基本含义,并认为管理控制是既有行动、结果控制,也有个人/文化控制等。后者将管理控制分为行为控制、结果控制和团队控制,且这些控制方式的应用取决于两个背景因素,一是对预期行为的认知和知识;二是结果评价的能力。该理论通过愿景或使命说明公司战略的发展方向,通过管理层高度统一的价值理念传达管理控制的战略信念。同时,借助于控制机制的选择,对每一种控制形式所能提供的控制程度和直接与间接成本,比较各自的优劣势,达到合理解释结果的好坏以及判断结果的质量衡量情况。

(二) 边界控制理论

这一理论以罗伯特·A.安东尼(Robert A. Anthony)与维杰伊·戈文达拉杨(Vijay Govinderajan)等学者为代表。该理论认为,管理控制就是"管理者用来确保组织有成效地获取和利用资源并实现其既定目标的程序",其核心是"在战略目标的引领下,建立一个集成化的管理控制系统,并据此解决战略制定和实施过程中存在的一系列矛盾和问题"。以安东尼为代表的这一理论将管理控制嵌入于管理会计之中,并将心理学作为控制系统的基础理论,注重战略对管理控制的影响,但在管理控制对企业战略的反作用方面重视不够。杨雄胜(2006)认为,这一理论具有明显的"边界"特性。理由之一是,该理论仅强调会计层面的管理控制,使现行的管理控制受到了会计这一边界的制约;理由之二是,在安东尼和戈文达拉杨(1965)合著的《管理控制系统》一书中提出,管理控制是介于战略计划与任务控制之间的一种活动,而且是正式、系统的管理控制。其中,战略计划是未来导向的,旨在为企业设定整体目标;而任务控制过程依赖于业绩计量的非财务因素,保证所设定目标的实现。

(三) 交互控制理论

这一理论以奥利(Otley)等学者为代表。该理论强调管理控制系统与方法之间保持互补性和整合性,譬如,通过预算将组织目标分解为下属部门或单位的业绩指标,通过双向互动等确立基层的绩效目标,并将实绩与预算值进行比较,以管理绩效报酬机制对绩效偏差进行修正,并通过管理会计的信息支持系统将上述各方面的交互活动传输到网络,并进一步优化企业的管理控制目标。交互控制理论借助于目的、战略和计划、目标、报酬和反馈等基本要素,以"目标—控制"为核心程序关注控制所产生的行为结果。其操作流程具体包括:① 设定目标;② 确定为实现目标而采取的优先行动战略;③ 执行行动战略;④ 通过控制手段确保执行结果不偏离目标。某种控制系统作为交互控制使用,其选择标准可以为如下四个要点:① 技术依赖性;② 规则;③ 价值链的复杂性;④ 战术应对的难易度。在组织的管理模式上,该理论认为:"当外部环境具有不确定性或存在非常规技术时,组织采用分权结构是必要的;相反,当组织面临常规技术、市场变化较小时,组织宜于采用集权模式"。

(四) 诊断控制理论

这一理论以托马斯·S.贝特曼(Thomas S. Bateman)等学者为代表。该理论认为,管理控制必须增强自我判断与完善的能力,通过与正确的标准进行衡量,引导人们的具体行为,将组织的各项作业视为交易主体的具体行动。即,通过政府的政策指引和市场的自我控制,实现资源的有序流动,重组和优化资源的合理配置。借助于对比分析等诊断行为培育管理会计的控制文化,构建整体共享的价值理念和期望目标。在企业内部控制方面,鼓励员工忠诚与勤奋,激励员工对自己的行为负责,并在相互信任的基础上实现高效控制。这种诊断式控制的特点是:① 哪里有业务,哪里就有控制;② 实时控制,前馈与反馈控制相结合;③ 互相依赖、诚实守信;④ 充分尊重每一位成员;⑤ 强化责任感和团队精神。在当前"互联网+"的自组织环境下,知识员工已成为管理会计控制的主体。知识员工能够充分发挥管理会计控制系统的主观能动性,在既定的目标下发挥各自的积极作用,全面实现组织的管理会计目标。

(五)综合控制理论

这一理论以 Simons(1995)为代表,即根据管理控制存在的各种理论,从综合的角度将诊断性控制、交互式控制、边界控制和信念控制等融合在一个共同的框架内。并且明确,边界控制是组织行为的活动范围约束,即规范组织哪些可以做而哪些不能做。大量的合规制度和质量控制制度是这种形式的典型代表;而信念控制则是通过组织愿景等对组织文化、公司整体着重进行阐述,它为组织控制确立了核心的价值观和信念系统;诊断性控制主要代表差异分析或例外管理报告等控制形式,是一种比较经典的控制模式;交互性控制则用来分析由于战略实施不当所引起的战略性失败,它主要用来对不再适用的战略和需要修正的战略进行早期预警。诊断性和交互性控制系统是两类最基本的控制方法或机制。以Simons 为代表的这种战略驱动理论体现了创新发展的内在需求,它为企业管理层实施管理控制提供了一个战略变迁的管理平台。以这一理论为指导的控制模式的主要事项就是实施战略决策、战略更新和战略控制。

二、管理会计战略控制框架的发展

管理会计控制系统的发展是与企业管理体制和市场经济的发展阶段密切联系的,通过将组织高层的管理控制与企业基层的经营控制有机融合,使管理会计的管理控制系统与信息支持系统实现统一,是管理会计战略控制的内在要求。从管理会计控制框架的演进来考察,管理会计的战略控制可以分为传统性、自发性与综合性三个不同的发展阶段。

(一)传统性的管理会计战略控制

与管理会计的两大系统相对应,企业的管理控制一般分为两个层面,一是管理控制系统的特征,也就是对系统要完成的任务的能力和水平的衡量;二是信息支持系统的特征,即系统完成任务的表达方式及其具体的计量模式选择。一般而言,影响管理会计控制系统的因素主要有以下三个方面。

(1) 环境不确定性。Duncan(1972)认为,管理会计的环境不确定性是与组织系统的结构相适应的,管理会计的环境是企业在进行经营或投资决策时必须考虑的实体及社会因素的综合。环境不确定性可以划分为两个维度,一是复杂性。即企业进行决策时需要考虑的影响因素的数量情况。二是动态性。管理会计决策随着环境(如时间与空间)而产生的变化程度。环境不确定性与战略管理具有相关性。Chapman(1997)认为,外部环境的不确定性越大,管理会计控制系统的开放性和外部性就越强,对信息的有效性、及时性和广泛性的要求就越高。

Hartman(1975)通过对经营任务中存在的不确定性的研究提出,环境不确定性及忍耐程度不确定性对企业业绩计量有明显的差异。即不确定性对管理者的系统选择有影响,这种影响取决于管理者对不确定性容忍的程度高低。Lopez-Gamero(2009)认为,环境不确定性在管理会计决策中有两种影响方式,一是管理者对商业模式的认识发生变化;二是管理者应对经营环境所采取的行为方式发生变迁,且这种环境不确定性是客观存在的。

(2)市场竞争程度。企业在市场上经营,必然会面临来自不同方面的压力,以及各种各样的竞争。但是,在市场竞争的程度上,由于规模或形式(如产权性质)的不同,企业会因为行业或者管制等存在的差异而表现出不同的竞争水平。Mia & Clarke(1999)针对市场竞争程度率先提出了财务计量方法,并指出在面临巨大的外部市场压力下,企业管理层会将这些压力逐层分解并向企业内部传递,并使外部冲击与内部挑战并存,这样传统的管理会计控制系统就有了战略控制的内在要求。Hoque(2001)在对竞争程度进行度量的时候采用了价格竞争程度、市场或分销渠道竞争程度、新产品开发竞争程度、市场销售份额、行业内竞争对象数量及其行为或策略等具体的前因变量,这些变量多多少少内含着战略控制的要素或理念。

(3)信息不对称性。内外部环境对管理控制系统影响最直接的是信息不对称和组织内的分权,从简单的组织结构发展到复杂的集团公司,从单一的企业个体发展成为区域集聚企业群组织,现行的信息沟通手段已经远远落后于组织的增长速度。管理会计不仅是单方面地收集有关外部环境及未来事项的信息,而是围绕对本公司产生影响的情况加以取舍,有时还需要对会计信息进行转换。由于传统的管理会计过于注重"管理控制"的功能而对"信息支持"功能重视不足,进而使传统的管理会计决策依赖于经验,而经验决策往往容易出现偏差,有时经验、感觉、直觉会混淆在一起,以至于分不清哪些是经验、哪些是感觉、哪些是直觉、哪些是思维,正确与错误就更加难以分清。以"互联网+"为代表的大数据、云计算等使信息不对称发生了转变,传统的稳定、企业主导市场角色向动态、顾客主导的市场定位转变,相互竞争博弈的企业环境向构建共同的商业生态圈转变,集权式内部控制的管理方式向分权式灵活管理转变,股东利润最大化的经营模式向以顾客价值创造为中心的新业态或新模式转变。

这些影响管理会计的前因变量使传统的管理会计控制主体需要重视战略规划,突出战略控制的内在要求。传统性的管理会计战略控制主要体现在以下两个方面:

一是预算管理。传统的管理会计十分注重预算管理在企业管理中的地位与作用。于增彪(2014)认为,在现代企业管理中,除了技术和市场之外,关键是以预算为核心的管理控制系统。管理会计的战略控制是实现预算管理的战略目标,并使企业预算落地的手段之一。企业战略是以企业利益相关者收益约束为条件的企业长期和整体价值的最大化,它能够将企业各层级、各单位、各成员有机地融为一体,并以战略为导向实施管理控制。同时,借助于预算管理的公开与透明性,使财务与业务一体化,实现财务资源效率与效益的最佳化。

预算管理的战略控制主要体现在作业预算与改良预算上。作业预算是将作业成本法与预算管理有机结合,在战略引导下"由下而上"地编制预算。即,通过流程优化将战略导入流程,并在这种优化的流程基础上编制作业类别的预算体系。改良预算则是将预算管理与平衡计分卡等相结合,其特点是,一方面,将平衡计分卡的四个维度,即财务与顾客、内部业务流程、学习与成长与战略相连;另一方面,从财务指标中推导出预算所需要的基本数据。即化战略为行动,通过"自上而下"的方式编制预算。这一方法将业绩指标或管理控制嵌入于预算体系之中,使预算管理体现战略控制的属性。

二是目标成本管理。传统性的战略控制要求将产品成本的"控制中心"由以往的生产阶段追溯到研发、设计阶段(如避免过度设计、避免产品功能或质量超过顾客期望等),立足于通过设计实现"部件的标准化""产品批次生产模式"等,以规避后续制造过程中的浪费及无效作用,从而实现降低成本,增加顾客价值的目的。在目标成本管理中,设计与制造是一个相互连续且动态交互的控制过程。在产品价格、产品质量、产品性能等处于全面竞争的情况下,企业需要重新确定规划产品并设定新产品目标成本,借助于产品的重新设计达到持续改善制造环节成本的目的。

目标成本管理的战略控制的特征表现为,通过情境模拟,在设计阶段充分考虑材料、部件等的成本等因素,排除各种无效或低效的成本因素,使设计环节与现场环节紧密衔接,从源头上提供成本降低的可能性。具体包括以下七项内容:① 以战略为导向,通过价格引导优化成本管理;② 围绕顾客价值创造经营,倒逼收入确定成本目标;③ 结合公司战略及关键成功因素引领成本管理战略;④ 从公司长期竞争优势出发,关注产品与流程设计;⑤ 结合经营模式转变、战略性产品定价等实施跨职能合作,加强全方位成本管理;⑥ 从产品制造成本管理向生命周期成本管理转变;⑦ 参与价值链管理,从成本结构的动态关系上系统分析、控制产品成本。

(二) 自发性的管理会计战略控制

经济全球化、顾客导向、现代制造技术和信息技术等环境变迁,促进了管理会计自身控制能力的不断提升。即以顾客价值创造实施经营、以全球化的视野,从战略高度谋求企业的竞争优势等成为管理会计战略控制的内在要求。

1. 体现在管理会计控制系统中的自发性特征

管理会计的战略控制至少可以从以下两个视角加以扩展:一是功能扩展路径。它具体包括预测功能(事前)、决策功能(事中)、解释功能(事后)等对管理会计控制系统的影响。① 在预测功能方面。预算方法的改进与创新,现金流量等资源的合理配置等需要结合战略控制加以扩展与创新。即,管理会计控制系统不仅要关注公司内部资金流与适时会计信息的应用,还要对公司外部(包括市场、顾客、供应链节点公司、相关利益者等)对公司资金流和管理目标的影响及其协调效果。② 在决策功能方面。管理会计工具的创新要与智能制造、"互联网+"等紧密结合,强化管理会计的管理控制与ERP、电子商务等的内在联系,使管理会计的战略控制功能不断丰富,进一步改善公司治理与控制成效。③ 在解释功能方面。要加强中国情境特征下的管理会计案例研究,鼓励和支持企业或学者对实践中创新方法的总结与提炼。现阶段,以工业机器人为代表的智能制造对成本与管理会计的影响最为深刻,也是管理会计战略控制的内在要求。智能制造由智能工厂和智能管理等组成,或者说,智能制造是精益化、信息化与智能化三化融合的产物(吴俊雄,2016)。其中,以精益化思想为指导,以信息化为神经网络,自动化为支撑,并由此构建智能化的工厂。譬如,在信息化的部分,ERP作为运作的中心平台,设置四个接口:① 在客户端的接口CRM。客户、远端的业务可以从远端下单,也可从远端观察,了解订单在生产线的生产情况。② SRM,供应商的供应平台。它可以在网上商店获得订单,也可以在共享供应商的平台上实施操作。③ 生产制造控制,即MES系统。包括排单、日程、功能、绩效、物料耗用。④ 云计算。即建构一个知性化、信息化的平台,让所有的人无论何时何地均可以进入适当的信息接口,观察其订单进度,了解或观察车间生产的相关信息或视频,并对物料使用及机器运行有充分的理解和认识。由此可见,三者的融合整体就是信息化作为平台,中间部分是智能化装备,强化精益化意识,实施精益化生产,两头就是供应链和客户链,后面是物流、仓储等一些自动化的工作。这种"三化融合"需要管理会计在工具开发与创新上加以探索。

二是价值扩展路径。① 在企业价值主体扩展方面。要提高对管理会计价值主体扩展的认知,要处理好企业商品经营与资本经营、环境经营的控制边界,实现内在价值与外在价值的统一,将企业的价值管理上升至战略的高度,并从企业经营管理的全方位、全过程上加强价值的运筹,努力实现企业组织的价值增值目标。进入 21 世纪以来,企业间管理已经成为管理会计发展的一个重要趋势。全球范围的竞争不断加剧,跨国公司开始转向全球化公司,企业不再作为单个企业与其他企业进行竞争,而是作为供应链或网络参与竞争,供应链中买方与供应商的关系也开始从关联交易(Arms-Length)向更紧密的合作关系发展。企业的组织形式也由过去的供应链价值管理开始向网络价值链管理的方向转变。② 在价值行为的扩展方面。要将传统的预算管理与成本控制提高到战略的高度,扩展管理会计控制的战略功能。譬如,借助于全面预算的计划功能,提高资金、成本等内部控制的效率与效果;针对管理会计风险的特殊性,合理借鉴财务管理中已经成熟的风险管理经验,包括资金风险防范,投资项目风险管理等,要积极应对管理会计活动中发生的突发性事件,加强外部环境不确定性引发的经营风险的控制。同时,进一步优化业绩管理体系建设,开展薪酬激励方案的改革与创新。③ 在价值经营方式扩展方面。要结合流程再造、网络经济等的经营模式创新思考管理会计控制系统的新路径。以现阶段的"互联网+"为例,随着现代通信技术的发展及其在企业管理中的应用,以财务共享、互联网金融、在线支付等新兴智能工具的出现,有可能对传统的管理会计控制系统产生冲击,以工业机器人等为代表的智能制造及管理会计软件技术的灵活应用,使现行的管理会计信息支持系统出现管理控制上的瓶颈。适应组织变革,针对新业态及新的商业模式而自发实施的管理会计战略控制是当前管理会计研究面临的新课题。

2. 体现在管理会计信息支持系统中的自发性特征

安东尼和戈文达拉杨(1965)在《管理控制系统》一书中认为,"管理控制系统涉及信息,组织需要借助于设施来处理这些信息"。管理会计除了具有"管理控制"的职能外,"信息支持"也是一个不能忽视的重要职能。尽管国外学者在将管理会计定位在管理控制系统这一价值环节中时并未就信息支持系统作出明确的阐述,但其在管理控制的战略层面或战略维度上已经将管理会计的信息支持系统归入其中。他们认为,在互联网条件下,管理会计所需的信息支持系统是客观存在的。即,管理者通过互联网渠道可以搜集、储存大量所需信息,并从不同的视角对信息进行对比分析,并及时地传递给组织内需要的任何单位或个人。管理者也可以利用这些信息来定制和个性化他们的报告。但是,互联网不能完全替代管理所涉及的最基本的处理过程,因此突出管理会计信息支持系统的重要性,纠正以往将管理会计仅仅理解为一种控制手段的观点是十分重要的。

此外,互联网新经济的大量发展(以电信、媒体和科技等 TMT 公司为主体),财务会计无论在会计的确认、计量,还是报告等方面已面临一个成长的瓶颈,需要管理会计的"管理控制"与"信息支持"来加以辅助。从国内外互联网新经济来看,国内比较有代表性的公司是 BAT,

即百度、阿里、腾讯;国外比较有代表性的公司是 AGM,即苹果、谷歌、微软。这些公司的一个重要特征是借助于平台对资源进行整合,即通过竞争合作、协同共生,采用外包(Outsourcing)、众包(Crowdsourcing)和联盟(Alliance)等战略形式谋求价值增值。从财务会计的资产结构上观察,这类公司的现金性资产占公司总资产的比重较大。以 2015 年的百度、阿里和腾讯年报看,其现金资产分别为 575 亿、1 391 亿和 808 亿美元,占其资产总额的 58%、54% 和 47%。AGM(苹果、谷歌和微软)的现金性资产分别是 2 028 亿美元,742 亿美元和 1 084 亿美元,占其资产总额的比例分别为 74%、53% 和 62%,比国内相关企业更高。如何对这些资金资产进行有效管理,使其效用最大化,成为管理会计战略控制的重点。

进一步,结合收入要素就我国的阿里和腾讯公司加以考察。阿里巴巴公司的特点是没有存货(账面存货为零),只有两个集中的办公场所,号称 3 万员工,真正核心员工约 6 000 人。没有物理资产,如工厂、仓库等。腾讯公司采用"免费社交服务＋有偿网络游戏"的商业模式,并逐步发展成为网络游戏的龙头。2014 年其报告的网络游戏收入为 450 亿元。这里的问题是,收入的确认可能没有体现"完全利润"的概念要求。即报表反映的利润仅仅是有偿部分、赚钱部分,其他免费提供服务部门的收入与支出情况没有得到充分的揭示。也许是基于上述考虑,国际会计准则理事会(IASB)就"收入"核算进行了重新规范,即制定新的国际财务报告准则——IFRS15。IFRS15 为合同产生的收入核算提供指引,并将于 2018 年起生效。中国财政部也已同步于 2015 年 12 月发布《企业会计准则第 14 号——收入(修订)(征求意见稿)》,该修订稿亦将于 2018 年起生效。在这项准则中,对于存在长期捆绑服务和产品合同的企业将按此准则执行;管理会计必须决定是否采用现有系统或投入使用(购买)新系统以符合 2018 年新收入确认准则对相关公司的规范要求。或者说,提前对 TMT 公司进行收入、利润等要素的调整,以提高企业战略决策的科学性与有效性。此外,《企业会计准则第 14 号——收入(修订)》的实施还会对系统容量、扩展性和数据可用性产生重要影响。这些对管理会计战略控制的自发展需求均会产生直接或间接的冲击与影响。

(三)综合性管理会计战略控制的应用

诚然,在明晰组织长期目标与战略的基础上,将组织的中长期目标与战略规划具体化,使之可衡量、可执行;积极关注企业价值增长的战略空间、管理过程、控制绩效;加强不同战略选择下的管理会计战略控制;增强管理会计的系统性、有效性与针对性是管理会计面临的重要课题。针对经济新常态,中央政府采取了一系列的政策、措施,在管理会计的环境特征上表现为若干组新概念,主要有:① "三大战略"中的概念。如"一带一路""京津冀"和"长江经济带";② 宏观经济中概念。如"三期叠加""供给侧改革"等;③ 微观经济中的概念。如"互联网＋""大众创业、万众创新""中国制造 2025"等。④ 派生概念。如"智能制造""新经济""零成本"等。管理会计需要围绕这些前因变量的影响实施制度与组织变迁,如结合知识管理等提高管理会计战略控制的能力,为企业的可持续成功打下坚实的基础。

欲使管理会计的战略控制能够在特定的文化氛围下运行,必须加强企业的知识管理。可以借助于 Simons(1995)的综合控制理论关注和引导管理会计主体的互动行为,使之符合战略意图。根据综合控制理论,在企业或企业群的战略实施过程中应该考虑诊断控制系统、交互控制系统、信念控制系统和边界控制系统等四个与业绩变化有关的重要因素,从而构建包括战略的不确定性、核心价值、主动回避风险等为主的控制机制。详见图 3-5 所示。

机会与关注

机会探求与加快变迁系统　　　　聚集关注的系统

战　略

确定战略
领域的系统

制定并实施
经营战略系统

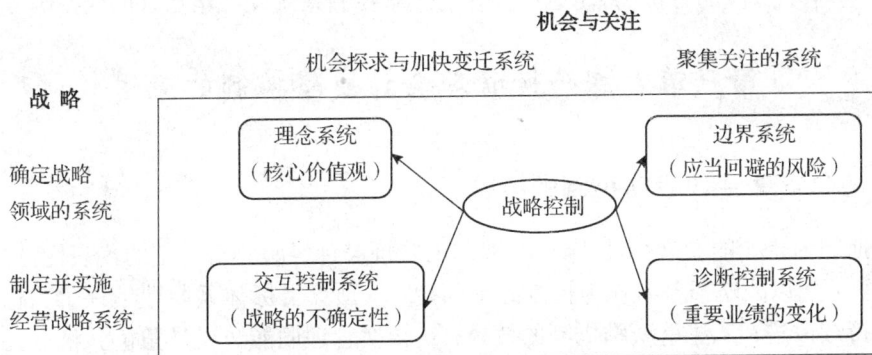

图 3－5　战略控制的基本框架

图 3－5 表明,随着企业机会与关注的转变,管理会计的战略控制也必须加以调整与完善。制度变迁是一种常态,如果不能用战略控制的思维去强化管理会计理论与方法体系建设,就有可能影响管理会计的效用。根据 Levitt & March(1988)的观点,制度与组织变迁必须满足以下四个要素:(1) 知识获取。依据过去获得的知识实施变迁,能够比较容易地获得新的知识。知识获得的路径必然是有意识与无意识的结合。有意识的知识是针对环境变化主动解决问题,包含提升业绩激励的环节。(2) 信息的整理。来自不同渠道的信息如何有效加以整合并在企业各个环节中认知,对于组织变迁广度与深度有重要影响。信息在组织中更大范围传播时,激励效果容易产生作用。此外,对组织整体进行信息的渗入,可以降低信息的不对称性。(3) 信息的解释。信息内涵需要在共有的框架或概念体系中加以认识。在存在多种不同理解的情况下,当更多的组织变迁同时产生时,这些多视角(不同)的解释会降低变迁带来的机会或效应。信息解释依赖组织单位的认知框架,它是由经验、规则、信息系统共同构成的体系。(4) 组织记忆。知识是一种面向未来而加以储存的意识。变迁依靠组织的经验加以维系,它是积蓄知识的前提。在管理会计的战略控制条件下,借助于"基础知识""知识交流""知识积蓄"等的运作流程,便于在特定的场合发挥创造性的作用,促进或抑制管理会计的具体行为,并诱使其朝战略目标的方向发展,使其与企业目标一致性的战略控制得以实现。同样的,灵活应用战略控制系统,对管理会计开展具有一定强度的调节也成为一种可能。结合战略控制的基本框架可以将管理会计与知识管理等的相互关系用下图加以表示,如图 3－6 所述。

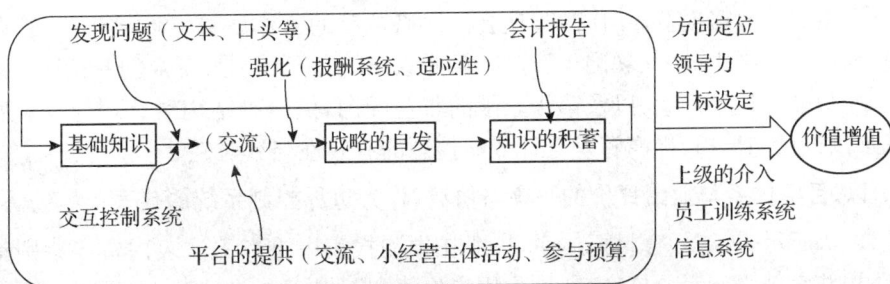

图 3－6　基于知识的管理会计战略控制系统

图 3－6 表明,Simons 的管理控制的四个系统在企业或组织实践中往往是灵活应用的。结合企业的情境特征,借助于组织的战略意图(如知识管理等),有针对性地纠正企业偏离状

况,并选择应用相适应的方法,将使管理会计的战略控制系统发挥出更好的效率与效果。

第三节　综合性管理会计战略控制的应用

一、海尔管理会计战略控制的经验

在目前国内企业的管理会计实践中,海尔的管理会计经验具有一定的代表性,主要包括以下几个方面:① 以战略损益表作为控制的基础;② 以预算目标体系与业绩评价为保证;③ 强调业绩的持续改进;④ 注重激励机制的效果;⑤ 转换管理职能与人员角色。将这五项内容嵌入于 Simons 的四个控制系统之中,可以把"战略损益表"归入信念系统。即结合信念系统特征,将战略损益表作为管理会计战略控制的"工作底稿"。在边界控制系统方面,可以将管理会计的具体目标(如预算管理目标)与业绩管理的平衡与协调作为具体的展现;在诊断性控制系统方面,可以借助于前馈控制结合激励机制加以设计与应用;在交互系统方面,可以通过职能转变及人员角色的互换,增加经营控制的体验性和战略控制的针对性和有效益。

(一) 以"战略损益表"为代表的信念控制系统

作为信念系统,是上级管理部门按规范要求传达组织的基本目标、发展方向的系统。在这个环节中最关键的是核心价值观,它与企业的经营战略相联结。它通过任务书等的文本形式加以传达。这一系统能够综合地实现战略意图(事前编制的战略)和自发战略两者的结合。即,这个系统表现出的是经营使命,它在赋予员工机会或探索活动的同时,还具有对组织目标作出更大贡献的诉求。因此,它也是面向战略意图的现实需要。如图 3-7 所示。

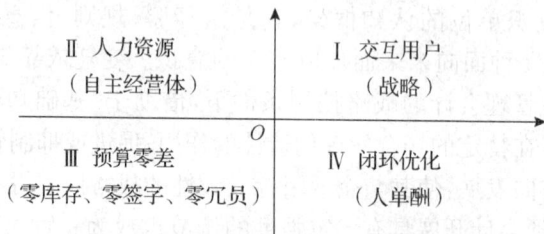

图 3-7　战略损益表的坐标图

图 3-7 表明,"战略损益表"作为管理会计战略控制的工作底稿,可以将影响管理会计的前因变量(如第 Ⅰ 象限中的"互联网＋"理念,第 Ⅱ 象限的"大众创业、万众创新"思想,第 Ⅲ 象限的成本控制,智能制造等理念,以及第 Ⅳ 象限的收益导向、供给侧结构改革理念等),通过这一工作底稿加以设计与模拟,提高管理会计战略控制的有效性与针对性。

(二) 以"目标体系与业绩评价的平衡与协调"作为边界控制系统的代表

如图 3-7 所示,传统预算目标体系,一般在预测报表中重点关注表内资产特别是有形资产,而战略损益表则强调表外资产,特别是用户价值和人力资本的增值。边界控制系统通过一定的活动范围规范,明确组织实施机会探索的边界。但是,它不是对管理会计活动作出详细的规定,而是在"目标体系与业绩评价的平衡与协调"过程中对战略风险及最低容忍比率之类作出规范,促进边界内的个人或单位发挥出更加主观能动的创造性。其理由是,管理会计活动的容忍范围若过宽的话,不仅难以发挥创造性还有可能在许多方面产生逆反的效果。因此,可以就某种活动范围对规范的必要性或具体的手段与措施等加以经验总结,如制定指南或指引等。具体可以图 3-8 加以说明。

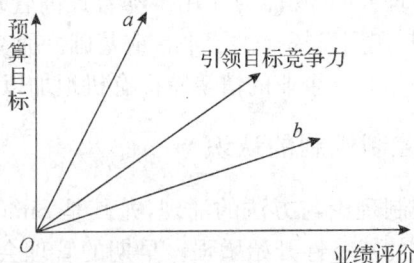

图 3-8　目标竞争力的管理会计战略控制

图 3-8 表明,如果将预算目标定得过高,而业绩难以实现,如 a 线所示;或者预算目标低,而业绩实现的预期较高,如 b 线所示,这种边界系统均不能有效发挥管理会计战略控制的功能作用。只有实现"目标体系与业绩评价的平衡与协调",即通过将预算目标与绩效考评的有机结合,才能促进企业核心竞争力的提升。因此,规范管理会计战略控制中边界控制系统具有重要的现实意义。

(三)借助于前馈控制结合激励机制对诊断性控制系统加以设计与应用

"前馈"与"反馈"是管理控制中的一对概念。前馈机制是围绕企业目标管理实践中难于作出准确规范的对象,借助于事前的行为或手段加以防范的路径安排;而反馈机制则是对已经开展的目标管理活动的规范偏离度进行反作用的治疗性路径安排,并由此而设置的一系列相关控制行为。前馈控制是一种事前的预防控制行为,它是一种开放的结构性体系,并且具有很强的适时性效应。前馈控制是一种在预测基础上对问题适时介入的控制形式,有助于诊断性控制系统的作用发挥。当前,在不确定性现象大量存在的情况下,为了提高目标管理的有效性与科学性,诊断控制系统结合前馈机制,充分发挥激励机制的作用,通过信息化平台动态显示组织(如自主经营体等)的绩效,并识别和预测所有可能产生差异的原因,并由团队动态优化,持续改进绩效,对于实现预算管理目标具有积极的效果。与此同时,通过信息化的平台,让全员参与预算编制与管理,使各级组织与团队动态了解绩效状况,具有较强的激励作用。即实现了"人人见数据(多少钱),个个知因果(为什么)"。

(四)在交互系统方面,通过职能转变及人员角色的互换,增加经营控制的体验性和战略控制的针对性和有效性

以海尔为例,他们在转换管理职能与人员角色方面实施了管理职能的"三预"与"三赢"和人员角色的"工人"转换为"知识员工"(彭家钧,2015)。"三预"体系是指在管理会计实践中将预算、预案、预酬相结合,它体现的是一种动态融合的全面预算观念。预算中的市场驱动体现在两个方面,一是团队满足市场,这种预算安排是开放和动态的;二是团队适应市场,积极地调整预算,而不只是编出来的。"三赢"是指事前算赢、事中调赢、事后双赢,即形成预算、执行、绩效和激励全流程闭环优化的体系。它体现了企业内部控制的全方位思想,即事前、事中与事后相互结合,反馈与前馈机制有机融合。这种"三预"与"三赢"体现了管理会计战略控制的权变性特征。

在管理会计的战略控制系统中,若将交互控制系统与信念系统带来的机会探求作为正向系统设置的话,则诊断控制系统和边界控制系统就是一种负向视角的定位。借助于"战略损益表"等直观化的信念系统,可以增强人们对价值观的感性体验,促进管理会计的信息支持系统更好地服务于管理会计的"管理控制"功能与作用。本着提高管理会计的针对性与有效性,边界控制系统为一定范围的控制作用发挥提供了平台或基础。而交互控制与诊断控制系统是制定战略并加以实施的系统,必须结合企业的情境特征有机地加以设计与应用。

二、提高对管理会计控制机制的认识

上个世纪末,随着管理控制理论与方法的涌现,尤其是 Simons(1995)战略驱动管理控制模式的提出,管理会计实践中的战略性开始增强。早期的管理会计战略控制主要集中在成本管理与预算管理实践中,近年来,随着"互联网＋""中国制造 2025"规划等的实施,管理会计的战略控制具有了强有力的外部驱动效果。面对互联网新经济的发展,许多新业态、新的商业模式对传统的管理会计提出了挑战,管理会计必须在管理控制上有所作为,以积极应对互联网经济生态对会计的要求。一方面,管理会计要适应国际会计准则的变迁需求,主动地调整战略控制的路径与规则;另一方面,加快推动会计的确认、计量与报告的改革,加强资产管理,严格现金流的管理自律。

结合未来的发展,管理会计要在战略控制上提高会计的相关性与可靠性。尤其是近期,针对中国的互联网新经济公司,许多质疑声音不断。上海 Market Research Group 的创始人肖恩·雷因(Shaun Rein)估计,阿里巴巴假单的数量大概占到商品交易总额(GMV)的 20％～30％。北京 J Capital Research 研究公司的主管安妮·史蒂文逊·杨(Anne Stevenson Yang)的看法则更为激进,她认为阿里巴巴可能有一半的商品交易总额不实。由于会计准则的滞后或会计核算制度的不规范。京东表示,自己的统计相较于阿里已经十分严格,他们对于那些超过 2 000 元人民币的未支付交易未加以核算。京东在 2015 年发布的财报中表示,若使用阿里巴巴的方法统计,公司的商品交易总额可提高 31％⋯⋯。实践表明,管理会计与财务会计的功能作用也是一种交互性控制系统,通过管理会计的诊断控制系统可以为财务会计的准则制定提供基础,同样,管理会计战略控制的信念系统与边界系统又能为会计信息的有用性提供重要的支撑。在财务会计(会计准则)建设处于发展"瓶颈"期时,管理会计的战略控制无疑是十分重要的。

案例与讨论

背景资料

自发性的管理会计战略控制有时是由于财务会计的内生性所引发。以会计遵循的稳健性原则为例,在诸如应收账款等会计确认、计量与报告中,本着多计负债少计资产、不早计利润和不推迟计入损失的原则,财务报表中披露的相关应收账款的坏账准备信息可能会远大于真实的坏账计提金额。从理论上讲,这种会计核算的设计是有积极意义的,因为它有助于避免资产和利润虚高的会计处理,但是在企业经营决策的实际过程中,若不能对相关数据进行适当的调整,产业政策制定部门依据这种偏离真实数值的信息进行决策,就会对行业的信用政策等带来负面影响,或者说出现系统性的偏差,影响决策的科学性。本文以最近发生的有关资产减值的

事例来说明,管理会计战略控制为什么具有自发性。

在 2015 年年报的会计师事务所与董事会审计委员会的交流沟通会上,围绕南京港股份有限公司(简称"南京港")是否计提资产减值准备进行了激烈的讨论。该事例的背景是,南京港扬州石化仓储公司(简称"扬州石化")为配合仪征化纤公司的经营需要,投资建设了一个化学"球罐(固定资产/液化烃储存罐)",其账面价值为 2 945 万元(系双方合作公司的部分资产,合同期十年)。扬州石化于 2012 年年底完成球罐主体工程建设,2013 年 4 月球罐正式投入生产运营。该球罐建造的主要目的是与仪征化纤进行正丁烷业务的战略合作,仪征化纤承诺每年保底业务量(仪征化纤口头答应每年保底支付南京港 440 万元)以保证扬州石化的基本收益。但自 2013 年 6 月开始由于仪征化纤自身产品结构变化,暂停开展正丁烷业务,导致扬州石化的实际业务量低于合同签订保底业务量。近 3 年,仪征化纤支付保底收入情况为(税前):2013 年约 300 万元;2014 年约 295 万元;2015 年约 295 万元。讨论的焦点是:南京港要不要计提减值准备,如何满足公司战略发展的需要,如何确保会计信息的真实性与可靠性。

普华永道的年报审计师认为,从稳健性角度考虑,应当计提约 1 200 万元的长期资产减值。扬州石化的"球罐"资产属于专用性强的资产,且收入来源受制于仪征化纤一方,按照 295 万元(税前)收入测算,十年无法收回投资。仪征化纤的保底收入 440 万元也难以得到南京港方面的积极主张(即南京港在收入主张上处于弱势)。减值确认的流程是:① 减值迹象:业务量不足,未来产生的现金流难以补偿投资额 2 945 万元,且公司在业务主张上不具备主动性;换言之,由于球罐资产创造的收益低于预计金额引发的资产减值迹象,使得管理层以球罐资产整体作为资产组对未来现金流量的现值进行估计缺乏支撑,通过将估计结果与球罐资产账面净值比较后,发现球罐资产存在减值风险。② 减值测试:未来收入存在很大的不确定性,"球罐"已被仪征化纤公司占用,对于 1 200 万元缺口无法找到可以弥补的现金流入证据。

南京港董事会认为,从公司发展战略着眼,应当发挥管理会计的战略控制功效,不应计提减值准备。理由如下:① 仪征化纤经营业务稳定,"球罐"本身并非专用性资产,它的应用面很广;② 目前,虽然这一项目由于产品的价格倒挂等原因,仪征化纤尚未运营,但对方已投入 27 个亿,且又是央企,不会对地方国企的南京港产生资产"亏损"的影响;③ 决策不能仅依赖于"稳健性",要强调管理会计的权变性,体现战略控制的决策能力;④ 仪征化纤虽然没有足额按 440 万元承诺支付公司的费用,但还算是忠实履行了合同业务,合同期限是十年,未来是能够实现盈利的;⑤ 公司与仪征化纤之间以这一项目为纽带还有其他紧密的业务往来,每年有约 2 000 多万元的稳定收入,且"球罐"本身已经成为稀缺资源(尤其在天津港事件后,很难获准投资建设这样的项目);⑥ 从南京港的战略发展看,也不宜出现这么多金额的资产减值。

请讨论

根据上述资料,谈谈管理会计战略决策与战略控制的重要性。

答案提示

略。

本章参考文献

［1］ Chapman C. S. Reflections on a contingent view of accounting[J]. Accounting Organizations and Society，1997,22(2)：189-205.

［2］ David Otley. Performance-a Framework for Management Systems[J]. Management Accounting Research，1999(10)：154-187.

［3］ Ducan R. B. Characteristics of organisational environments and perceived environmental uncertainty[J]. Administrative Science Quarterly,1972，117(3)：313-327.

［4］ Dent J. F. Strategy，organization and control：some possibilities for accounting research[J]. Accounting Organizations and Society,1990,15(1)：3-25.

［5］ Flamholtz E. G. Accounting budgeting and control systems in their organizational context：theoretical and empirical perspectives[J]. Accounting Organizations and Society，1983,8(2)：153-169.

［6］ Garrison Ray H. ，Noreen Eric W. ，Brewer Peter C. Managerial Accounting[M]. New York：McGraw-Hill/Irwin. 2006.

［7］ Hartman R. Competitive Firm and the Theory of Input Demand under price Uncertainty：Comment[J]. Journal of Political Economy,1975 (83)：1289-1290.

［8］ Hoque Z,Mia L,Alan M. Market Completion Computer-aided Manufacturing and Use of Multiple Performance Measures：An Empirical Study [J]. British Accounting Research,2001(36)：1-35.

［9］ Lopez Gamero MD,Claver Cortes EM,Olina Azorin JF. Evaluating Environmental Regulation in Spain Using Process Control and Preventive Techniques[J]. European Journal of Operational Research,2009,195(2)：2152-2184.

［10］ Kren L. The Role of Accounting Information in Organizational Control：The State of The Art. In Behavioral Accounting Research：Foundations and Frontiers. （Eds.）V. Arnold and S. G. Sutton[J]. American Accounting Association,Sarasota：Florida,1997：1-48.

［11］ Mia L. ，Clarke b. Market Competition，Management Accounting Systems and Business Unit Performance[J]. Management Accounting Research,1999(10)：137-158.

［12］ PAIB. Enterprise governance：Getting the Balance Right[Z],CIMA and IFAC,2004.

［13］ PCAOB. Audit Standard No 2：An Audit of Internal Control Over Financial Reporting Performed in Conjunction with An Audit of Financial Statements[Z],2004.

［14］ Sulaiman M. ，Adnan S. M. Dose Islam Influence Budgetary Slack Creation Empirical Evidence from Malaysia? [Z]. www. niagara. edu/citer/2005/documents,2005.

［15］ Simons R. Control in an Age of Empowerment[J]. Harvard Business Review，1995,20(4)：80-88.

［16］ 武胁诚. 管理会计中的战略控制研究[J]. 东京经大学会志,1999(2).

［17］ 安东尼,戈文达拉杨. 管理控制系统(第11版)[M]. 北京:机械工业出版社,2004.

[18] 西村明.财务报表的内在化与公司治理[J].企业会计(日),2005(6).

[19] 于增彪,袁光华,刘桂英,等.关于集团公司预算管理系统的框架研究[J].会计研究,2005(8).

[20] 张双才,于增彪,刘强.企业集团财务管理控制系统研究[M].北京:中国财经出版社,2006.

[21] 杨雄胜.内部控制的管理渊源解析:管理学视角[J].中国注册会计师,2006(4).

[22] 法约尔.工业管理与一般管理[M].北京:机械工业出版社,2007.

[23] 傅元略.中国特色的管理会计理论问题探讨[J].财务与会计,2015(12).

[24] 王斌.跨职能团队的管理控制问题:一个理论思考[J].会计研究,2011(7).

[25] 托马斯·S.贝特曼.管理学:全球竞争中的领导与合作(第9版)[M].北京:清华大学出版社,2010.

[26] 王斌,顾惠忠.内嵌于组织管理活动的管理会计:边界、信息特征及研究未来[J].会计研究,2014(1).

[27] 冯巧根.基于环境不确定性的管理会计对策[J].会计研究,2014(9).

[28] 于增彪.管理会计研究[M].北京:中国金融出版社,2014.

[29] 黄世忠.移动互联网时代财务与会计的变革与创新[J].财务与会计,2015(21).

[30] 彭家钧.海尔财务信息化系统的构建与运行[J].财务与会计,2015(15).

[31] 吴俊雄.智能化制造就是"三化融合"[Z].新华网,2016.

[32] 赵西卜.中国会计理论研究的现状与未来[J].会计之友,2016(5).

[33] 冯圆.智能制造与成本管理:融合与创新[J].新会计,2016(5).

[34] 网易科技.中国互联网公司惊人数据令人怀疑[Z].金融时报,2016.

第四章 智能制造与管理会计创新

　　"中国制造2025"和"互联网＋"是新常态下中国经济增长的"两翼",智能制造可以比喻为经济发展的"发动机"。管理会计作为企业管理的基础,在战略、结构、流程、文化等方面与智能制造高度融合。我国企业在智能制造的情境特征下,充分发挥管理会计"管理控制"和"信息支持"系统的功能作用,实现产业转型升级,开展质量效益竞争,实施绿色发展等是管理会计创新的一种内在要求。

第一节　智能制造中的新概念

一、智能制造的提出

　　"制造业是国民经济的主体,是立国之本、兴国之器、强国之基。"如何加快中国制造业由大国向强国的转变,以及适应全球经济发展和市场竞争的需要,中国政府针对德国的"工业4.0"提出了"中国制造2025"规划,确定"以体现信息支持与制造技术深度融合的数字化、网络化、智能化制造为主线"……,"通过'三步走'实现制造强国的战略目标。第一步,到2025年迈入制造强国行列;第二步,到2035年中国制造业整体达到世界制造强国阵营中等水平;第三步,到新中国成立100年时,综合实力进入世界制造强国前列。与"中国制造2025"相对应的一个重要概念是"智能制造"。"智能制造"就是要将人工智能应用于生产制造的各个环节,减轻人员的工作强度,提高产品的质量与生产的效率。同时它也是搭建"新经济"桥梁的基石,体现了"互联网＋"的技术创新需求。智能制造深刻影响着产业格局,催生出许多新的生产方式,以及新产品、新形态和新的商业模式,智能制造借助于创新驱动正在成为中国经济新的增长点及发展引擎。

　　无论是新经济领域,还是传统领域,随着"中国制造2025"的推进,以及供给侧结构性改革的深入,制造业的转型升级和创新发展正处于新的机遇期。譬如,在移动互联网、云计算、大数据、生物工程、新能源、新材料等新经济领域,中国企业已经取得一系列重大突破,尤其是以信息物理系统为支撑的智能制造(如智能装备、智能工厂等)正在改变制造方式的传统范式;体现在网络众包、协同共享、个性定制、精益供应和网络集聚、电子商务等的"互联网＋"产业也在重塑企业的价值链体系,并持续扩展着制造业的内涵与外延。与"智能制造"相适应,管理会计要实施"智能管理",即借助于"人工智能"提高管理会计处理系统多样性和复杂性的能力;在充分认识管理对象异质性的基础上合理配置智能化管理工具,提高管理会计"管理控制"和"信息支持"的功能作用。智能制造是一场生产模式、思维模式的重大变革,即从自动化到智能化。随着智能设备,如工业机器人的普及,在越来越多的企业中,劳动者与管理者的界限将变得越来越模糊,人机交互以及机器人之间的对话变得越来越普遍,重复性的体力劳动和脑力劳动逐渐被智能设备所替代,人在其中的角色也由服务者、操作者转变为规划者、协调者、评估者、决策者。作为经济发展的重要工具,智能制造能够促进增值服务能力的提升,使商业模式实现持续创新,为管理会计拓展成长空间。

二、智能制造的相关概念

从企业角度讲,智能制造有多种表现形式,以网络经济、数字经济等为载体的"互联网+"在制造业中的应用,以及以工业机器人为代表的"新经济"等在工厂、车间的生产实践是智能制造在现代制造业中最直接的感观体验。

(一)智能制造的内涵

智能制造(Intelligent Manufacturing,IM)是一种由智能设备、智能工厂与有关人员共同组成的人机一体化的智能系统,它源于人工智能的研究。通过人与智能设备的交互协作,去扩展和部分取代企业管理人员和技术人员在经营活动中的脑力劳动,如开展智能化设计和生产的激光定位等。智能制造由智能制造技术和智能制造系统构成。在智能制造技术领域,通过智能生产线和工厂的自动化(智能工厂),借助于柔性工装和高度集成等手段促进企业提高生产的效率与效果。智能制造系统不仅能够在实践中不断地充实知识库,具有自学习功能,还有搜集与理解环境信息和自身信息,并进行分析判断和规划自身行为的能力。前者对于管理会计的"管理控制"具有积极的意义,后者对于管理会计的"信息支持"有重要的推动作用。

随着移动通信技术等的迅速发展,以及产业资本对这一领域的持续投入,人工智能将成为未来科技发展的重要"风口"。人工智能(ArtificialInteligence,AI)是计算机科学的一个分支,它通过对人脑的研究,了解智能的本质,研发并生产出能与人类智能相仿的智能设备(如工业机器人等)。人工智能将颠覆各个行业的生产方式,新经济的平台型公司发展空间巨大。2016年3月,谷歌人工智能"阿尔法围棋"与韩国棋手李世石进行了较量,最终"阿尔法围棋"战胜李世石,取得胜利。人工智能按照实力的大小可分为三类,一是弱人工智能。它是在特定领域等同或者超过人类智能或效率的机器智能。二是强人工智能。它是各方面都能和人类比肩的人工智能。三是超人工智能。它在包括科学创新、通识和社交技能等领域超越人类的人工智能。从世界各国智能制造的发展状况看,即便是弱人工智能时代的智能制造也具有很强的智能化能力,它可以在人类繁琐或难以深入的领域从事相关工作。智能制造预示着管理会计的"管理控制"与"信息支持"系统必须适应智能制造的步伐加快智能化工具或技术方法的开发与应用,重新审视现行的管理会计范式。近年来,国际四大会计师事务所的德勤已经在探索机器人从事审计及管理咨询等方面的业务工作。智能制造已为管理会计的改革与创新提出了一项新的研究课题。

(二)智能制造与"互联网+"

"中国制造2025"和"互联网+"是我国经济发展的两大战略。2016年,政府工作报告中提出,"深入推进中国制造+互联网",促进制造业转型升级。我国"十三五"期间"新经济"发展需要借力于智能制造与"互联网+",两者的结合是企业未来发展的必由之路。智能制造与互联网战略的融合,不只是产生新产品、新技术和新商业模式,还体现在对传统制造业的改造提升和引导。在"互联网＋"环境下，企业的生产成本、交易成本与文化成本等具有了融合的可能性，商品经营、资本经营与环境经营一体化趋势增强，相应的管理会计能力也得到极大的提升。适应智能制造的生产环境，管理会计必须具备如下能力：一是对企业内外部环境变化的适应能力；二是保持或获取企业核心竞争力的能力；三是及时发现新领域或随环境变化制定战略方案的能力；四是将企业嵌入更大系统且实现可持续性成功的控制能力等。智能制造与"互联网＋"的结合给企业提供了一个新的发现价值、创造价值的路径，并提升了企业价值增值的空间。阿里巴巴通过"交易撮合＋服务收费"的商业模式创新，成为电子商务企业的领头羊，已形成世界最大的商品交易平台，在 2015 年的会计年度里（截止 2015 年 3 月 31 日），阿里的商品价值实现金额为 2.44 万亿元。此外，智能制造与"互联网＋"的结合还可促进消费的转型升级。当前的消费实情是：以网络消费与出口消费为代表的消费驱动，没有转化为拉动经济增长的内需动力，许多消费能力转化成了外需。借助于智能制造与"互联网＋"，大力拓展跨境电子商务是扭转这种偏差的有效对策之一。总之，管理会计要在"管理控制"与"信息支持"方面为智能制造和"互联网＋"的结合上保驾护航。

以智能制造为导向强化"互联网＋"，可以促进传统产业的改造升级，这也是这一届政府工作的重点，也是产业焕发新的生机和企业面临新机遇的重要机遇，成功把握和有效利用的企业将获得成功或济身于"新经济"的行列。这是因为，"互联网＋"的智能制造重担若片面地压在 TMT 公司（电信、媒体和科技整合在一起的公司）身上，可能对后期的经济增长带来负面影响。李彦宏（2016）认为，互联网快速发展的势头正在减弱。具体表现在：① "人口红利"在减少。在中国互联网络信息中心（CNNIC）报告中，2015 年 12 月的数据显示，中国网民规模已达 6.88 亿，年增长率为 6.1％，互联网普及率首次达到 50.3％。与五六年前动辄 20％甚至 30％的增速相比，目前中国网民规模增长已经进入平稳期。② 投资拉动作用弱化。互联网领域"跑马圈地"，拼资金（即"补贴大战"）的现象可能难以持久。基于创新驱动，通过智能制造与"互联网＋"的融合与技术突破，推进传统制造业的转型升级是中国经济可行的发展路径之一。"十三五"期间，中国经济的增长将会在互联网和传统产业的结合上得到发展。亦即"互联网＋"和传统制造业和产业结合将会大幅提高企业经营的效率与效益。

（三）智能制造与新经济

以网络经济、数字经济等为载体的智能制造是"新经济"的重要特征之一。"新经济"要求从根本上提高制造业的质量和效率，作为智能制造的一个突破口，借助于信息网络等现代技术，重塑产业链、供应链和价值链，使其焕发出新活力是新经济发展的内在要求。当前，智能制造应围绕重点制造领域进行攻关，如开展新一代信息技术与制造装备融合的集成创新和工程应用等。同时，依托优势企业，紧扣关键工序智能化、关键岗位机器人替代、生产过程智能优化控制、供应链智能优化等，加快建设重点领域的智能工厂和数字化车间等的软硬件基地。

中国经济的发展路径显示了智能制造与新经济结合的趋势，一方面，加快传统产业结构的优化升级和技术创新；另一方面，通过新经济带来新活力，增强制造业新的动力。"新经济"已写入 2016 年的《政府工作报告》。即"要让政策向新动能、新产业、新业态等倾斜，大力发展'新经济'"。智能制造与新经济的结合就是要追求"持续、快速、健康"的发展方向。或者说，通过新的模式解放老的、旧的生产力，并在这一过程中加快结构调整，大力培育新兴增长点，以创造出新的生产力，保证中国经济保质保量稳定运行。从狭义角度讲，在经济全球化背景下，"新经济"是指由信息技术革命驱动，以高新技术产业为标志的经济，包括绿色能源环保、移动互联网、先进制造业等重要内容。从广义角度讲,"新经济"则是中国经济转型升级的外在表现,是中国经济新常态的生动体现。

第二节　智能制造对管理会计的影响

智能制造以战略的眼光从企业或产业的供给端入手加强生产流程和设备的整合与创新,并从源头识别创新驱动的影响因素,通过优化价值链和供应链,运用智能管理等手段为企业的成本管理等提供智能化的战略信息,促进企业竞争优势的形成和核心竞争力的培植。成本管理通过价值流管理,为智能制造的网络经济、数字经济等的控制提供实践支撑,为智能化管理提供技术方法上的保证。智能制造对于成本管理的效率与效益提升具有积极的意义。

一、智能制造对管理会计效率的影响

与"智能制造"相适应,管理会计要实现智能化的管理。即管理会计的理论与方法体系只有适应智能制造的新情境并加以提炼与升华,才能提高智能化情境下的管理会计效率。智能制造对企业提出的要求是,必须清楚掌握产销流程,提高生产过程的可控性,减少生产线的人工干预,及时正确地搜集生产线数据,更加合理地安排生产计划并掌控生产进度,等等。从产品开发到设计、外包、生产及交付在内的整个生产制造中的每个阶段都必须实现高度的自动化、智能化,并且实现各阶段信息的高度集成。换言之,企业或行业的发展将离不开工业软件系统,它对于实现生产工序及系统组件间的交互起着积极的作用。这种交互不仅在生产层面,还作用于业务层面,并实现虚拟与现实的融合,使内外部组织有机地联系在一起。在成本管理与控制的发展思路上,只有充分认识企业经营环境的新变化,并与企业战略进行有机融合才具有现实可行性。成本管理要围绕企业的智能化管理,结合企业的总体发展战略制定与实施相应的成本管理策略。一方面,借助于成本信息支持系统对企业管理过程中的成本结构、成本行为进行全面的了解、控制与改善,探寻可持续发展的价值增值新路径,并获取企业的竞争优势;另一方面,在成本管理的控制系统方面,积极关注企业价值增长的战略空间、管理过程、控制绩效,加强不同战略选择下的成本管理与控制的措施与对策,努力实现企业成本的最小化与效益的最佳化,增强成本管理的系统性、有效性与针对性。

智能制造有助于减少能源消耗,实现真正意义上的远程服务,以及支持客户定制、突出多品种、小批量生产等特点,并推进成本管理信息支持与管理控制系统的建设。信息化是成本管理与控制的重要手段。在智能制造时代,工业机器、设备、存储系统以及运营资源可以利用网络通信技术连接起来,它能够实现良好的信息集成功能,并借助于开放的成本管理控制系统使技术与经济紧密结合,实现成本管理与控制活动的横向沟通与纵向交流,使企业财务与业务有机结合、敏捷运作,从而实现成本管理与控制的及时和高效。智能制造大大扩展了成本管理的视野,提高了成本控制的效率与效益。它能够随时随地进行信息分享,依据"互联网十"进行独立的自我管理(自组织),并进一步实现成本控制的理想目标,即"既要关注外部市场机会带来的'开源'效应,也要注重内部成本管理与控制能够获得的'节流'效益",最大限度地促进成本管理效率的提升。

二、智能制造对管理会计效益的影响

智能制造促进了管理会计的智能化，提高了管理会计的效率与效益。在智能制造环境下，管理会计的数据和信息能够提高战略决策的科学性与有效性，以增进企业的价值增值能力，保持可持续的竞争优势。通过决策成本概念框架（CFDC）、作业成本管理（ABC/ABM）、资源消耗成本管理（RCCM）等，将智能化理念融入成本管理实践活动之中，突出智能化成本管理的意义。智能制造对成本管理的影响表现在：① 成本结构发生变化（如机器折旧与研发费用增加）；② 成本控制方法有所改变（如采用以作业组为中心的形式，关注设备的正常运行及相关的维护费用等）；③ 计算机智能推动了企业成本管理的创新（如产品设计的优化等）。同时，智能制造通过企业成本向社会成本的转化，将变动成本转变为可变成本，即借助于"互联网＋"，一方面，使固定成本变得不固定；一方面，加强与物流资源的整合，使物流资源优势得到充分展示，并创造出更大的效率与更多的效益。譬如，通过成本管理中的价值链思维使生产供应网络更好地满足顾客的价值需求。此外，智能制造还通过以下途径加强成本管理：① 通过适度的投资规模来降低成本；② 围绕市场调研确定为顾客提供服务产品多样化的广度来降低成本；③ 通过合理的研究开发政策，按照所得大于所费的原则降低企业总成本；④ 通过合理的劳动力投入来降低成本等。

当前，以"创新驱动、质量为先、绿色发展、结构优化"为指引的智能制造，使企业成本管理的重心开始从生产制造成本转向产品研发成本，成本管理的智能化水平被广泛重视。以生产线的设计方案为例，通过仿真技术实施验证等得到普遍推广，当生产线运行过程中存在一些不确定因素时，使用仿真技术能够帮助企业发现设计方案中的问题，提高成本管理的效率与效益。智能制造为成本管理效益提供了机遇，譬如，传感器价格和互联网连接成本已经大幅下降，而宽带的飞速发展基本实现了网络全覆盖；随着技术的进步，各种商业标准软件的实施费用更是得到大幅下降，新的工业大数据技术给成本管理智能化提供了基础和保障，等等。早期的成本管理围绕成本习性，将企业的成本管理按照固定成本与变动成本进行分类，并据此加以管理与控制。智能化的成本管理则以企业经营活动及其价值表现为对象，通过对成本信息等的深加工和再利用，实现为企业经营活动过程的预测、决策、规划、评价等具体管理提供积极的支撑。智能化成本管理既是一种侧重于企业内部经营管理的重要技术与方法，同时又是企业管理活动不可或缺的一个基本组成部分。

第三节　智能化条件下的成本管理创新

诚然，智能制造与成本管理的融合体现在工业制造与"互联网＋"和"绿色环保"等的联结与拓展层面，智能制造与成本管理的创新则体现在"智能""整合"等环节之中。经济新常态促进了成本管理的发展，在当前经济结构不断升级、优化的背景下，通过创新驱动来实现中国经济的稳定增长具有积极的意义。

一、通过成本管理，实现要素驱动向创新驱动转变

智能制造与成本管理创新的一个重要标志就是"智能"，即成本管理的智能化。通过价值链（包括虚拟价值链）与供应链（包括网式供应链）中的智能化成本管理使企业线上与线下经营

活动紧密衔接,传统的 JIT(适时制)等成本管理工具从时间驱动向时间与空间驱动的融合创新方向转变;与此同时,通过"互联网＋"为代表的现代移动技术与企业生产经营活动的融合,使企业的有形成本要素与无形成本要素得到充分的发挥。传统的资本、劳动、土地等要素的投入成本已面临一个"管理瓶颈",借助于创新驱动,充分发挥无形成本的内在潜力将成为成本管理智能化的一种内在需求。一般而言,组织创新由管理创新与技术创新构成,这是一种创新的"双核模型"(Daft,1978)。在智能制造的情境特征下,技术创新与管理创新的适应性和可选择性成为智能化成本管理的一项重要战略。譬如,对于低度专业化(Professionalism)、高度规范化(Formalization)和集权化(Centralization)的企业可以从管理创新入手加以研究,反之则有利于以技术创新为导向加以研究与探讨(Damanpour,1991)。

　　智能制造离不开信息物理系统的支撑,通过把计算机与信息系统嵌入实物运作的过程,实现与实物过程的密切互动,从而给实物系统添加新的能力。从技术创新的角度看,信息物理系统正是嵌入式系统进一步优化的结果,而通过通信网络,将所有设备互联的智能工厂就是其中最好的体现。在"互联网＋"的智能制造环境下,成本管理中的创新驱动表现出若干新的趋势:一是由集中式成本控制向分散式成本控制转变。其目标是构建一个权变式的个性化和数字化成本管理的智能化模式,使成本管理体现出无界化、小型化等的基本特征,许多新产品、新技术、新业态和新的商业模式将在更广泛的领域合作,产业之间高度融合。同时,传统的成本要素驱动面临新的挑战与机遇,基于智能化的成本要素创新将得到推广与普及。二是由单一企业成本管理向企业群成本管理转变。随着经济全球化的不断深入,企业竞争优势的获取越来越关注经营活动的结构性动因与执行性动因,并依赖所嵌入的关系网络,企业及其业务开展过程中的伙伴关系将成为一项重要的战略资源。智能化成本管理能够在企业群组织间寻找出一种更为有效的合作方式,减少不确定性。结合智能制造的发展方向,企业群成本管理需要配合制造业的细化分工、生产协作,使集群的组织间成本信息支持系统向市场、设计与生产等环节渗透;通过成本管理的控制系统向柔性、精细方向发生转变;借助于组织关系的智能化管理实现内连企业群内部组织,外连供应商与销售商等外部组织,优化内外部组织间的成本行为,提高经营合作的成本效果,如利用大数据信息来增加信息的共享和减少组织间的循环时间等成本费用。

　　现阶段,基于创新驱动的成本管理,要求围绕智能制造从经营成本向成本经营转变,通过企业物理资源的有形成本要素向外部无限资源与管理创新的无形成本要素进行对接,将企业成本社会化,使社会资源为已所用。借助于成本管理的供给端创新,充分应用外部廉价的制造能力,把企业的固定成本转化为可变成本,提高成本的资源配置效率。通过将企业内部的固定成本转变为企业外部的可变成本,使自己的固定成本变成别人的固定成本。用别人的可变成本替代自己的可变成本,置换出自己的可变成本并集中于创新业务的经营上(李海舰等,2008)。从我国的创新导向选择上看,采用管理创新,通过组织与制度创新来提升无形成本要素的生产率是一种明智的选择。智能化的成本管理不只是简单的降低成本,而是要通过定向智能管理,也就是结构性成本控制手段来鼓励现有企业提高生产能力,促进生产要素的增长。同时,利用国家对企业创新驱动的优惠政策,如定向减税和免税等政策加快产品的技术研发,提高产品的科技含量和附加值,加强职业培训,提高劳动力素质。

二、通过智能成本管理，实现低成本竞争向质量效益竞争转变

从企业角度讲，智能制造有多种表现形式，网络经济、数字经济是其中最重要的表现特征。在"互联网＋"的制造环境下，企业产品由线下转到线上，并通过相互协调使企业或国家间的联系由"数字"加以体现或转换。低成本竞争的基本思路是：首先，在产品设计开发阶段，将目标成本与预测成本进行对比分析，通过成本信息确认差异，制定一个制造过程的"成本标准"；其次，在产品生产阶段，将这种"成本标准"与市场价格或内部转移价格进行比较，确定不同阶段的"目标利润"，并与预算或预测的利润目标值进行对比。其目的是寻找"成本差异"，实现成本领先的战略要求。智能制造与成本管理的结合，企业的成本或利润不仅仅是"量"的要求，更需要谋求"质"的提升。即通过智能化的成本管理将生产环节的成本管理进行事前、事中与事后控制的融合，将基于前馈与反馈的长期整体控制与短期整体控制进行有机融合，同时，进一步将成本控制划分为战略控制、经营控制与操作控制等不同的层级。

借助于智能化成本管理，使企业各项生产活动嵌入供应链、网络链的全部环节，实现实体价值链与虚拟价值链的结合。譬如，构建资源共享平台，由代加工向代设计与出口自主创新品牌转变等，进一步提升产品的质量与生产效率。这种形式，通常称之为"智能工厂"。在智能工厂，每个人都将参与到分析、解决问题的工作中，即随着工业机器人的普及，在越来越多的企业中，劳动者与管理者的界限将变得越来越模糊，人机交互以及机器人之间的对话变得越来越普遍，重复性的体力劳动和脑力劳动逐渐被智能机器所替代，人在其中的角色也由服务者、操作者转变为规划者、协调者、评估者、决策者。然而，欲实现低成本竞争向质量效益竞争转变，提高人的"智力"与"智能"变得至关重要。通过在智能制造活动中树立以人为本的理念，促使企业认真思考员工在教育、经验和技能集合上的差异，从而增强个人和企业双方的创新能力，成为智能制造环境下成本管理创新的一个重要课题。在实现"中国制造2025"战略的道路上，人才软实力与智能设备的硬实力同等重要，企业必须高度重视，并积极利用政府对智能制造的引导作用与政策效应，加快企业全要素的转型升级。总之，通过"互联网＋"促进智能制造与成本管理的融合，能够对各种生产经营环节中的成本要素进行优化，改变以往仅凭经验与直觉的成本管理决策，使生产过程中的时间效率大大提升，生产经营效率与效益显著改善。

现阶段，智能制造与成本管理的结合有助于"供给侧改革"的深入推进与行为优化。2015年11月10日，习近平在中央财经领导小组会议上首次提出了"供给侧改革"，指出在适度扩大总需求的同时，着力加强供给侧结构性改革，着力提高供给体系质量和效率，增强经济持续增长动力。智能成本管理不仅运用于成本核算与控制的需求端管理，还可以在市场动态变化的预测等方面发挥供给端的管理效果。譬如，结合市场预测，对初始工艺路线与生产设备进行优化，灵活配置工艺与设备，以节省投资成本和优化生产价值流（如自制还是外包等）；对于打算单独建线的产品，可以严格按照生产节拍配置设备；对于支持多产品的柔性生产线，需要在关键设备前增加缓冲时间，目的是让排在前面的非关键设备适当加快生产节拍。同时，在生产制造过程中，辅助制造资源的准备属于不增值的环节，加强柔性工装和激光定位的应用，以提升生产线成本价值流的积极效应是智能成本管理的客观选择。柔性工装的目的是在设计和制造过程中，免除装配各种零部件时所使用的专业定型架、夹具，从而降低工装制造成本、缩短工装准备周期、减少生产用地，且大幅度提高生产效率；激光定位技术能够结合三维制造模型和室内 GPS 定位数据，准确定位到加工或装配的位置，从而引导机器人完成自动加工或装配。

三、通过环境成本管理，实现资源消耗大、污染物排放多的粗放制造向绿色制造转变

企业转型升级有两种方式，一是在技术条件既定的情况下，促进制造业工艺改进实现生产流程的绿色发展，同时围绕供应链管理，优化价值创造的环境系统，构建循环经济链；二是通过技术的创新驱动，开发和推广节能、节材和环保产品、装备、工艺，实现企业或产业的发展由低端向高端转型。无论是上述哪种形式，加强环境成本管理，提高资源利用效率，实现传统的粗放制造向绿色制造转变是一种客观的战略选择。智能制造中的"绿色环保"理念促进了环境成本管理的发展。近年来，国家在环保领域投入了大量的财富与精力（各项环境制度建设），企业作为社会中的一个成员，必须主动承担环境保护的社会责任，积极开发与利用可再生能源与清洁能源，向绿色制造转型。当前，绿色制造已经成为企业或产业是否有潜力的一个重要标志。进一步讲，智能制造与环境成本管理相结合，就是要充分利用以工业机器人等为代表的先进智能设备，积极构建智能化工厂。即通过优化生产环境，让机器人去执行人所不能或难以完成的事情。人与机器、信息物理系统的分工将转变为人类设计产品并决定产品规则和参数，机器、信息物理系统基于这些指令，触发、比对路径并选择、优化生产。也就是说，通过智能的人机交互传感器，人类可借助物联网对工业机器人进行远程管理。这种机器人还将具备生产间隙的"网络唤醒模式"，以解决使用中的高能耗问题，从而使制造业向绿色、环保、可持续发展升级。

由此可见，随着现代科技的迅速发展，工业机器人已成为柔性制造系统（Flexible Manufacturing System，FMS）、自动化工厂（FA）、计算机集成制造系统（CIMS）中重要的自动化工具，并且，工业机器人的种类不断丰富，功能越来越强大，自动化和智能化水平也显著提升。广泛采用工业机器人，不仅可以提高产品的质量与产量，而且对保障人身安全、改善劳动环境、减轻劳动强度、提高劳动生产率，以及节约原材料消耗和降低生产成本具有重要的意义。从环境成本的角度看，智能化设备在生产领域的广泛应用，不仅提高了环境成本的管理效率，也促进了企业资源利用效率的提升。过去，立足环境管制手段来防范诸如环境污染等方面的风险，效果并不显著；通过环境成本的嵌入，增强了企业绿色制造的主动性与积极性，提高了环境等资源的生产效率。在智能制造的大背景下，政府通过环境管理的行为主导（譬如，政府补贴等），引导企业主体采用环境成本管理手段自发地减少资源消耗大、污染排放多的生产活动，调动了企业市场自主性的积极作用。智能制造与智能管理促进了环境成本创新，使企业更有效地利用从原材料、能源到劳动力等的全要素投入，从而抵消企业在环境维护等方面的成本耗费，这种资源生产率的提高不仅不会削弱企业或产业，反而会增强企业或产业的竞争能力。

四、通过精益成本管理，实现生产型制造向服务型制造转变

精益成本管理是精益生产的一个重要组成部分。精益成本管理是企业把精益思想与自己的成本管理活动融合而形成的一种管理模式。它的具体目标是：① 通过精益成本管理，强化经营控制，消除浪费，追求最小价值流成本；② 提供精确、及时和易懂的信息以促进企业精益生产的实施，增加顾客价值，促进公司成长，提高获利能力，增加公司现金流等；③ 通过激励员工、提供相关和可控信息支持精益思想，使组织在任何层面都能实现不断的改进。精益成本管理的本质特征就是用小批量生产模拟大批量生产，并提高企业的投入产出比。精益生产不只是个别企业的选择，现在已经上升为政府部门倡导的一种重要管理手段。"精"体现在效率方

面要快速高效,质量方面要"尽善尽美";"益"体现在成本方面要尽可能的节省,也就是说精益生产着力创造一种"完善、周密、高品质、高效益"的生产模式。精益成本管理包括拉动式的即时生产系统(JIT)、全面质量管理、团队工作法(Teamwork)、并行工程(Concurrent)、成本企画等内容,是一种成本控制与质量控制相结合并贯穿始终的管理体系。其核心是"五个少",即要求以较少的人力投入、较少的占用空间、较少的资金投入、较少的生产产品的时间和较少的质量缺陷而能够精确地满足客户的需求。

智能化时代的精益成本管理通过搭建交互用户的平台,借助于大数据分析等按需为企业提供定制等服务,将生产型制造转变为服务型制造,在为客户提供全流程个性化体验的同时,实现企业的价值增值。网络化、数字化、物联网等都是服务于精益成本管理的技术手段,通过精益成本管理,能更加有效地保证智能制造的实施。精益成本管理可以改变企业粗放经营的现状,提升组织的敏捷性,维护企业的核心竞争力,实现流程的标准化与成本管理的创新(罗宾斯,2008)。同时,智能化的精益成本管理还有助于塑造共同愿景,构建灵活柔性的企业文化体系。总之,企业管理当局要从战略的高度,规划企业实施精益成本管理的顶层设计,制定出公司的中长期经营计划,塑造持续改善、全员参与的精益文化,使制造业由大规模流水线生产,转向定制化的规模生产,实现产业形态从生产型向全生命周期的服务型制造业的转变。服务型制造属于大服务经济,它是服务于一产、二产、三产的一种完整的大产业(冯巧根,2015)。比如,某上市公司有1万多亩土地种花,但是它并不负责生产,而是负责服务,如提供好的花种、专用的肥料、快捷的物流,包括营销,采购等。

第四节　智能制造下的成本管理变迁

智能制造是以"中国制造2025"为基础的企业或产业创新的战略体现。智能制造与成本管理在企业的生产流程与经营活动方面具有高度的重合性,智能化的成本管理是一种智能制造与成本管理相互融合的创新机制。将智能制造嵌入于成本管理之中,不仅可以提高企业的生产效率与效益,还可以减轻员工的劳动强度,促进劳动效率和安全效率的提升。智能制造下成本管理的特点可以体现在以下几个方面。

一、促进成本会计与成本管理的融合

在现行的会计制度规范下,成本会计以核算为主,成本管理以控制为主,尽管两者实质为同一门学科,但在时间管理的坐标上和管理幅度的要求上则有明显的区别。以时间坐标来考察,成本会计以事后核算为主,严格遵循会计准则的规范要求;而成本管理作为服务于成本会计的"管理控制"系统,需要从事前、事中与事后全方位、多环节加强成本费用的控制及有效开展核算管理。成本会计中的"核算"受到会计报告中时间的严格约束,而成本管理中的具体管理与控制活动主要与企业管理的具体对象与活动项目的开展相关,时间上相对灵活。成本会计为成本管理提供发展机会,成本管理为成本会计提供规范的基础。在智能制造的环境下,两者的边界开始缩小或者归为一统,区别可能只表现在是否遵循会计准则这一层面。从管理幅度来考察,成本会计中"成本"概念主要是制造成本,而成本管理中的"成本"则不受此局限,可以是财务会计中确认、计量要求的成本概念,也可以是管理学及经济学中的成本概念,如组织成本、政治成本等。在智能制造的环境下,如何整合和强化各种成本方法在价值创造中的功能

与作用；如何厘清不同核算方法的异同，以及解决各种核算方法之间的矛盾等，将在一个共同的平台上加以沟通与讨论，进一步扩展成本管理的空间或余地。

二、"互联网＋"与智能化成本管理相互衔接

"互联网＋"对企业管理会计实践产生的冲击与影响是由其本身的特征所决定的。有学者认为，移动互联网的智能化革命将带来颠覆性的社会变革，以商品交易时空效应为代表的互联网经济将使成本管理的传统范式发生革命性的变化。比如，随着电商、微信、支付宝、众筹等新产业、新业态的涌现，传统责任预算中的成本理念，以及实体经营中的交易成本与文化成本等将在内涵与外延上发生变异，未来社会将是一个零成本的社会。嵌入"互联网＋"的智能化成本管理，促进企业供产销环节成本与互联网经济紧密融合，实现财务与业务的一体化。近年来流行的决策成本概念框架（CFDC）在互联网经济下将变得更加相关与可行，传统的作业成本管理（ABC/ABM）与资源消耗成本管理（RCCM）等将被融入到环境成本管理的控制系统之中。由此可见，智能化成本管理将成为智能制造的一个重要标志和价值管理的重要工具。同时，智能制造下的成本管理使传统的实物成本流管理与虚拟成本流和网络组织成本流等紧密结合，促进企业核心竞争力培植和竞争优势的提高。此外，智能制造与"互联网＋"的结合还有助于促进现金流成本的管理。经济新常态下的管理会计重点已向成本管理方向倾斜，即高度重视企业的存货占用成本和产品耗材成本等的控制与规划工作。智能化成本管理在突出节能降耗和压缩成本等管理工具开发与创新的同时，努力提高资产的使用效率和效果等。

三、提高成本理念转化为概念产品的效率与效果

基于成本理念（Cost Concept）的创新模式是以成本概念的分类为依据的，成本理念体现在一系列的层次性概念之中。比如，可以将成本理念分为核心层（如变动成本、固定成本）、应用层（如标准成本、责任成本、作业成本、资源消耗成本、精益成本、环境成本等）、发展层（如企业间成本、企业群成本、风险成本、社会成本等）、研究层（如成本管理的射程、边界，成本功能扩展、成本管理的权变性，成本控制的新坐标等）等四个方面。划分不同层面的成本理念，主要目的在于促进成本管理的创新。基于成本理念的概念产品（Conceptual Product）是指符合技术与经济要求且具有独特创意的产品或是具备某种特定消费意念的产品。概念产品是一家企业用来展示自己的最新技术，或者为下一代产品的开发方案等而专门制作的模拟物体。可以借助于下图框架，探寻成本理念转化为概念产品的路径与规律。如图4-1所示。

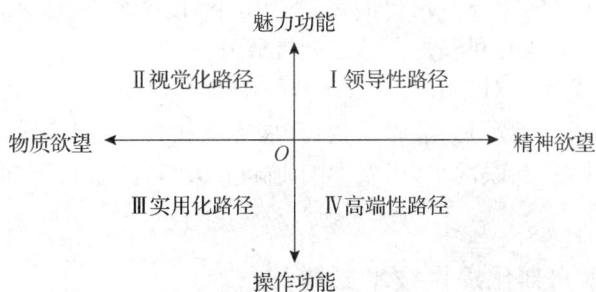

图4-1　成本理念转化为概念产品的分析框架

图4-1表明,以概念产品为代表的产品理念与成本管理的结合,就是基于上述框架不断优化和筛选具体方案的过程。即借助于"两个视角"(以操作与魅力功能为代表的应用视角,以及以物质与精神欲望为代表的需求视角)和"四个路径"(即领导性路径、视觉化路径、实用化路径和高端性路径等)提高管理会计的智能化成本管理水平。主要的产品设计思路是:① 开发高性能及特殊市场需求的产品;② 不断改良产品设计;③ 引进先进技术和加工工艺。具体的分析路径包括以下几个方面:① 路径Ⅰ,引领消费新生活路径,一是具有很强的创新性;二是具有很好的精神享受。如"高端、大气、上档次"等。② 路径Ⅱ,满足感观消费的开发路径。如外观体型、色彩等的改进与整合等。③ 路径Ⅲ,大众消费需求的路径,如价格低廉,性能稳定,符合大众的口味。④ 路径Ⅳ,性价比路径。如家电产品噪音低,省电省水等。满足未来顾客需求的创意,一般分为三个步骤,即"创新意识—概念产品—现实产品"。成本理念与概念产品的结合,正是基于这种为顾客创造价值的思维而形成的成本管理的战略发展观,体现了成本管理改革实践的发展规律。

四、为成本管理工具的创新提供新的范式

受技术条件等的限制,现行的成本管理范式,往往停留在单一方法应用的经验积累阶段。无论是传统的成本加成法,还是主流的标准成本法与目标成本法等,欲使多种方法融会并用,往往困难重重,更难以在实践中广泛推广与普及。原因涉及管理与技术两个方面,一是从管理角度讲,各种工具的作用区域与实践效果存在偏差,在促进成本管理功能发挥的过程中容易产生某种阻碍效应。譬如,缺乏对工具之间协同性与整合性的认识,或者没能从逻辑上解决工具的兼容性,造成资源浪费等。二是从技术角度讲,各种工具的应用流程等存在差异,技术上无法一致。譬如,以标准成本法与目标成本法为例。目标成本法强调目标导向,在开始设计之前就确立目标成本;同时它可适时对目标进行修正。而标准成本之前没有目标,虽然生产前需要估计成本,但是标准一旦确立,往往要一年或多年才能修改。

传统的成本管理,单纯从技术角度看,似乎难以将多种成本管理方法在技术上进行融合。标准成本法表现为一种串型管理,针对"估计成本"进行价值判断,若成本过高,需要重新回到设计阶段,强调成本降低的战术性;而目标成本法是一种并行管理,强调成本降低的可持续性。即,针对目标成本,由各方团队攻关,并共同实现成本目标。在智能制造条件下,生产的各个环节已高度智能化,智能化系统能够自动地将成本管理的事前、事中与事后状况及时地反映出来,并适时地将市场情况反映给生产车间,使生产一线人员自觉、主动地调整生产计划,并完成目标任务。在智能制造环境下,成本管理上的问题很容易解决。即人工智能的开发,各种工具的利弊得失通过智能管理系统,能够迅速地提供解决方案,并实现相互之间的融合与发展。对于技术上的问题,借助于智能制造与成本管理的共同点,管理会计的智能系统可以自动辨别、适时比较,开展方案抉择等,提高了成本管理工具的合理性和有效性,并使企业在"互联网+"以及"中国制造2025"的规划下掌握主动,使工具理性迸发出无限的生机。

五、为环境成本内部化提供技术支撑

传统成本管理的局限性主要表现在,一是将成本管理简单地看作是降低成本费用。没能从长远、战略的视角考察成本效益,忽视产品研发、设计、市场开拓等活动对企业的影响。二是

没能将环境成本管理上升为提高企业核心竞争力的战略高度。在我国,成本的开支范围是由国家通过有关法规制度来加以界定的,与理论上的成本概念具有一定的差距。传统会计所依赖的成本概念,属于狭义范畴,即成本中只包含直接消耗的生产要素(料、工、费),而对企业耗损的资源和环境费用则没有考虑在内。实际操作中,企业对环境成本的计量也很简单,一般只考虑显性的支出(如环境污染罚款等),在实际发生时直接计入期间费用或营业外支出,或在金额较大时作为待摊费用处理,而忽视了隐性的环境支出,不符合因果配比原则。在智能制造的环境下,通过对外部环境成本进行估价并将他们内化到生产和消费商品与服务的成本之中,便以体现出资源的稀缺性,消除外部的不经济性。外部成本内部化后,环境因素进入生产环节而成为一个新的生产要素,成为同资本、劳动、技术等要素并列和同等重要的生产要素。同时,智能制造下的产品或服务的价格属性能够充分体现出全要素生产率的全部代价,为供给侧改革提供有力的支持。

六、有助于构建成本管理的共生体系

成本管理的共生体系不是企业之间或企业与有关特定情境的简单结合,而是以互利或相互促进的方式共同进化,它的核心是相互关系。共生体系构建的标准要符合两个条件,一是能够提升企业的核心竞争力;二是兼顾各方权益。共生模式下智能化成本的管理战略可以下图表示(见图4-2)。

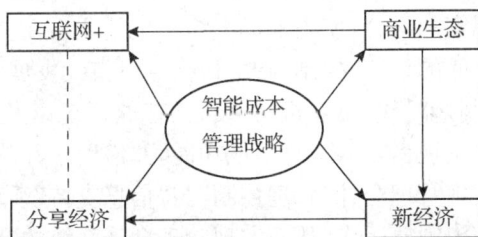

图4-2　共生模式下的智能成本管理战略

图4-2表明,只有构建智能制造的生态圈,企业才能真正进入经济新常态下的共生运行模式。智能成本的管理战略包括结构性共性战略与执行性共生战略,结构性共生主要是围绕企业主体与相关经济情境的紧密关系,通过降低交易成本和文化成本等来实现商业生态的平衡与发展;执行性共性需要考虑分享经济、"互联网＋"与企业主体的新经济特征强弱,通过智能化的成本管理实施商业模式的创新与发展来完成。此外,应结合智能化成本管理战略改进传统的经营绩效评价范式,将"互联网＋""中国制造2025"以及商业生态与新经济下的协调发展等价值管理指标引入到企业主体的评价体系之中,并将企业声誉、品牌等的建设与共生模式下的智能成本管理战略相互融合,即进一步纳入更为广泛的商业价值圈,为企业主体实现价值增值最大化提供支持。

第五节　智能制造下的管理会计扩展

管理会计通过价值流管理,为智能制造的网络经济、数字经济等的控制提供实践支撑,为智能化条件下的管理会计提供技术方法上的保证。

一、管理会计的内涵扩展

(一)从管理会计的控制系统考察

以"互联网＋"为代表的现代科技,使企业的组织间关系变得更加复杂与多变。如何基于不同组织开展协作与配合,突破传统组织边界的约束,使企业管理渗入各类中间组织,加强组织间的项目预算与成本的规划和控制,谋求总成本最低的目标等,需要开发智能化的管理会计工具,实现多种技术方法的柔性应用,提高管理会计的决策相关性和决策有效性。智能制造对管理会计控制系统的要求是,优化产销流程,提高产品生产过程的可控性。同时,积极关注企业价值增长的战略空间、管理过程、控制绩效,加强不同战略选择下的成本管理与控制的措施与对策,努力实现企业成本的最小化与效益的最佳化,增强成本管理的系统性、有效性与针对性。以生产线的设计方案为例,通过"中国制造2025"与"互联网＋"的融合,企业实践中通过仿真技术实施验证生产线等得到普遍推广,当某条生产线运行过程中存在一些不确定因素时,应用仿真技术能够帮助企业及时发现设计方案中的问题,提高管理会计的效率与效益。

(二)从管理会计的信息支持系统考察

智能制造对管理会计信息支持系统的要求是,借助于生产线数据,合理配置生产计划并掌控生产进度,提高产品生产的可视性,等等。企业或行业的发展将离不开工业软件系统,它对于实现生产工序及系统组件间的交互起着积极的作用。这种交互不仅在生产层面,还作用于业务层面,并实现虚拟与现实的融合,使内外部组织有机地联系在一起。对企业管理过程中的组织结构、价值行为进行全面的认知、控制与改善,探寻可持续发展的价值增值新路径,并获取企业的竞争优势。在智能制造时代,工业机器、设备、存储系统以及运营资源等可以利用网络通信技术连接起来,它能够实现良好的信息集成功能,并借助于开放的管理会计信息支持系统使技术与经济紧密结合,实现管理会计"管理控制"与"信息支持"活动的横向沟通与纵向交流,使企业财务与业务有机结合、敏捷运作,从而实现管理会计系统的及时和高效。

(三)对管理会计价值增值目标的影响

首先,从企业的外部环境观察,智能制造的持续推进,将大大降低智能设备等的成本费用。譬如,传感器价格和互联网连接成本已经大幅下降,而宽带的飞速发展基本实现了网络全覆盖;同时,技术的进步还使各种商业标准软件的实施费用大幅度下降。此外,智能化设备的配套环境也体现出零成本社会的内在属性。譬如,支撑智能制造的信息物理系统,通过把计算机与信息系统嵌入实物运作的过程,实现了智能制造与实物过程的密切互动,从而给实物系统添加新的动能,大大提高了生产的效率与效益。其次,有关企业的内部环境。管理会计以企业经营活动及其价值表现为对象,通过对经营信息等的深加工和再利用,围绕智能化的管理会计,实现从经营成本向成本经营转变,通过企业物理资源的有形管理会计要素向外部无限资源与管理创新的无形管理会计要素进行对接,将企业成本社会化,使社会资源为己所用。换言之,借助于智能化管理会计的供给端结构改革与创新,充分利用外部廉价的制造能力,把企业的固定成本转化为可变成本,极大地提升了企业的资源配置效率。

二、管理会计的工具扩展

诚然,智能制造是由智能设备、智能工厂和智慧员工共同构建的商业生态圈系统。为防止智能制造出现所谓的"高端产业低端化",必须提高对企业经营能力、科技实力等的价值判断,增强企业的核心竞争力。基于智能制造扩展管理会计的工具体系是现阶段面临的一项重要课题。结合企业的情境特征,可以从智能制造与新经济的结合,以及智能制造与"互联网＋"的融合程度上进行管理会计工具的创新。如表4-1所示。

表4-1　基于智能制造的管理会计工具扩展

智能制造创新模式	结构性创新	执行性创新
产业链管理层面	促进效率提升 (权变式、集约化等)	培育核心竞争力 (文化观、业务转型等)
价值链的层面 实体价值链 虚拟价值链	链式结构 网式结构	流程变迁 组织变迁

表4-1表明,产业链管理层面主要是智能制造与新经济的结合,它通过结构性创新提高产业的制造效率,围绕执行性创新培育中国制造业的核心竞争力。价值链层面主要体现的是智能制造与"互联网＋"的融合状况,通过实体价值链向虚拟价值链的延伸,实现链式结构向网式结构的转变,通过流程变迁与组织变迁的结合提高智能制造环境下的企业执行力。从管理会计的供给侧角度观察,智能制造与成本管理在企业经营活动的组织、流程等方面具有高度重合性,智能制造环境下的管理会计工具扩展可以从下几个方面率先加以推进。

(一)约束理论(TOC)

该理论认为,任何组织的发展都会受到不同方面约束条件的限制。智能制造的业绩高低可以重点从三个方面加以考察,即完工效益、存货和营业费用。譬如,约束理论借助于智能化的流程网络图、最优生产技术(OPT)等工具,识别并报告生产作业链中制约整个生产运营流程、影响完工效益的约束性作业,并由制造部门负责人、技术人员和会计人员相互协作,减少或消除约束性作用。基于约束理论,通过"互联网＋"为代表的现代移动技术与企业生产经营活动的融合,便于企业的有形成本要素与无形成本要素得到充分的发挥。目前,传统的资本、劳动、土地等要素的投入资源已面临一个约束的"陷阱",借助于管理会计的创新驱动,充分发挥无形成本的内在潜力将成为智能制造的一种内在需求。

(二)适时生产制(JIT)

智能制造将有助于适时生产制的进一步扩展,作为追求一种无库存的生产系统,JIT要求消除一切只增加成本,而不向产品中增加价值的过程。即,追求存货水平最低,浪费最小,空间占用最小,事务量最小。适时生产系统的核心是一个没有中断倾向的系统,根据产品品种及其所能控制的数量范围而具备柔性,最终形成一个使材料平滑、迅速的流经整个系统的和谐机体。通过价值链(包括虚拟价值链)与供应链(包括网式供应链)中的智能化成本管理使企业线上与线下的经营活动紧密衔接,传统的适时生产制(JIT),以及其他管理会计工具正从时间驱动向时间与空间驱动的融合创新方向转变。

(三)持续改善(Kaizen)

智能制造将促进企业的持续改善,它要求对产品或服务的质量、企业员工努力、民主参与意识的高低等进行主动的沟通和调整,提高管理会计控制系统的效率与效果。持续改善在评估生产部门流程的基础上,可以结合智能制造设置新的目标,通过持续改善活动比较目标值与实际值的差额,消除不需要或无效作业(不增值作业),通过提高增值作业来实现目标。智能制造与管理会计的结合,企业的成本或利润不再仅是"量"的要求,更是"质"的规范。即通过智能化的管理会计控制系统将生产环节的成本管理等具体活动进行事前、事中与事后的融合控制,并将基于前馈与反馈的长期整体控制与短期整体控制进行有机衔接,通过将管理会计的"管理控制"划分为战略控制、经营控制与操作控制等不同的层级来提高管理会计的效率与效益。

(四) 精益成本管理(LCM)

精益成本管理是精益生产的一个重要组成部分。智能制造本身就是一种精益成本管理。精益成本管理是企业把精益思想与自己的成本管理活动融合而形成的一种管理模式。精益成本管理以供应链作为整个成本管理的连接纽带,以 ERP 汇集供应链各方的信息,达成精益成本管理目标。智能化条件下的精益成本管理通过从采购、设计、生产和服务上全方位控制企业的供应链成本,可以实现供应链成本的最优化,从而使企业获得更强的竞争优势。换言之,智能化时代的精益成本管理通过搭建交互用户的平台,借助于大数据分析等按需为企业提供定制等服务,将生产型制造转变为服务型制造,在为客户提供全流程个性化体验的同时,实现企业的价值增值。

(五) 业务流程再造(BPR)

智能制造与技术创新相结合可能会诱发激进式的流程变迁。所谓再造就是重新洗牌,从零开始重新考虑企业的流程。它具体包括重振企业活力(Revitalization)、重建组织结构(Restructuring)、重新进行战略规划(Reframing)和重启新生(Renewal)等内容。即为获取成本、质量、服务和速度等方面的业绩而对企业内部价值链进行根本性的再思考和关键性的再设计。随着现代科技的迅速发展,工业机器人已成为柔性制造系统(Flexible Manufacturing System,FMS)、自动化工厂(FA)、计算机集成制造系统(CIMS)中重要的自动化工具。广泛采用工业机器人,不仅可以提高产品的质量与产量,而且对保障人身安全、改善劳动环境、减轻劳动强度、提高劳动生产率,以及节约原材料消耗和降低生产成本具有重要的意义。基于智能制造的业务流程再造是新经济诞生的"摇篮",也是用"互联网+"和新经济去嫁接和改造传统产业的一种重要工具。

(六) 平衡计分卡(BSC)

平衡计分卡自 20 世纪 90 年代由哈佛商学院的卡普兰和诺顿教授系统总结出来至今,对全球企业界的影响力巨大,它被《哈佛商业评论》评为最具影响力的管理工具之一。Gartner 调查显示,《财富》全球 1 000 强中约 75%的企业采用它进行管理。传统的平衡计分卡只包含四个维度,即财务维度、顾客维度、内部流程维度、学习与成长维度。通过智能制造与平衡计分卡的结合不仅增强了管理会计的战略导向性,也促进了企业的前景理论与平衡计分卡执行力的紧密融合。平衡计分卡的关键在于"平衡"。智能化条件下的平衡可以分为两个层面,一是基本平衡。它包括长期目标与短期目标的平衡,以及实现结果与驱动因素的平衡。二是具体平衡。它包括:财务与非财务指标的平衡;实体价值链与虚拟价值链的平衡;链式整合链与网式整合链的平衡;内外群体的平衡(内部顾客与外部顾客,单一企业与企业集群的平衡等);经营中的领先指标与滞后指标的平衡;学习与创新中的东方古典哲学与西方精细化管理的平衡等。

（七）作业成本法（ABC）

智能制造将对作业活动产生根本性的变革。作业成本法的基本原理是：根据顾客需要设计作业链，以"作业消耗资源，产品消耗作业"为原则进行计算。智能制造将会最大限度地消除不增值作业、减少增值作业对资源的消耗。同时，智能作业管理将对传统的作业成本法提供更为完整的成本核算信息，通过建立合作联盟网站等网式竞争的平台，加强企业内外部作业活动间的合作、交流、发展和服务，推动创新主体积极合作建立产业作业链与技术联盟。随着单一企业组织形态向网络组织形态的扩展，网络集聚开始形成，智能化的作业管理将具有更为丰富的内涵与外延。网络集聚包括企业群、全球制造业网络、虚拟网络组织，以及与此相关的各种社会网络组织等，这些组织形态的相互匹配必将使作业成本管理发挥出更为积极的功效。

三、智能制造对管理会计发展的意义

在实现"中国制造 2025"战略的道路上，必须结合供给侧结构性改革的基本要求，充分利用政府对智能制造的引导机制及政策效应，加快企业全要素生产率的提升步伐，促进传统产业在"互联网＋"的融合下实施积极的转型升级。本文研究认为，基于智能制造的管理会计创新是以"中国制造 2025""互联网＋"及"新经济"的内在联系为基础或出发点的改革与创新，是产业发展的战略性选择。就智能制造本身而言，它是政府导向性与企业生产的市场自主性相结合的产物。智能制造通过网络经济、数字经济等手段传导智能管理，智能管理又进一步借助智能化的成本管理实现管理会计的创新。智能制造与成本管理在企业流程再造与内外部价值链等管理活动上具有高度的重合性，并在经营活动的生产制造环节具有紧密的一致性。智能制造下的成本管理创新，促进了成本会计与成本管理的融合，使"互联网＋"与智能化成本管理更为衔接，提高了成本理念转化为概念产品的效率与效果，为成本管理工具的创新提供了新的范式，推动了环境成本内部化的进程，有助于构建成本管理的共生商业圈系统。

智能化的管理会计创新推动了管理会计"信息支持"系统的完善与发展，促进了企业物质流、价值流、信息流等环节的有机融合，智能制造通过管理会计的"管理控制"系统合理配置企业的要素结构，加快了企业全要素生产力的相互整合进度，提高了管理会计整体的效率与效益。在"供给侧改革"的引领下，提高智能制造环境下的全要素利用率，是管理会计的内在要求。财政部于 2015 年 12 月 29 日发布的《管理会计基本指引（征求意见稿）》，再次表明财政部对管理会计的高度重视，并已从"供给侧"的高度加以引导，这种体现时代特征的智能制造的供给侧改革必将融入到管理会计的基本指引体系之中，并成为下一步管理会计改革与创新的新起点。

案例与讨论

背景资料

国际四大会计师事务所在智能化方面再次走在了了行业前列，不仅很早就花巨资引入信息化管理和作业系统，而且早已先后开启了对人工智能在审计领域的应用研究。

2014 年 10 月，普华永道和谷哥一起宣布，双方在云平台服务方面进行合作，该项合作的主要内容为：

(1) 普华永道开始采用谷哥的工作产品作为自身的操作平台。这个管理操作平台包括邮箱、视频会议产品、排程软件、存储服务、文档服务等,是一个基于云的协作平台。普华永道计划先后由美国的40 000名员工和澳大利亚5 000名员工试用谷哥的管理操作平台,然后过渡到整个普华永道都使用该操作平台。普华永道考虑利用谷哥的云平台在特定的垂直市场中搭建一个移动应用平台。

(2) 利用普华永道的商业洞察力,配合谷哥云服务的功能和技术及其他应用程序,帮助客户提高工作效率。

(3) 利用结合了普华永道的分析能力和谷哥的云平台帮助企业充分利用信息和技术,提高企业竞争力。

(4) 合作的最终目的是推动客户充分应用云管理进入数据时代,帮助企业提高组织管理能力,能够在瞬息万变的世界中生存下来并能茁壮成长。

普华永道这样描述自己新的IT服务平台功能:

(1) 新IT平台可以作为一个战略路线图,旨在帮助客户转变其IT的组织,使其能够满足数字时代的业务需求。新平台的基本的原则是让IT技术和业务部门更紧密的联系起来,利用技术来推动业务价值,增加竞争优势。普华永道的新的IT平台涉及人员、流程和技术等方面的变革。

(2) 通过执行新IT平台的战略,普华永道能够帮助客户建立一个集成的安全的信息系统。在此基础上,所有利益相关者可以很容易的获取业务价值。新的IT平台集成的解决方案框架包括:组织集成、结构集成和云集成,涉及监管能力、公司治理能力,税收筹划和风险控制等各个业务方向。

(3) 通过新IT平台上为客户制定安全威胁解决方案,增强其信息安全性。新IT平台可以自动生成齐全别安全威胁,发出潜在的攻击警报,并防止或减轻风险。

通过与谷哥的合作,普华永道在以下工作能力中得到了明显改善:

(1) 合作能力。谷哥根据普华永道的具体要求量身定制具体的谷哥管理操作平台解决方案,使得普华永道的员工之间、事务所之间的沟通速度更快、合作更紧密。员工和客户都得到了很好的客户体验。

(2) 优化能力。普华永道能够更好地帮助客户提高智能化、竞争力和运作效率,保护资产安全。

(3) 创新能力。普华永道和谷哥的合作能够吸引客户取得新突破:不仅能适应新的市场竞争者,而且能够成为自我创新的先驱者。

再来看普华永道和谷哥合作的业绩:

(1) 2015年1月,谷哥、普华永道联手组成财团竞标美国国防部的电子健康记录系统升级合作(合同总额愈20亿美元)。

(2) 2015年9月,普华永道发布匹2015年全球业绩报告,2015年会计年度收入增长10%,达到了354亿美元,而在2014年会计年度收入增长比例为5.8%。在年度报告中,普华永道特别强调了其在新领域的业务拓展发展势头迅猛,这些服务新领域包括IT及数据保障及安全等。

对普华永道的成功经验总结如下:

(1) 通过与谷歌的合作,将事务所的工作平台转化为云工作平台,提高了事务所的工作效率。

（2）利用谷歌的技术支持，结合自身在商业管理上的专业优势，搭建了事务所的新云处理平台。利用这个新的 IT 云处理平台，事务所不仅可以为客户提供传统的审计、咨询等业务，甚至可以为客户提供有关 IT 技术部门与公司业务的综合解决方案，即：能帮助公司建设并维持一个满足组织动态需求的、交互式的、操作灵活的、安全可靠的全新的生态集成系统平台，而不是为企业已经存在的 IT 部门提供简单的"修复"服务。

请讨论

1. 根据上述资料，谈谈人工智能与会计学科发展的内在联系。
2. 试述谷歌的智能制造技术对普华永道会计业务的创新具有怎样的积极意义。

答案提示

略。

本章参考文献

［1］　Daft R. L.　A Dual-core Model of Organizational Innovation［J］.　Academy of Management Journal, 1978, 21(2)：193 - 210.

［2］　Damanpour F.　Organizational Innovation：A meta-analysis of Effects of Determinants and Moderators［J］.　The Academy of Management Journal, 1991, 34(3)：23 - 32.

［3］　蔡志兴.人工智能及其应用［M］.北京:清华大学出版社,1996.

［4］　李海舰,郭树民.从经营企业到经营社会:经营社会的视角经营企业［J］.中国工业经济,2008(5).

［5］　杰里米·里夫金.第三次工业革命［M］.北京:中信出版社,2012.

［6］　周守华,陶春华.环境会计:理论综述与启示［J］.会计研究,2012(2).

［7］　周天勇.传统经济模式的增长困局［N］.学习时报,2013.

［8］　冯圆.成本管理的概念扩展与创新实践［J］.浙江理工大学学报,2014(6).

［9］　潘煜双,徐攀.企业环境成本控制与评价研究［M］.北京:科学出版社,2014.

［10］　国务院.中国制造2025［Z］,2015.

［11］　夏妍娜,赵胜.工业4.0［M］.北京:机械工业出版社,2015.

［12］　黄世忠.移动互联网时代财务与会计的变革与创新［J］.财务与会计,2015(21).

［13］　冯圆.经济新常态下的成本管理创新研究［J］.新会计,2015(11).

［14］　李彦宏.互联网"补贴大战"不可续［Z］.人民网,2016.

［15］　宋清辉.新经济是中国发展新引擎［Z］.财经网,2016.

［16］　冯圆.智能制造与成本管理:融合与创新［J］.新会计,2016(5).

［17］　谢志华.会计利润与经营者业绩评价:缺陷与改进［J］.会计之友,2016(1).

［18］　冯巧根.中国情境特征的管理会计案例研究［J］.会计之友,2016(6).

第五章 | 改进作业成本法：时间、资源与组织

近年来，随着作业成本法（Activity-Based Costing，ABC）在实践中不断暴露出的局限性，使许多企业对该方法产生了动摇，并由此呈现出一种逐渐冷淡的趋势[①]。本章在分析传统作业成本法局限性的基础上，以时间和资源为导向探讨改进作业成本法的基本思路。以时间为导向的作业成本法侧重于战术层面的修正，而以资源为导向的作业成本法则更多地偏重于战略性层面的改进。

第一节　作业成本法的功能及局限性

作业成本法（ABC）最早产生于 20 世纪 30 年代对水力发电企业进行成本分摊时所做的分析，后来在 1988 年由美国哈佛大学的卡普兰教授作了进一步的阐述，之后由于学界的大力宣传，加上许多企业的推广应用，一时间影响很大[②]。

一、作业成本法的功能

（一）作业成本法的扩展：从 ABC 到 ABM

作业为导向的 ABC 和作业管理（Activity-Based Management，ABM）是以价值创新为前提而发展壮大的。实施 ABC 以及 ABM 是与顾客价值经营相一致的。例如，Turney 揭示出 ABM 的两大目的就充分说明了这一点，第一个目的是改善顾客所获得的价值；第二个目的是依据提供的该顾客价值使收益增大。这两种目的的依据均是围绕作业这一导向来实施的（Turney，1992）。依据 SMA 的 4CC，ABC 和 ABM 具有以下特征（IMA，1998A，11 - 12）：

（1）ABC。通过作业，在资源以及成本计算对象上计量成本与业绩。如图 5 - 1 所示，首先，是将资源分配给作业；其次，将作业成本在成本计算对象上基于其使用的额度进行分配。ABC 重视成本作业动因和作业之间的因果关系。

（2）ABM。通过作业管理，改善顾客价值创造的环境，围绕为顾客提供价值而获得相应的收益。如图 5 - 1 所示，为了管理作业，必须开展成本动因分析、作业分析以及业绩分析。并

[①]　如卡普兰自己所说，在学术界人士看来，作业成本法似乎是管理企业有限资源的一大妙法。但是，许多在其组织中曾经真正试行过 ABC 的经理们，却因面临升高的成本和职工厌烦情绪而放弃试行（Kaplan，2004）。

[②]　提出该方法的初衷是为了改善传统核算方法在分配间接费用时相关性较差的问题。其核心思想是在资源消耗与产品之间引入一个"作业"概念，认为作业消耗资源，产品消耗作业，生产导致作业的发生，作业导致成本的发生。

且,共同地将资源集中于 ABC。借助于作业分析(Activity Analysis)实现确认和记录组织的作业;借助于成本动因分析(Cost Driver Analysis)开展检验、计量,以及说明成本作业动因波及的影响;借助于业绩分析(Performance Analysis)揭示出组织活动中作业所反映出的业绩内容。ABM 的内容见表 5-1 所示。

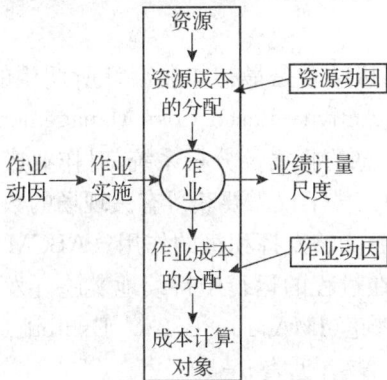

图 5-1　ABC 模式(CAM-I 的改良模式)　　　　图 5-2　ABM 模式(CAM-I 的改良模式)

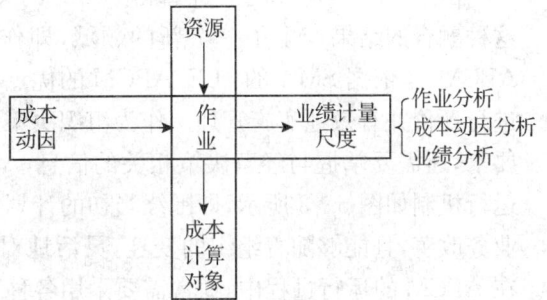

资源来源:图 5-1 与图 5-2 均出自 IMA,1998A,p.40(CAM-I)。

表 5-1　ABM 使用的工具与方法

工具	方　法	工具	方　法
属性分析	价值分析 时间偏差分析 质量成本	收益性/价格决策分析	产品/服务类别的收益性分析企业再造 物流线路类别分析 市场分部类别的收益性分析成本企画 生命周期分析
战略分析	战略计划 作业分析的连结 企业进展分析 潜在的增收.增益分析		
差异分析	内部差异分析 行为/竞争对手差异分析 最高水平的差异比较	环节分析	经营环节的模式化 综合的的质量改善 企业再造 服务外包 共享服务的机会分析
作业分析	组织结构分析 项目管理 作业的业绩尺度的开发与使用 生产能力管理 制约条件分析 环节层面的成本计算		

资料来源:IMA,1998A,根据 V 部分的内容整理。

如表 5-1 所示,ABM 是借助于各种工具和方法来实现的(IMA,1998,IV)。ABM 与 ABC 共同构成作业会计(Activity-Based Accounting, ABA)的两大领域,两者之间具有如下一些差异(IMA,1999,p.4):① ABC 重视成本和成本动因,而 ABM 则重视对其改善的过程与结果;② ABC 提供的是有关环节、产品以及市场业绩方面的信息,而 ABM 着重于发现这种改善的对策;③ ABC 以成本为中心,ABM 则是以经营环节为焦点;④ ABC 不过是对组织的静态分析,而 ABM 则重视动态的改善;⑤ ABC 尤其以业绩为中心,重视现行的成本控制,而ABM 以未来为导向,探讨排除不必要的成本的方法,谋求对现有资源的最佳利用;⑥ ABC 所报告的是基于公司内部的现场战术成果,而 ABM 则是战略性的,它重视来自顾客方面对主要价值要素理解的情况;⑦ ABC 表明数据来源的情况,ABM 则提供行为方面的信息。

(二) ABC 与 ABM 融合的产物——ABCM

由于 ABC 与 ABM 存在着密不可分的关系,将两者有机结合是最初作业会计所期望的。这种融合的结果产生了一个新的领域,即作业成本管理(Activity-Based Cost Management,ABCM)。依据 SMA 的 4EE,ABCM 的优点是通过成本信息的收集及分析系统,对作业成本进行评价并有效地实施管理。作为组织决策者的企业管理人员不仅需要获得有关现场的数据要素,还需要掌握与经营决策相关的信息,ABCM 在这方面能够发挥积极的作用。ABCM 的运行机制如图 5 - 3 所示,即围绕当初的计划展开实施,并在过程的运行中持续地实施开发与业务改善,且能够随着组织的变迁,灵活地对该体系加以修正(IMA,1998B,2 & Exhibit 1)。在 ABCM 的运行过程中,通常需要采用各种不同的工具与方法(见表 5 - 2)。

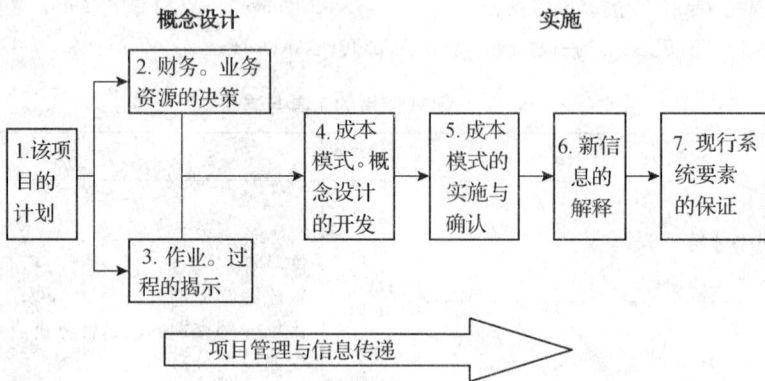

资料来源:IMA,1998B,根据 Exhibit 1 整理。

图 5 - 3 ABCM 的实施阶段

表 5 - 2 ABCM 的工具与方法

阶 段	工具与方法
1. 项目计划	项目的目的、范围的决策 项目团队形成 ABCM 的实施、教育及训练
2. 资源的决策	资本总账及薪酬信息 劳务、非劳务资源表 资源层级表
3. 作业等的揭示	统一的分类表 作业手册 作业分析运算表 作业属性表 环节图表的编制 环节的总括表

（续表）

阶 段	工具与方法
4. 成本模式的开发	系统设计的考虑事项 向资本总账及薪酬明细的资源成本要素的转换 成本流量的报表
5. 成本计划模式的实施与确认	成本模式的数据 面向成本模式的数据投入 成本模式 数据的确认
6. 新信息的解释	费用要素的矩阵分析 对实质性原因的分析 成本改善计划 环节成本的机会改善追踪表
7. 现行系统的保证	定期的系统评价 最新的接触 计量的确认 保持常设的 ABCM 团队

注：表中内容根据 IMA 的研究报告(1998b，V)整理。

（三）依据 ABCM 实现顾客价值与收益的提升

实施 ABC/ABM 或者 ABCM 且实现顾客价值的创造经营，必须使前述的顾客价值增加与共同寻求企业收益提升相结合。当两者的融合达成之后，依据 ABCM 开展顾客类别的收益性分析(Customer Profitability Analysis，CPA)，计量真正的顾客分类的收益，寻求顾客分类的收益改善对策等就顺理成章了。迄今的传统成本管理(Traditional Cost Accounting，TCA)依据单一的运作状况(如销售额)对营业费用进行分配，并计算出顾客类别的收益，这仅是一般意义上成本管理。虽然用净收益计算企业整体的收益是可能的，然而，分部，如顾客分类的收益性，仅仅通过扣除来自销售额的顾客关联费用(包含销售成本之外的营业费用)来计算贡献毛益，有时就不一定恰当，需要客观地对其加以评价。根据这种贡献毛益法实施的TCA，如表5-3那样，将账户科目类别的营业费用与销售额进行一次性分配，从而算出顾客类别的贡献毛益。

表 5-3 依据 TCA 与 ABCM 开展的顾客类别收益性分析的案例
——基于甲厂家的乙顾客的情况

	标准成本计算（TCA）		作业成本管理（ABCM）	
	根据工作情况的成本分配计算		作业成本计算	
	科目（括号内为分配基准）	金额/万元	科目（括号内为作业动因）	金额/万元
销售收入	销售额 销售成本 　按顾客别的总收益	10 000 7 520 2 480	销售额 销售成本 　按顾客别的总收益	10 000 7 520 2 480

（续表）

	标准成本计算(TCA)		作业成本管理(ABCM)	
	根据工作情况的成本分配计算		作业成本计算	
	科目(括号内为分配基准)	金额/万元	科目(括号内为作业动因)	金额/万元
与顾客关联的经营费	薪水(销售额)	550	订货办理费(订货数)	300
	附加工资(销售额)	580	仓储费(发货金额)	600
	折旧(销售额)	250	订货费(订货种类数)	300
			包装、品种费(订货种类数)	100
	临时工资、电气费,以及电话费(销售额)	700	装货费(重量)	200
			送货费(顾客所在地)	500
	修理费(销售额)	100	顾客配送费(装卸数)	200
	燃料费(销售额)	200	投诉处理费(订货种类数)	380
	顾客关联费合计	2 380	顾客关联费合计	2 580
收益	按顾客别的贡献毛益	＋100	按顾客别的贡献毛益	－100

然而,在 ABC 中,按该表所列示的作业类别把握营业费用,用与各作业相吻合的成本动因来分配营业费用,并计算出顾客类别的贡献毛益。其结果,在该表的比较之下,乙顾客依据 TCA 所获得的是一个黑字的顾客贡献毛益,而按 ABC 计算其结果则是红字的顾客毛益。假如在出现红字的顾客毛益情况下,销售额越大,企业整体的收益就越容易减少,相反,抑制销售额的扩大,企业整体的收益情况会出现增大的现象。这种奇妙现象的解释,通过 ABCM 则能够进一步对业绩不良的原因加以揭示,并可以提出如下的改进对策:

（1）依据 ABC 的计算结果,可以发现首要的问题是库存维护费用过高。然而,由于乙顾客发送货物的金额期望是大数量的,而实际上,甲工厂的库存维护费用整体偏高,这样就形成了问题的焦点。其对策便是:无库存原则在库存管理必须得到彻底贯彻,这是改善现行管理的当务之急。

（2）订货费、包装与品种费以及投诉处理费等也稍微偏高,这与订货次数多有一定的联系,今后在推销方面应加强改进,减少订货次数值得考虑。

（3）装货费,特别是运输费过大。这是因为乙顾客在外地,而商品又是大吨位的物资,其结果就使运输费增加。在有红字顾客毛益的情况下,对乙顾客提出增加运费的诉求是合理的。即,当实际费用发生数较大时,这种请求是一种正当的行为,即物流服务也应当的商品化。换言之,即使因为实际费用的增加导致有关交易的停止,这也不见得是坏事。它既可以减少乙顾客的红字,也使甲工厂的整体收益增大。这样的"减少增益"在当今微利时代是一项重要的企业策略。

二、作业成本法的局限性

进入 90 年代中期之后,学术界对作业成本法的质疑声开始出现。譬如,通常认为,作业成本法(ABC)强调的是非产量相关指标对制造费用的预测能力(Cooper & Kaplan,1991),然而,Banker 等(1995)、Anderson(1995)、Itner 等(1997)和 Fisher & Ittner(1999)的分析则发现,即使在控制了直接人工成本(产量的替代变更)之后,复杂性变量与制造成本仍然呈显著相关。从实践情况看,这是由于 ABC 法自身存在的局限性而引起的。

(1) 从获取信息的角度观察,依据该方法获取相应的信息存在一定的难度。它与传统会计体系的融合性不充分,信息系统的接口缺乏主动性和柔性。ABC 法下把传统的业务流程分解为许多不同的作业,根据作业耗费资源的情况来计算和确定成本,它超越了传统的部门界限,揭示的是经营过程的成本。但在传统会计信息系统下却是按照部门消耗资源的数额来归集和反映成本,因而传统会计体系并不能主动为 ABC 提供相应的信息,企业在决定使用 ABC 时必须进行会计信息系统的再造,导致了该方法的使用成本比较高昂。

(2) 在传统的 ABC 下,有关"作业"只是依据过去的操作情况,根据过去的经验来加以划分的,它对未来的作业很难考虑周全,缺乏前馈性,导致新情况出现时只能对作业进行被动调整等。当前人们的消费已越来越多地呈现出个性化消费的特点,使得生产也不得不转向个性化生产,因而新业务、新作业不断产生,若是仍按传统 ABC 方法进行作业划分就很难在较短的时间内划分准确,这样不但会增加许多工作量,其效果也难以衡量。

(3) 传统 ABC 下,对作业是按成本驱动因素为标准来划分的,而成本驱动因素的确定则以因果关系为主,对于一些潜在的情况,因为没有表现出明确的因果关系而未被考虑,这必然导致一些作业的划分不能够切实反映真实情况。

(4) 传统 ABC 下的业绩评价是建立在对作业完成情况下的考评,在作业完成之前无法对其进行任何评价,表现出的是事后反馈特征,无法以此作为激励手段来优化"作业"行为,缺乏前馈机制的内在功能。事后的反馈对实务中企业现实问题的控制缺乏相关性和有效性,比如对于安然事件,如果事先有一种前馈机制的存在,也许就不会导致后来如此严重的结果,而反馈机制即使再完善也难以起到事前控制的应有效果。

传统 ABC 不仅存在着上述缺陷,而且对 ABC 方法本身来说,如果没有一套较为健全的控制系统,其自身的内在体系就可能会紊乱,划分出来的作业之间也体现不出控制要素的整体特性,从而就失去了作业划分的意义。

第二节 时间驱动作业成本法的改进思路

围绕作业成本法存在的问题,目前世界各国的成本会计学者提出了许多有益的方法。其中,将时间因素嵌入到作业成本法之中是一种较具代表性的观点。

一、时间驱动的成本管理创新

(一)"时间观"是成本会计的重要观念

在现代企业经营中"时间"是适应市场竞争的一个代表性概念,它要求重视速度经营。对此,如何评价时间的缩短,并将其纳入决策的信息体系之中是成本管理需要研究的一个重大课题。Johnson & Kaplan(1987)在"相关性消失"一文中指出了非财务指标的重要性。特别是与时间相关的研究,早期的研究主要是围绕适时制(JIT)的实施,就生产与配送系统的高效达成而引入的尺度(时间尺度)[①]。Howell 和 Soucy(1987)指出,世界级的制造业者,拥有包含搬运等 5 个非财务尺度是必要的。这里所说的搬运是表示时间的指标,它是以确立、维持工序的持

---

① 作为具体的尺度主要有平均的计划次数、处理时间、领先时间、平均库存周转率等。

续性和可靠性为目的,与营销相关的适时、准确的搬运计划由此成为现实。同时,他们在搬运业绩的评价中充分应用了时间尺度。首先,是按时间要求的搬运业绩。在实际的搬运计量中将搬运滞后的日期记录下来。其次,是履行合约的进度。它根据履行的订货额、生产线品种,以及特别的品种数进行计量。最后,是时间长度、时间周期。它适应从顾客接受订货到搬运过程的要求。这些尺度所展现的一个共同特征是,将制造目标与搬送目标作出计划,并依据对这些目标实现情况的调查,将时间作为适当管理的一个焦点。

(二) 时间驱动的成本管理思想是动态发展的

伴随着非财务尺度的时间因素的应用,人们开始尝试采用差异分析这种时间评价方法,并且成为管理会计上时间管理的一种重要思路。缩短时间对于前述的JIT的实施尤为重要。根据 O'Brien & Sivaramarkrishnan(1994)的论文,在适时制(JIT)状况下存在的差异主要有:① 基于单元的非增值活动引起的差异;② 价格差异;③ 因上下游的延误而引起的时间差异①。此外,将时间与业绩评价相联系,使时间因素进入了决策会计的研究范畴。根据 Maguire & Peacock(1998)的研究,公司在进行业务外包的决策时,有必要对供应商的选择进行时间方面的考虑,特别是应当关注领先时间和价值领域,加强需求链的研究,即通过对购入者的需求状况分析来考量供应商的能力。由此,如何在供应商的选择组合中反映领先时间及领先时间成本的影响,就成为成本管理的一个重要课题。进入 21 世纪,Preiss & Ray2000)倡导以时间为驱动来加强成本管理,要求在成本会计中体现时间的重要性,即依据单位时间强调单位时间收益计算的必要性。

(三) 时间驱动式的作业成本法改进

卡普兰教授在总结前人经验的基础上,进一步将"时间观"应用于作业成本管理②,提出了将时间因素嵌入作业成本法的"时间驱动作业成本法",这是对作业成本法的一次真正的改进。该方法的核心思想是引入一个"时间等式",以最基本的业务流程耗时量为基数,列出各种复杂情况下所需要追加的工时,据此按照具体情况改变每一项具体作业所耗时间的估计数,从而降低划分作业的难度与工作量,使之可操作性大大增强。卡普兰在《时间驱动作业成本法》一文中对此作了详细的阐述,他指出,向员工调查处理每项作业占用其工作时间的百分比,不仅工作量大,还会出现意见的不一致,而且不容易反映出其有效工作时间究竟有多长。另外对一项作业仅反映一个费率,也过于简单,不能应对千变万化的现实情况,例如对某种化学制品包装完毕进行发运,可能普通的包装已经足够,也可能由于运输方式的特殊要求,还需要另外包装,如此一来,尽管是同一类作业,所需要的时间却大不相同,费率显然也应有所区别。在传统ABC下,这个问题无法解决,但引入时间因素之后,该问题即可迎刃而解。

在时间驱动作业成本法下,公司的管理者将直接估计每个事务处理、产品或客户的资源需求③。同样的,如果企业有了相关的基础资料,在发生新业务或增添新环节时,就能够很快得

---

① 第一种差异是能率的差异,以制造阶段目标所需的必要标准作业时间与实际作业时间相比所得的差异。第二种差异是标准成本比率与实际成本比率之比的差异。第三种差异是因上下游的迟缓而产生的差异。

② 2004 年 11 月,卡普兰(Kaplan)在《哈佛商业评论(Harvard Business Review)》上发表了他的新作"时间驱动的作业成本法 (Time-Driven Activity-Based Costing)"(中文版是 2005 年 1 月出版)。

③ 对每一类资源,公司可估计两个参数,一个是单位时间投入的资源能力的成本,即单位时间产能成本;另一个是产品、客户和服务在消耗资源时所占用的时间数,即作业单位时间数。

出新业务或新环节的单位成本究竟是多少。这样就避免了传统 ABC 下对同类业务采用同一费率的弊端，也使得新业务的定价能有更合理的依据。由于该方法能够帮助管理者明确哪种业务、怎样定价才更合理，因此也使企业获取了更好的利润回报。应该说，卡普兰提出的这一方法是有积极的应用价值的，但是仅仅采用时间因素来改进作业成本法，难免仍然停留在战术性的修正领域，要使得作业成本法充分体现战略性的要求，还需要寻求新的改进方式。

二、时间驱动作业成本法的创新思路与核算方法

（一）新方法的思路

卡普兰提出的新方法，即时间驱动法。这个方法的特点是采用估计的工作时间来计算作业成本，而不是以调查确定的工作时间为计算基础。其做法是，在实施将一个责任中心的成本分割为若干作业时，放弃追踪而采用估计，这种估计与上述的方法不同。它仅向经理人员进行估测，不是像过去那样，按员工调查来确定分割比例。

以某企业为例，该企业有处理客户订单、应对客户问讯、办理信用调查等 3 项作业，它们分别占员工时间的 70%、10% 和 20%。若企业销售部门的全部费用就按这个比例分割为三个作业的费用，同时，这 3 个作业的作业量已知，据此可以计算出 3 个作业的单位费率。具体计算见表 5 - 4。

表 5 - 4　按估测法实施 ABC

作　　业	耗　　时	分摊成本	作业量	单位作业费率
处理客户订单	70%	$392 000	49 000	$8/单位订单
应对客户问讯	10%	$56 000	1 400	$40/每次问讯
办理信用调查	20%	$112 000	2 500	$44.8/每笔信用调查
合　　计	100%	$560 000		

尽管由经理人员来作估计会缺少群众基础，但它也避免了上述意见不统一而引起的问题。即向群众调查得到的平均数，不一定比这个部门的经理"一言堂"更客观。经理作的估计事项主要有以下几种。

（二）确定单位时间（每分钟）的费用成本

从表 5 - 4 列示情况看，该销售部门一个季度发生的费用总额为 $560 000。现在需要知道这个部门一个季度的有效工时总数，以有效工时总数除以费用总额，即得每单位时间的费用成本。28 个人一个季度的理论工作时间为 887 040（60×8×22×3×28）分钟，但实际上一个员工不可能在 8 小时内每一分钟都在紧张地对付眼前的工作。在时间驱动法下，直接由经理人员估计其有效生产能力对理论生产能力的百分比。比较粗糙的做法是，你可以简单地假定有效生产能力相当于理论能力的 80%～85%。一般来说，经理人员会对员工设定一个比较低的比率（例如 80%），容许他们有 20% 的时间休息、迟到早退、相互联系和接受训练。对于机器，经理人员可以把理论生产能力和实际生产能力之间的差异，设定为 15%。这是因为维护、修理和工作安排不匀而造成的停工时间。也可以采用一种比较精确的方法来作估计，即根据过去的运作情况，选用订单数目最多、没有过多延误、质量低劣、加班加点、及职工情绪紧张的

月份的数据(即把这个月份实际利用的工时数视为实际生产能力数)。

无论采用那一种做法,重要的是不要对小错误过于计较而是要做到近似正确。假定该销售部门雇用了 28 位员工,每天工作 8 小时。从理论上讲,每个季度共有工作时间 887 040 (60×8×22×3×28)分钟,但只能以有效工作时间 700 000 分钟作估计。(即把有效工作时间"700 000 分钟"估计为理论工作时间"887 040 分钟"的 79%)。已经知道提供这个生产能力的间接成本为 $560 000。据此,可以计算出每提供一分钟的生产能力的成本($0.80 元)。生产能力一般以时间为度量单位,但也可以用其他单位度量生产能力。如仓库或车辆的生产能力用所提供的面积来度量,而记忆的储存量用所提供的兆字节数度量。在这样的情况下,经理人员会按适当的生产能力度量来计算该资源的单位成本,例如单位立方的成本,或者单兆字节的成本等。

(三)确定每单位作业耗用的时间(分钟)

这些数字可以通过与职工面谈取得,也可以通过直接观察取得,没有必要进行问卷调查。虽然在一个规模巨大的组织中,对员工进行调查也有好处。需要强调的是,问题不在于一个员工在执行某项作业(如处理订单)中所耗费的时间的百分比,而在于完成该项作业的一个单位需要耗费多长的时间(如处理一份订单耗时多久)。关键也不在于精确,只要近似准确就够了。该例中假定经理人员确定每处理一份订单需要 8 分钟,处理一次问讯需要 44 分钟,处理一次信用调查需要 50 分钟。

(四)计算单位作业费率

将以上估算出的的两项变数相乘,即可算出单位作业费率。就该销售部而言,每处理一份顾客订单的费率为 $6.40(8× $0.8)元,每处理一项问讯 $35.20(44× $0.8)元,每处理一笔信用调查为 $40.00(50× $0.8)元。算出了这些标准费率,就可以据以在发生交易的同时,把成本分配计入各个客户。还可以用这些标准费率与客户洽谈新业务的定价问题。

表 5-5 采用时间驱动法实施 ABC

作 业	每单位作业耗用时间(分钟)	单位作业费率	数量(作业量)	总的时间(分钟)	总成本
(1)	(2)	(3)= $0.8×(2)	(4)	(5)=(2)×(4)	(6)= $0.8×(5)
处理客户订单	8	$6.40	49 000	392 000	$313 600
应对客户问讯	44	$35.20	1 400	61 600	$49 280
办理信用调查	50	$40.00	2 500	125 000	$100 000
合 计				578 600	$462 880

注:第(3)栏所示的每单位作业费率,低于按估测法所得的费率。

表 5-5 的计算表明,这个季度投入的费用总额 $560 000 所形成的有效生产能力中,只有 83%(700 000 分钟中的 578 600 分钟)被真正用于生产性工作。根据这个道理,费用总额 $560 000 中分配计入本期客户或产品的,只能占 83% 左右。本文前面已经提到,采用估计法,向员工调查时,他们总是以有效工作时间(700 000 分钟)被充分利用为前提作答。事实上有效的工时是不可能被充分利用的,所以估测法下的费率偏高。

三、新的基于时间驱动方法的表现

时间驱动法使经理人员能够算出各项作业上所耗费的时间和成本，并加以分析。仍以本文所举销售部为例，假定表 5-5 所示乃第一季度的实际数字，但在第二季度该部门处理了 51 000 份订单、1 150 次问讯、2 700 等信用调查；第二季度发生的费用总额和对每个单位作业估计的工作耗费都保持与第一季度（见表 5-5）相同，第二季度该部门的成本向各作业分配的情况，如表 5-6 所示。

表 5-6　时间驱动 ABC 法（第二季度）

作业	单位时间（分）	数　量	总分钟	单位作业费率	分摊成本总额
(1)	(2)	(3)	(4)＝(2)×(3)	(5)＝$0.8×(2)	(6)＝$0.8×(4)
处理客户订单	8	51 000	408 000	$6.40	$326 400
应对客户问讯	44	1 150	50 600	$35.20	$40 480
办理信用调查	50	2 700	135 000	$40.00	$108 000
实耗工时合计 分/$			593 600		$474 880
有效工时合计 分/$			700 000		$560 000
未用工时合计 分/$			106 400		$85 120

时间驱动法首先直接估出一个单位的作业所耗费的工时，免除了估测法先估出全部有效工时中耗用于各项作业的百分比，所以比较简单。除此之外，还可以算出未充分利用有效工时的浪费。表 5-6 最后一行揭示了全部有效工时（700 000 分钟）中未被利用的工时（106 400）所造成的浪费（$85 120）（这个差额，属于非增值性质，会计上如何处理，在卡普兰的原文中没有涉及）。某些情况下，这一信息能够使考虑扩大生产能力的公司，免除不必要的新投资。如一家叫刘易斯·乔兹（Lewis-Goetz）的公司的业务副总裁，从实施时间驱动法中，得知该工厂的开工率仅为 27%。如果没有这个信息，他很可能会投资于新增生产能力。实际情况是，维持现在的规模，还能接受预期在明年可以获得的一笔巨额订单。

企业外部和内部经营条件是经常变化的，时间驱动法能够很容易地更新规模以适应变化。譬如，一个部门增加了若干项作业，不需要与员工重新作面谈的调查，只要对新增作业的每单位作业耗用的时间作出估计就行了。经理人员更新各项作业费率也很容易。此费率变化是由两个因素导致的。

一是外供资源的价格发生变化。如员工所得的报酬提高了 8%，这就使本文上例每分钟的价格从 $0.80 增加到了 $0.864[①]。如果机器设备更新或者增加了一道工序，则每分钟的费率就需要相应调整，以反映因为使用新设备所引起的营业费用变化。

二是作业的效率发生变化。企业任何工艺技术的改进，都会使同一作业能够以较短的时

[①]　杨继良等认为，这个推理不严密，因为 $0.80 每分钟的成本包括了员工报酬以外的费用。详见杨继良、尹佳音.作业成本法的新发展：估时作业成本法简介.财会通讯（综合），2005(2)。

间或较少的资源来完成,需要及时调整估计数字。如果该销售部获得了一个新的数据库,使每次顾客的信用调查时间能够控制在 20 分钟(而不是 50 分钟)之内,则单位作业费率也相应地(从 $40)降到 $16。

四、新方法的创新——用"时间等式(Time Equation)"解决复杂性问题

上面所作的讨论都假设所有的订单涉及的交易都一模一样,其处理所耗的时间都相同。实际情况并非如此简单。时间驱动法的一个重大优点就是可以适应现实生活中各种业务的复杂性。做法是设计一个"等式",列出各种复杂情况下需要追加的工时,据以按照具体情况改变每一项具体作业所耗时间的估计数。卡普兰称之为"时间等式(Time Equation)"。时间等式大大地简化了估测过程,使获得的成本数据准确得多。如一项化工产品按标准包装好准备发运,它所耗费的应该是 0.5 分钟。然而,如果该项货物需要重新包装,据这位经理按经验或若干次的实地观察来估测,需要另外耗费 6.5 分钟;如果该项货物需要空运,需要耗费 2 分钟把这包货物放进一个用于空运的容器。这些信息使该经理能够测出包装过程所需要的时间:包装时间=0.5+6.5(如果需要特殊包装)+2.0(如果采用空运)。

"时间等式"是对 ABC 方法的一种延伸,它使时间驱动法能够在解决复杂的业务问题上,远比传统 ABC 简单。在传统方法下,必须把每一种不同的处理过程另立为一种作业,以记录不同交易所耗费的时间。有一家大型的跨国批发商,有 27 处设施、每月处理订单 100 万份以上,向 25 000 个客户发运 300 000 笔以上的不同货物。在传统的 ABC 模式下,公司要求它"内部销售部门"的员工,每月对他们耗费在三项作业(把新顾客的基本资料记入电脑系统,记录订单、催促执行订单)上的时间的百分比作出估测。实行时间驱动法后,确定一个"时间等式",把每份订单上的基本信息记录到系统中去,大约需要 5 分钟;把订单上所列的订货记录下来,每项货物需要 3 分钟;如果需要催办发运,则每份订单还需要 10 分钟;如果这是一位新顾客,还需要另外耗费 10 分钟把有关这位顾客的基本资料记录到公司的电脑系统之中。过去对耗费在三项作业上的时间的估测,可代之一个简单的"时间等式":

内部销售部门在每一份订单上所耗时间=5+(3×该订单上的货物品种数目)+15(如果是一位新顾客)+10(如果该订单需要催办)

这个办法做起来并不困难。该公司在它的电脑系统中追踪记载了每份订单上的订货项目数,并且包括了该项订货是否加急、该顾客是不是一位新顾客等内容。这个模式把握估测的销售过程所耗费的时间乘以该部门每分钟的成本,得出处理每份订单的成本。他们通过实行包含有"时间等式"的时间驱动法,获得了比较正确的而又细致的成本数字,同时又降低了收集和分析数据过程的复杂性。此后,这家公司就把时间驱动法推广运用于它的全部业务,获得了引人注目的成绩。

事实证明,时间驱动法容易实施,也容易推广到同行业经营程序相似的其他企业。丹曼与戴维思(Denman & Davis)公司的首席执行官兼北美钢铁联合会主席说,时间驱动法可以应用于同行业所有的企业。另一家钢铁批发商(TW Metals)主管信息的负责人说,"我们能够在三个月内,把时间驱动法推广到我们所有的 36 处设施中去"。时间驱动法能够用简单的方法计算出复杂工序成本,因而在和顾客打交道的时是一种有力的谈判工具。休斯顿一家名叫Wilson-Mohr 的工业控制公司,是一家工程承包商(Engineering Contractors)的分包公司,为炼油和化学工厂设置程序控制系统。通过时间驱动法,它就可以知道哪一家 ECs 所出具的更

换零件或改变设计构型的工程变更任务成本高昂;这是过去所不知道的。以往,Wilson-Mohr公司只要求 ECs 支付因变更任务而引起材料成本的预计差额。现在它可以清楚地逐项列示由于执行变更命令而引起的附加销售成本、设计、工艺和制造所耗费的人工时间,从而能够通过价格取得补偿。

五、时间驱动作业成本法的盈利预测功能:以实践为例

在过去的 7 年中,Kalian 教授和 Anderson 教授及其在 Acorn System 公司[1]的同事们,成功地帮助 100 多个客户把时间驱动法引入到他们的系统。这些客户普遍反映,企业的利润之所以有明显的增加,应该归功于从这种新方法中取得的信息。以在美国中西部的一家年销售额达 \$1.55 亿,有 17 000 笔销售和 5 000 个客户的食品批发商 Banta 公司为例。这家公司的净利润很低,仅为 1%。在过去,他们提高盈利的途径在于增加每天接受订单数量、提高销售总额和控制费用总额。现在 Banta 公司在 16 个星期内就把整套"时间驱动作业成本"系统建立了起来。这个系统把成本与订单、客户和地区联结在一起,从而能够看出所发生的费用与有关的其他因素之间的密切关系。经理们以往认为,一份 \$1 000 的订单实在金额太小,只能勉强保本。但现在通过系统他们知道了一份订单也许会盈利可观,取决于与客户之间的距离、产品在仓库中的位置、订货量的多少、发运的频繁程度、提供服务的种类和客户的信用等级,所有这些因素都已记入该公司新的"时间驱动 ABC"之中。

时间驱动法是一项创新,它能够向经理人员提供有价值的成本和盈利信息,既快捷又节省成本。Banta 公司根据从 ABC 模式中所取得的数据,进行了一系列规范,如确定一个最低订货量;减少不盈利产品的库存;促销高盈利产品;与顾客协商减少高成本的服务项目,或者对这种服务重新定价;向销售人员提供激励,诱导他们努力提高利润。该公司还和零售商重新谈判,讨论如何偿付处理顾客折价的手续费。销售总经理根据从这个系统所得到的信息,把他的销售人员从订单接受者改变为咨询人员,帮助他们去开拓对公司有利的顾客和地区。这位总经理说,"销售人员过去只知道在他们的盈利数字上加上若干百分点,就是增加了利润;现在他们知道,在卖出什么项目时才能增加利润。"现在,通过正确预测各个交易的成本和利润,Banta 公司得以接受新的生意而增加营业收入 35%,增加即时利润 43%,未来还会再增加 25%。见表 5 - 7。

表 5 - 7　**Banta 公司所作出的有助于盈利的决策**

利润挖潜措施项目	对盈利的影响
规定每份订单的最低订货量	22%
向零售商征收处理商品折价的手续费	21%
对增设的业务进行具体的后果分析	20%
检查零售的业务情况	5%
合　计	68%(相当于营业收入的 1.4%)

卓越的业绩使这家公司被行业刊物命名为"本年创新者"。在过去的 15 年中,ABC 法也曾

---

[1]　这是一家提供管理软件和咨询的公司。作者 Anderson 是这家公司的创办人、董事长,Kalian 教授是公司董事。

使经理人员看到:并不是所有的营业收入都是好的,也不是所有的顾客都能为企业带来利润。但由于推行和维持运作传统 ABC 体系的困难,使传统方法不能被普遍采纳。时间驱动法则克服了这些困难,具有了预测的功能,且易于实施、便于修订。时间驱动法利用现在的数据库,把特殊订单、工序、供应者和客户的具体情况录入数据库中,使 ABC 再也不是一种复杂的财务系统了。

第三节　以资源为导向的作业成本法改进思路

以资源为导向,将作业成本(ABC)从资源的视角加以考察,有助于弥补传统 ABC 的不足,且能使战略控制系统延伸到企业的经营活动之中;这种将作业成本法(ABC)与德国的弹性边际成本法①(GPK)有机整合而形成的成本会计方法称之为资源消费会计(Resource Consumption Accounting, RCA),它是一种基于战略视角的改进作业成本法(Clinton & Keys,2002)。RCA 以 GPK 的方法作为理论基础,区别于 ABC,其关注的焦点在于"资源、资源之间的相互关联性,以及资源的产出是如何消费的"(Benjamin & Simon,2003)。从这个意义上讲,RCA 具有战略特性,它是对 ABC 的彻底改进,并成为一种新的方法。

一、以资源为导向改进作业成本法的必要性

由于缺乏战略性,现行成本会计方法在效用上大打折扣,其主要问题表现在:① 难以预料资源的浪费。例如,难以估计实际的剩余/闲置生产能力(Actual Excess/idle Capacity),或者不能预测资源与资源间的需求(Resource-to-Resource Needs)以及资源利用的情况(计划的剩余/闲置生产能力)。② 成本计入过多。不是因为某种自己的产品与服务系列的原因而发生的闲置生产能力成本,而是由于不恰当地将成本费用计入该产品和服务之中而导致成本计算过大,从而使该产品和服务系列的管理者感到不平或不满。③ 成本信息缺乏配比性。对于管理者而言,现行的成本会计信息缺乏一贯性,难以把握成本的真正动因,在进行收益最佳化决策(例如,产品的合理化)时,无法克服产出层面存在的固定费用死螺旋(Output-side Fixed-cost-death-spiral)的问题。④ 资源配置的灵活性不足。现有资源不充分,或者对资源配置无法作出适当的决策,如对部门之间人员的变动,以及设备的移动等情况难以作出有效的安置。⑤ 成本摊销偏低。因为没有充分考虑固定费、准固定费、比例费(变动费)等经济活动存在的能动性,因此,对未来资源的使用(Future Resource Spending)以及其后续环节和产出成本的实际水平仅作了偏小的成本计算。⑥ 成本风险难以把握。譬如,对于业务外包决策,因为存在各种不确定性的风险,所以其效果本身难以准确把握(在现行的信息情况下,存在诸如投入层面上固定费用死螺旋(Input-side Fixed-cost-death-spiral)的情况)。⑦ 业绩评价不准。因为缺乏计划与实绩的比较信息,从而难以采用确切的更正活动。总之,从战略角度着眼积极改进作业成本法,不仅有助于成本会计的完善,还能够从外部资源利用的角度提升企业成本管理

---

① 弹性边际成本法的目的在于纠正成本会计中任意分配成本的做法,它和 ABC 方法有许多相似之处,区别主要在于该方法下的成本中心划分和成本分配更能够反映出一个部门的责任,从而有利于加强责任控制。在 GPK 下,除了在该中心的成本必须是专为该中心的生产而引起的开支之外,而且要求一个成本中心只能有一个经理,但一个经理可以负责若干个成本中心,并且特别强调一个成本中心内业务的同质性,因此,其成本中心的划分是按照组织/责任/分组归类的原则来确定的,比 ABC 法下的成本中心划分来得更细致。

的战略控制系统。

二、资源消耗会计的形成

资源消耗会计(RCA)的形成,来自实务界成本会计创新的内在动力,是管理会计创新与发展的客观需要。将 GPK 有效地应用于 ABC,是成本会计整合的内在要求。

(一)来自实务界成本会计创新的内在动力

企业决策的大部分信息来自成本会计,但现实情况是成本信息失真的问题尚未解决。据有关调查资料表明,截至 2002 年,尽管美国已经有 20％的企业采用了 ABC,但该方法对实务界的作用仍然有限。2002 年年末,美国管理会计师协会(IMA)与安永(E & Y)会计公司合作,作了一次调查,结果显示,调查对象约 2 000 名公司财务总监,他们对目前的处境感到失望。其中,有 80％的人认为,成本会计对企业的战略目标是重要的;有 98％的人认为,由于间接费用分配在成本中所占比重高,而间接费用的分配却不合理,成本信息被扭曲了;有 80％的人认为,推行 ABC 是件不重要或次要的工作。而 IMA 在访问德国许多公司的总会计师时,结果显示,德国实务界对 GPK 却十分依赖。GPK 将重点放在借助成本核算把责任制贯彻到企业的最基层,而 ABC 把作业当作最基层的成本计算单位,重点在于纠正产品成本被扭曲的问题,而责任制却淡出了 ABC 的视野。由此,实务界提出,如果能将 GPK 与 ABC 两者有机地结合在一起,用 GPK 来补充和完善 ABC,则将在成本管理实践中产生更积极的效果。实务界成本会计创新的内在动力是推动 RCA 推广与应用的重要原因之一。

(二)管理会计创新与发展的客观需要

有人认为,ABC 只是一种战术性的策略,它无法满足管理会计战略性的客观需要。应该说,管理会计把重点移向战略是正确的,管理会计正面临着创新与发展的问题。人们开始了这方面的研究。出现了作业计划与预算(ABP /B)这样一种作为战略导向的经营工具加以倡导的方法。ABP /B 是将组织上的责任单位作为前提的传统预算管理和作业预算管理(ABB)加以综合的产物,它对维持和获取竞争优势具有积极意义,其潜在能力为人们所关注。然而,由于 ABP/B 仍然以 ABC 为基础,因此 ABC 本身存在的问题也会自然地带入 ABP /B 之中。而以资源为导向,对 ABC 从资源的视角加以考察,并充分借鉴 GPK 的技术内涵,弥补 ABC 的不足,使战略导向的意图延伸到企业的经营活动之中,这种思路是十分正确的。据此,进一步提升了"为了完善 ABC 工具而提出 RCA"的观点,促进了管理会计的创新与发展。

(三)将 GPK 有效地应用于 ABC,是成本会计整合的内在要求

GPK 是由德国汽车工程师弗劳特(Flaut)创立的。它和 ABC 有许多相似之处,不同之处主要在于 GPK 下的成本中心的划分和成本分配更能反映一个部门的责任,从而有利于加强责任控制。在 GPK 下,要求一个成本中心只能有一位经理,但一位经理可能同时负责若干个成本中心,并且特别强调一个成本中心内业务的同质性。因此,其成本中心的划分是按照组织/责任/分组归类的原则来确定的,比 ABC 下的成本中心划分更细致。在 ABC 下,是一位经理只负责一个成本中心,但一个成本中心内可以包括若干项作业,因而不可避免地要发生费用在若干项作业之间分配的问题。在 GPK 下,不仅这个问题可以避免,而且还按照成本中心编制预算和报表,这套程序与企业的整体组织活动结成一体,反映了一种整体的成本管理思想。

在 GPK 下,确定固定成本与变动成本的标准与传统成本分配制度下的规定也有所不同。

传统的观点认为随着产品产量变化而变化的成本是变动成本,而 GPK 则认为随着成本中心的资源产出量变化而变化的成本是变动成本,定义不同,处理方法也不同。GPK 是"成本拉动"分配的一个典型,而 ABC 则是一种"成本推动"分配的典型。两者比较,显然是 GPK 更有利于对成本的管理和控制。

RCA 是用 ABC 的方法,把 GPK 的优点结合进来,将 GPK 有效地应用于 ABC,从而解决资源消耗从一个部门转移到另一个部门的问题,形成了资源消耗的责任机制,这是成本会计整合的内在要求。

三、资源消费会计基本概念与特征

区别于传统的 ABC,RCA 关注的焦点是"资源、资源之间的相互关联性,以及资源的产出是如何消耗的"。它具体由如下这些基本概念构成:

(一)资源

在资源消耗会计(RCA)下,资源是一个广义概念,资源消耗是指部门之间的成本(价值)转移。如用货币购入的劳动力(工人工资、职员薪酬、福利待遇),员工接受报酬提供相应的劳动;购入的劳动对象(库存材料)、劳动手段(固定资产)、固定资产按期摊入成本的价值(折旧)和转入成本的材料费用,以及企业的维修车间所发生的一切工、料、费用等都是资源。可见,RCA 根据因果关系以资源为焦点进行成本的归属,即依据资源向成本对象分配成本,它与 ABC 有明显的不同。ABC 主要解决间接费用的分配问题,RCA 则是用 ABC 的方法,把德国 GPK 的优点结合进来,解决资源消耗,即价值从一个部门转移到另外一个部门,故称为"资源消耗会计"。

(二)资源结集点

资源结集点类似于管理会计中"成本中心"的一个单位,这个单位所有发生的成本(资源消耗)于此集结。结集后的产出数量称为资源产出量。资源集结点可以是也可以不是一个行政单位。

(三)初级成本结集点

直接从事生产产品或提供可销售劳务的单位,相当于传统成本会计中的"基本生产";但初级成本结集还包括直接为可销售的产品或劳务提供服务的部门(销售、发运和顾客服务)。为基本生产单位或为其他二级成本结集点服务的单位,称为二级成本结集点,相当于传统成本会计中的"辅助生产"。

(四)直接成本

直接成本指本单位直接发生的成本,如材料、工资、福利费、折旧费。与直接成本相对的,是转入成本,是由于消耗了二级成本结集点所产出的资源而发生的成本。

(五)初级费用

初级费用反映一项成本费用固有的成本性质,与"成本费用要素"相似,与"总账科目"相同。与此相对应的是二级费用要素,反映由于资源的消耗而改变了的性质。如工资、福利、折旧、维修都是总账科目,属于初级费用要素;但人力资源部门或供电部门消耗了这些初级费用要素,其产出就不再是原有的资源了,产出的称为二级费用要素。

资源消费会计(RCA)是一种总括的、能动而综合的成本会计系统,是将德国成本会计的各种原理与 ABC 有机结合的产物[①]（Clinton and Keys,2002）。RCA 聚焦于资源,它包含了 ABC、ABM(作业管理)、变动成本计算(Variable Costing)、全部成本计算(Absorption Costing)、实际成本、标准成本、按分部分类的损益表、作业资源计划设定(Activity based Resource Planning,以下简称 ABRP)、第一次成本(Primary Costs)、第二次成本(Secondary Costs)等方面的内容,是一种总括的管理方法。

RCA 与 ABC 的主要区别体现在其成本应用流程的差异上,以某企业从事收料与发运的经营活动为例,该项经营活动涉及六个会计科目,即:管理人员工资、工人工资、福利费、电力、设备维修、设备折旧,具体进行着四种作业,第 1 项作业是用铲车从货盘上卸下货物;第 2 项作业是将卸下的货物加以分类;第 3 项作业是把经过分类的货物成堆垛起;第 4 项作业是用铲车把货物重新装上货盘。在 ABC 下,这四种作业往往划分为一个责任中心,如"××成本中心",且对这个成本中心所发生的费用,即前三个会计科目(管理人员工资、工人工资、福利费)追踪计入这四项作业之中,后三个会计科目(电力、设备维修、设备折旧)则只能计入第一项和第四项作业(因与铲车相关)。而在 RCA 的情况下,则必须调整原有的计量结构,将这四种作业作为两个归结单位进行划分。即将前三个科目(管理人员工资、工人工资、福利费)作为一个结集点,因为它们与人工相关;后三个科目(电力、设备维修、设备折旧)再作为一个结集点,因为它们与铲车相关[②]。

甲成本中心从事收料与发运。对仓库运来的装在货盘上的货物,具体进行以下四项作业:第一项作业是用铲车从货盘上卸下货物;第二项作业是对卸下的货物用人工进行分类;第三项作业是把经过分类的货物成堆垛起;第四项作业是用铲车把货物重新装上货盘。在 ABC 下,该成本中心所发生的费用追踪计入这四项作业的过程,可以用图 5-4 来表示。图 5-5 是在 RCA 下的成本流程情况。

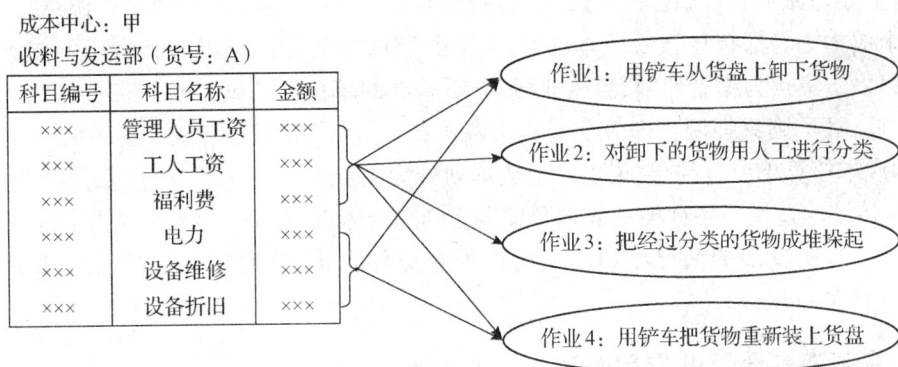

图 5-4　ABC 下的成本流程示意图

收料与发运部(货号：A)
资源结集点(甲A1)：人工
资源产出数量：×××工时

科目编号	科目名称	固定成本	变动成本
×××	管理人员工资	×××	
×××	工人工资	×××	×××
×××	福利费	×××	
资源产出单价		×××	×××

收料与发运部(货号：A)
资源结集点(甲A2)：铲车
资源产出数量：×××铲车小时

科目编号	科目名称	固定成本	变动成本
×××	电力		×××
×××	设备维修		×××
×××	设备折旧	×××	
资源产出单价		×××	×××

作业1：用铲车从货盘上卸下货物

作业2：对卸下的货物用人工进行分类

作业3：把经过分类的货物成堆垛起

作业4：用铲车把货物重新装上货盘

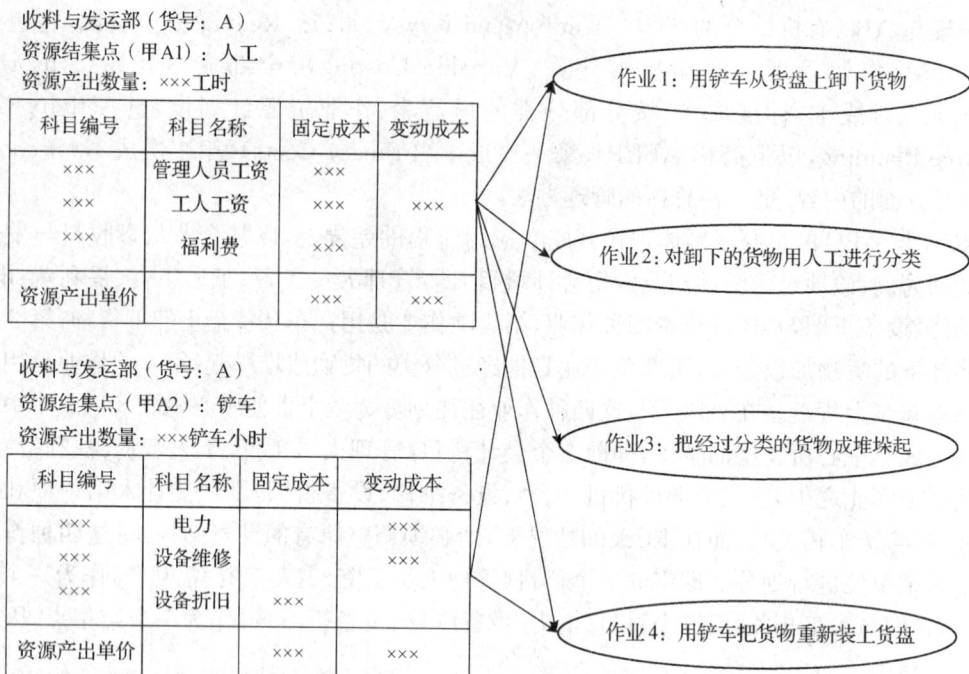

图 5-5　RCA 下的成本流程示意图

对比图 5-4 和图 5-5,将 RCA 与 ABC 进行比较,我们可以看出 RCA 具有如下一些基本特征:① 在 RCA 下,由于一个资源结集点只能有一个产出的计量单位(如果发生了两个计量单位,就必须人为地细分成两个结集点),细分以后每个结集点都只有一个"动因"、一个成本对象。这个处理原则源自德国的 GPK 广泛设置成本中心(在 RCA 下称为资源结集点)的原则,使每个成本中心都有自己的成本动因。② 由于每一个资源结集点有自己的成本核算对象,就可以以结集点为编制计划、考核业绩、分析差异的单位。这就能够贯彻一系列的成本管理措施。而 ABC 则只强调合理分配成本于各该产品,没有强调全套成本管理的实施。③ 从最基层的成本核算单位(资源结集点),把成本划分为固定和变动两部分[①]。从路径角度分析,RCA 作为传统的适用于各种类别成本管理方法的综合体现,在信息系统中采用的是总括的路径方式。因此,在较多的情况下,RCA 是作为企业导入 ERP 系统的一部分而得到应用的(Clinton and Webber,2004)。

四、资源消耗会计的应用及意义

随着市场竞争的日趋激烈,资源的有效利用已成为衡量企业经营业绩的一项重要内容。怎样使资源得到最有效的利用,怎样衡量资源是否被有效利用,怎样控制 E/I 产能等,成为管理人员十分关注的问题。

[①]　RCA 下对剩余/闲置生产能力的分析比 ABC 下对辅助部门的费用分配更具有两个特点,一是每一个单位只有一种产出计量单位,也就是说只有一个成本动因,这样就能够保证成本分配的合理、正确。二是在计算单位费率的时候,把单价分为固定与变动两个部分,当一个单位的产出数量发生变化时,能够很容易地计算出适应这种变化的新的预算数字。

（一）资源消耗会计的应用

1. 产能经营的应用

生产能力是对一个企业诸如人力、设备等使用时间和使用率的度量。资源的使用时间从闲置到满负荷使用有一个范围，如果所有资源都能处于满负荷运转，那么企业就能取得最佳的经济效益。但事实上，由于客户的定单量不可能维持在一个固定的水平上，有些资源也不可能持续保持满负荷运转，这样，资源就会出现未被利用的现象，这就是所谓的 E/I 产能。

RCA 的观点是，RE/I 产能是指未被利用的资源。从数量角度分析，它是从供给的资源中扣除利用了的资源后的差额。作为一种"差异"，它更强调报告的属性，但决不是将这种"差异"分配到每一个产品单位之中，而是将其追踪至更上位的小组（团队）或工厂层面。

在 RCA 下，具有同时管理生产的产能和管理 E/I 产能的可能性，并强调对 E/I 产能管理的必要性。RCA 在管理 E/I 产能，追溯 E/I 产能并加以归属的过程中使用了"供给的产能"这一概念，经营者要求对有可能利用的资源予以充分的揭示。为此，经营者在管理过程中就有了与产能相关的"实际利用程度"的信息，并据此进行产能的管理及作出资源获得方面的决策，经营者在资源获得的决策上结合对产能利用的责任要求，促进了会计责任观的形成。下面举一个简单的例子加以说明。

假定有一个生产区域从事两项作业：操作机械和生产准备。通过这两项作业，生产出甲、乙、丙三种产品。

在 RCA 下，将该生产区域划分为两个资源结集点，即人力资源结集点和机械资源结集点。一个资源结集点只有一个成本动因，人力资源结集点的成本动因为人工工时，机械资源结集点的成本动因为机械小时。人力资源集结点和机械资源集结点的计划产出情况如表5-8所示。

表5-8　人力资源集结点和机械资源集结点的计划产出情况

资源结集点（成本动因）／作业	人力资源结集点／人工工时	机械资源结集点／机械小时
操作机械	4 500	600
生产准备	2 700	360
合　计	7 200	960

操作机械作业和生产准备作业的计划产出情况如表5-9所示。

表5-9　操作机械作业和生产准备作业的计划产出情况

作业（产出单位）／产品	操作机械／小时	生产准备／次
甲产品	180	75
乙产品	300	45
丙产品	120	60
合　计	600	180

注：操作机械作业每小时计划消耗人工7.5(4 500/600)工时、机械1(600/600)小时；生产准备作业每次准备计划消耗人工15(2 700/180)工时、机械2(360/180)小时。

该成本中心在执行计划中,甲产品的生产准备次数由计划的 75 次降为 45 次。由于生产甲产品时减少了准备次数 30 次,按每次准备计划消耗人工 15 工时、机械 2 小时计算,则形成剩余人力 450 工时,剩余机械 60 小时,即形成了一种 E/I 产能。即使这种 E/I 产能未必能够立即得到利用,但至少也能引起管理层的注意,核算的目的也就达到了。所以,在 RCA 下,能够识别 E/I 产能,并将 E/I 产能的成本归属到对该资源有影响的责任人员或者层面上去,进而有助于管理者对产能的分析和利用。

2. 业务外包决策的应用

企业直接投资规模反映了企业对各种资源的利用和消耗程度,企业直接投资规模不合理,必然导致资源消耗大,不仅影响企业的经济效益,而且对社会来说也是一种浪费。要切实改变全能厂太多,部门和地区之间支柱产业趋同化的状况,合理的工业组织结构,必将促进企业的专业化协作,促进企业形成合理的直接投资规模,使企业的生产资料和劳动力实现最佳组合,使企业的生产要素和产品数量实现最佳组合,使产品生产成本降到最低,走集约化规模经营的路子。

供应链管理提倡企业将主要资源投入关键的业务,企业应根据自身的优势与特长,专门从事某一领域或某一业务,集中全力形成自己的核心竞争力。同时,与全球范围内的企业建立战略合作关系,将企业的非核心业务交给那些更专业更具有竞争优势的企业去完成。这就是"业务外包"(Outsourcing)。许多外部资源配置服务提供者都拥有能比本企业更有效、更便宜的完成业务的技术和知识。因此,恰当地实施业务外包,企业可以通过外向资源配置,避免在设备、技术、研究开发上的大额投资。

运用 RCA,企业能够明确在何种情况下要实施业务外包,哪些业务需要外包,从而把非核心的业务外包出去,将企业力量聚集于核心业务。例如,从企业内部供应链的角度分析,若企业将维修工作全部外包,全部维修成本可能会因为外包而节省下来,但是由于维修工作外包容易引起上游和更高的上游不可避免地产生剩余生产能力,这样就可能不会给企业带来好处。要合理决定是不是把全部维修工作都外包,它的上游和更高的上游是不是也外包,外包多少。在 RCA 下,由于把成本沿着它的流程始终分为固定成本与变动成本两个部分,所以运用 RCA 的方法进行具体计算,就能为实施业务外包的正确决策提供依据。

3. 编制预算的应用

企业全面预算管理作为落实企业战略的具体行动方案,是企业对未来整体生产经营活动的规划和安排。成本一旦与所具有的固有属性的确认和计量结构相联系,它就不仅是产品成本的计算,也成为预算编制和计划制订的基础。在 RCA 下,由于每一个资源结集点都有自己的成本对象,因此可以以资源结集点作为编制预算、考核业绩、分析差异的单位。计算单位费率(单价)的时候,把单价分为固定和变动两个部分,当一个单位的产出数量发生变化时,很容易计算出适应这种变化的新的预算数据。

在以价值链和作业为基础的全面预算管理模式(Value Chain & Activity Based Budget,VABB)中,引入 RCA 的原理和方法,能够产生更好的效果。预算编制程序如下:

(1) 分析价值链的特点。以制造业企业为例,从价值链角度看,销售处于顾客价值链部分。销售预算是企业全面预算的关键和起点。通过销售预测,分析销售地区、销售渠道、顾客的信用状况、销售人员的素质、广告效应等情况，可以编制出销售预算额。

（2）对资源集结点，确定其各种资源要素的单位标准。

（3）分析作业动因，确定每个作业中心的作业预算量。例如，在制造业企业，根据销售预算，按照"销售→生产→设计→采购"这一逆向程序逐一确定每个作业中心的作业预算量。

（4）建立每项作业消耗资源的标准。

（5）确定资源需求量。将作业预算量与每项作业消耗资源的标准相乘，得到资源需求量。当资源需求量与企业拥有的资源量相符时，企业就可以实现经营循环的平衡。

（6）根据不同价值链及作业中心之间的协调情况，对作业预算量进行修正，进而修正资源需求量。

（7）将资源需求量分配给相应的产品，从而形成最终的产品预算额。

在 RCA 下，资源的分配过程很清晰，每项作业消耗的资源项目和数量都有明确的反映，每一项作业的作业量都有一个预算数。所以在执行作业预算时，每个岗位的员工对于自己在预算期间内需要完成的工作量就有一个比较清晰的认识，从而使得预算更易于被员工所理解和接受，有利于预算的执行、差异分析和业绩考核。

（二）资源导向作业成本法改进的积极意义

资源消费会计中的"资源"是作为与作业相关联的一种替代方式（各种各样的变化可能）加以设计的，它的好处在于增加"资源消费"中的责任机制，并体现出成本管理战略控制系统中的多样化、复杂化、综合化的特性。

以往，理论界曾经将作业成本应用于预算之中，形成了所谓的作业成本预算（Activity-Based Budgeting，ABB），并在此基础上发展为"作业计划与预算（Activity-Based Panning and Budgeting，ABP/B）"。然而，由于这种 ABP/B 仍然以作业成本（ABC）为基础，因此，使得 ABC 本身存在的问题也带入了 ABP/B 之中。通过以"资源"为导向对这种预算工具加以修正，并由此形成的新方法——"作业资源计划制定（ABRP）"，则较好地解决了传统 ABC 的内在缺陷。ABRP 一般由以下四个步骤组成（Clinton and Keys，2002）：① 对于资源，需要制定在资源结集点上的单位标准（Resource Pool-level Unit Standards）。② 对于消费者，需要制定有关资源产出消费的单位标准（Resource Output Consumption Unit Standards）。③ 决定有关资源产出所需的计划。④ 将有关资源产出所需的计划转换为等价的货币量。

从成本管理的控制功能观察，以资源为导向所展开的这种作业成本改进，能够在以下方面发挥出积极作用（Benjamin and Simon，2003）：① 在资源结集点上，使适应于每一期间所需的资源供给能力变得更大。② 对计划期间整体的资源需要进行费用预测，并且在可能的情况下，对计划/过剩生产能力作出转换。③ 在不同的月次计算和揭示预测的营业利润。④ 将高度的弹性草案用于计划制定。⑤ 改善申请书编制等的事务处理上的周期。⑥ 使间接费用可视化。⑦ 提供正确的边际信息。⑧ 在计划制定之际进行高水平的投入，以及进行详细的内容描述。⑨ 员工接受资源消费会计（RCA）和产能管理。⑩ 理解制造环节各内容上的相互关联性。Clinton & Webber（2004）对某公司进行案例研究时总结得出的效果如表 5-10 所示。

表 5 - 10　导入资源消费会计的效果

导入资源消费会计的效果
• 对特定的制造工厂,以及产出成本的适当归属,增强了成本分配的准确性,加深了对有关资源消费模式的理解
• 通过实施更准确的成本分配,既促进了关联成本的应用,也带来了资源计划实施能力提高的效果
• 基于交易成本的折旧,不仅体现了相同资源的消费(包括作业支援的同种产品),而且排除了实施不同质的成本分配问题
• 在产品成本方面所体现的仅为所利用的资源成本
• 围绕 E/I 生产能力的量,管理者拥有了对未消费的理论产能进行利用的可能
• 不仅开展基于因果关系的成本分配,还充分考虑其他产品不相关的各种变化情况,并据此进行成本分配
• 在特定的产品成本分配方面,排除了人为操纵,或者设定非战略的低销售价格的情况
• 通过对特定成本的适当识别能够还原过程的资源消费,使管理者更好地理解资源的相互关联性,并且提高了管理者决策所需要的基础性信息含量

　　尽管 RCA 无论在理论上还是在实务应用上,都还存在一些需要进一步解决的问题,但其积极意义是不可否认的。

　　(1) 为成本会计创新提供了理论依据。围绕 RCA 来研究美国成本会计的发展动向,一个明显的趋势是,结合德国成本会计理论与实务的导入,积极寻求成本会计的创新,不断完善成本管理系统,为支持企业战略性管理的需要,努力提供更正确、更详细的信息。RCA 的应用,意味着成本会计系统有了实质性的变革。一方面,RCA 补充和完善了 ABC 等成本会计方法;另一方面,它还有助于推进企业的信息化建设,尤其是对采用企业资源规划(ERP)系统的企业可能会更有成效,即有助于使信息管理实现综合化的效果。同样,依据导入的 RCA,同时借助其总括性特征,将全社会的成本管理与收益计划和预算管理的综合应对策略有效地加以应用变为可能。但是,我们也要认识到,RCA 在以工业化时代的传统组织观与控制观为前提,以企业内部环节的资源为核算对象方面还存在一定的局限性。处于当前高度信息化的时代,新的组织形态不断出现并呈现出各自鲜明的特征,在这种新的组织形式上,以知识为基础控制的理论框架被人们所重视。因此,在思考基于高度信息化时代的新的战略成本管理系统的结构,并围绕其具体加以展开的过程中,资源和应用资源所承担的责任越来越重要。这表明,在知识资本及智力资产成为焦点的今天,以计量基准为前提的 RCA 需要进一步扩展边界,并据此明确成本会计的射程。

　　(2) 调动了实务界成本会计创新的积极性。从实务角度看,为了克服美国成本计算和管理会计中存在的问题,有必要学习德国所实施的成功方法,即有关业绩计量和管理的方法。美国实务界在实践中感受到 GPK 与 ABC 融合的必要性。通常认为,通过两者的有机结合,既能使成本中心的划分与成本分配更好地反映出一个部门的责任,也有利于加强责任控制,同时还有利于提高企业成本管理的效率。RCA 在美国的兴起为新一代成本会计系统的构建提供了思路。他山之石,可以攻玉。借鉴、学习他国的成功经验,并与本国的传统方法相融合,是未来成本会计创新的一种重要途径。

　　(3) 促进了管理会计的国际化。由美国倡导的此次以资源为导向的成本会计创新,已从美国延伸到欧洲,CAM - I 专门设立了探讨 RCA 的研究小组,它作为 Cost Management Systems Interest Groups 的一个组织成员积极地开展工作。该研究小组的研究目的是以德国的成本管理模式(特别是作为 GPK 展开的成本管理)为基础,以 RCA 这种新的管理形式来再造成本会计模式，并试图在全球范围内加以推广应用。研究小组通过 3 个月一期的交流与沟通，调查、研究了企业实施 RCA 的潜在能力及收益情况。在企业实施 RCA 方面进行了实务方面的案例研究，就 RCA 的概念和理论体系构建等发表了一系列研究成果。例如，作为 RCA 的代表人物之一的 Merwe 认为，学习德国成本会计的普遍意义可以概括为以下几点：① 在过去的 20 年里，德国成本会计中的哪些方面比较突出，为什么会得到世界会计界的重视等。这些情况给予我们以启示，并据此获得更多的感悟或认识；② 加强沟通与交流是十分重要的。在相互比较中可以更清楚地了解本国成本会计的现状；③ 使已确认的路径方式得到巩固；④ 有助于加深对未来成本会计前进方向和发展道路的认识。

面对作业成本法的局限性，以时间为导向开展的作业成本法改进仅仅是一种战术性的变革，它未能从实质上触及作业成本法，只是对作业成本法中的一些局部性问题加以了完善。然而，这种改革路径是值得鼓励的，它有助于渐进式地推进管理会计的整合与发展，保持会计工作的稳定性。资源消费会计（RCA）的应用，意味着成本管理系统有了实质性的改革，一方面，RCA 补充和完善了 ABC 等成本会计方法；另一方面，它还有助于推进企业的信息化建设，尤其是对采用 ERP 系统的企业可能会更有成效，即有助于使信息管理实现综合化的效果，同样，依据导入的 RCA，同时借助其总括性特征，将全社会的成本管理与收益计划和预算管理的综合应对策略有效地加以应用变为可能。正是据以此，我们认为以资源为导向的作业成本法改进是一种战略性的变革。事物是发展的，面对不断更新的信息技术，以产业化时代的组织观和控制观为背景的 RCA 也将面临新的挑战。如何进一步探索作业成本法的改进思路是今后值得我们进一步研究的课题。

第四节　作业成本法在企业组织间的扩展应用

企业作为社会中的一员，ABCM 需要从系统观视角加以考察，进一步扩展其内涵与外延。通过企业群管理意象引领战略变革，在集群区域的企业中嵌入作业成本的管理思想，引导企业进行资源的重新配置与平衡，促进企业群各成员快速地转换和定位现有的成本管理工作。从单一企业的作业成本管理走向组织间与企业群的作业成本管理，这是企业可持续发展的保证，也是降低企业投资与经营风险的重要举措。

一、组织间成本管理中的作业成本思想

组织间成本中的"组织"一般讲的就是企业，实践中的组织间成本主要有两种形式，一是供应链成本；二是企业群成本。从区域经济角度考察，企业群成本也是一种供应链成本。将作业成本嵌入于供应链的管理活动之中，是成本管理创新与发展的内在需要。

（一）组织间成本管理的积极意义

从产业经济学视角考察的组织间成本与管理会计学视角考察的组织间成本是有差异的。管理会计学视角的组织间成本作为一种成本管理概念的扩展，主要指的是企业与企业之间的成本管理，如企业群（Enterprise Cluster）成本管理。企业群是指大量产业联系密切的企业（主要是中小企业）与相关支撑机构在空间上集聚，并形成强劲、具有持续竞争优势的现象。企业群是市场化经济发展与改革实践的产物，它是组织间协作的重要成果。组织间的成员本着各自利益最大化原则，一方面需要在企业群各内部利益主体之间进行协作；另一方面需要与外部

企业开展合作，如将自己不擅长的业务外包给外部专业化的公司来经营等，这是进入 21 世纪以来我国企业构建核心竞争力的一种重要手段。

组织间成本管理是企业间关系管理在成本管理层面的体现，企业群管理模式的选择对组织间协作会产生积极的影响。构建适合组织间发展的管理模式是区域经济发展的重要前提，也是成本管理实践中组织间战略管理的一项重要课题。近年来，随着成本概念的扩展，组织间成本管理已成为企业成本管理的一种创新实践，它为组织间协作提供了管理方法与手段。组织间成本管理促进了区域内的企业从传统的粗放式经营向集约式经营转变。即，通过改进自身的管理手段或技术方法，适应经济发展的新常态，构建企业群的协同机制，共同寻求新的价值增值等。由于组织间每个成员的目标或实力存在差异，保持并实现各利益主体基本程度的共同满意目标往往会有一定的难度。因此，提升组织间协作的效率与效果具有十分重要的现实意义。

（二）组织间成本与供应链作业成本

组织间成本是指在一个以上的组织之间进行活动所发生的成本。组织间成本管理能够帮助组织间更有效的开展合作，使企业与其供应商、客户找到设计产品的新方法，即实施低成本的设计。换言之，在产品设计中寻求降低成本的机会是非常重要的，基于组织间的成本管理比单个企业独立开展这项工作往往能够起到事半功倍的效果。即，通过供应链组织间的协作设计等可以达到降低联合成本的功效。Lewis（1995）的研究认为，良好的供应链伙伴关系可以使市场交易成本减少一倍；比传统关系中的设计周期时间缩减 20％～75％；以及为客户创造更多的价值增量。基于供应链的组织间成本方法主要有目标成本、价值工程，以及并行生产成本与虚拟价值流成本等。此外，组织间成本管理还能够帮助企业及其供应商在制造过程中进一步降低成本费用。譬如，在生产过程中，组织间成本管理作为一种供应链整体的结构优化手段，一方面具有协调各企业生产制造的品种与产量的功效；另一方面可以通过组织间成本形成供应链网络的价值流形态，并在不同的企业之间进行转移或流动。组织间成本管理对于集群区域企业的成本管理及其工具创新具有积极的意义。

桂良军（2005）认为，供应链作业成本是从供应链视角，通过分析作业成本与交易成本来优化产品的总成本。将作业成本嵌入供应链便形成了供应链作业成本，以这种形式体现的供应链关系则显示出各成员企业内部管理的职责分工，通过将生产成本与交易成本的融合，可以提升供应链条件下委托代理的管理效率与效果。传统的供应链管理虽然也将交易成本作为评价供应链合作伙伴的重要职责，但在现实中因作业之间关系的不清晰，各种代理关系难以确立作业活动中的主体，如谁是委托方，谁是代理方，常常表现出模棱两可的现象，即各方都具有代理方与委托方的属性。若各方合作顺利，供应链整体均获得满意的价值需求，供应链中的企业业绩便能在价值链中得到实现。但是，这种衡量方式往往滞后，并且适时性差，也不利于在激烈的市场竞争获得核心优势。

改进和优化供应链，将组织间成本与供应链作业相联结，可以提高合作各方交易成本与生产成本等相关信息的透明度，即通过成本会计的确认、计量与报告等方式，充分反映交易成本动因与生产经营的具体情况，增进了合作各方的信任和协作。组织间关系以信任为基础，通过组织间成本管理有助于实现供应链节点企业的价值增值。通过供应链作业成本管理及其在组织间的扩展应用，降低了关联企业价值流移动中的成本，使集群区域内企业发生的成本能够按照成本动因开展价值分析，如对产品或者供应商和客户进行有序的成本或利润分配（转移价格的确认、计量与管理）。单一企业应用作业成本管理对自身成本行为进行控制和分配的同时，还应当从供应链整体的视角加以优化，降低供应链整体的成本，提升企业或相关合作方的产品绩效，促进供应商和客户成本的相互沟通与协调，最终为供应链总收益的最大化提供保障。

二、企业群成本管理中的作业成本应用

改革开放以来，以企业群形式发展而来的区域经济体已成为"长三角"等地特色经济的重要组成部分。企业群作为全面供应链中的一个重要环节，作业成本管理已成为企业群管理中的一项新课题。

（一）企业群成本管理的原则

传统的成本管理是以竞争为导向的管理活动，它偏重于自身的产品生产及成本控制，对企业群各方的资源利用状况以及收益获得情况等顾及较少，从而导致企业群之间诚信不足，相互合作缺乏可持续性和稳定性。其后果是，企业群各利益主体之间的交易成本增加，在顾客感知价值不变的情况下，导致顾客成本提高，顾客满意度下降，进而引发顾客流失、产品淘汰、甚至企业破产；同时，也使企业之间缺乏良好的沟通，失去协作共赢的良机，表现在产品设计、制造乃至整个产品生命周期上缺乏竞争力，无法抓住降低顾客成本的机会，既削弱了自身的力量，也使企业群难以获得竞争优势。为此，围绕提高企业群优势，首先需要优化企业群管理目标，通过组织间管理，增强为顾客创造价值的主动性和能动性；其次，从企业群整体利益最佳的视角出发，构建跨组织协作的有效机制，加强企业群成本收益与风险报酬的权衡，并将企业群成本管理的优势扩展至整个区域的价值链活动之中。

企业群成本管理是组织间成本管理的一个典型代表，它是成本管理在组织层面的一种延伸与扩展。组织间的企业本着各自利益最大化原则，一方面需要在企业群组织内的利益主体之间进行协作；另一方面需要与外部企业开展合作，如将自己不擅长的业务外包给外部专业化的公司来经营等。面对外部市场的不确定性，企业群成本管理需要遵循诸如核心竞争力导向的原则、资源集中配置的原则、管理体制细化原则、系统化原则和协同竞争及多赢原则等。这是因为实现企业集群整体利益的最优化，需要组织间加强成本管理，并为管理当局明智决策提供依据，进而保证集群内各企业持续性的成功，这些都必须以核心竞争力的培植为前提。从资源角度讲，无论是企业个体还是集群整体，资源都是稀缺且有限的，如何围绕集群整体的发展战略进行资源的优化配置是企业群成本管理必须思考的一项重要课题。从组织保障视角考察，企业集群区域可以通过组织创新，加强制度建设，细化成本管理项目等，尽可能地用定量的手段对具体的成本对象进行核算与控制。譬如，规范全面供应链环节各企业群之间的转移价格构成，提供分类的成本与利润信息等。从企业群整体系统的角度观察，集群内不同企业之间的协调、配合需要有系统的观点。即集中配置资源并体现企业群的战略成本管理目标，将有限的资源用于战略发展的核心领域。从企业群关系角度分析，加强集群内外利益相关者的沟通、交流，借助于"互联网＋"等手段大力发展网络产业集聚区域的构建，使企业相关的各方，如客户、分销商、供应商等形成线上与线下连贯的网链结构，能够进一步促进具有核心竞争力的战略成本管理链。换言之，通过实体价值链与虚拟价值链等构建的供应链联盟将企业之间的边界无限化，通过会计沟通（Accounting Talk）使企业集群的各个利益主体实现信息共享，并在企业生产经营与资本经

营等活动中实现多赢的理想效果。

(二) 企业群成本与作业成本管理的结合

企业群作为一特定区域内由众多企业或机构在地理上的聚集而形成的经济群落。随着某一地理区域内企业数量的增多,生产效率开始提高,规模经济使产品的成本降低,进而使该区域的消费者得到实惠。与此同时,众多的企业聚集在一起的范围经济效应,使得该区域公共资源等的利用更加经济,从而使单个企业在不增加投入量的情况下,不但没有减少产出反而带来了效益的增加。传统的企业群主要有三种模式,即横向分工的企业群发展模式、卫星平台型的企业群发展模式、衍生型的企业群发展模式。"互联网十"时代使市场变得更加瞬息万变,在以移动互联网技术为核心的新一轮技术革命的环境下,企业群作为快速反映市场需求的一种企业动态联盟形式,已成为企业发展的新常态。企业群作为一种组织之间的动态联盟,大致可以划分为高科技企业群、传统产业的企业群和一般资本与技术结合的企业群三种类型。通过作业成本管理手段维护组织间的生产成本、交易成本等管理活动,并围绕不同时期企业群的战略管理目标努力提高集群区域的核心竞争力是全面推进中国管理会计体系建设的一项重要工作。进一步讲,将作业成本管理嵌入于企业群成本活动的各个层面,对于企业群整体竞争优势的发挥起着重要的导向或促进作用。

企业群管理模式作为一种典型意义上的全面供应链管理模式,它汇集了供应链各个节点有业务往来的众多企业。这种建立在供应链基础上的具有供应、生产与销售关联性的企业群落不仅系统性强,且权变灵活,它是一种集成化、敏捷化的先进管理模式。在全面供应链管理中,成本控制是管理的核心,它是企业群能否有效运行,并在激烈的市场竞争中制胜的关键。事实表明,上游成员企业的成本信息对下游企业的经营决策是不可或缺的。这是因为,企业群的价值链是由整个供应链予以实现的,它依据各个节点的衔接,创造价值和财富。下游的企业(成员企业)想知道上游企业(供应商)在供应链中的真实成本信息,以及想获得这些供应链环节的合作方互相利用的程度与进展。然而,在当前的供应链结构中,集群企业各自开展成本核算,且成本信息缺乏交流的公共平台;集群区域所能够体现的仅仅是上游企业向下游企业提供的转移价格,这种转移价格中的成本与利润的组成关系及其形成依据尚无法公开获得,在企业集群之间表现出的是成本或利润的"黑箱"或称之为成本盾(Cost Shield)现象,这是一种不完全的成本信息,无法正确区分供应链上各供应商的真实成本。

在企业群中引入基于供应链的作业成本管理(ABCM),其最大的优点是能够实现供应链成本信息的透明化,但其前提必须是各成员企业都必须采用作业成本管理的方法。ABCM作为一种准确计算、确定生产成本与用户成本的新管理工具,它能够增强成员企业作业活动联结的紧密性,并通过作业活动来合理分配成本。即它始终处于一种从次要的作业活动向主要的作业活动、上位的作业活动向下位的作业活动移动的状态。依据这种作业活动,企业群的各成员企业将同时具有上游与下游的正确成本数据,从而使成本数据具有了可逆性,这样原来一些难以观察的作业活动变得像定量化似的可观察。

实施ABCM,对于企业供应链的持续改善和优化,提高企业集群的竞争优势有着极为重要的意义。ABCM贯穿于供应链上的每个成员企业,它通过建立公开的ABCM系统深入到作业层次,借助于作业分析和成本动因分析,掌握每一项作业的完成情况及其所耗费的资源,识别增值作业和非增值作业,从而使供应商,乃至供应商的供应商的成本与边际利润界限分明。实施ABCM,通过对企业集群区域企业生产经营活动的细致核算,能够提供多层次、多方位的财务和非财务信息,从而为集群内部各企业的产品决策和内部绩效评价提供可靠的依据。全面供应链管理就是要将 ABCM 嵌入于供应链的上游和下游组织间的由"成本和边际利润"形成的转移价格的过程之中,并据此实现集群各企业实时的成本核算与管理。上游与次上游环节的供应商的转移价格与下游销售商的最终价格之间,其成本与利润空间往往存在不确定性,即存在成本与利润的盲区(黑箱),如图 5-6 所示。

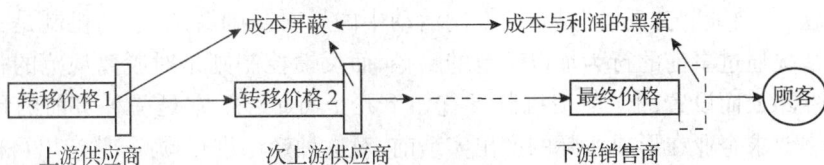

图 5-6　企业群转移价格的偏差

图 5-6 表明,在全面供应链系统中的各集群企业由于被"成本屏蔽(Cost Shield)"所掩盖,无法观察到不同企业的真实成本信息,上游环节往下转移的价格难以反映集群区域各企业的真实成本和边际利润的情况。虽然,集群企业采用相同的成本核算标准,但不同企业据于自身的情境对所期望的利润目标值往往存有不同的观点,汇总获得的仅仅是有关利润(或损失)的一个总括的数据。这种汇总数据一般是按特定产品、特定客户或不同地区分部等所进行的利润度量,加之,目前国内没有对成本等管理会计报告进行信息披露的具体规范,全面供应链环节的企业群无法借助组织的帮助获得完全意义上的成本信息。借助于 ABCM,通过企业群成本组织的自发组建(可以由集群区域的核心企业作为召集人,也可以各家企业轮流作召集人),为真实成本信息的获得提供组织保证。对此,集群内部各企业在遵循作业成本管理的基本原理,按照作业成本法的要求统一进行核算与管理的基础上,有必要发挥集群区域成本管理组织(或协会)的作用,并由该组织具体负责对群内企业进行培训与引导,使企业群各组织能够建立相对独立,且信息共享的作业成本控制系统;并依据企业群的情境特征结合作业成本法的原理设计出相互衔接的 ABCM 的信息支持系统,如图 5-7 所示。

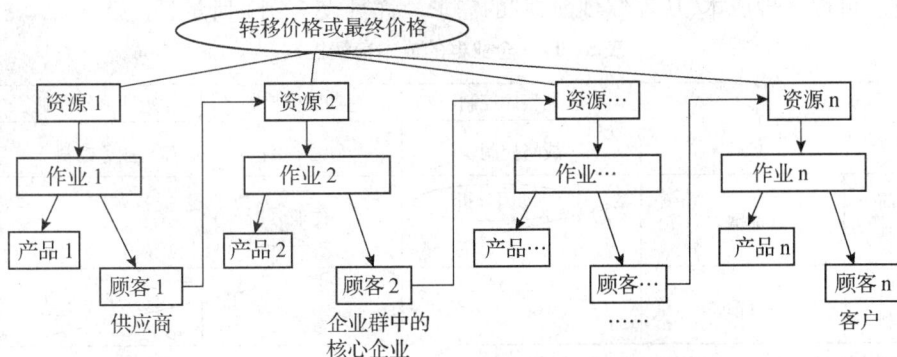

图 5-7　企业群的 ABCM 信息系统

图 5-7 表明,作业成本管理遵循"产品消耗作业,作业消耗资源"原则,准确地将企业集群区域核心企业的转移价格信息与上下游合作伙伴进行共享,并促进企业成本与利润通过转移价格加以区分与体现,使利润盲区或"成本盾"得到透明公开。图 5-7 的成员结构表明,除了体现"资源—作业—产品"的关系外,随着作业的转移,"作业—顾客"的关系使价值

在企业群内部逐渐积累与转移,并最终转入顾客的需求之中(产品及其价值)。企业群的 ABCM 信息系统促进组织间的成本管理与控制,是经济新常态下企业群成本管理创新与发展的一个重要方向。

(三)前馈机制在企业群作业成本管理中的应用

实际上,以前馈机制为代表的成本控制新方法,同样能够有效地解决这种企业群成本管理中存在的问题。"前馈"与"反馈"是企业控制活动中的一对基础概念,前馈机制是一种基于对脱离规范的情况通过事前的行为加以防范的路径,而反馈控制则是对脱离规范的行为进行反作用的治疗性路径而设置的。前馈机制具有如下几个特征:① 它是一种事前的预防控制行为。前馈机制要求企业在形成实际的产出实绩前,对这种产出进行预测,从产出目标的潜在偏差中进行事前的确认,以防范于未然。② 它是一种开放的结构性体系。前馈机制具有权变性的基本属性,它以动态开放的姿态接纳各种成本管理方法,并结合成本管理的控制系统与信息支持系统对不同的成本方法进行加工、整合与完善。这种开放式的结构体系有助于在当前经济新常态下寻求解决企业群成本管理中存在困难和问题的能力。③ 它具有很强的适时性效应。前馈机制是一种在预测基础上对问题适时介入的控制形式,与反馈相比,其在适时性方面具有主动性。当前,在不确定性现象大量存在的情况下,为了提高企业群成本管理的有效性与科学性,强化前馈机制的作用,以识别和预测所有可能产生差异的原因,降低预测的风险是非常必要的。

前馈机制最大的优势是能够把前馈和反馈结合起来,从而更加充分地发挥控制机制的作用。从作业成本管理的扩展动力来看,其在管理时点上具有从"事后向事前",从"反馈向前馈",在管理领域上具有从"局部向整体",从"生产型向市场型",在管理期间上具有"从短期向长期",从"战术向战略"等的各种转变。结合企业集群的特点,将前馈机制嵌入作业成本管理之中,构建和实施由业务控制、管理控制和战略控制所组成的企业群战略成本管理体系。同时,在此基础上进一步从短期部分控制、经过短期整体控制,再到长期整体控制这样一个发展过程,来构建企业群的成本控制系统。在企业群中,沿着这种"业绩分析—作业分析—动因分析"的路径,可以体现成本"从反馈到前馈"的需求。详见表 5-11 所示。

表 5-11 企业群的成本前馈控制

		长期整体控制	短期整体控制	短期部分控制
		战略控制	管理控制	业务控制
事前控制	前馈	动因分析	作业分析	
事后控制	反馈			业绩分析

本节就企业群成本管理围绕成本盾(Cost Shield)这一中心进行了创新性的探讨,同时指出作业成本管理的扩展应用具有广阔的前景。作业成本管理作为管理控制系统的一个重要组成部分在企业经营管理中具有重要地位,企业可以因地制宜构建管理控制系统组合。随着"互联网+"成为时代的新常态,传统企业边界将被改变或拓展,网络产业集聚将成为中国经济在新一轮高水平开放过程中实施的创新驱动战略,企业群作业成本管理有可能成为中国特色管

理会计的一项重要管理工具，并将成为企业获得竞争优势的新利器。

一般来说，作业成本管理应用于组织间或企业群的成本管理活动之中是以合理分配企业群的间接费用为目的。前馈机制的引入能够对企业群成本管理中存在的问题起到有效的促进作用，同时，它也表明企业群的成本管理还可以通过其他途径获得更多新的思路。不仅如此，随着人们对企业群认识的加深和持续的重视，各种有效的成本管理工具也将源源不断地涌现，以企业集群等为主体的成本管理理论与方法将迎来一个发展的好时机，期望它会给传统的成本管理带来巨大的变革和动力。需要说明的是，无论是怎样的方法或管理工具，在具体的管理实践中都需要与企业的具体情境紧密结合。只有这样才能使成本管理方法或工具发挥出其内在的潜力与效果。

案例与讨论

☞ 案例一

背景资料

网络销售真的容易吗

网络艺术公司在网上销售版面并提供装裱服务，一项作业成本研究确认了公司所执行的12项作业：

(1) 为客户提供服务；

(2) 网站最优化管理；

(3) 挑选和管理商品存货；

(4) 订货与收款；

(5) 争取顾客与保持顾客-市场推广；

(6) 争取顾客与保持顾客-收益分享营销（会员制）；

(7) 维护信息系统；

(8) 维持企业-管理部门；

(9) 维持企业-生产部门；

(10) 维护设备-管理部门；

(11) 维护设备-生产部门；

(12) 维护企业-决策部门。

例如，"挑选与管理商品存货"作业包括搜寻、描述、分类和链接每项存货以便在公司网站上进行自由检索。"工作人员必须认真管理数据库的每一个变化，这一工作类似于在商店的陈列架上增加和清除存货。他们为所添加的存货项目通常远大于实体商店的货品，这本身是一个竞争优势，但经验显示，管理大量存货需要耗费大量的资源。"

——案例来源：成本与管理会计. 冯巧根编著. 北京：中国人民大学出版社，2015

请讨论

结合本章中的作业成本管理理念，结合上述资料，谈谈如何实现"互联网＋"环境下的作业成本管理创新。

答案提示

略。

☞ 案例二

背景资料

日本丰田公司的成本创新

日本的成本企画可以视为低成本战略的一个典型。美国《幸福》杂志曾刊文描述日本的"成本企画"，1991 年第 8 期的一篇题为"锐利的日本秘密武器"文章是这样说的："这是一种独一无二的成本管理体系。它帮助日本公司削减成本，以低价与西方业者竞争，用新产品击败竞争对手。"该文始终是围绕"如何保持低成本"这一话题展开的。成本企画最关键的因素是目标成本。日本人说："这东西市场上只能卖 5 元钱，我必须有 40％的利润率，那么成本最多只能是 3 元钱，让我回过头去从头做起确保这 3 元钱目标成本的实现。"从历史角度考察，成本企画是由丰田汽车公司最先开发采用的。

2005 年 6 月 23 日，丰田汽车公司正式宣布渡边捷昭为新一任社长。渡边捷昭在丰田是出了名的"成本杀手"，他就是当年成本企画的创始人之一。最近由他主导的丰田 CCC21 计划（即面向 21 世纪的成本竞争计划）如火如荼。当时日本新闻报道中有诸如"'成本杀手'最终执掌了丰田"之类的醒目标题。

渡边的成本控制手法，被称作是"拧开毛巾上的最后一滴水"。最典型的例子是，为降低成本，他甚至将丰田汽车车门扶手的型号，由原来的 35 种减少到只有 3 种基本型号。丰田的这种成本控制手段虽然有点"自虐"的味道，但是相对于丰田超越美国三大汽车公司利润总和的业绩表现，这种过激表现却起着至关重要的作用。不过，新上任的渡边捷昭也面临着成本的新挑战。在丰田 2004 财政年度的业绩报表中，虽然销售量仍保持着强劲的增长，但销售额和利润的增长势头却出现下滑。以韩国现代集团近年来的出色表现，也给了以丰田为代表的日系企业不小的压力。这是否意味着，丰田的成本控制手法已经发挥到了极致。

成本控制是丰田赖以迅速崛起的精益生产方式（TPS）中的重要一环。与此相对应，丰田的 TPS 也一直在面对质疑。当丰田开始在世界各地建立生产基地时，根植于日本资源匮乏土壤中的 TPS，就不得不面对文化对接的问题。比如说在中国，丰田就不得面对严格执行 TPS 和供货紧张之间的矛盾。是 TPS 本身有问题，还是在执行的过程中出现了问题？业界盛传，从一汽丰田天津工厂的生产线上有大量的零部件被偷偷地转移出来，流入汽配市场。即使这一说法不成立，天津二厂改变丰田"人本主义"原则的高度自动化也能说明丰田在中国的生产管理存在的问题，要在任何时间和地点都达到精益生产境界，绝非易事。TPS 作为一种生产方式，其核心仍然是"人"。就像老福特当年创立的流水线已经成了汽车企业的基本生产方式一样，曾经是丰田"独门武器"的 TPS 也早已被众多企业复制。

在这个时候，丰田要想继续保持领先，就必须确保在执行的过程中更加高效、灵活，"人"的作用至关重要。此前，丰田已经开始改变母公司培养子公司的惯例，在全球所有的生产工厂中推行标准化培训。在此次渡边捷昭接掌丰田的同时，8 名专务董事也升任副社长，丰田管理班子全面年轻化。新人新气象，"人"的因素在丰田得到了空前的重视。

在成本控制方面，丰田新的管理层已经提出了新的思路，它不再满足于细枝末节的修补。

成本与工程的结合看来仍将是成本管理的方向。新近,丰田提出了"价值创新(VI)"计划,丰田要求它的工程师和供应商回到汽车开发的基本层面,寻找节约成本的新思路。"例如,如果我们开发出不需要螺栓的汽车零件,又会怎样?"所有的问题都没有人能马上回答。不过可以想象的是,如果丰田不能在"人"的因素上有所突破,福特今天所遇到的问题或许某一天就会成为丰田要面临的困境。怎么办? 丰田应对的思路是,在未来的危机没有发生之前先行改变,比如换掉 CEO。

请讨论

应用本章中的改进作业管理思想,结合上述资料,谈谈如何提升成本管理的有效性和科学性。

答案提示

略。

本章参考文献

[1] Benjamin, L., T. Simon. A Planning and Control Model Based on RCA Principles [J]. Cost Management,2003,17(4).

[2] Clinton B. D., D. E. Keys. Resource Consumption Accounting: The Next Generation of Cost Management Systems[J]. Focus Magazine,2002(5).

[3] Clinton B. D., S. A. Webber. RCA at Clopay[J]. Strategic Finance,2004,86(4).

[4] Cooke P, P. Boekholt, F. Todtling. The Governance of Innovation in Europe: Regional Perspectives on Global Competitiveness[M]. London and New York,2000,6(1):14-19.

[5] Dovev L., R. H. Pamela, K. Poonam. Organizational Differences, Relational Mechanisms and Alliance Performance[J]. Strategic Management Journal,2012,33(13):1453-1479.

[6] Gray Cokins. Integrating Target and ABC[J]. Journal of Cost Management,2002 (4):32-39.

[7] Howell. R. A,S. R. Soucy. Operating Controls in the New Manufacturing Environment [J]. Management Accounting,1987(10):25-31.

[8] Johnson. H. T,R. S. Kaplan. Relevance Lost[M]. Boston,Massachusetts: Harvard Business School, 1987:256-260.

[9] Katja Tornbery, Miikka Jakmsen, Jari Paranko. Activity-based Costing and Process Modeling for Cost-conscious Product Design: A Case Study in a Manufacturing Company[J]. International Journal of Production Economics,2002(79):75-82.

[10] O' Brien. J,K. Sivaramarkrishnan,Accounting for JIT: A Cycle Time-Based Approach [J]. Journal of Cost Management,1994:63-70.

[11] Preiss K., M. Ray. Time-Based Costing: Part 1-Costing for a Dynamic Business Environment[J]. Journal of Corporate Accounting & Finance,2000,12(4):65-74.

[12] R. Cooper,R. S. Kaplan. Activity-Based Management Systems: Measuring the Cost of Resource Usage[J]. Accounting Horizons,1992,6(3):23-56.

[13]　桂良军.供应链成本管理理论基础和方法研究[J].会计研究,2005(4).

[14]　杨继良.成本会计的新方法:资源消耗会计概述[J].财会通讯,2005(4).

[15]　冯巧根.成本会计[M].北京:北京师范大学出版社,2007.

[16]　赵剑波.管理意象引领战略变革:海尔"人单合一"双赢模式案例研究[J].南京大学学报(哲社版),2014(4)

[17]　冯圆.成本管理的概念扩展与创新实践[J].浙江理工大学学报,2014(6).

[18]　冯巧根.基于环境不确定性的管理会计对策研究[J].会计研究,2014(9).

[19]　冯圆.环境经营与民营企业成本管理改革实践[J].浙江理工大学学报,2014(4).

[20]　田高亮,赵宏祥,李君艳.清单管理嵌入管理会计体系探索[J],会计研究,2015(4).

第六章 预算管理实务的新发展

预算管理是以预算为媒介开展的综合性经营管理活动,或者简单地说,预算就是用会计语言来表现的企业收益计划。预算管理作为综合性的收益管理手段已为世界各国的企业所采用。当前,企业预算管理实务面临着外延过宽、内涵陈旧,以及缺乏灵活性等的现实问题,调整和改革预算管理制度已成为企业发展的迫切要求。本章在探讨企业预算管理实务两大发展趋势的基础上,结合经营环境的变化情况,重点就"超越预算"的积极性及预算管理今后可能的发展方向问题展开研究。

第一节 预算管理实务发展的两种趋势

从世界范围看,企业预算管理制度的改革存在着两种完全相反的见解。一种是主要由美国和英国的学者与实务工作者为中心提出的观点,即"改进预算(Better Budgeting)",它致力于改善预算管理的环节。另一种是主要以欧洲的实务工作者为中心提出的"超越预算(Beyond Budgeting)"的观点,其实质是"放弃预算",宣扬"预算管理无用论"。虽然两种思路在克服传统企业预算制度的局限性上具有相同之处,但两者的着眼点不同。前者将问题的焦点集中在预算管理计划制订的层面上,提出对预算管理环节的改善要求;后者将问题的焦点放在预算管理的业绩评价上,提出废除企业预算制度。

一、传统预算管理制度存在的问题

无论持"改进预算"的观点,还是持"超越预算"的观点,两者在克服传统预算管理存在问题的认识上是一致的[①]。传统预算管理不仅作为财务计划制定的工具,它还在预测和经营计划制定、沟通、调整、权限委托、激励,以及业绩评价等方面发挥着功能作用。然而,这些功能作用之间往往存在矛盾,无法进行有效的协调,有时甚至成为阻碍企业发展的影响因素。根据2004 年 CIMA & ICAEW 共同出版的报告(以下简称"CI 报告书"),传统预算管理的问题主要有:① 预算编制需要耗费较多时间和成本;② 预算对利用者不能提供太多的价值;③ 预算

---

① 在这种状况下,2004 年 3 月 24 日,英国的 CIMA(Chartered Institute of Management Accounting)和 ICAEW(Institute of Chartered Accounting in England and Wales)在伦敦的特许会计师协会总部会议室(Chartered Accountants Hall)共同举办了"改进预算论坛"的会议,大家围绕"改进预算还是超越预算"进行了深入的讨论。并且,CIMA 和 ICAEW 还将本次会议以共同的名义进行了汇集,2004 年 7 月以报告的形式出版了该项的成果(CIMA and ICAEW,2004)。

与创造股东价值的目标不相符;④ 预算与战略脱节;⑤ 预算执行过于严格,缺乏弹性和快速有效的应对机制;⑥ 预算编制过程讨价还价,容易导致目标偏离和引起逆反活动;⑦ 预算以销售为目标,难以满足顾客的真正需求;⑧ 预算以预测为前提,采用在过去基数之上进行追加的编制方法,缺乏科学性;⑨ 预算活动的权限意识增强了管理当局的既得利益观念;⑩ 预算强化了组织文化的单向依赖性;⑪ 预算管理局限于差异分析和预算的实现程度;⑫ 基于预算的业绩评价鼓励中庸,不利于创新和承担风险;⑬ 预算管理强化了垂直领导,促进了官僚体制;⑭ 预算不能反映新出现的网络型组织结构状况;⑮ 预算不但没能促进知识共享,反而强化了部门间的壁垒。

"CI报告书"中提出的预算管理问题是对以往 CAM-I(The Consortium for Advanced Manufacturing-International)等提出问题的概括和总结。CAM-I是以欧洲的实务界为中心就有关预算管理问题建立的学习型组织,该组织在明确预算管理基本目的的同时,对传统预算管理系统存在的问题进行了探讨(Newing,1994a、1994b)。依据他们的观点,预算管理体系的基本目的主要包括如下几个方面:① 战略导向性:从经营战略开始,确立连续性的作业和资源计划。② 资源分配的合理性:将资源消费和分配环节的效率有机融合。③ 持续的改善:支持并持续实施改善。④ 整合活动:对共同的经营目的进行整合,并加强维持。⑤ 价值增值:通过制定计划和进行预算管理,在资本投入所预计的时间范围内增加价值。结合这些目的,他们将传统预算管理实务中存在的问题归纳为表6-1。

表6-1 以目的为标志对传统预算管理问题的认识

目　的	实务上的着重点	问　题
战略导向性	基础分析法(在以前年度实绩的基础上追加计算),是一种主观性极强的削减	没有与战略相联结,错误地削减了服务环节
资源分配的合理性	职能式组织 按年度分类 将焦点归结在成本因素上 投资收益评价过低	依赖讨价还价能力 生产周期的时间不合适 间接费用的支出不清晰 留一手,即保留部分资源
持续的改善	增量部分的改善 固定费与变动费	仅在内部实施 固定费没有得到削减
整合的行动	大部分是上级下达型(命令与控制) 财务尺度(主要强调财务手段)	缺少相互参与 经营决策容易被歪曲
价值增值	既成事实的事后报告 等级森严,时间拖延	关注的是无预防的差异 易发生机会损失

资料来源:Newing,1994a,p.49;Newing,1994b,p.29;Bunce,Fraser,and Woodcock,1995,p.256.

此外,有别于 CAM-I 的观点,Hansen 等以环境为导向就预算管理的不足(如逆反功能的出现,以及预算博弈行为的影响等),从时间、组织和人力等几个方面进行了归结(见表6-2)。

表 6－2　以环境为导向对传统预算管理问题的认识

1. 随着时间推移、计划前提条件发生变化而产生的各种问题	(1) 综合性预算的编制需要花费大量时间 (2) 与编制预算所花时间相比,预算并未提供价值 (3) 预算是按年度编制的,难以对频繁的期间变动进行调整 (4) 预算基于的是缺乏根据的假设和推测的作业
2. 纵向的组织结构和中央集权的调整(高度统一)产生的各种问题	(1) 预算局限于期间的应对性,面对经常性的变化往往无所适从 (2) 预算缺乏战略性,容易产生企业间的相互冲突 (3) 预算不是围绕价值增值,而是以降低成本为焦点 (4) 预算强化的是垂直的命令和控制 (5) 预算促进了博弈,诱发正常组织之外的活动
3. 有关组织与人力方面所产生的问题	(1) 预算不能反映新出现的适应企业组织发展的网络结构 (2) 预算不但没有促进知识的共有化,反而强化了部门之间的壁垒 (3) 预算导致人们彼此之间缺乏合作感

资料来源:Hansen,Otley,and Stede,2003,pp. 96－97。

　　传统预算管理实务除了受到上述指责外,还存在诸如预算管理功能难以在企业管理实践中发挥充分作用等问题。这类问题可以统称为预算管理的"逆反功能"现象[①]。上述这些讨论暗示着这样一种观点,即"要遏制预算管理潜在的逆反功能现象的外在化,应当通过设计和应用有效的机制,构建一种新的有助于充分发挥期望的功能与作用的预算管理体系"。据此,从环境的角度出发将预算管理与人们行为及组织的有效性结合起来研究就显得十分的必要,表6－2中第一点反映出的是"预算管理体系本身的问题";第二点是"组织上的问题";第三点则是"人们行为的问题"。

二、预算管理环节的改革

　　预算管理实务的发展趋势之一是"改进预算",它是围绕经营管理中企业预算制度及其自身的改革导向而进行各种尝试的总称。虽然其在本质上也对传统的预算管理进行了批判,但它并非对预算管理及其自身作全面的否定,而是在维持原有框架的基础上,为寻求更好的改良策略而努力。从这个意义上讲,这种"改进预算"表现的是一种"批判性接受"的姿态。并且,它提倡灵活应用如下一些方法:① 滚动预测;② 经常性地进行变动预算的编制和进行较短期间的预算修订;③ 零基预算;④ 作业基准预算(ABB);⑤ 平衡计分卡(BSC)等。作为管理会计工具,我们在应用这些方法时应注意它们之间的协调及整合效果。换言之,"改进预算"本身就是要对这些管理会计工具进行有效的整合和运用,如结合平衡计分卡(BSC)的预算及作业基准预算(ABB)的应用,体现的正是围绕预算管理计划功能的整合而实施的改革活动,目的在于对预算管理的环节进行改善。这里重点就平衡计分卡(BSC)和作业基准预算(ABB)的应用作一说明。

(一) 结合平衡计分卡的预算改进

　　平衡计分卡(BSC)的创始人 Robert S. Kaplan & David P. Norton 在《战略中心型组织》

[①]　所谓逆反功能,就是不但没能实现预期的功能,反而使预算管理陷入了功能障碍状态。如何消除逆反功能,可参见冯巧根(2004)。

一书中阐述了用平衡计分卡连接战略和预算,并通过计划、反馈与学习使战略成为一个持续的过程。平衡计分卡经过十多年的发展已经形成了一个完整的系统。现阶段的平衡计分卡系统不仅是一个业绩衡量体系,更是一个战略管理体系。将"平衡计分卡引入预算管理"是以美国为代表的"改进预算"主张者的重要成果之一,基于平衡计分卡的预算管理思路具有十分重要的现实意义①。它具体表现在如下几个方面:① 通过平衡计分卡分解战略目标,再将其引入预算,可以实现预算管理的短期目标和企业长远战略目标的衔接。② 平衡计分卡的四个方面是一条因果链,展示了结果和结果动因之间的关系,通过将平衡计分卡的因果链导入预算管理,能使管理者很清楚地了解预算管理存在问题的根源。③ 平衡计分卡能实现企业业绩四个角度的平衡,即长期目标和短期目标的平衡;外部(股东、顾客)和内部计量(经营、创新、学习和成长)的平衡;预期业绩和业绩动因的平衡;硬性的客观指标和柔性的主观指标的平衡。在预算考评环节中引入平衡计分卡能够实现对企业预算活动的全面评价。④ 将平衡计分卡确立的预算目标导入预算管理循环中,不仅能动态地实现对财务性目标的管理,而且也能对非财务性目标进行有效管理,从而使预算管理系统更加完善。其具体的步骤如图 6-1 所示:

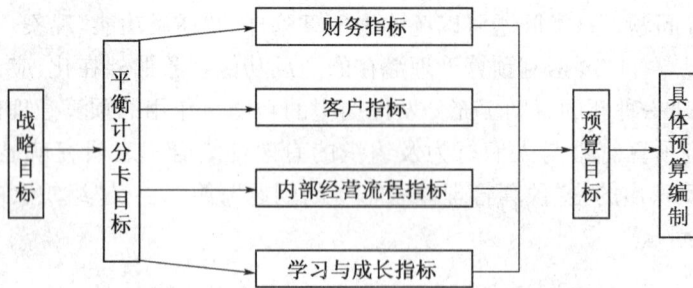

图 6-1 以 BSC 为起点的预算管理编制步骤

平衡计分卡在企业中的应用领域相当广泛,譬如,以项目(Project)作为战略实施的前提,通过项目管理方法将基于平衡计分卡的预算管理有机组合(融合),则不仅能够大大改善现行的预算管理结构或效率,还能进一步丰富战略管理会计的理论框架,促进企业战略的有效推进②。作

---

① 国内已有一些学者结合卡普兰等战略预算思路,将 BSC 运用于预算管理,从而达到改进预算管理的目的。为此,本文对这一问题的研究不作展开。有兴趣的读者可参考于增彪等(2004)、王亚兰等(2004)。

② 项目管理(Project Management,简称 PM)产生 20 世纪 90 年代中期,目前美、日两国对此有较为具体的研究。美国项目管理协会(Project Management Institute)的项目标准有以下三种:① PMBOK ®(Project Management Body of Knowledge)构成 PM 的基本知识体系,是该协会在 1996 年版和 2000 年版的文本中提供出来的,2004 年末第 3 版再版。② OPM3™(Organizational Project Management Maturity Model)是明确与 PM 相关的组织成熟度的模式,它与 2003 年再次提出而得到确认。这项工作早期的探讨始于 1998 年,在经过了 3 万人以上的专业性的实地调查后才完成该项标准。③ PMCD(Project Management Competency Development)是有关项目管理的语言能力的开发模式,2002 年 10 月完成。日本(财)工程师联合振兴协会在美国项目管理协会(Project Management Institute)的基础上制定了 P2M(Project & Program Management for Enterprise Innovation),它们在基本用语的定义、经营环节,以及基于组织的 PM 的成熟化方面有所区别。

为一种尝试,BSC 与预算融合纳入项目管理的框架,可以参见图 6-2 所示的结构图[①]。

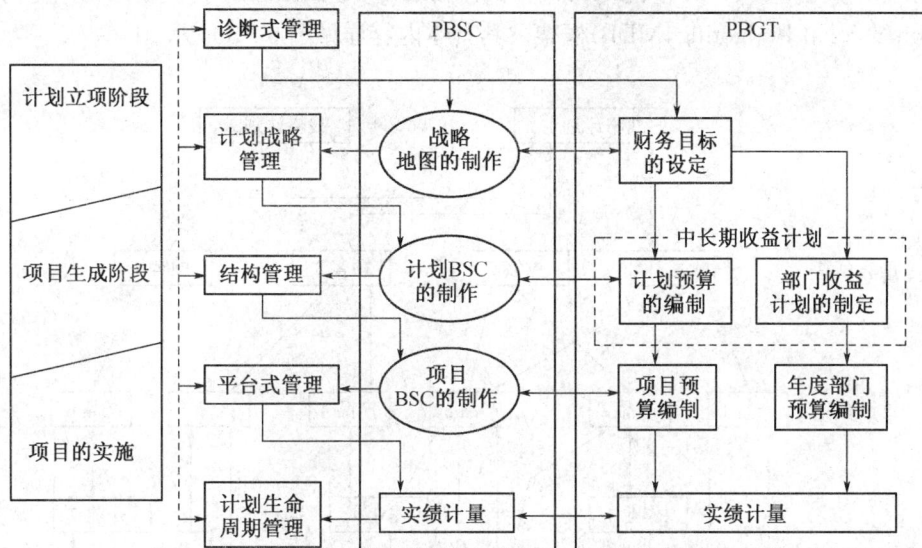

资料来源:根据小原、浅田、铃本(2004)加工编制。

图 6-2　PBSC/PBGT 的框架

图 6-2 中的 PBSC 是 Project & Program BSC 的简称,所谓 P2M 项目管理体系,是指适应平衡计分卡的框架[②]。P2M 是 Project & Program Management for Enterprise Innovation 的简称。所谓 PBGT 则是 Project & Program Budgeting 的简称,是对应于 PBSC 的预算系统。图表涉及的"计划"则是指为实现某组织目的所采用的许多项目的总称。例如,在某个组织体系中,需要实施 3 000 个项目,将这些项目在考虑并整合了环境维护、教育改善、产业振兴等政策的关联状况下,综合为若干个计划。所谓计划,是具有同一目的的项目的上一层面的概念。

(二) 作业基准预算(ABB)的应用

近年来,预算管理改善的中心是围绕美国 CAM-I 的作业基准预算组织(Activity-Based Budgeting Group)而提出的 ABB。当然,不仅是 CAM-I,例如,Robert S. Kaplan & David P. Norton 也针对传统预算管理的局限性,提出采用 ABB 的主张(Kaplan and Norton,2004)。ABB 所着眼的是如何将战略与预算联结,并将其融入到业务计划之中去。或者说,ABB 是基于作业单元责任量与资源需要量的预测,而将作业成本(Activity-Based Costing,ABC)方法应用于企业管理的预算中的。ABB 有助于理解作业单元的相互关联性和作业背后的动因(换句话讲,是为了对作业单元责任量与资源需要量的预测),是基于作业基准的计划制定(Activity-Based Planning,ABP)及应用于预算管理的具体工具(Marcino,2000),它包括企业战略投入的

[①] 图 6-2 中的设计思想已经考虑到了二种预算管理趋势的融合,如将预算管理功能仅放在中长期计划的制定以及对现金流量的预测和计划上,而有关绩效管理的控制与激励功能则通过项目管理与 BSC 的结合来加以实施。

[②] 在数量较多的项目管理体系中,P2M 的最大特点是以计划(Program)这一概念为初始切入点的。

具体作业和各个环节的预算实施状况。从这个意义上讲,ABB的确是一项改进活动,体现了"有批判地接受"的思想。典型的ABB应用是Jeffrey A. Schmidt提出的多元化预算管理(Multidimensional Budgeting,MDB)框架。其具体内容详见图6-3所示。

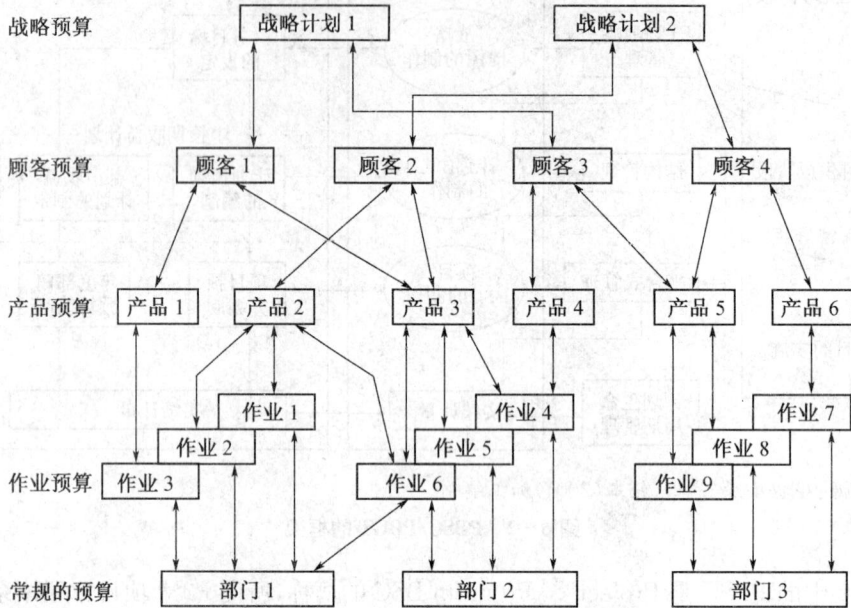

资料来源:Schmidt, J. A. , *Is It Time to Replace Traditional Budgeting*? Journal of Accounting, October 1992:106。

图6-3 多元化的预算管理框架

如图6-3所示,Schmidt提出的MDB不是以部门为中心的常规预算编制,而是由四个阶段组成的多元的预算编制系统。第一阶段是作业预算(Activity Budget),第二阶段是产品预算(Product Budget),第三阶段是顾客预算(Customer Budget),第四阶段为战略预算(Strategic Budget)。即MDB将战略面向顾客、产品、作业,并以具体的形式融为一体,同时与传统的职能部门预算相联接。这种预算改革的思路可以理解为是一种对预算管理环节改善的积极探索。这种多元化的预算管理框架在IT技术发展的今天有着现实的可行性。

在2004年7月的"CI报告书"中,就有关实地调查的结果也显示,实施"改进预算"路径的企业具有如下的倾向(CIMA and ICAEW,2004):① 重视外部导向的业绩管理;② 集中明确的战略;③ 积极地投资建设全公司范围内的数据信息处理(IT)系统;④ 灵活应用不同于财务管理系统的预测模式;⑤ 不仅对过去的业绩进行说明,还需要对未来成果的获得可能性进行揭示。

第二节 "超越预算"的思想及其应用

诚然,"改进预算(Better Budgeting)"是将问题的焦点集中在计划制定的层面上,然而,相对于预算管理的改善,以打破传统预算制度并重新加以构建的观点,就是代表着预算管理无用论的"超越预算(Beyond Budgeting)"。在以市场为导向且高度竞争的社会,面对难以预测的环境、或者在以智力资本为主要战略资源的环境中,企业为了持续地改善业绩,提出"超越预算"这种思路是具有积极意义的。

一、"超越预算"的提出

1998年1月,CAM-I在欧洲组建了"超越预算圆桌会议论坛(Beyond Budgeting Round Table,BBRT)"的产学研合作组织,该组织依据项目管理提出了"超越预算"这一概念①。BBRT认为,传统的预算制度虽然是产业社会时代有用的方法,但随着社会进入信息化时代,其有用性已经不复存在。在该组织2001年10月公开出版的研究成果——《白皮书》(White Paper)(Hope and Fraser,2001b)中,我们可以看到,BBRT早期的工作是以寻找替代传统预算编制的新的操作机制为目标的,《白皮书》将焦点放在支持这些新机制的"组织和行为的变革"方面。鉴于这本《白皮书》公开发行的效果,BBRT于2001年12月,又将后续阶段的实地调查成果,于2002年6月出版了《白皮书》的第2版(Bunce,Fraser & Hope,2002)。目前,在以欧美各国为中心的许多企业和团体的支持下,Hope & Fraser以"超越预算圆桌会议论坛"领导者的身份积极地开展着活动②。

BBRT的目的在于放弃传统的预算。所谓"超越预算",就是在企业组织不编制预算的情况下,管理该组织的业绩,并将各决策环节的权力以授权管理的形式分权化。为了能够提供替代传统预算的可行方法,BBRT以停止采用年度预算编制的公司为对象进行了调查研究,并试图从中归纳出最佳的学习模式。BBRT认为,在高度信息化的社会寻求新的替代预算管理的经营管理机制是必要的,这种新的机制必须以"① 目标制定;② 战略;③ 成长与改善;④ 资源管理;⑤ 调整;⑥ 成本管理;⑦ 预测;⑧ 计量与控制;⑨ 奖励;⑩ 责任、权限与委托"这样10个项目为理论基础,同时通过以下两个阶段加以推进:

---

① The CAM-I,Europe 的 *Beyond Budgeting Round Table* (BBRT)是非营利的国际性调查与共同研究组织,他们就多数参加企业共同关心的问题,本着从实务中寻找对策,开展着与经营活动有关的各项调查研究。他们的联络地址如下:

Contact:Christine Jackson

37 St. Thomas Street,Lamington,Hampshire SO 41 9 NE,England

Tel:44(0)1590 679803

Fax:44(0)1590 610619

E-mail:Christine@cam-i. demon. co. uk

http://www. bbrt. org

该产学研合作组织自1998年1月创办以来,已有60个组织(已成为大规模的机构)加入了BBRT。BBRT的发祥地是英国,目前除英国外,已经有比利时、法国、德国、荷兰、挪威、瑞典、瑞士以及美国等多个国家的企业加入了该组织。成员企业之所以参加BBRT组织,原因在于传统的预算管理存在诸如在预算编制环节花费了过多的时间和成本,没有附加价值,不具有与现代竞争环境相适应的功能等这些缺陷,因而存有不满情绪,进而赞同废除预算制度。同时,该组织还在北美和澳大利亚有自己的姊妹组织。有关北美的动向,可参考 Libby and Lindsay(2003a、2003b)。

② 2003年3月,Hope 和 Fraser 将至今所发表的各种研究成果以文集的形式出版了有关超越预算的一本新书(Hope and Fraser,2003b)。

第一阶段，在预算管理方面，提倡灵活应用建立在业务流程再造（Business Process Re-engineering，BPR）基础上的平衡计分卡（BSC）和价值基础管理（Value-Based Management，VBM），并据此对企业进行业绩评价，消除因传统预算的业绩评价所带来的负面影响。同时，重视对竞争环境和市场需求的快速反映，积极构建以战略成效为导向的经营系统①。

第二阶段，在组织管理方面，提倡企业组织的彻底分权化，即将权限委托给企业高层的管理人员。BBRT认为，为了维持卓越的竞争业绩，构建精简、适用、守信的企业是必要的。

二、"超越预算"的管理原则

依据BBRT的主张，"超越预算"管理（以下简称BBM）包括以下几个要点：① 不再推行由上至下的业绩评价，充分发挥企业中有才能的人员的积极性和主动性；② 围绕为顾客创造价值的目的，不断满足顾客需求；③ 为战胜竞争对手，经营管理者具有自主应用企业知识源泉的权利（Hope & Fraser，2001b）。以BBRT目标为核心的BBM系统如图6-4所示。

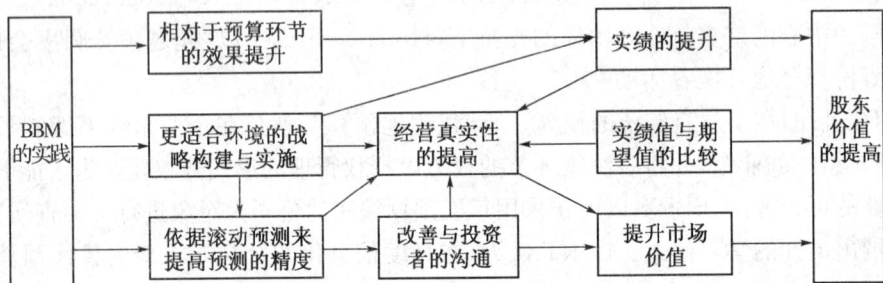

资料来源：根据正冈（2003），小菅（2003）加工编制而成。

图6-4　BBM的系统与流程

为了提升股东价值，克服传统企业管理中的各种阻碍因素，企业必须通过权限委托来创新组织结构。根据BBRT的观点（CIMA & ICAEW，2004），为了实现图6-4中的BBM目标，企业组织必须坚持以下两大基本原则：

（一）经营环节的原则

坚持该原则的目的是为了实施有效的业绩管理，它具体由六项子原则组成。即① 目标原则。BBM的目标并非固定的年度目标，而是面向持续的改善所设定的富有雄心的目标。② 报酬原则。在报酬评价上，不仅考虑固定年度目标的完成情况，还对基于相对业绩的共同成果提供报酬激励。③ 计划制定原则。不局限在每年一次的计划制订上，而是面向持续发展的所有环节中的计划。④ 控制手段原则。既要以计划差异控制为手段，还要考虑与此相关的主要业绩指标。⑤ 资源分配原则。资源的分配不局限于年度预算，同时赋予管理者在必要情况下自主利用的权力。⑥ 调整原则。不仅依据年度计划制定周期，还适时地通过相互作用在全公司范围内进行调整。

---

① 为了实现BB，对股东价值模式、基准管理、BSC、ABM、CRM、全公司的信息系统、滚动预测等的各种方法与体系等进行了灵活应用。另外，有关滚动预测的重要性请参考Annie Gurton的论文（Gurton，1999）。

（二）组织领导原则

坚持该原则的主要目的是为了规范组织行为，提高领导效率。这项原则也包括六项：① 顾客原则。不仅要完成既定的企业内部目标，还要以改善顾客需求为目的来提高消费群体的满意度。② 责任原则。不仅有集权式的责任等级组织，还应当具有对业绩负责的网络式团队组织。③ 业绩原则。不局限于内部目标的完成，还支持取胜于市场所进行的各项活动。④ 行为自由原则。给予企业团队以充分的自由和力量，不再简单地要求其严格按计划执行。⑤ 治理原则。在公司治理上，它要求管理层有明晰的价值观和高尚的思想境界，而不是仅仅依靠详细的规则和预算来进行控制。⑥ 信息。在公开的基础上促进信息共享，不再将信息局限在必须了解的那部分人身上。

BBRT 依据上述明确的原则规定，以适应的经营管理环节为基础，通过这一层面将业绩实现的责任委托给管理者。即由第一线作业的有才能的人员来推动主要的价值驱动（低成本革新战略、具有忠诚度且获益高的顾客战略、信用战略），其最终目的是实现股东价值的增值。这就是 BBM 框架的基本原则[①]。

三、"超越预算"的实施机制

"超越预算"被认为是信息化时代企业管理的重要方法，它的成功取决于以下六个方面：① 有足够数量的高素质人才；② 具有企业成长与改善所必须的、富有创新能力的战略；③ 高效的决策机制；④ 顾客服务的及时性和灵活性；⑤ 能够正确估计自身存在的威胁和机会；⑥ 不断提高产品质量和满足顾客需求。为此，企业组织应当做好以下几方面的配套措施：① 尽可能压缩企业的管理层级；② 实施决策权限和责任的委托；③ 创造企业新业务概念（新构想）的动力；④ 灵活应用企业的竞争优势；⑤ 确保和维持最佳顾客；⑥ 通过完善服务和降低成本来满足顾客需求；⑦ 倡导管理者从所有者的视角去思考问题；⑧ 持续地为股东创造价值；⑨ 及时应对不断增加的不确定性，培养勇于承担风险的企业文化氛围；⑩ 具有完成目标的坚强信念；⑪ 制定明确的业绩责任的说明制度；⑫ 不断追求企业利益。

与上述措施相适应的组织结构应当具有网络型模式（N 型组织）的特征，只有当组织行为优化与业绩管理科学相互融合时，BBM 才会是有效的。对此，企业的高层管理人员应当努力完成以下几项组织建设任务：① 构建快速应变的组织体系，并能对不断增大的不确定性作出正确的决策；② 选择有能力的管理者和潜在的战略性伙伴，创建魅力性组织；③ 培育企业文化，形成自我成长与完善的经营机制；④ 降低组织成本；⑤ 保持和扩大最佳顾客群体的组织机制；⑥ 以股东价值持续增长为导向构建价值创造性组织。

根据 BBRT 的观点，欲使"超越预算"有效实施，即使具有了替代传统预算的新机制，企业组织仍然需要对预测和资源分配、计量和控制，以及成本管理给予特别的关注。下面的图6-5所展示的是 BBM 实施机制的整体结构。

---

① 因为 BBRT 的方案过于激进，从而遭到了种种批判。其中，既有温和性的批判（O'Brien，1999），也有来自对非营利组织信任度的质疑，还有基于对芬兰企业为对象所获得的调查结果是否具有可靠性和适当性的质疑（Ekholm & Wallin，2 000）。这些，对于我们作出正确的判断多少会有一些参考价值。

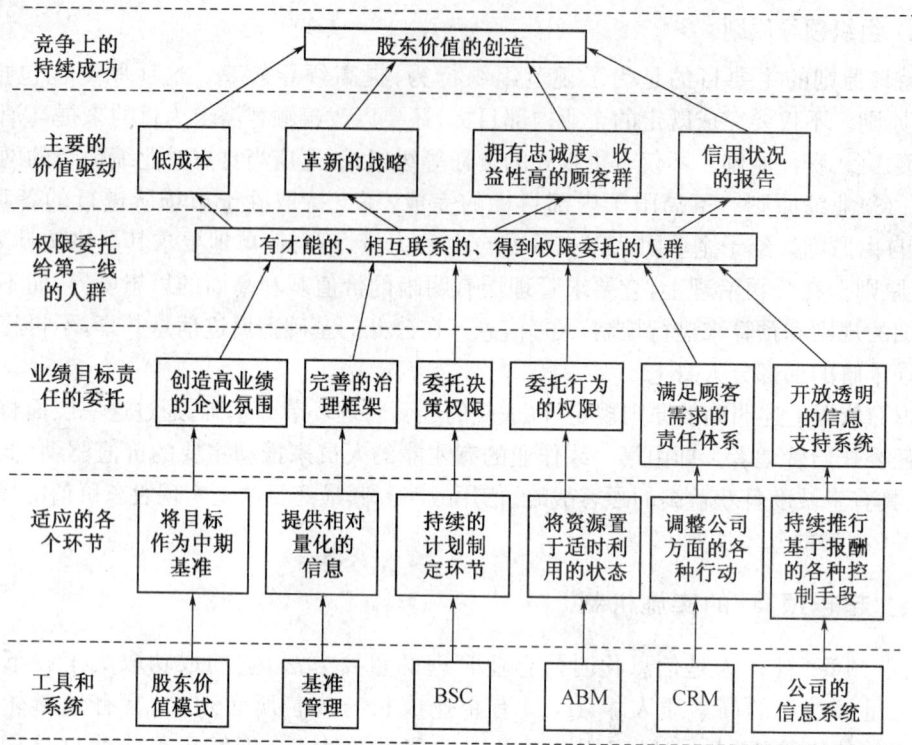

资料来源：Bunce, P., R. Fraser, and J. *Hope*, *Beyong Budgeting White Paper*, Hampshire, UK：Beyong Budgeting Round Table, CAM‐I, Inc., Europe, June 2002：15。

图 6‐5　BBM 实施的整体框架

如图 6‐5 所示，"超越预算"本身是一种原则性的框架，它的实施是借助于对一系列管理会计工具或系统的整合以及综合运用来完成的。这里的关键问题是，要有一套机制能够确保在权限委托的组织框架内，使各种工具得到有效应用。例如，随着基于 BSC 战略的"持续"，在维持"组织结构成员整体的日常工作"的同时，要能够促使其真正地转换为"战略性导向"。此外，顾客关系管理（Customer Relationship Management，CRM）包含着第一线的管理人员，他们是否能够在第一时间内解决顾客提出的各种问题，也是 BBM 有效实施的重要前提。灵活地应用和整合这些管理会计工具，提升其中的价值，是分权组织必须具备的内在能力，也是 BBM 有效实施的基础。放弃传统预算管理环节，实施"超越预算"必须充分考虑和正确处理好上述问题。

第三节　基于超越预算的战略经营系统特征

作为预算管理修正的一个方向，"超越预算"正为人们所注目。这是对基于经营管理的企业预算制度及其自身的改革方向所作的一种尝试，其基本思路是，既对传统的预算管理进行批判，也对预算管理及其本身的理论与方法进行适度的"扬弃"。

一、"超越预算"的战略特征

预算作为传统管理控制体系的代名词，自 20 世纪 20 年代以来一直是西方企业标准化管理的一种程序，它涵盖目标设定、执行控制、差异分析、反馈与考核等内容，从而长期处于企业控制系统中的核心地位。我国近年来兴起的"全面预算管理"更是超越了西方传统预算管理模式,并在某种程度上成为我国企业内部控制系统的唯一形式。但随着组织环境发生重大变化,传统预算制度弊端也日渐显现。这主要表现在:① 预算的财务特性突出,难以与公司战略规划相对接。预算与战略可以看成是面对同一"价值增值问题"的两种不同的文化语言(Stewart Myers,1984),预算强调数据与财务文化,而战略强调经营文化与非财务因素,因此,无论从规划或是控制与评价,都使传统预算体系缺乏战略相关性。② 预算缺乏组织适应性,预算仍然是"命令——控制型"组织的管理工具,无法满足组织柔性和作业单位(或作业团队)多变的需求。③ 由于预算的财务特性,预算控制常引发组织的行为问题,如制定预算中的讨价还价现象以及预算松弛、业绩操纵等问题。当然,上述问题并不都是预算程序本身所固有的,预算管理闭环及在全面、系统性的控制方面是有积极意义的。但是,预算管理的财务属性和控制型文化,抑制了管理会计作用的发挥,使战略意图难以得到有效的展开。

作业计划与预算(Activity-Based Planning and Budgeting,ABP/B)是这种超越预算的一种尝试,是作为战略导向的经营工具加以倡导而应用的。ABP/B 是将组织上的责任单位作为前提,对传统预算管理和作业预算管理(Activity-Based Budgeting,ABB)加以综合的产物,它对维持和获得竞争优势具有积极意义,其潜在能力为人们所关注。但是,ABP/B 将作业成本计算(Activity-Based Costing,ABC)作为其基础,由此存在将 ABC 本身存在的问题自然地带入 ABP/B 之中的危险性。之所以强调以战略经营系统来定位管理会计,是因为管理会计不仅仅是停留在业务管理的系统层面,它还必须有助于企业的战略管理。战略经营系统意味着能够使经营战略得到成功的实施。作为这种战略经营系统的工具和方法主要有平衡计分卡,以及英国学者 Neely 提出的业绩眺望(Performance Prism),以及本章提出的超越预算(Beyond Budgeting)等。从管理会计的角度看,"超越预算"的战略经营系统不仅是对企业计量"短期的"财务成果的控制手段,而且还需要扩大领域,将制定的战略从"中长期的"视角嵌入其中。

为使组织更具战略导向,从而实现中长期的战略目标,应当在必要的计划以及企业的经营年度内导入有关财务成果,增加预测性指标,并在某种框架的基础上,促进相互的交流与融合。有关平衡计分卡(BSC),现在一种明确的感受是,它正在持续地进化与演变。譬如,在"学习与成长"的观点上,有关无形资产正在成为人们议论的热门话题。此外,一些欧洲学者认为,即使 BSC 是一种优秀的战略经营工具,若在现行的经营框架中加以实施的话,也难以产生所期望的成果。

我们认为,超越预算本身的提出是有积极意义的,因为它突出了战略性意识。战略经营系统条件下的管理目标必须达到长期性、权变性、敏捷性(个性特征)、有效性(互补性、整合效应)等基本要求。强调构建以战略成效为导向的经营系统。预算管理和成本管理是管理会计的两大核心内容,所以有关预算问题的讨论被世界各国的管理会计学者所重视。

二、"超越预算"的应用案例

"超越预算"和"改进预算"有很大的不同。这些不同点集中在预算管理的存废问题上,BBRT 认为:"'改进预算'不能提供解决问题的答案,它不过是加速了目前存在缺陷的环节,它将使'固定的业绩合约'和中央集权的控制不断地延续下去。"为此,应当废除传统的预算管理,并努力构建由以下三方面内容组成的框架:① 目标。应用资本收益率和自由现金流量等指标设定目标,并对目标值实施滚动的中期规划和短期的季度基数的滚动预测。同时,为了将战略落实到具体的作业计划,应当有效利用作为全公司资源分配框架的 BSC。② 业绩评价。在业绩方面借助事后的基准,通过与前一年度按竞争对手的比较标准进行评价。并且,依据应用ABM,选择主要的业绩指标,观察其行为。同时,还要根据对 CRM 的实施,实现顾客导向的经营。为了满足顾客的需求,适时地在全公司范围内调整各项活动。③ 治理。对领先指标、滚动预测、主要业绩指标(KPI)等外部条件,应当在可能的范围内及时导入到财务实绩等的信息披露中去,实现更有效的治理,并在更广的范围内进行相对业绩指标的控制。从具体的案例来看,BBRT 对"超越预算"的应用主要分为如下两个阶段。

(一) 阶段之一:向适应的业绩管理环节转移

"超越预算"实施的第一阶段是通过业绩环节的导入放弃传统的预算制度。Hope &Fraser 以丹麦的石油化学公司 Borealis A/S(以下简称 B 公司)为例进行了介绍和探讨[①],具体的推进步骤如下:

(1) 利用高水平的主要业绩指标(Key Performance Indicators,KPI)进行目标设定。即通过参考内部基准和外部基准,以未来 3~5 年的中期目标来设定目标值。这些目标构成战略的框架。该目标值采用滚动评价方式每年度进行修正。

(2) 根据 KPI 衡量作业团队或企业整体实现中期目标的情况,并按实施进度,对业绩进行评价,同时支付报酬。

(3) 每一年度对 2~5 年的中期规划和每个季度对未来 5~8 个季度的预测情况进行评价。这两个周期也以滚动式的中期目标实施为目的。充分应用滚动预测、平衡计分卡、作业成本管理之类的业绩管理工具。作业计划以战略目标的实现和顾客需求的满足为焦点,要求迅速地予以应对。

(4) 现场的管理者可以在必要的情况下及时利用各种所需的资源。基于 KPI 制定指导方针,在企业的组织内部形成市场化的机制,使第一线的管理者能够适时地对资源进行直接的利用。

(5) 传统的预算编制需要将部门预算和业务单元的预算在总部进行调整,而 BBM 则不再由总部来主导这种综合性调整。换句话讲,它不仅需要考虑总部的计划,还需要结合顾客需求,根据管理环节及其自身情况进行诸如跨业务的横向计划及其有关活动的调整等。

(6) 停止基于业绩计量与控制的"预算目的化"行为,采用与外部基准比较的方法,灵活应用滚动预测等手段。

B 公司的案例表明,通过"超越预算"的实施,公司正从传统的预算管理制度的束缚中解放出来,尝试着从传统的组织结构向适应的环节管理方向的转换。B 公司最为注目的表现是:① 依据季度的滚动预测(在每个季度中按 5 个季度进行滚动,即 1 年 4 个季度加上前一个季度的滚动方式进行财务预测)提高预测的精度和使预测前提明晰化;② 依据 BSC 的导入(在制订 5 年的中期计划的基础上,面向 BSC 上的 KPI 加以展开,实施目标制定和业绩管理),进行目标制定和每月评价,以及基于 BSC 的目标实施状况与奖励机制保持协调;③ 以费用管理

① 除了这家公司及后来的那家银行外,Hope 和 Fraser 还就若干家欧洲企业的实务进行了探讨。例如,瑞士的金融服务公司——UBS 公司;英国的饮料公司——Bulmers 公司,以及英国的 UK Charity SlightInternational;瑞典的汽车公司——Volvo 公司,以及该国的批发业的 Ahlsell 公司;还有法国的包装业的Carnau Metalbox 公司等。

为目的灵活应用趋势分析,作业成本管理等方法;④ 按金额大小分层设计具有柔性的投资管理系统。由此可见,废除传统的预算管理多功能混杂的做法,通过设置对应的管理环节,有助于成本的降低,减少企业内部的讨价还价现象,更好地实施总体战略的一体化,并且还将有助于财务负责人发挥更大的价值创造作用(Bunce、Fraser & Hope,2002)。

(二)阶段之二:推行积极的分权化

为了实施"超越预算",仅停留在适应的相关管理环节还是不够充分的。Hope & Fraser 以瑞典的 Svenska Handelsbankenn 银行为例(以下简称 S 银行)提出了推行积极的分权化倡议。S 银行是沿着如下六个步骤对"超越预算"的第二阶段予以推进的:

(1)满足股东偏好。股东具有追求最好业绩的冲动,为了增强股东(投资者)的信念,企业业绩必须居于该行业的领先水平。企业除完成既定的目标外,还应当战胜其他竞争对手,以满足投资者对业绩的需求。企业应当构建向世界水平看齐的业绩标准和企业文化。

(2)逐步减少高级管理人员的数量,且在尊重人的"价值""自由"以及"自主性"的基础上设置职位,建立和健全公司的治理结构。

(3)缩短产品和战略的生命周期。企业面对新问题需要及时寻求解决对策,并由此产生更加富有创造性的战略。为此,有必要将经营活动中决定战略目标与整合性的决策权限委托给现场的管理者。

(4)促进国际竞争。国际竞争能够促进产品的价格降低和质量提高。因此,有必要将资源的利用权力赋予第一线的经营管理人员。

(5)坚持顾客导向。因为顾客的忠诚度是会发生变化的,应围绕满足顾客的需求来设计组织权力的安排,实施最有效的授权。

(6)强调公平、诚信。随着企业经营的国际化,投资者与管制当局对相关报告的要求正在不断提高。对此,企业应当以开放的信用系统予以支持。

总之,S 银行认识到上述这些要素是企业获得竞争优势的主要成功因素,对此,采取了一系列配套措施和行动。它具体包括:① 以世界水平为基准,制定高标准的业绩目标,营造争创高业绩的企业氛围;② 建立完善的公司治理结构,普及"技术指导与支持""挑战""责任""明确的价值观""薪酬分配的公平性"等观念;③ 委托相关的决策权限;④ 赋予管理层经营活动的自由和配置资源的权利;⑤ 增强顾客价值观,不断满足顾客需求;⑥ 提供开放迅速的信息支持系统,等等。

从 B 公司的变革到 S 银行的改革经历了两个阶段上的转换,即从"适应的业绩管理环节"(第一阶段)向"适应的权力组织——积极的分权化"方向的转变。这种转换是以传统预算为特征的"固定的业绩观"向基于"超越预算"的"相对的业绩观"的转换。两者比较的情况详见表 6-3。

表 6-3　传统的预算与 BBM 的比较

传统的预算(固定的业绩观)	BBM(相对的业绩观)
作为固定目标的标准,仅对增量的部分进行改善	作为相对目标的标准,在业绩实现这一意义上,按照战胜竞争对手的情况来推进
在组织中普遍存在着,对固定的激励是否能够完成之类的疑虑	基于相对业绩的报酬,赋予人们承担风险的勇气和胆量

传统的预算（固定的业绩观）	BBM（相对的业绩观）
严格的计划容易使人们产生盲目的遵循	连续的计划制定，将人们引向创造价值这一焦点
在现有的资源分配中，容易导致库存（不进行买卖或难以流动）的增加	有关的资源按需求依次序进行分配，并使成本最小化
中央集权的决策，无视来自市场的信息反馈	根据相互依存的业务单位进行决策，完整、灵活地采用来自市场的反馈信息

资料来源：Fraser, R. and J. Hope, Beyond Budgeting, Controlling, 2001, 13: S. 438; Hope, J. and R. Fraser, *Who Needs Budgets*? Harvard Business Review, 2003,81(2):111.

第四节　预算管理的发展方向及相关对策

超越预算所采取的思路是放弃以往预算管理中存在的"一套体系对应多种功能，并期待其有效实施"的不合理现象，改为按每种作用（功能）形式选择采用最佳工具或组合的做法。同时，依据 EIP 灵活应用相关的管理会计工具和方法体系，开发出以责任和进取为特性的经营管理机制。管理会计从以预算为中心的传统意义上的"经营控制"转向 BBM"战略经营控制"，将成为是一种发展方向。

一、对"超越预算"观点的疑问

尽管以 Hope & Fraser 为代表的"超越预算"论者就传统预算管理问题提出了深刻而尖锐的观点，并对世界各国的管理会计和预算管理的研究者产生了相应的影响。但是，他们针对传统预算所提出的问题本身也存在一些疑问。这具体包括以下几点：

（1）没有充分重视预算管理的经济属性。根据 BBRT 的观点，企业在高度信息化和服务化的社会中，BBM 应当高度关注顾客关系、智力资本、需求多元化、范围经济、价值创造等的影响与作用，而作为与产业化社会相适应的传统预算管理已对此失去了相关性（Hope & Fraser，2001a）。但是，这种社会属性与预算本身的经济属性缺乏紧密的关联性。目前的"超越预算"只是一种原则性的框架设计，其具体的核算尚需借助于若干管理会计工具的整合与应用来完成。进一步讲，预算管理是作为"货币资本预测"的概念形式反映在会计核算结构之中的，它属于事前的一种会计处理行为。如果否定货币资本的确认与计量属性，也就不成其为原有意义上的预算管理。照此推论，则有可能形成"会计无用论"的观点。反过来讲，如果他们的主张能够切实地解决会计及其自身的确认、计量与报告问题，那么这种"超越预算"所困的计算手续问题也就解决了。

（2）没有考虑预算管理的事前估算特性。预算管理作为一种事前的预测行为，在具体的预算编制与确立过程中，必然需要以市场环境及汇率动向等的各种前提条件为基础。然而，在通常情况下，这些前提条件会有很大的波动，从而导致预算所揭示的目标值与实际状况存在一定的偏差，进而给依据预算实施控制功能的行为产生困难，无法充分发挥其应有的作用。若仅仅因为预测的不准确而提出废除传统的预算管理，则缺乏充分的理由。事实上，针对此问题，我国许多企业已经采取了以半年度为单位对预算情况进行修正等的做法，有的企业还直接采用按季度编制预算的方法。客观地说,制定预算修正的制度,促进预算履行经营管理的基础性功能与作用是需要花费大量的时间和精力的。总之,就预测而言,一方面,BBRT 也在 BBM 中倡导滚动方式的评价和季度滚动模式的财务预测;另一方面,随着预测手段的提高,预测的精度将会不断提升,这时以 Hope & Fraser 为中心的 BBRT 提出的针对传统预算管理中的预测问题也就自然得到了解决。

(3) 没有对收益计划与预算管理的关系作出明确的说明。收益计划也是一种会计估算,应当归属于预算管理的工作范畴[①]。不同点在于,收益计划是预算管理的先行环节,负责此项任务的管理者是企业的领导层。收益计划作为领导层的责任目标,构成企业方针的一部分。BBRT 虽然否定预算,但又十分强调预测的重要性。譬如,但企业的中期展望方面,强调依据 BSC 和基于 BSC 的 KPI,进行诸如季度滚动预测等的工作。同时,在 BBRT 的讨论中,没有对"预算编制方针的制定和预算编制"作出区分。企业领导层注重的是围绕企业中长期方针,结合企业内、外部的相关信息,根据当前情况制定短期收益计划。这些收益计划是综合计划,同时也意味着一定期间(如年度)的预算编制方针。若沿着这种收益计划对预算编制方针进行揭示,则部门预算的编制也就顺理成章了。

(4) 没有分析造成传统预算管理"期间僵化"的动因。在针对传统预算存在的各种问题中,"超越预算"论者经常提出"预算期间缺乏灵活性"等的批评观点,如"对相关的预算方案,一旦有来自上级领导层的修正要求,就会在处理手续上给预算承担部门带来繁重的负担"、"预算管理部门缺乏柔性地应对来自领导层的综合预算的修正要求"等。实际上,这种雷同问题发生的原因在于企业进行预算编制的同时没有充分考虑收益计划,从而使两者发生了冲突。若将收益计划放在预算编制前确立的话,则随着弹性的预算经费机制的运作,就不会给每个部门的业务活动增加负担。

(5) 没有认识到预算概念的发展性。BBRT 认为"预算的概念过于重视金额,是一种以数字为核心的控制行为"。作为经营资源的"金额"对企业的作业与行为是必须的,作业与行为的最终结果也是需要产生效果的,如资金流量等。但是,这里的重要概念是作业与行为,而非预算这种"金额"数字。预算作为一种短期经营计划,它不仅是一种"金额"计划,同时也是以综合业务计划的形式加以体现的。因此,有必要发展预算的概念,将作业及行为预算的经营资源投入和作为业绩评价基准的成果重新加以定位。不能简单地放弃预算,事实上,"超越预算"中的零基预测及其活动计划也是一种经营资源的投入预算。此外,针对企业短期环节的评价基准和中期的支出评价基准,为了实现企业的预定目标而集中投入经营资源的行为,就是一种在重点作业和重要项目上确立高标准的预算活动。

(6) 没有认识到预算编制的整体效果。BBRT 对传统预算制度提出批评时,往往过于强调预算制度对预算编制的指导性。事实上,企业的预算编制是极其复杂的,并非单纯按照预算制度来确立。在现实的企业实务中,预算制度与决算制度是一种表里为一的关系。例如,编制预算是为了来年的决算发表而作的本年度预测,现实中这样的企业很多,从我国上市公司的年报揭示中可以清楚地认识到这一点。退一步讲,如果取消预算管理,采用"超越预算"的管理方法,那么这种超越预测的管理方法与企业的年度决算制度之间应当具有一种怎样的关系呢?

---

① 正如本文引言中所说的,"预算就是用会计语言来表现的企业收益计划"。

二、未来预算管理的发展策略

Hope & Fraser 提倡的"超越预算"方法能否在我国企业实践中应用,有待于企业实务界的努力和"超越预算"自身的发展。事实上,"超越预算"的提出只是预算改革进程中的第一步,其前进的征途还十分遥远,这一点,对于以 Hope & Fraser 为中心的 BBRT 的成员们来说,心中也是十分清楚的。针对 BBM 的不足,他们曾提出过如下的方案(Atkinson, Kaplan, & Young, 2004):① 为了规划资源的需要,继续利用传统的预算管理框架;② 将预算管理与战略层面的实施项目相结合;③ 将以业绩评价为目的而使用预算的情况仅局限在对实际业绩差异的分析上;④ 采用以 BSC 等为代表的管理会计工具,应用多元化的业绩评价手段。这一方案的核心是只将预算的作用、内容和范围局限在对现金流量的预测和计划上,而传统预算的控制与激励作用则由其他的绩效管理制度来代替。

应当说,"超越预算"是有其积极意义的,它为预算制度的改革和未来管理会计的发展指明了方向。"超越预算"并非对传统预算管理的完全否定,而是一种"扬弃"。企业预算管理中的二种趋势——"改进预算"和"超越预算",有可能进一步融合。为此,充分认识"超越预算"的积极性、努力寻求未来预算管理改革的策略极为重要。从当前及今后一个时期预算改革的发展动向看,坚持和完善以下几项工作是十分必要的。

(一)重视企业文化因素

会计活动既受制于技术性的规定,如记账方法等,更受价值观的支配,其中文化因素的影响极为明显。企业的预算管理及经营控制是企业文化的一种体现,从构成文化因素的前提条件看,"超越预算"模式是目前应用此方法的各个国家大众文化的表现及其外在反映。换言之,这种"超越预算"文化是瑞典等斯堪的纳维亚(Scandinavia)区域企业实务中的产物①。根据 Hofstede (1991) 的调查,斯堪的纳维亚区域各国的大众文化具有权力级差小(Power Distance)、不确定性低(Uncertainty Avoidance)、崇尚个人奋斗(Individualism)以及较低的大男子主义(Masculinity)等四个特点。就企业文化而言,具体包括以下一些特征:① 知识密集、技术领先,依靠具有专业特性的独自技术生产武器并占据海外市场。② 具有积极融入对方文化的主动精神,在充分理解不同背景的竞争对手文化的基础上开展交易。③ 遵守交易规则,在相互信任的基础上坚持公平、公正,依靠公正的评定来获得晋升或提级。④ 具有旺盛的、无任何隶属关系的独立自主精神。为了有效贯彻个人奋斗意识,即使有来自上级对工作目标的要求,也不会对现场活动下达具体而细致的指导或指标,完全依靠自己的思路和方法来完成任务,并严格承担与行为结果相关的责任。⑤ 讨厌受规则的束缚,具有积极创新,勇于挑战具有风险性工作的态度。⑥ 在自己的责任权限内能够迅速地作出决策。⑦ 权力层次少,偏好上下级关系淡薄的扁平式组织。采取的是一种重视组织成员一致意见的委托型组织领导结构;⑧ 实施分权化。推进权限的委托,依据组织成员间广泛的信息共享构建信任型的组织。

我国理论界与实务界在介绍和应用"超越预算"方法时,必须重视这种文化因素的差异。我国的文化特征似乎与斯堪的纳维亚区域的文化相对立,一般表现为权力级差高、不确定性明显、个人主义不突出、大男子主义较强等特征。此外,即使以美国、英国为中心的盎格鲁撒克逊

---

① 斯堪的纳维亚区域由挪威、瑞典、丹麦、芬兰、冰岛这五国构成,它们因同一民族而具有相关联的意识。

(Anglo-Saxon)①区域的国家,也不同于斯堪的纳维亚区域的国家,它大体上具有中等程度的权力级差、中等程度的不确定性和中等程度的大男子主义等的文化特征。总之,"超越预算"模式在推广应用时,需要充分考虑国家与企业的文化特性,注意其适用范围及相关的个性特征。

(二) 认识"超越预算"模式的局限性

正如人们对"超越预算"存在疑惑那样,企业在选择进行预算制度的变迁路径中,必须充分认识新制度的局限性和可能存在的各种摩擦。这是因为:① 制度变迁具有极强的"路径依赖"②。取消传统预算制度将对我国企业的管理体制造成极大的冲击。如前所述,我国现行的预算制度是与按月决算的制度相互依存的,也与业绩预测等的财务揭示制度具有关联性。现阶段,改革预算制度存在较大的难度,取消预算制度对于我国企业来说更是不具现实性。事实上,即使从 CIMA & ICAEW(2004)的实地调查结果看,真正废除预算制度的企业也并不多。② "超越预算"本身需要完善。这一点在上节的讨论中已作了说明。BBM 注重战略性的经营控制,但战术性的经营控制在激烈的国际市场竞争中同样是不可或缺的。因此,全面认识"超越预算"的作用与意义十分必要。

(三) 融合"改进预算"和"超越预算"二种发展趋势

"基于网络形组织的下一代经营系统将不再使用传统的预算管理",这种观点最早来自以财务数据为基础编制预算并进行经营管理活动的欧美企业,但我国企业的预算编制相对比较粗,并非完全依赖于财务数据。在目前的情况下,实施"超越预算"的模式似乎可能性极小。可以考虑在"改进预算"中部分地导入"超越预算"的观点,使两者有机结合。即不再强调以预算管理为中心的经营控制,而是将预算管理的功能按计划制订与业绩评价进行分离,使实务发展中的两种趋势并存。在计划制定层面,随着滚动预测和 BSC 的灵活应用,采用以战略实施为目的、重视预测和外部导向的"作为目标值的预算",而在业绩评价上则联合应用各种预算之外的方法。从这个意义上讲,今后,我们将"改进预算"和"超越预算"这两者加以有机组合,实现预算管理模式向信息化时代所要求的方向转变是完全可能的。

(四) 构建先进的预算管理模式

与作业基准预算(ABB)的思路不同,CAM－I 以欧洲实务界为核心成立了先进的预算系统组织(Advanced Budgeting Study Group,ABSG),以寻求解决传统预算管理中存在的问题,同时提出了先进预算(Advanced Budgeting,AB)的概念,以及该概念的框架(Newing,1994 a、1999 b)。ABSG 的负责人是 Robin Fraser,他们在对企业预算管理实践进行调查的基础上提出了新的结论③,即"解决传统预算管理实务问题的方法不是对预算管理体系进行修正和改善,也不是将 AB 以外置的方式进行构建。而是将企业经营管理体系向着先进的管理系统(Advanced Management System,AMS)的方向发展"。这个结论对我国企业预算管理制度的

---

① 指那些日尔曼民族的国家。

② 所谓的"路径依赖",即制度的惯性依赖。

③ 该学习型组织为了做好本项研究,调查访问了 Hewlett-Packard at South Queens ferry,IBM at Havant,Unipart DCM (Demand Chain Management),Lloyds Bank Registrars。有关这些公司中的 AB 的情况,请参考 Newing [1994a],p. 50。此外,有关基于实地调查的 ABSG 的研究成果请参考 Bunce,Fraser,and Woodcock[1995],pp. 253－265。

改革有积极的参考意义。

根据 ABSG 的看法,AB 的实现是依靠 AMS 来完成的,这对于企业获取竞争优势,解决传统预算实务中存在的问题是有利的。这种 AMS 是一种环节基准路径(Process-Based Approach)的经营管理,它遵循顾客至上的原则,满足了高度竞争的市场需求,是重视价值链和环节视角的经营管理。具体地讲,就是灵活应用 BPR、ABC、ABM 等的各种方法,并在相互整合的基础上综合地加以实施。我国企业在构建先进的预算管理模式时,应当注意把握以下几点:① 聚焦外部,面向市场确立目标;② 结合企业的改革与发展,落实具体的战略;③ 在环节与作业的层面上开展协调,加强成本管理,合理配置资源;④ 实施持续的计划制定与改善机制,预防浪费;⑤ 有机整合和应用各种业绩评价手段;⑥ 组建网络式、扁平化的企业组织结构;⑦ 倡导沟通、团队精神及共同参与意识。

案例与讨论

☞ 案例一

背景资料

企业的预算编制过程中一个比较头痛的问题是,科技研发的资金多少才是恰当的,有没有更好的计量方式,能否设计出一套框架使科研与资金之间寻求一个平衡。即怎样才能使科研投入方面的资金预测更加准确?

日本著名的管理会计学者田中雅康教授提出了一种分析模式,我们将这一框架简称为"两个视角,四个路径"。其中,"两个视角"是指应用视角与目标视角;"四个路径"是指领导性路径、视觉化路径、实用化路径和高端性路径。如图 6-6 所示,这种模式的目的是帮助科研技人员明确开发新产品的方向,并由此确定可能需要投入的资金数量。

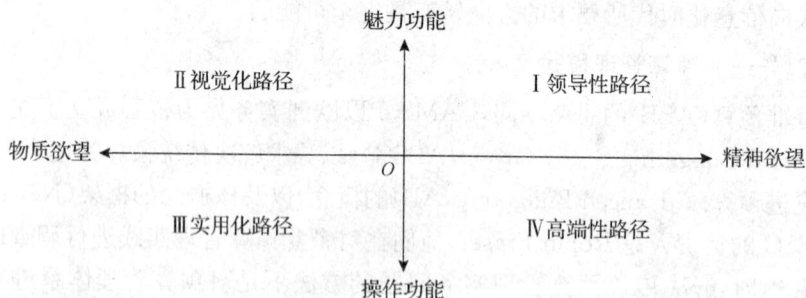

图 6-6 全面预算管理的创新理念

图 6-6 所表明的基本思路是,鼓励设计人员开发具有附加值的产品,具体包括:① 开发高性能及特殊市场需求的产品;② 不断改良产品设计;③ 引进先进技术和加工工艺。然而,这些都需要资金作为保证,必须有预算保障。然而,这种预算额度的把握将如何控制与计量,则需要创新。借鉴田中的这种分析框架,全面预算管理就有了一种资以参考的依据。

请讨论

1. 根据上述框架,谈谈产品创新与全面预算管理的内在关系。

2. 结合本章内容和案例,谈谈未来的预算管理将会在哪些方面展示其创新魅力。

答案提示

1. 关于产品创新与全面预算管理的关系

(1) 先要形成一个好点子,有一个"理念"。这种理念主要还是通过市场调查等来形成,即明确市场上对这个点子可能形成的产品或服务价格的定位,需要有一个成本方面的规划。这个环节已经开始涉及预算。

(2) "理念"的产品化,需要研发投入,即编制预算。这种"理念"具有较强的主观性,要把观念转化为现实,需要通过预算核定新增加材料和加工技术、人力投入的资金需求。

(3) 如何达到理想的经济目标。必须搞好技术与经济结合的预算分析。

(4) 必须处理好创新与市场的关系。不能只看到眼前的盈利情况,要有长远的眼光。预算编制要强调战略与战术的结合,并进行深入的市场细分。比如,各种不同人群的内在需求,是满足有钱人的虚荣(精神),还是年轻人的时髦,或者中年人的质量可靠,以及老年人的经济实用。

2. 关于结合本章框架实施全面预算管理的创新问题

这方面的故事很多,以钻石为例(故事附后),按照"四个路径"可以形成如下的创新:

(1) 创新性理念:将钻石做成项链;

(2) 高级化理念:强调时尚,提高钻石品质;

(3) 感观化理念:"钻石恒久远,一颗永流传",以爱情为主题进行营销策划;

(4) 合理化理念:普通钻石,价廉物美。

故事背景:美国的戴比尔斯公司是钻石行业的"领头人",进入21世纪,其年销售额已经达到50亿美元。当初该公司负责人哈里创新性地提出将传统的钻石业务改造为钻石首饰业务时,效果并不明显。尽管其定位准确,将目标瞄准上流社会的富人,但人们对这项新生事物兴趣不大,当时的业绩不升反降。如何转化这种创新性的理念,成为哈里的重要选择。当时,他有转攻黄金饰品的想法,但很快时来运转。为了处理大量的积压产品(钻石项链),他通过赞助的方式,将库存用来作为颁发给奥斯卡典礼的赠品。

1945年,哈里将一根镶有24克拉的钻石项链递到美丽动人的影后琼·克劳馥手心时,克劳馥当场就叫出声来:"真是太漂亮了,这是用什么做的?""这是我们公司的产品,24克拉纯钻石项链。""钻石,它有什么特别的意义呢?""钻石代表了坚硬、亘古不变的品质,就是您的下一代,再下一代之后,它依然会保持今天的美丽和光鲜!""是吗? 一个人要是有像钻石一样的爱情,那该多好啊!"。

这次颁奖使哈里确立了新的理念,即"感观化理念"。"钻石恒久远,一颗永流传",以爱情为主题的"感观",使市场发生了逆转。到了20世纪60年代,80%的美国人订婚都选择钻石为信物。理念的转变,使钻石项链起死回生,它表明,我们的全面预算管理必须拓展视野,努力创新。

☞ **案例二**

背景资料

假定有一位年轻人,从现在开始能够定期每年在银行存下1万元。如此持续30年,到时他可以积累66万元;但如果他将每年存下的钱都用于商铺投资,并获得每年平均20%的投资报酬率,那么30年后他又能积累多少财富?

一般人估计的金额,多在300万~500万元之间。然而正确的答案却是一个令人惊讶的数字——1180万元。这个数字是依照财务学计算年金的公式得出的。与把钱存在银行相比,两者的收益竟相差近20倍。

另一组统计数据显示,长三角地区县市级城市经营稳定的一般商铺收益率平均在8%~10%之间就比较乐观,但专业市场的商铺平均收益率可达20%以上。

这些数据看起来很理论化,但事实就是如此。绍兴轻纺城一套15平方米左右的商铺在不到10年的时间里,价格由最初的万元左右涨到了现在的平均300万元/间还炙手可热。其他同类的市场,如常熟、石狮等地的专业纺织服装市场的商铺在10年左右的时间里也涨了至少20倍,从而创造了一个个财富的神话(资料来源于2006年8月份的《扬子晚报》)。

请讨论

1. 你对这种致富的路径有什么看法?

2. 结合预算管理知识,预测不动产的增值幅度(银行存款与购买不动产之间的差异,以及各自存在的不确定性)。

3. 中国的楼市是否具有特殊性,国外的商铺也存在类似的情况吗?

答案提示

1. 这种致富路径需要具备较强的投资理财能力,并且具备三个基本条件,即固定的储蓄、追求高报酬、长期投资策略。

首先,投资理财并无复杂的技巧,最重要的是观念。观念正确就会赢,每一个理财致富的人,只不过养就了一般人不喜欢且无法做到的习惯而已。

其次,民众理财知识的差距悬殊,是真正造成穷富差距的主要原因。① 案例中所言的年轻人要有固定的储蓄意识,因为无本万利的机会概率过于微小,没有每年的积蓄,是不可能积累财富的。② 投资商铺是目前获得高回报的方式,平均20%的回报率是增长财富的主要原因。③ 要具备长期投资策略。根据权威部门调查研究发现,一般不动产的投资回报要在五年后有较高的增幅,所以投资商铺要采取长期投资策略。

最后,要有安全投资和风险管理的意识。目前的中国楼市存在很多的不稳定性因素,政府连续两年采取多种手段加强宏观调控,应及时从房地产投资中逐步转移战略投资,规避风险。

2. 首先,从财务学角度分析,两者相差20倍。

银行存款　$1 \times (1+5\%)^{30} = 66$(万元)

商铺投资　$1 \times (1+20\%)^{30} = 1180$(万元)

其次,从投资方面分析,银行存款应属于短期投资(可随时变现)。商铺不动产投资属于长期投资。

最后,从通货膨胀分析,若在5%的通货膨胀率下,银行存款的名义利率为5%,则实际利率为0。而不动产可以较好地规避这个风险,但不动产的投资回报面临的相关风险因素较大。

3. 中国楼市具有特殊性。① 因为1998年开始政府取消了福利分房,直接拉动了中国房地产市场的急速上升,政策因素是最关键的因素。② 在2006年上半年以前,各级地方政府大力支持房地产的发展,因为其可以从土地收益中获得财政收入;③ 由于政府官员的考核指标体系不够科学,一些官员为了政绩、形象工程,大兴土木,盲目投资,求大求全,造成资源的巨大浪费;④ 房地产开发商为了自身利益,为谋求利润最大化,与政府官员勾结,造成了房地产行业高达 60％的投资回率。

中国楼市最明显的特征是,富人的房子越来越多,穷人越来越买不起房。在国外由于受所处的法律环境、政府的作为、公民的经济水平等因素的影响,房地产相对比较稳定。

本章参考文献

[1]　Atkinson A. A.,R. S. Kaplan,S. M. Young. Management Accounting[M]. 4th ed. Upper Saddle River, New Jersey: Pearson Education, Inc.,2004.

[2]　Bunce, P.,R. Fraser,L. Woodcock. Advanced Budgeting: A Journey to Advanced Management Systems[J]. Management Accounting Research,1995,6(3):201－222.

[3]　Bunce P.,R. Fraser,J. Hope. Beyond Budgeting White Paper[M]. Hampshire,UK: Beyond Budgeting Round Table,CAM－I Inc.,2002(6).

[4]　CIMA, ICAEW. Beyond Budgeting: A Report on the Better Budgeting Forum from CIMA and ICAEW[M]. London,UK: Chartered Institute of Management Accounting and the Institute of Chartered Accountants in England and Wales,2004.

[5]　Colman R. Beyond Budgeting[J]. CMA Management,2004,78(6).

[6]　Hofstede G. H. Cultures and Organizations: Software of the Mind[M]. UK: McGraw－Hill International Limited,1991.

[7]　Hope J.,R. Fraser. Beyond Budgeting: Breaking Through the Barrier to The Third Wave[J]. Management Accounting (UK),1997,75(11).

[8]　Hope J.,R. Fraser. Beyond Budgeting: Building a New Management Model for the Information Age[J]. Management Accounting (UK),1999,77(1).

[9]　Hope J.,R. Fraser. Who Needs Budgets? [J]. Harvard Business Review,2003,81(2).

[10]　Hope J.,R. Fraser. Beyond Budgeting: How Managers Can Break Free From the Annual Performance Trap[J]. Boston,Massachusetts: Harvard Business School Press,2003.

[11]　Hope J.,R. Fraser. Figures of Hate[J]. Financial Management,2001(1).

[12]　Hope J.,R. Fraser. Beyond Budgeting: Questions and Answers[M]. Dorset, UK: CAM－I Inc,2001(10).

[13]　Hansen S. C.,D. T. Otley,W. A. V. der Stede. Practice Developments in Budgeting: An Overview and Research Perspective [J]. Journal of Management Accounting Research,2003(15):95－116.

[14]　Libby T.,R. M. Lindsay. Budgeting—An Unnecessary Evil: Part One[J]. CMA management,2003,77(1).

[15]　Libby T.,R. M. Lindsay. Budgeting—An Unnecessary Evil: Part Two[J]. CMA management,2003,77(2).

[16]　Gurton A. Bye Bye Budget... [J]. Accountancy,1999,123(1267):60.

[17]　Marcino G. Obliterate Traditional Budgeting[J]. Financial Executive, 2000 (11/12): 29－31.

[18]　Newing R. Out With the Old, In With the New[J]. Accountancy, 1994, 114 (1211):49 - 50.

[19]　Newing R. Advanced Budgeting Requires an Advanced Management System[J]. Management Accounting, 1994,72(11):28 - 29.

[20]　O'Brien. R. Living With Budgeting[J]. Management Accounting,1999,77(8):22.

[21]　Schmidt J. A. Is It Time to Replace Traditional Budgeting? [J]. Journal of Accounting,1992(10): 103 - 107.

[22]　冯巧根. 全面预算管理[M]. 北京:中国人民大学出版社,2015.

第七章 企业间管理与管理会计

在经营活动中,企业之间为了实现各自价值的最大化,往往会将部分自己不擅长的业务委托其他企业来进行生产。这个问题在经济学领域涉及的是"企业边界"理论,科斯以交易成本概念为起点,Williamson以资产专用性概念为起点提出了什么时候内部化、什么时候外部化的问题。管理会计学者论及的企业间管理主要以供应链管理(SCM)为代表,通过对管理会计具体目标、策略的考察,试图揭示企业间管理对管理会计的影响与作用,并寻求其发展的规律。

第一节 企业间管理与供应链管理的目标优化

21世纪的企业竞争将是供应链与供应链之间的竞争,企业间管理至关重要。Lewis (1995)深入研究认为,良好的供应链伙伴关系可以使市场交易成本减少一半,设计周期缩减20%~75%,为客户创造更多的顾客价值。

一、企业间管理:基于企业间关系的管理

为了更快、更好地响应新的需求与挑战,企业间相互协作、构建共赢的企业间管理模式,即企业间关系的协调与合作,具有十分重要的意义。以供应链成本管理为例,当供应链上所有企业具有一种良好的关系模式时,面对新的成本机遇与挑战,企业之间就会同心协力,不仅关注自身成本,还会顾及渠道共享者的成本降低问题,努力提高顾客的满意度,进而实现整条供应链的共赢。有关企业间关系的认识,在管理会计理论界讨论得不多。从相关学科的文献中,我们可以看如下的一些观点:有人认为,组织间关系是指供应链中所有利益相关者(包括供应商、制造商、分销商、零售商和客户)之间的关系(赵晓煜等,2005);也有人认为,组织间合作伙伴关系是指供应链上组织间对未来的承诺、双方信息的共享和风险收益的共享方面存在的一种持续的关系(Ellram、Hendricks,2005)。这些看法,将企业间关系集中于供应链管理,是目前比较有代表性的观点。

企业间管理是对基于协议的合作协调关系的管理。企业间管理中的这种关系与一般意义上的协议关系不完全相同。一般意义上的协议关系具有非常明确的权利义务约定,是一种法律意义上的权利义务关系和要约承诺关系。而组织间合作关系是在不降低质量、不降低顾客价值的前提下,为了降低供应链总成本、降低库存总水平、增强信息共享、改善相互之间的交流、保持战略伙伴关系的一贯性、提高企业自身的核心竞争力和整个供应链的核心竞争力,以实现供应链节点企业的财务状况、质量、产量、交货期、顾客满意度和业绩的改善和提高而形成的,其根本目标是提高企业核心竞争力。供应链管理绝不仅仅依靠协议来维持,在实践中,这

种合作关系更多地要求相互之间的信任而不是确定的法律关系(孙宝文等,2004)。

进入21世纪以来,企业间管理已经成为管理会计发展的一个重要趋势。全球范围的竞争不断加剧,跨国公司开始转向全球化公司,企业不再作为单个企业与其他企业进行竞争,而是作为供应链或网络参与竞争,供应链中买方与供应商的关系也开始从关联交易(Arms-Length)向更紧密的合作关系发展。基于供应链的企业间关系是一种合作关系而不是利益冲突关系,构建供应链中的合作性目标有助于获得良好的伙伴关系,这种关系给供应链中的客户和供应商都能带来利益。企业间管理提高了企业间信息的透明度、服务水平、客户满意度,增强了生产的柔性,缩减了企业的生产周期。为了获得各自的最佳利益,企业间管理通过企业间关系的优化,在供应链之间增强协作的管理基础,譬如,与供应商建立信任和互惠互利基础上的长期合作关系等。正如有的学者所述,生产制造外包和部分生产职能的分离,促使最初在企业内部组织的活动转化为企业间市场化的交易,使供应链上下游企业建立了合作伙伴关系,产生了一种介于纵向一体化和市场之间的中间状态。它的特点是,具有中等的资产专用性、低交易不确定性、双方频繁的交易,但同时双方都保留了相当的灵活性和效率(刘东,2002)。今后,通过企业间管理集成内外关系,创建战略合作伙伴,进而构建协调、合作、互利的长期关系,是增进供应链节点企业提升核心竞争力,从而提高整个供应链效率的战略选择。

二、成本管理视角的供应链管理目标优化

企业间关系涉及经济、文化、情感、心理和行为等各个方面,在成本管理活动中,这些企业需要相互合作、共同交易、保持稳定的联系。在组织层面上看,这种企业间关系呈现多维性、多层性和动态性的特征。为了促进供应链管理目标的优化,必须通过企业间管理,增强顾客导向型、利益整体性、跨组织协作以及成本收益与风险报酬的权衡,并将其管理范围扩展至整条供应链活动之中。

(一)个体利益最大转变为整体利益最佳

传统的成本管理往往从自身利益出发,较少关注供应链关系,与上下游企业之间多处在短期、封闭、竞争的层面之上。随着经济环境的转变,顾客需求的个性化特征增强,企业之间多维、动态、多边的交易开始形成,由于缺乏应有的思想与观念转变,一些企业形成大量的产销矛盾,造成了诸如库存严重积压或由于缺货流失客户,严重的还使上下游企业之间关系恶化,甚至互生敌意,进而导致破产等。因此,在企业之间的竞争已转为供应链之间的竞争的环境下,企业战略应转向以供应链整体利益为目标,只有在供应链上所有企业共赢的基础上,企业才能相互信任、相互合作,整条供应链才会在激烈的竞争环境中保持强盛的竞争力。总之,供应链上所有企业必须从战略高度构建长期的合作伙伴关系,保持整条供应链的一致性,唯有如此,才能实现整条供应链的可持续发展。

(二)由竞争转向合作

传统的成本管理是以竞争为导向的管理活动,它偏重于自身的产品生产及成本控制,对上下游的合作伙伴采取敌对的态度,讨价还价,争取用尽一切可以利用的资源,削减进货成本,提高销售价格。这种低水平的价格竞争往往导致供应链上下游企业之间信用度不足,企业间的合作缺乏持续性与稳定性。其结果,一方面使供应链企业之间的交易成本增加,在顾客感知价值不变的情况下,使顾客成本增加,顾客满意度下降,进而导致顾客流失、产品淘汰,甚至企业

破产;另一方面使企业之间缺乏良好的沟通,失去协作共赢的良机,表现在产品设计、制造乃至整个产品生命周期上缺乏竞争力,无法抓住降低顾客成本的机会,既削弱了自身的力量,也使整个供应链难以获得竞争优势。因此,在管理会计的新坐标中,顾客价值的提升必须强化企业间的协作。面对顾客需求的个性化和品种的多样化,企业唯有不断提高顾客满意度,持续创造顾客价值,才能留住老顾客,吸引新顾客,供应链才能持久的发展壮大。本书认为,传统成本管理的竞争导向已不适应时代发展的趋势,必须转变思想,朝着顾客导向、协调合作的方向发展,通过供应链企业间的精诚合作、共同努力,不断降低顾客成本,提高顾客价值。

（三）由组织内部管理转向组织间关系管理

传统的成本管理只关注企业内部的生产经营过程,只注重生产过程中的产品生产管理。当然,企业内部、产品成本的确很重要,但是随着技术不断发展并迅速普及,竞争趋于国际化、白热化的今天,仅仅关注企业组织内部的成本还远远不够。根据 Shawn Tully 的调查,企业中有约 55% 的成本费用花在对外的采购和销售上(如果将外部协作生产计算在内的话会更多,甚至到 80%),而传统上被视为是生产力改善焦点所在的内部成本比例则不及一半。另外,根据 KPMG(2007)调查得出的结论,影响企业成本最优化的最大障碍之一,就是组织之间的成本缺乏透明度。因此,成本管理的重点应由组织内部转向组织之间。在组织内部成本缩减空间日益减少的情况下,只有通过和上下游企业之间建立长期的合作伙伴关系,将成本管理的重点由组织内部转向组织之间,才能获得持续的竞争优势。这种合作关系,一方面可以降低由于相互不信任导致的交易成本;另一方面可以通过信息共享、共同合作,全方位降低产品生命周期成本、挖掘成本潜力,以达到成本的最优化。

（四）以成本效益为主转向成本效益和风险报酬的双重权衡

传统的成本管理往往偏重于企业内部项目本身的成本效益分析,其原因主要是与此相适应的社会经济环境相对简单、顾客需求相对稳定、成本结构相对确定,所以传统的成本管理分析框架在以前的环境下发挥了重要作用。然而,在当今社会经济环境日趋复杂化、顾客需求呈现个性化、多变性的情况下,风险要素的重要性越来越不可忽视,如果仅考虑项目的成本效益,没有考虑隐藏在项目背后的风险,项目实施的结果往往会不如人意。同样,面对当前环境下供应链的一致性及节点间企业利益的紧密性,若仅仅考虑项目本身的风险,其结果一样会不尽如人意。因此,还要考虑项目在组织间可能造成的风险,即企业成本管理项目的决策,不仅要考虑企业内部项目本身的成本效益及项目在整体供应链的成本效益分析,还要综合关注项目本身的风险、项目所依赖上下游的风险以及项目在整条供应链上的整合风险。只有综合权衡了成本管理项目在企业内、外部成本效益和风险报酬的利弊得失之后,成本管理项目才能达到真正的最优。

企业间管理不仅为供应链管理的目标优化提供了组织保障,还为管理会计的理论创新提供了土壤,供应链成本管理将成为会计学的一个崭新的领域。供应链管理目标的优化,使成本管理具有了战略导向和创造顾客价值的方向。通过在战略上建立企业间的长期合作伙伴关系,使产品在开发期和确认期科学合理地选择交易对象,加强信息沟通、人员技术交流以及专有资产投资等策略的选择,能够缩短产品的开发期、延长成熟期、避免反复期。此外,在综合考虑项目风险、依赖风险和供应链整合风险的基础上,利用各种成本方法和工具,在产品的整个生命周期中优化供应链成本,有助于从根本上创造顾客价值。

第二节　供应链管理与供应链管理会计

在企业经营活动中,围绕顾客的商品或服务需求,适时地开展经营决策是十分重要的。对此,企业必须时常关注环境的变化,同时适应这种变化,组织最适宜的生产、销售,迅速地调整资源配置。相反,若只是根据业务或部门以及企业内部的考虑而开展相关的经营活动,就会滞后于市场,或者仅是一种次优化的选择。因此,基于企业间关系加强管理,实施物流、价值流、信息流等于一身的供应链管理就变得至关重要。

一、供应链管理的战略意义

企业间关系的管理就是要将销售额的扩大与薄弱环节的改善,以及资产的有效利用等纳入更广泛的视野中去加以探讨。从交易成本的角度考察,若企业间的各种手续相对简单、统一,则据此开展的交易活动就容易达成,相应的成本也能够得到有效削减。进一步讲,如果能够将来自顾客的信息及时地传递给相关生产厂家,生产厂家就能迅速地针对各种需求采用相应的措施,最大限度地满足顾客的需要。

(一)供应链管理使企业经营战略转向战略经营

供应链管理(SCM)是企业间管理的典型体现,它使得从零部件的调配、生产、销售、物流,到最终让渡给消费者的一个完整的供应链上的各家企业围绕经营的业务流加强协作,获得整体共赢。供应链管理有两种模式,一种是以供应链成员整体双赢关系为中心的整体导向模式;另一种是为完成主体企业目标而实施相关管理的模式,即主体企业模式[①]。

传统意义上的供应链管理,主要是基于供应角度就经营活动各环节的改善为研究的主要内容的,但是近年来,通过广泛征询顾客意见,尽可能早地在前期阶段改良满足顾客需求的产品或服务,并将其提供给顾客,受到人们关注。对此,有必要构建反映顾客信息的需求链(DC)。然而,仅仅有适宜的需求链也是不充分的,必须将SC(供应链)与DC有机结合。即构建广义上的供应链(综合供求情况的供应链)已成为当务之急。换言之,随着环境的变化,企业必须事先预测未来的经营环境,并据此制订长期发展计划,其结果是传统的经营战略(Business Strategy)开始转向战略经营(Strategic Management)。在战略经营中,迅速地应对适时变化的内外部环境,灵活地寻求解决对策,并从长期的战略视角加以谋划,已成为供应链管理的内在要求。

(二)以战略经营为导向的价值链管理会计

适应供应链管理的需要,管理会计必须在战略经营的环境下构建自身的理论与方法体系,未来管理会计的最大特色也正在于此。由于环境预测存在各种难以克服的困难,所以,欲使会计对应环境具有雷达式的一切均适用的功能的想法是不现实的,与环境变化相适应的看货订样式的个别开发将是一种趋势。战略经营的管理会计,其用语及内涵尚未定论,但其萌芽在战略成本管理中已有所显示。例如,Shank & Govindarajan早在1993年出版的《战略成本管理》一书中,以实现竞争优势作为管理会计的基本手段或方法,并在其中提出了价值链分析(Value

---

① 本文在理论部分将涉及这两种模式的共性部分,后面阐述时将以主体企业模式为主加以探讨。

Chain Analysis)的思想。Shank & Govindarajan 也归纳和揭示了这种价值链分析与传统管理会计的不同点(见表 7-1)。

表7-1　传统管理会计与价值链管理会计的对比

	传统的管理会计	价值链的管理会计
焦点	仅以企业内部为对象	企业外部也作为研究对象
关注点	附加价值	从原料的供应商到最终消费者的作业链整体
成本作用动因的概念	单一的、基本的成本作业动因在广阔的文献中被使用(成本操作层面的相关性),在整个公司使用的情况较多	有以下若干成本动因: (1)结构性成本动因(规模、范围); (2)执行性成本动因(经营参与等)
有关成本制约的看法	通过成本责任中心或者产品成本的结果,实施成本降低	通过各价值作业关联的成本动因关系来把握成本,重视以下三点: (1)谋求与供应商的协作; (2)寻求与顾客的合作; (3)实现企业各环节的协调
战略决策的思路	不太明确(战略的顾问公司在开始分析成本时,常常无视传统的成本报告,从而导致战略不清)	识别每种作业的成本动因,依据下面的任何一种方法来实现成本优势: (1)将该成本动因比竞争对手作出更大程度的改善; (2)重造价值链

注:表中内容根据 Shank & Govindarajan(1993)的研究内容概括。

战略经营的管理会计未来会有怎样的进展,虽然难以推断,然而根据前面所预见的环境变化,新的管理会计概念将会如图 7-1 所示的情况予以展现。

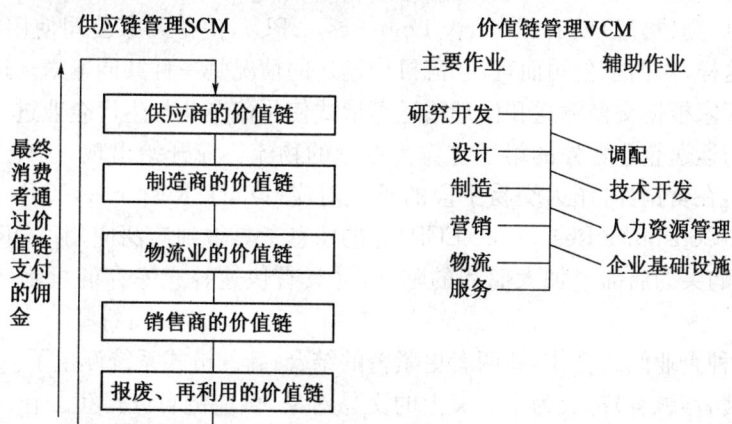

图7-1　VCM 与 SCM 的相互关系

二、基于价值创新的供应链管理会计

在管理会计的分支领域,涉及企业间管理研究的成果还很少,为了促进企业间管理的有序运行,我们必须围绕价值创新,加快供应链管理会计理论与方法的研究。

(一) 从价值链转向供应链

进入 21 世纪以来,各种超越国界、超越时间的全球规模的企业竞争进一步加剧。企业欲在这种重量级的大竞争中获胜,维持竞争优势,传统的思维观念已经无法适用,转换价值观不可或缺。基于价值创新的竞争战略正是在这一时期提出的,其代表人物是哈佛商学院的迈克·波特教授。波特教授继 1980 年出版了《竞争战略》(Competitive Strategy)之后,1985 年出版了《竞争优势》(Competitive Advantage),1990 年出版了《国家竞争优势》。在上述著作中(尤其是《竞争优势》一书),波特认为竞争优势取决于它与竞争对手在价值链(Value Chain,VC)上的差异,价值链管理(Value Chain Management, VCM)的优劣决定着不同企业的竞争优势。书中,作者将"公司以产品设计、制造、销售,以及提供相关服务为目的而实施的公司内部环节或作业"定义为价值作业。然而,由于各家企业构成自身基础的经济状态不尽相同,因此基于个别企业的价值作业的实施方法,即面向历史、战略与战术的实施方法及作业也会有所差异。一旦涉及这类价值作业的成本,如"对企业提供货物的买家愿意支付金额的差额"就是佣金。为了获得这些佣金而实施的价值作业,可以划分为以下的基本类型(仍然参考图7-1):
① 主要作业,即调配物流作业,制造作业,销售物流作业,销售与市场营销作业,顾客服务作业等;② 支援作业,即物资调配作业,技术开发作业,人事与劳务作业,普通的管理作业等。

尽管存在各种不同的作业,然而为了获得竞争优势,仍然需要将它们作为一个整体的价值链来加以实施,而并非对这些价值作业作个别独立的执行。根据这种链锁的关系或方法能够带来如下的成本优势和差别化优势(Porter,1985):① 成本优势。总成本在市场的平均水平以下,企业能够获得相对的成本优势。② 差别化优势。经营部门提供的产品与竞争对手提供的产品相比,因为质量高而风险小,一旦性能优越,顾客的感知就占了上位。波特虽然也提出价值链不能仅局限于企业内部,在企业之间也应当得到扩张。但从价值链管理到供应链管理(Supply Chain Management, SCM)的推进,其创造者应该说是物流界人士。

物流是随着企业后勤的优化,扩大协作的产物,随着同类、协作的物流的外包而出现合作的后勤及第三方后勤(物流)(Third Party Logistics, 3PL),使得两家公司使用同一个物流机构来共同运输,这样,对两家公司而言,物流机构输送的情况是一种共同运送。进一步讲,在合作输送中,大的厂家根据交换输送和代理输送等形式使物流企业与生产企业进一步得到协作。此外,介入物主与运送企业之外的第三方作为专职的物流行业开始出现,这种 3PL 得到了迅速的发展。同时,在营销界,作为交易手段的迅速对应(Quick Response, QR)和商效消费者的响应(Efficient Consumer Response, ECR)等的信息工具得到广泛应用。QR 及 ECR 主要是在消费者方便购买的店铺里加大商品的陈列,并具有快速补充库存的机制(也就是仓储式商店)。

为了促进这种企业间的合作,使两者更紧密的结合,新的链式系统诞生了。即从供应商到生产商,再到消费者(顾客)都成为了广义上的交易对象,供应链自此产生。作为供应链,它不仅使供应商与生产者等环节之间产生多重关系,也使生产者与销售商产生联系,而其中心则在销售环节,这种合作可以称为生产与销售联盟。由这种生产与销售联盟而具象征性的 SCM,具有以下特征:① 若干独立的企业为了相互的利益实施战略联盟;② 与每一个企业的部分最佳相比,更重视协作企业全体的整体最佳;③ 除了最终消费者,以公司外部顾客及公司内部顾客在内的顾客导向为最优先。

值得注意的是,由价值链转向供应链,并非是对价值链的否定。实际情况表明,两者是相互依存、相互促进的关系。当前,从单纯的价值链管理转向围绕供应链的价值链管理,即价值链与供应链的结合已经出现。图7-2揭示了价值链与供应链的关系。

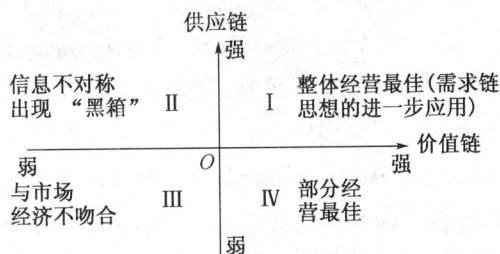

图7-2 价值链与供应链的联系

图7-2表明,片面强调供应链而忽视价值链,就会出现供应链环节大企业欺负小企业,企业之间相互猜疑等问题,这表现在象限的Ⅱ。第Ⅰ象限是一个纳什均衡,能够实现双赢。当然其中也需要协调,譬如,是以供应链为主还是以价值链为主,不同行业、不同企业是不完全相同的。第Ⅳ象限是分权化的产物。但随着供应链的发展,IT技术的应用,这种分权化如果继续注重部门自身的利益,则将难以在竞争中获得竞争优势,难以取得好的经济效益。第Ⅲ象限的情况不符合当前市场经济发展的现状,不作讨论。由此我们认为,由价值链转向供应链,应当重点关注以下问题:① 面对国际化竞争,企业在强化供应链管理的同时,必须积极应用价值链管理的思想。这已被一些国际化的大公司所证实,如福特汽车公司,要求其原有的两家轮胎供应商,在符合福特公司价值链管理的要求的基础上,加强相互协作,即最终提供给福特公司的轮胎必须是 个完整的轮子。② 为了使伙伴企业之间效益与效率最大化,必须实现信息共享,减少信息不对称,实现整体利益的最佳化,而这些措施之一是由部分经营最佳向整体经营最佳转变;其二是各链节中企业通过管理会计方法的创新,实现成本与收益的一体化,减少磨擦。

(二)供应链管理会计的方法创新

衡量一门学科的形成有若干种方法,一种是具有相关的理论基础,一种是开发应用具有自身特色的管理工具。供应链管理会计欲发展成为一个新兴的学科,则必须在管理会计工具方面有所作为。

1. 供应链分析在企业间管理中的应用

支持上述供应链管理的工具之一在供应链管理会计中称为供应链分析(Supply Chain Analysis)。在美国管理会计协会(IMA)的《管理会计声明》(SMA)4X中指出,为了使基于SCM的低成本优势、差别化优势得到发挥以及促进企业的进一步合作,应开发应用了以下三种方法(IMA,1996):① 内部成本分析(Internal Cost Analysis),决定基于内部价值创造环节的收益性源泉及相对的成本水平;② 内部差别化分析(Internal Differential Analysis),调查基于内部价值创造环节差别化的源泉(包含成本);③ 垂直的关联分析(Vertical Linkage Analysis),为了达到提供给顾客的价值最大化、成本最小化,调查外部供应商以及顾客之间的关系及其相关成本。

内部成本分析与内部差别分析是以企业内的VCM为对象的,垂直的关联分析是以企业间的SCM为分析对象的。垂直的关联分析具有自身的特点,即它是基于供应商到消费者的流通环节上的各家企业开展的关联性分析，采用这种分析方法有助于获得产业结构、核心竞争力以及以分部为单位的各家企业的具体情况（IMA，1996）。促进这种垂直分析方法发展的是组织间的成本管理（Interorganizational Cost Management），Cooper 与 Slagmulder 于 1999 年出版的《产业集群企业的供应链扩展》（*Supply Chain Development for the Lean Enterprise*）一书，以日本的 9 家企业案例为背景，将成本企画、全面成本管理、改善的成本计算等管理会计工具从企业内部应用扩展到企业间的应用（Cooper & Slagmulder，1999）。

2. 物料配置会计（Throughput Accounting）在供应链管理中的应用①

物料配置会计是有关存货资产成本的核算会计。以往存货资产的源头价值是依据销售来加以实现的，在销售时点要尽量维护对原材料耗用部分价值的回收。然而，基于物料配置会计的存货资产评价额是在不涉及销售的期间里，对这种原材料费用（Dugdale & Jones，1998）加以维护（回收）。这种基于物料配置会计的存货资产成本的计算方法，是对传统路径方法的完全告别。传统的成本计算，采用的是成本的聚集特征这一思路。在成本的聚集性条件下，对于半成品成本以及产品成本的计算，围绕产品的加工进程，对增加在产品生产中的原材料费用采用直接劳务费及制造费用的方式回收。然而，在物料配置会计条件下，对半成品及产品仅给予相当于直接材料费的价值。即物料配置会计在制造成本中仅将直接材料费算入产品成本，其它的成本要素均构成期间成本。

根据 SMA4HH，所谓物料增加值（Throughput），就是"从系统整体（产品或者服务）的销售额中产生出的货币"（IMA，1999）。对此，在物料成本会计中，从销售额中扣除直接材料费及其他变动费（在直接成本计算模式中仅扣除直接材料）求得物料增加值，然后再由此扣除"业务费用"（Operating Expenses）就求得了净收益（详见表 7 - 2）。

表 7 - 2　物料配置会计的基本结构

全部成本计算	物料配置会计（TA）	直接成本计算
销售额－	销售额－	销售额－
直接材料费－	直接材料费－	直接材料费＝
直接劳务费－		
变动间接费①＝	其他变动费②＝	
边际收益－	增加值－	增加值－
固定费＝	业务费用＝	业务费用＝
净收益	净收益	净收益

注：① 不仅包含制造成本的分摊额，也包括营业费用的分摊额。
② 包括承包金额、销售人员的回扣、关税、支付的运输费用等。

---

① 迫使这种价值链管理会计进行本质转换的是 Goldratt 博士创造的物料配置会计（Throughput Accounting）和制约理论（Theory of Constraints，TOC）。Goldratt 博士在大学里攻读的是物理学，但他将物理学的思想引入到生产计划中来，创造了划时代的生产计划方式。对此得到普及并出版的是"The Goal"这本小说，该书被翻译成 20 多种文字，畅销 250 多万册。该书给我们的感受是，一个物理学者因为兴趣而写的小说广为人们欢迎，在其中提出的制约理论已成为管理学者的一大事件。由此可见，一个人的兴趣对于研究至关重要。

由表7-2可见，物料配置会计作为一种新的直接成本会计方法与完全成本会计方法相比，最大的不同点在于，它将直接劳务费作为变动费而不加以处理这一点上。对此，直接劳务费等的人工费与折旧费等作为业务费用，从新的直接成本中一并加以扣除，并由此计算出净收益。物料配置会计之所以受到重视，是因为在这种新的直接成本会计方法下，增加值越是增加，货币收入就会变大，从而达到企业价值创造的目的。这样的增加值，不仅适用于一个企业的价值链，在更广阔的企业之间的供应链中也能够得到扩展。这种物料配置会计方法成为了供应链管理会计的重要组成部分，促进了供应链管理会计的发展。在物料配置会计中，可以发现以下的特征：① 在企业的目的上，它不是只关注收益而是将创造货币作为其根本所在，据此能够达成投资额（包含库存）的抑制和业务费用降低的效果。因此，它与现金流量经营及流量会计具有相同的理念。② 相对于从销售额中扣除直接材料费用以求得边际利润或者贡献毛益而言，固定费用是采用一笔扣除的方式。对此，它仅是直接成本计算或者贡献毛益计算的一种类型。③ 库存因为仅由直接材料构成，库存的增大并不会使物料成本增加额增大。这一点在将固定费用分配给库存的全部成本计算过程中，由于存在依据库存的增加来增加收益的情况，因而涉嫌盈余管理而备受批判。

若进一步展示净收益的计算过程，可以通过以下的物料配置会计的利润表来加以说明（见表7-3）。

表7-3 物料配置会计下的利润表

销售收入
直接材料费
月初产品存货
当月直接材料费
小　计
月末产品存货
直接材料费
物料配置贡献
业务费用
直接劳务费
直接经费
制造间接费用
销售费用
管理费用
小　计
经营利润（净收益）

如表7-3所示，基于物料配置会计的期间利润表，只考虑了直接材料费用的制造成本。业务费用即直接材料费以外的制造成本、销售费、管理费，则对应于发生期间的收益而加以计算。这样，在依据物料配置会计的利润表中，从销售额到直接材料费用的分摊成本，是根据扣除归结以后销售出去的产品的直接材料费来计算物料配置的贡献，然后从物料配置贡献中扣除该期间的业务费用的发生额，最后计算求得经营利润。

此外，比较物料配置会计、直接成本计算、全部成本计算这样三种成本计算系统，若依据同一企业的数据实施损益计算的话，基于三种不同路径计算出的产品成本在成本的范围以及期间成本额之间是否会产生若干不同之处，对此我们围绕物料配置会计加以列示(见表7-4)。

表7-4　物料配置会计的特征

纳入产品成本计算的成本范围	物料配置会计＜直接成本计算＜全部成本计算
期间成本的金额	物料配置会计＞直接成本计算＞全部成本计算

从表7-4中可以看出，在物料配置会计下，对比直接成本计算及全部成本计算，最初的产品成本被偏少计算了。因此，即使企业增加了与需求不相关的生产量，基于物料配置会计的存货资产被过多计入的情况也相对较小。即物料配置会计为了使短期经营利润增加，对于难以作出销售预测而增加生产量的相关部门，不对其实施激励，这一机制对于提高管理会计的有效性是有用的。这一思想应用于供应链的企业间管理也是极具创新价值的。

3. 制约理论(Theory of Constraints, TOC)在供应链中的应用

制约理论的基本思想是 Goldratt 于 20 世纪 80 年代初期，在其开发的系统的管理哲学中提出的"制约决定系统的业绩，任何系统都包含少数的制约因素"。制约理论重点从三个方面考察组织的业绩，即完工效益(Throughput)、存货(Inventory)和营业费用(Operating Expenses)。完工效益是组织通过销售来盈利的速率。从经营方面看，完工效益是销售收入与诸如材料、动力等单位水准变动成本之间的差异。直接人工主要被视为是固定性单位水准费用，因而通常不包含在上述定义中。按照这种理解，完工效益与贡献毛益有关。存货是组织在将原材料转化成完工效益的过程中投入的全部货币。营业费用的定义则是组织在将存货转化成完工效益的过程中投入的所有货币。以上述三种业绩计量指标为基础，管理的目标可以表述为提高完工效益、存货数量最小化以及降低营业费用。

制约理论与物料配置会计是密切相关的。依据 SMA4HH，所谓制约理论(TOC)，是重视约束组织业绩的起制约作用的概念，为了实施 TOC，必须开发制约会计(Constraints Accounting, CA)以提高会计报告技术。CA 具有以下三个特征(IMA, 1999)：① 明确把握制约的作用；② 物料成本增加值的结果作为特定的影响因素；③ 业务费用将波及的影响，通过物料配置会计来反映其增加值。

任何组织的业绩都受到各种制约条件的限制。按照制约理论(TOC)，组织要改进业绩，必须了解它面临的各种制约条件，在短期内利用这些制约条件，而从长远看，则应找到克服这些制约条件的方法。这里所谓的制约，就是要分析限制物料成本增加值的因素，充分了解妨碍系统目的实现的各个环节，以及各环节的阶段实施情况。譬如，可能受到诸如行动制约、能力制约、市场制约、后勤保障制约等各种状况，并据此找出企业的瓶颈口。当然，瓶颈除了工厂之外，在企业之间也可能存在，并被发现。企业间的瓶颈如果得到了改善，SCM 整体的物料成本增加值就可能变大。制约理论是一种替代的、或许还是一种互补性的方法。在原则上，TOC 可以和 JIT 制造方法联合使用；毕竟，JIT 制造环境同样存在各种制约。不仅如此，TOC 方法的魅力在于除了能保护本期销售额外，还能通过提高质量、减少反应时间、降低经营成本等手段，努力提高未来的销售额。

　　在企业竞争与合作的时代,个别企业的个别最优化(最适化)是优先的,然而在企业协作的时代必须重视企业间整体的最优化。这一点,在供应链中发现企业的瓶颈并致力于共同改善,协作企业整体的最优化就能够实现。为了实现改善组织经营业绩的目标,制约理论(TOC)通常采用以下五个步骤:① 了解组织面临的约束条件;② 利用集成制约条件;③ 让其他所有方面都遵从步骤 2 所作的决策;④ 改善集成制约条件;⑤ 重复上述过程。总之,制约理论正成为供应链管理会计的一项重要工具。

(三) 供应链管理会计的理论创新

　　随着竞争环境的加剧,制约理论(TOC)与供应链管理会计的结合将向新的方向深化,如何与传统的管理会计理论及方法体系融合,并在此基础上实现创新将成为了一个新的课题。

1. 贡献毛益会计的形成

　　供应链管理(SCM)的基本目标是尽早地发觉顾客需求,按顾客的愿望迅速组织生产,并及时地予以提供。因此,围绕顾客需求开发产品,并据此决定产品的生产方式,进行材料购买、生产,再到顾客购买,这一过程实现的速度就变得尤为重要。"速度经营"成为这一时代的一个新的概念,而要使这一概念转化为具体的指标形式,必须分析这一完整过程中可能存在的制约因素,因此制约理论(TOC)就变得十分重要。在供应链管理会计中,依据该理论构建的会计称之为"贡献毛益会计"。在贡献毛益会计中,收益一般可以按下列公式计算:

$$收益＝(销售额－直接材料费)－业务费用＝贡献毛益－业务费用$$

　　一般情况下,在销售额中扣除的除了直接材料费外,还包含其他费用。上述公式的计算有所不同,可以将这种计算的结果称之为贡献毛益。这里的业务费用由直接材料费以外的材料费、人工费、车间经费等构成,是不分配给产品的期间费用。将 SC 作为整体把握的 SCM,销售额是出售给最终消费者的金额,业务费用是由供应链成员的整个公司的经费等构成的。这里涉及的供应链管理模式拟采用以主体企业为中心的 SCM 模式,销售额及业务费用属于个别公司。有关直接材料,存在各种不同的见解,一般情况下,因未销售而残存的库存部分被转入到直接材料总账。且从销售额中扣除的直接材料费,相当于每一产品单位的直接材料费乘以销售量来求得。因此,即使生产了不销售的产品,若单位直接材料费不发生变动,销售额上也肯定会变成负的直接材料费金额。

　　以上虽说是贡献毛益会计的收益计算方式,但制约理论(TOC)在供应链管理中的应用,其目的在于通过这种收益计算方式达到贡献毛益扩大、业务费用下降、总投资减少的效果。基于 TOC 的认识是,贡献毛益是通过销售能够获得的资金额,业务费用则是为了改变贡献毛益而使用的在库资金,总投资是为了能够改变贡献毛益而应用的资金。在上述的计算公式中,由于人工费用和车间经费作为期间费用处理,这样在产品生产过程中各种发生的费用自然而然地会增加费用总额。贡献毛益会计将产品生产消耗的费用总额作为成本递延,仅将对应于销售的部分作为期间费用,这种会计处理方法与平常的处理有所不同。因此,为了产生收益,将适销对路的产品尽快反映给生产部门,就能够减少库存,缩短从企画到生产开始的时间,节约业务费用,同时,对材料等要素按需在短期内适时购入,如适时制(JIT)采购等,上述各种方式的有机结合对企业来讲是十分必要,这也是 SCM 需要达到的目标。进一步讲,贡献毛益会计、TOC 等是供应链管理会计的重要基础。

2. 制约理论(TOC)的创新

诚然,TOC 具有扩大贡献毛益、降低业务费用、减少投资额这些功效。但是,其作用的发挥是要借助于供应链管理会计的核算手段来体现的。在 TOC 这三个目标中,贡献毛益的扩大尤为重要。因此,如何缓和、消除瓶颈,促使其扩大已成为理论研究的中心课题。在全球经济进入微利时代的今天,不断增加销售额的愿望将不切实际。对此,通过将整个 SC 纳入考虑范围,降低业务费用,以及提高资产的利用效率,并据此来获得收益变得越来越重要。因此,将制约理论(TOC)应用于供应链管理会计,不仅重视贡献毛益的扩大,同时对业务费用降低与投资额的控制也纳入到管理会计的考察范围,这一战略将具有积极的创新价值。

在供应链管理会计体系的构建过程中,必须充分适应 TOC 的"思考程序"(Thinking Process)。换言之,TOC 不能仅限于对瓶颈问题寻求解决对策,也不仅仅是为了扩大贡献毛益,而是需要在业务费用的削减以及资产利用效率的提高等多方面得到推广与应用。扩大贡献毛益是重要的,也是 TOC 追求的核心所在,但是供应链管理会计必须将焦点集中于整条供应链,要针对妨碍企业间的物流、价值流、信息流的因素给予特别的关注。此外,就 TOC 的基本面而言,以物料配置会计(TC)为例,它不是通过基于战略的、长期的改善以达成整体最佳的方法,而是基于短期视角发现问题并加以解决的方法。为此,TOC 研究也几乎是基于短期的视角,也正因为如此,TOC 将直接材料费之外的费用全部作为固定费用处理。然而,就长期而言,被认为是固定费用的这块内容,其数量会变得越来越少。进一步讲,若延长考察的对象期间,最终固定费用会变得没有,这是因为 TOC 将固定费用的变化置于考察对象之外的缘故。

有鉴于此,必须创新 TOC 的思路。即从长期的视角考虑贡献毛益的扩大,以及业务费用及投资额的削减这些 TOC 的基本命题。特别是在以 SCM 为对象的情况下,企业间关系的管理变得非常重要,必须从长期的视角考察各种问题。由于业务费用被认为是短期固定的费用,所以可以从长期的管理对象中排除,然而事实并非如此。即 TOC 作为前提条件的收益计算公式(如物料配置会计),是某一特定时期的产物。长期而言,它会随着时间的推移发生结构性变化。据此,贡献毛益概念是与现金流量相近的概念,正如现金流量偏重于经营状况,但并非仅局限于短期视角而是重视长远的经营,这一点两者是相同的。在供应链管理会计中,必须将 TOC 的主要指标作为战略的、长期视角的改善方案加以考察与设计,通过企业间管理,将重视 SCM 速度的短期视角与适应结构变化的战略的、长期的视角融合在一起。

(四) 围绕供应链管理目标的 TP 经营

诚如前述,TOC 创新是在贡献毛益扩大、业务费用降低、总投资额削减三个目标的基础上,努力寻求短期视角与长期视角价值创造的过程。

1. 价值创造是遵循计划流程的

从 TOC 的三个目标来看,贡献毛益的扩大是通过满足顾客需求、增加销售额来实现的。顾客需求的满足是通过合适的价格为顾客提供所期望的产品或服务来达成的。作为具备满足顾客需求的各种相关因素,包括产品的革新、质量、交货期、服务等多个方面。为了满足顾客的需求,公司内部环节采取迅速、柔性的对策是十分必要的。为了掌握顾客需求及其变化,需求链(DC)的确立也很有必要。为了使 DC 拥有高效的功能,应当在顾客容易提供信息的方面下功夫,以及创造能够对顾客信息加以储存和分析机制,并增强与顾客的联动。此外,贡献毛益的扩大是依据直接材料费的削减实现的。对此,加强对供应链中的企业间管理,对有利的供应商或个人进行研究或交流很有必要。当然,不局限于直接材料费的下降,从企业整体的角度出发,有必要考虑所有相关的总体成本(Total Cost of Ownership,TCO)。这种情况下的 TCO 不仅是购入价格,还包括材料的其他费用,拥有这些材料所发生的评价损失、废品损失,以及其他各种机会损失。在新产品的开发阶段注重对成本因素的考虑等也是削减直接材料费的重要手段。

业务费用的降低是通过劳务费的削减、车间经费的削减,通过改进 SC 带来的销售费、物流费的削减,以及一般管理费的削减来实现的。此外,对于产品生命周期短的计算机类企业,还需要对有关存货评价损失(存货跌价准备)或出售损失的削减考虑在内。作为 SCM,就是要实现库存基地及数量尽可能少,通过对顾客的直接配送,利用共同的物流中心等手段将交易体系简单化,努力降低各项成本。

总投资额的减少,是通过库存周转率加快,设备利用效率提高等的资产有效应用为基础来实现的。此外,也可以通过提高产品开发效率,缩短产品从开发到生产的时间来实现。对于企业而言,还需要谋求销售、库存、生产的实绩数据和计划数据共有化,加快信息化建设,努力降低库存。企业还需要在业务外包或市场服务的有效性方面下功夫,努力减少设备等的支出,以控制投资的支出。

由此可见,供应链管理十分注重内部管理的计划性和内部控制的程序性,作为 TOC 主要指标改善导向的具体下层次目标,其实施策略是多元化的,它有助于与外部经济的市场化相对应。在供应链的价值创造过程中,作为战略选择基准的目标指标应该包含财务的和非财务的指标,并将具有战略性和整合性的指标作为综合性管理方法体系的组成部分。这供应链管理会计的流程控制有点类似于平衡计分卡(BSC)的思想。BSC 是从企业利益相关者的立场着眼的整体最佳导向的方法,在这一点与我们这里的内容有所区别,但是在将 TOC 主要指标在下层次展开的过程中,这种方法能够提供有助于框架构建的依据。

2. TP 经营的科学性[①]

在供应链管理会计中,TP 经营作为一种总体计划的管理手段,它与 BSC 极为相似,但其在目标展开、实施策略推进等方面又比 BSC 更有效,更适用于 SCM 中的企业间管理。TP 经营的基本模式如图 7-3 所示。在企业间管理中使用"唯一"这个词汇,使各企业转换成最佳状态成为可能,且正如图 7-3 所示的那样,目标设定、目标展开、实施策略选定、实施计划、成果获得的五个环节成为经营管理的中心。

TP 经营的总体目标有两类,即业绩目标和状态目标(体质目标),并且这些目标可以按层级图进行有序的、具体的扩展。此外,各种战略意图也在层级图中得到了反映。通过减少层级,使目标间、策略间的关系变得更清晰。将目标与策略之间的关系有效地应用与扩展,使多个项目和多个项目的关系变得明确具体,从而能够将整体的结构一目了然地予以把握。由此

---

① TP(Total Project)经营是日本学者秋叶雅夫教授提出的管理方法,即汇总企业整体的向量,创新地延伸生产的体质。它是实现目标效率性的有效方法。

可见,它对供应链管理中作出整体决策提供了有效的帮助。

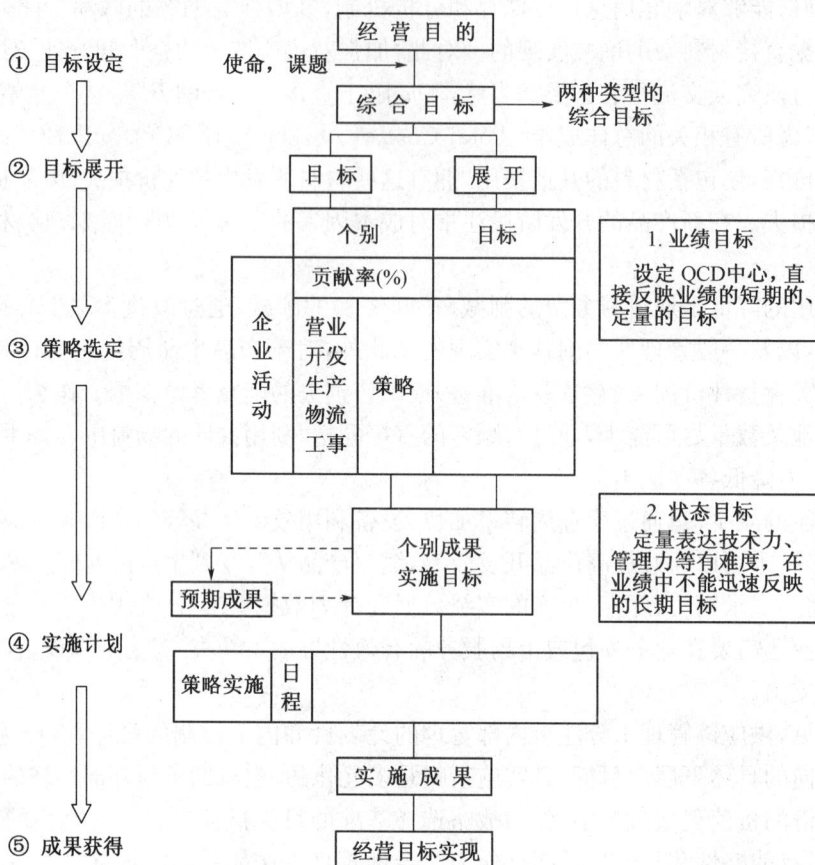

资料来源:武中和典.面向制造业再造引入的 TP 经营.JMA 经营评论,第 8 卷.第 6 号.2002 年 6 月,第 11 页。

图 7-3 TP 经营的五个步骤(业绩目标展开)

图 7-3 中的"贡献率"是指个别目标的贡献占综合目标的比率。利用该指标对每天、每周或者每月的实施状况进行综合评价就成为可能。此外,对实施现场影响经营活动的情况也可以通过综合目标在事前加以把握。财务目标作为综合性目标往往是固定设置的,而依据分配率对经营现场的非财务指标加以计量,则容易加深对各种经营数值的理解,并有助于日常对现场活动的管理,提升了供应链管理会计的控制效果。

同样的,若应用 TP 经营来探讨 TOC 主要指标的目标、策略的实施,可以使 TOC 指标系统的下位目标之间、目标与策略之间的因果关系和横向关系变得更加简明、清晰,针对问题的发生,也更容易寻求解决的对策。由此可见,TP 经营是以更易达成组织整体平衡为目标的管理会计工具,是一种非常类似 BSC 的管理方法。BSC 以完成战略目标为使命,是以实现为导向的管理方法,若 BSC 面向下位目标展开指标的延伸,就非常接近于 TP 经营的管理方法。当然,焦点的设置不同也会有所区别。TP 经营也存在一定局限性,如将各种外部利益相关者的不同需求纳入经营之中的意识比较淡薄,以及为了达成财务指标需要考虑非财务指标的这种设想也基本没有体现。然而,TP 经营作为在传统生产管理为重点的经营工程学基础上发展起来的管理工具,在详细的目标分解、策略展开的框架方面,被认为比 BSC 更优秀。

TP 经营的案例分析

借鉴日本学者的成果,以日立制作所的网站事业部作为供应链管理会计实施的案例作一探讨。这个案例不仅涉及 SCM 及其相关内容,作为一种整体战略的供应链管理会计,它还从整体的视角对 SCM 战略加以描述的个案。该事业部的事业基点分布在东京、大森、神奈川·海老名、秦野、爱知·丰川的四个场所,其经营业务涉及网络关联产品及商务的企画、开发、设计到生产、销售的各个环节,且为了应对 PC 电脑的价格下降或激烈的竞争环境变化,1999 年1 月导入了 TP 经营,即"STEP UP 2 000 计划"。作为这一综合目标,揭示出的是"顾客价值×速度/变化对应的损失"。它意味着必须提高顾客价值和速度,降低相应的损失。如图7-4所揭示的那样,综合目标区分为"顾客价值""速度""变化对应的损失"等要素,并设定各自相应的改善目标。一旦实现这些目标,则销售额的增加、总费用的减少或者利益的增加就成为可能。

顾客价值因使用成本及产品价格的不同而存在差异,其中产品质量、交货期(供货期)、顾客服务等是提升顾客价值的可选择目标。此外,有关速度、开发效率、管理周期、调配与生产的领先时间等的不足带来的损失,以及材料费控制能力、存货周转率、损失成本等也是顾客价值创造中可选择的目标。所谓损失成本,主要指建筑材料多余,或因滞销卖不出去而产生的成本,如库存成本等。上述目标是采用数值金额形式来具体设定的。

从与 TOC 主要指标的关联度上考察,贡献毛益是作为顾客价值与资金、材料费栏目而形成关联关系的,营业费用属于资金、材料费以外的成本栏目,总投资则是基于速度或存货资产回收率栏目为主而具有·定的关联性。本案例,由于没有对贡献毛益、营业费用、总投资这类栏目作出划分,对此的改善,若能按图示的目标去执行就算完成任务了。

作为具体的计划,事业部采用了图 7-4 所示的七项内容。其中,S & S 表示为服务与支持;TSCM 表示合计的 SCM;CTO 生产表示接受订货情况的生产(Configure to Order)。SCM加上"T"字后,与以前的 SCM 是物的管理相对应,此处意味着将物流、资金流、时间流等信息综合地加以管理的意思。各项计划不是从其他计划中单独分列出来的,而是存在许多重复的地方。与传统的 SCM 相比,这里的 TSCM 更为宽广,它还包含有其他计划的内容。

在该事业部中的 TSCM 目标,针对满足顾客需求的订制,是以最短的交货期来适时提供性价比较高的满意产品。为实现这些目标所制定的策略,需要与其他计划目标的策略共同发挥作用,并按日程或月度分别确定战略目标值。图 7-4 的"交错方式",表示的是面向目标而具有的敏捷行为方式。在图中带有◎的内容表示策略与具体的个别目标之间存在的关系。同时,策略实施需要从企业整体的角度,一方面将计划间的关系考虑在内;另一方面明确及合理安排员工。与 TSCM 有关的策略也在这种整体的相关性中得到确立。

此外,在这一图表中具有这样一种关系,即横向列示的策略需要按目标来加以实现,纵向展示的个别目标也要求按目标来实现。按纵向的个别目标对内容所作的详细展开,是图的下面部分。在这个图中,对存货资产周转率的提高和损失成本减少有关的情况作了具体的示例。总之,TP 经营是从企业整体的角度将战略完整性嵌入人们的视野,提供的是目标与策略综合运作的框架。从战略视角对供应链管理会计加以整合,使战略决策与战略完整性之间保持一种协调的关系是企业间管理应当重点关注的研究课题。

中期经营计划 —损益改善→

经营方针(使命)

①经营方针、使命的明确化、设定基此的符合向量的目标

营业质量改善

销售

| 顾客 | 配置 |

总费用

| 材料费 | 加工费 | 一般费用 |

顾客价值

| 产品品质 | 交货期 | 顾客支持 |

速度

| 开发效率 | 管理周期 | 调配与生产 |

成本

| 原材料费 | 存货周转率 | 损失成本 |

③实施最高层级的其他竞争公司的基准,实施更高的目标设定以及未来具备的策略选定

其他公司动向的基准

个别目标(最高层级)

| 重视速度的全员运动 | STEP UP2000 计划 |

| 商务构造计划 |
| 顾客关系改善计划 |
| 开发力强化计划 |
| S&S强化计划 |
| TSCM改革计划 |
| 费用构造改革计划 |
| CTO改革计划 |

策略实施

交错方式

日程 | 个别目标(月别)

④在事业部干部、关联部长出席的情况下,实施系统开发案件审议会,明确策略实施的优先权和开发日程

推进状况 | 个别成果 | 责任布置和负责人

周报、日报层面的信息共享

形成共同的商务精神

⑤依据包括整体业务的计划体制加以推进(全员运动)和继续

个别成果

计划会议(适时)

⑦为了使全体职员增进对企业文化的共识,完善教育体系,以及推进PC应用的全员化等活动

在经营会议中跟踪实绩和问题点(1次/2周)

个别计划展开

⑥业绩目标以及重点策略在经营会议上每月进行两次跟踪,使面向经营的反馈迅速化。

存货周转率提高 ——损失成本减少

②存货资产回收率,损失成本等的目标细分化,决定目标值以及责任布置。负责人责任所在的明确化。实现问题发生时的灵敏应对

分科会	实施策略	日程	目标细分化	目标细分化
			个别目标值	个别目标值
			责任布置、负责人	责任布置、负责人
			计划会议	计划会议

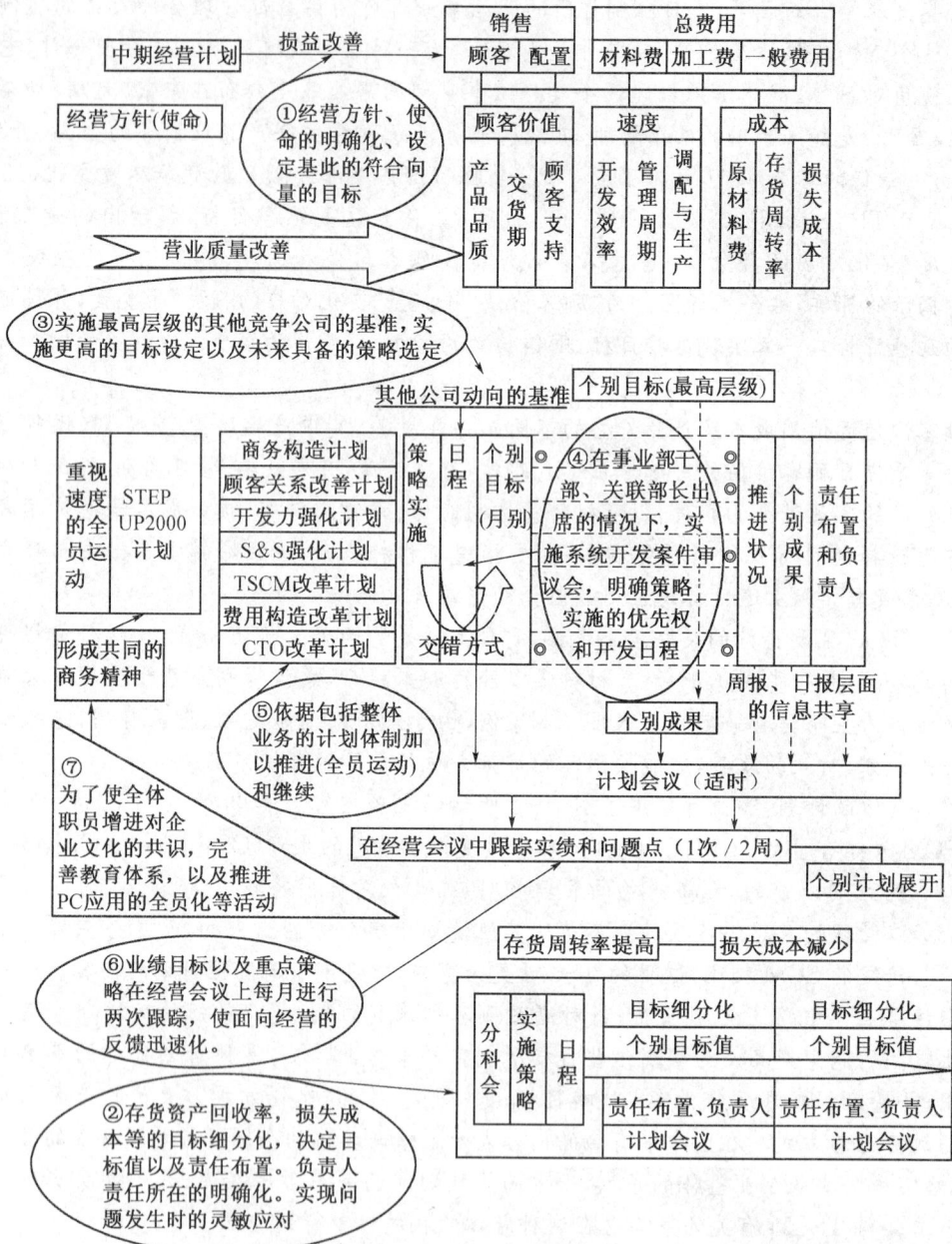

资料来源:"迅速应对PC业界激变的环境变化,追求顾客价值、速度、成本的经营改革:日立制作所网络事业部".JMA 经营评论,第 7 卷.第 6 号.2001.6:19。

图 7-4 日立制作所网络事业部的 TP 经营及其展开形象

案例与讨论

背景资料

　　青岛海尔集团创建于 1984 年,是全国闻名的家电企业。它是在引进德国利勃海尔电冰箱生产技术的青岛电冰箱总厂的基础上发展起来的。当初这家依附于电冰箱总厂的集体小厂亏损 147 万元,经过海尔人 20 多年的奋斗,现在已成为拥有白色家电、黑色家电和米色家电于一体的国家级特大型企业。2000 年海尔品牌价值 330 亿元,列全国家电第一位。目前,该集团在全球建立了 7 个工业园、46 个工厂、15 个设计中心,产品已销往世界 160 多个国家和地区,国际化的海尔形象已经确立。

　　2004 年 11 月 12 日,海尔集团商流推进本部与苏宁电器高层人员坐在一起,召开了"2004 年销售回顾和 2005 年合作展望"工作会议。这次会议的成果是,双方就成立"海尔苏宁经营推进公司"签署了备忘录,这是一种从供应链向需求链的转化的家电业上下游企业整合的"厂商＋零售商"的竞合模式。

　　家电企业与零售企业的合作并非新事,当年长虹与郑百文的合作就是一种生产企业与销售企业合作的模式,尽管最终的失败存在多种原因,但家电企业过度依赖零售企业也存在很大的风险。对此,海尔是十分清楚的。这次与苏宁的合作,在模式上就吸取了郑百文的教训,采用了公司的形式,这种联盟因利益的紧密性,有助于双方的团结与合作,值得探讨。

请讨论

　　1. 从企业间关系管理的角度分析,这种价值链的转变有什么意义?

　　2. 结合供应链管理思想,谈谈家电业的操作模式是否有必要采用法人的形式来进行。

答题提示

　　1. 建立符合需求链转化要求的竞合模式,是企业间关系管理的内在要求。中国的大企业应该改变过去传统的"点对点"式的销售员与消费者之间的合作模式,应通过管理会计工具的创新,构建新的经营与销售模式,譬如,"ECR(高效消费者回应)"模式。所谓的"ECR"模式,就是流通供应链上的各个企业以业务伙伴方式合作,建立一个以消费者需求为基础和具有快速反应能力的系统,提高客户价值,提高整个供应链的运作效率,降低整个系统的成本,提高竞争能力。

　　以优化价值链为目标,这与管理会计的战略扩展是一致的。海尔向零售渗透的目标,并不是想控制零售渠道,而是帮助零售商把更多的"海尔"品牌产品卖出去,更快地反馈消费者的意见,以改善生产。海尔向苏宁等渗透结盟的方式,其核心背景是,由于双方在全国范围内的合作存在着地区、人员、业务分散的情况,在总部对总部制定战略、标准、计划的前提下,如何充分发挥分部对分部的操作积极性、提高分部对总部的执行力度,双方总部需要进一步完善对接机制和强化对分部的考核监督。

　　2. 合作模式值得进一步探讨。海尔与苏宁等的联盟并不以资本为纽带。海尔苏宁经营推进公司仅仅为管理机构,并非独立法人,不进行注册登记,双方对其不存在任何投资行为。这种向零售业渗透的模式必将导致家电业营销竞争的整体升级,探寻一种符合企业特点的经营操作模式迫在眉睫。可以肯定地说,家电业零售格局的重新整合的时机已经来临。

本章参考文献

[1]　Brealey R., Myers S. Principles of Corporate Finance [M]. 5th ed. New York：McGraw Hill，1996.

[2]　Fisher M. L. What is the Right Supply Chain for Your Product [J]. Harvard Business Review，1997，3：105－116.

[3]　Das T. K., Bing Sheng Teng. Between Trust and Control：Developing Confidence in Partner Cooperation in Alliances [J]. Academy of Management Review，1998，23(3)：491－512.

[4]　Dugdale D., Jones T. C. Throughput Accounting：Transforming Practices? [J]. British Accounting Review，1998，30：203－220.

[5]　Trigeorgis L. Real options：Managerial Flexibility and Strategy in Resource Allocation [M]. Cambridge, Mass：MIT Press，1998.

[6]　Copeland T., Antikarov V. Real Options [M]. Texere，2001.

[7]　皆川芳辉.基于即期期权的二阶段投资的经济性评价[J].会计(日)，2000(5).

[8]　浜田和树.企业间管理与管理会计[J].会计(日)，2002(8).

[9]　皆川芳辉.供应链伙伴企业间交易的转移价格[J].会计(日)，2002(6).

[10]　孙川.日本企业间关系治理机制探析[J].北京师范大学学报(社会科学版)，2004.

[11]　孙宝文,章宁.供应链伙伴关系及其风险管理[J].经济管理，2004(10).

[12]　桂良军.供应链成本管理理论基础和方法研究[J].会计研究，2005(4).

[13]　邹声堂,姜恩.丰田与供应商的网络结构分析[J].世界标准化与质量管理，2006(3).

[14]　池海文.精益生产方式的成本管理模式[J].审计与理财，2006(12).

[15]　袁静,毛蕴诗.垂直企业间关系治理与日本汽车企业的筹供策略变革[J].中大管理研究，2007(2).

[16]　骆守俭,郝斌.供应商关系管理[M].上海：上海财经大学出版社，2009.

[17]　支晓强,戴璐.组织间业绩评价的理论发展与平衡计分卡的改进：基于战略联盟情境[J].会计研究，2012(4).

[18]　戴维·P·道尔.战略成本控制[M].刘俊勇,等译.北京：中国人民大学出版社，2013.

[19]　冯圆.组织间关系与企业群成本管理[J].会计之友，2016(6).

第八章 供给侧结构性改革与权变管理会计

供给侧改革是一种结构性的改革,它是以"供给"优化"需求"或实现"供给"与"需求"有机融合的发展战略。管理会计的供给侧改革是结合管理会计功能结构的改革而提出的一种价值管理的创新战略。围绕管理会计的供给侧改革,就是要在价值增值目标的基础上,完善管理会计的管理控制系统和信息支持系统。权变管理会计要求企业在供给侧改革的过程中具备战略性思维,体现动态、发展及可持续的价值增值意识。管理创新与技术创新的相互融合是权变性管理会计的内在要求。

第一节 供给侧结构性改革的积极意义

围绕管理会计的供给侧改革,就是要在价值增值目标的基础上,完善管理会计的管理控制系统和信息支持系统。

一、供给侧结构性改革的提出

中国是一个市场机制还不完善的国家,政府对经济的干预和管制偏多。在这种情况下,一味刺激总需求仍然难以解决产能过剩的问题,也无法摆脱供给不足的困境。需求侧管理被实践证明,它在短期内确实行之有效,但是长期实施也存在许多问题。比如,盲目扩大需求会助长通货膨胀,并带来经济的停滞等(周天勇,2013)。正是基于上述因素的考虑,我国提出了供给侧结构改革的指导思想。与国外(如美国)的供给侧管理相比,我国的"供给侧改革"在内涵与外延的发展路径上表现出一定的差异性。我国实施供给侧改革可以采用的财政与货币政策的应用空间大,有助于推出各种灵活有效的政策工具。譬如,我国不仅不减少福利开支,还会继续加大投入,等等(贾康等,2014)。换言之,我国供给侧改革的重点是加快各项改革的进程,优化需求端并进一步融合供给与需求端的价值效应。

管理会计作为微观经济的基础,适应和促进国家宏观层面的供给侧改革是一种客观的必然。经济改革的推进,如国有企业改革、企业的兼并与重组等均需要管理会计提供管理控制和信息支持的基础保证。从学科角度看,随着财政部对管理会计工作的高度重视,国内许多期刊(以会计类期刊为主)辟出较大的版面刊登管理会计方面的文章。与此同时,与管理会计相关学科的学者对管理会计研究的质疑声也在增加,焦点主要集中在学科之间内容的交叉性,以及管理会计自身的独特性等问题上(张新民等,2015)。事实上,以往已有的诸多争论大都是围绕管理会计与财务管理的需求端加以讨论的,未能从本质上确立一个学科之间的有效边界。因此,结合供给侧改革的精神强化管理会计边界等的定位研究十分重要。从实践角度讲,借助于我国政府倡导的"供给侧改革",将供给侧改革的思想与方法嵌入于管理会计的实践活动之中，必会大大促进管理会计在企业管理实践中功能作用的发挥，并为中国特色的管理会计理论与方法体系建设提供实践素材。

二、供给侧结构性改革的经济意义

诚然，供给侧是相对于需求侧而言的。从宏观上讲，供给侧改革的动因是过去那种依赖房屋、汽车等的生产与销售所产生的需求拉动已失去了以往的辉煌，加之 2008 年的 4 万亿元投资(同时增加了近 10 万亿元的贷款，且主要投到国有企业)投入产出比无效益或负效益(即当时投向的产业均为国内处于供给成熟和老化阶段的企业，投资没能有效拉动经济增长)。从微观上讲，是引导企业创新驱动等的本质诉求。现阶段，大量的小企业倒闭破产，其中外部激烈的市场环境是一个重要因素；另一个因素可能更为关键，就是政府管理当局未能从供给侧角度加以有效引导，使企业在当前经济"三期叠加""四下一上"的环境下出现大量倒闭破产的现象("三期"是经济速度换档期、结构转变阵痛期与前期刺激消化期；"四下一上"是指经济增速下降、工业品价格下降、企业盈利下降、财政收入下降，经济风险上升)。笔者经常与江浙一带的小企业接触，一些企业业主至今仍然停留在生产型的经营理念上，对创新驱动没有根本性的理解。总是觉得企业的技术可以向高校或研发机构等购买，或者通过合作一起生产。在面临外部环境不确定性增强，国内大量的科研机构或高校科研人员自主创业的情境下，企业缺乏自身的核心竞争力，倒闭破产也是极为自然的结局。

"供给侧改革"不是针对经济形势的临时性措施，而是面向全局的战略性部署。2015 年 11 月 10 日，习近平在中央财经领导小组会议上首次提出了"供给侧改革"，指出在适度扩大总需求的同时，着力加强供给侧结构性改革，着力提高供给体系质量和效率，增强经济持续增长动力。"供给侧改革"就是"要促进过剩产能有效化解，促进产业优化重组；要降低成本，帮助企业保持竞争优势；要化解房地产库存，促进房地产业持续发展；要防范化解金融风险，加快形成融资功能完备、基础制度扎实、市场监管有效、投资者权益得到充分保护的股票市场。"由此可见，"供给侧改革"体现的是创新驱动的内在要求。即经济增长模式要从要素投入转向要素投入效率的提升。换言之，供给侧改革的目的就是提高全要素生产率，用公式表示为：

$$全要素生产率＝有形要素生产率＋无形要素生产率$$

其中，"有形要素生产率"是指通过资本、劳动、土地等有形要素的投入所产生的生产效率。"无形要素生产率"是指通过技术创新与管理创新等产生出的生产效率。管理创新与技术创新是组织创新的"双核模型"(Daft,1978)。需要对技术创新与管理创新进行适应性选择。譬如，对于低度专业化(Professionalism)、高度规范化(Formalization)和集权化(Centralization)的企业可以从管理创新入手加以研究，反之则有利于以技术创新为导向加以研究与探讨(Damanpour,1991)。

通过供给侧改革使劳动力、土地和资本的成本有明显的下降，这不仅会使生产函数中的有效要素供给总量和质量都上升，全要素生产力也会因此变得更大，进而整个经济结构和内涵也会变得更具弹性和可持续性(刘霞辉,2013)。从当前提高"全要素生产率"角度考察，在资本、劳动、土地等投入要素不变的情境下，提高"无形要素生产率"更具经济意义。从我国的创新导向选择上看，采用管理创新，通过组织与制度创新来提升无形要素生产率是一种明智的选择。

或者说,供给侧改革并不是简单地关闭产能过剩、消耗能源和资源过多的企业,而是要通过定向调控,也就是结构性调控的手段来鼓励现有生产能力,促进他们增加供给,比如定向减税和免税;或者通过实施优进优出战略,推进国际产能和装备制造合作,提高劳动密集型产品科技含量和附加值。同时,进一步鼓励高新企业成长,扶持短板行业,加强职业培训,提高劳动力素质。

如何结合供给侧改革来研究会计问题,其前提之一是正确认识会计的对象。我们说,财务会计可以用"财务状况"和"经营成果"来加以体现,财务管理可以用"财务活动"与"财务关系"加以反映,管理会计则可以"管理控制"与"信息支持"来加以揭示。管理会计强调"供给侧管理",就是要将以往的记账、报账等会计工作向企业战略规划、经营决策、过程控制和业绩评价优化的方向转变,以引导传统核算型会计发生变迁。从管理会计概念的要素构成来说,主要是三个关键词,即"价值增值""管理控制"和"信息支持"。因此,我们认为:"管理会计就是借助于管理会计的控制系统和信息支持系统,以实现价值增值为目标的管理活动。"(冯巧根,2014)研究管理会计的供给侧改革,就是要从"价值增值""管理控制系统"和"信息支持系统"等三个方面来讨论管理会计的创新与发展。

第二节　供给侧结构性改革对管理会计的影响

供给侧改革对管理会计的影响,会通过企业的价值创造模式的变革对管理会计在企业价值增值中的地位与作用产生诱导,同时对管理会计的"价值增值",以及"管理控制系统"和"信息支持系统"的内部结构产生冲击。

一、供给侧结构性改革对管理会计"价值增值"的影响

改革开放30多年来,中国经济得到了长足的发展,但在产业发展的价值链环节中,中国的企业仍然被锁定在低端产业链的价值活动区域。Theodore H. Moran(2011)研究认为,包括中国在内的发展中经济体出口的高技术密集型产品,表面上是由发展中经济体所生产,而实际上是由发达经济体生产的。因为出口产品中所含的最为核心的技术环节和阶段,包括零部件等,依然依赖于从发达经济体进口(戴翔,2013)。以服装行业为例,该行业是我国比较优势较为突出且国际竞争力较强的产业,然而,其中最为核心或者获利能力最强的产业链环节(譬如,面料技术、印染技术、纺织机械等)仍然掌握在发达国家手中,这些所谓低端产业中的高端部分产生的价值增值都流入了发达国家。党的十八届五中全会提出的"十三五"规划(国务院,2015),其总目标是全面建成小康社会、冲出中等收入陷阱。它要求,进一步提高中国在全球产业链上的定位,对内实现产业转型升级,对外优化贸易和产品结构,并在宏观制度上实施清单管理,采用诸如"减税、减少政府干预和防止货币发放无序增长"等的政策措施。这些"供给侧改革"的主要经济手段在微观层面企业中的应用,将有利于丰富管理会计价值增值的内涵与外延,改变管理会计传统价值增值的本质。

结合供给侧改革,强化管理会计的供给端建设,需要从理论与实践上实施功能结构的优化与升级。譬如,管理会计在实践中要围绕企业消费拉动等手段改善自身的职能定位,提高企业产品的科技创新目标。即引导各类消费向智能、绿色、健康、安全的方向转变,并以扩大服务消费为重点带动消费结构升级。同时,管理会计要提升权变性功能,通过提高企业资源的利用效

率来为国家层面的供给侧改革提供支撑,譬如借助于淘汰过剩产能的时机,化解管理会计价值增值中的低端化倾向,提升管理会计在企业价值创造中的地位与作用,实现最大限度的价值增值。同时,借助于创新驱动,大力发展跨境电子商务等基于"互联网+"的新经济。传统的以网络消费和出口消费为代表的消费驱动,没有转化为拉动经济增长的内需动力,许多消费能力转化成了外需。借助于"互联网+",通过大力拓展跨境电子商务等可以扭转这种偏差。总之,基于"互联网+"的技术和管理创新催生出了大量的商业机会和盈利空间,通过管理会计的结构优化与升级使传统会计学中财富观念发生了变迁,加快构建与新的财富创造价值体系相适应的管理会计"价值增值"目标体系至关重要。

二、供给侧结构性改革对管理会计"管理控制系统"的影响

管理会计的控制系统要围绕供给侧改革的新形势,强化产业的结构升级,从产业或企业的供给端入手,重新审视管理会计的结构特征。即从管理会计价值管理的供给端入手重新配置价值链理念,从传统的链式价值管理向基于"互联网+"的网式价值管理模式转变。譬如,社交网络和虚拟网络为企业组织提供的无边界化的制度创新,使阿里巴巴、腾讯等组织的共生制度系统创造出了一系列经济奇迹。链式价值管理是以波特理论为基础构建的纵向供应链整合与横向价值链整合。网式价值管理是阿里巴巴公司提出的新理念,即"生产厂商、材料供应商、技术开发商、产品代理商和品牌策划商以消费者的需求与偏好为中心,进行分工协作与资源整合"。它表明管理会计的控制系统必须与经济新常态的经营环境相适应,即围绕"互联网+'双创(大众创业、万众创新)'+中国制造2025规划"实施管理会计的供给端管理创新。

创新驱动是管理会计控制系统必须坚守的底线,要紧紧抓住这次供给侧改革的机会,结合国家的减税等政策修改或完善管理会计政策或制度体系,努力转变观念,全面推进管理会计理论与方法体系在企业实践中的应用,并取得积极的成效。事实上,无论是宏观还是微观,创新驱动是发展的根本(熊彼特,2008)。以美国为例,之所以其近年来在国际经济发展中一枝独秀,关键的核心竞争力就是科技创新。2010年以来,以苹果手机为代表的智能产业和移动互联网经济的全面发展,使美国经济进入了新供给扩张阶段,带动了国内的消费、投资的复苏,出口形势也发生了巨大的变化,增幅大跨步提升。正是科技创新使美国经济逐步走出了衰退,走出了危机,进入一个上升周期,重新成为拉动世界经济的火车头。从管理会计控制系统角度讲,我国的商品经济已经取得巨大进步,成为全球第一制造业大国,经济总量占全球第二。然而,我国的资源消耗均量大,利用率低。因此,从管理会计控制系统审视价值创造的供给端,就需要对管理会计的内容结构进行改进。譬如,增加资源消耗成本管理等的内容或比重,强化环境经营在管理会计中的功能与作用。换言之,通过资源消耗成本管理,帮助国有企业化解过剩产能,以及围绕政府导向的价格调整、整合淘汰落后产能或企业,以及扩展外部市场等均离不开管理会计控制系统的支撑与保障。

三、供给侧结构性改革对管理会计"信息支持系统"的影响

传统的管理会计信息主要依赖于财务会计信息,信息的灵活性不足,缺乏前馈控制的意识或理念。借助于这种以事后反应为主的信息系统所进行的决策活动,往往不具有相关性且可能导致企业经营活动的严重损失。同时,在管理会计的预测过程中过于关注眼前的销售等收益状况,在具体的经营活动中往往采用"推式"营销等管理方式,缺乏拉动等体现体验等理念的

现代营销管理理念。结合供给侧改革,积极调整管理会计的信息系统结构,主动与管理信息系统(如 ERP、XBRL 等)进行衔接,围绕价值管理或价值创造的供给端情境优化管理会计的信息支持系统,提高管理会计决策支持的效率与效果,提高管理会计与企业实践的相关性与有效性。对此,管理会计的信息支持系统要与管理会计的管理控制系统进一步融合,结合价值创造过程中"链式价值管理"向"网式价值管理"转变的时机,开发并应用与"互联网+"等相匹配的管理会计智能工具。

以"互联网+"为代表的大数据、云计算等是管理会计信息支持系统中的重要内容,强化大数据的收集、管理,以及借助于挖掘技术优化管理会计的信息支持系统,可以为企业的价值增值创造新的动力(杰里米·里夫金,2014)。管理会计信息支持系统的供给端管理就是要强化"互联网+"在企业中的地位与作用。"互联网+"正在成为引领产业发展的新引擎,它在许多产业上都具备融合的趋势与条件,都可以找到深度融合和成长的空间,给企业提供了一个新的发现价值、创造价值、解决问题的路径,也改变了消费者的需求内容、需求结构和需求方式。仍以苹果公司为例,一个基于管理会计信息支持系统的价值创新模式已经形成。苹果手机推出了服务于 iPhone 手机的应用程序商店(App Store)模式,为众多独立软件开发商提供平台。对于苹果来说,可以获得性价比更好的软件;对于软件开发公司来说,由于交易形式的公开化,减少了侵权等带来的焦虑。这种模式创新,一方面保证了供需双方利益;另一方面为创新驱动提供了透明的环境。譬如,应用程序商店允许用户直接从网上音乐商店(iTunes)浏览、购买和下载应用程序等(苹果公司提取 30% 的版税)。

第三节 供给侧结构性改革与管理会计的创新发展

供给侧改革是从结构入手强化管理的一种重要方式,管理会计的供给端管理就是要优化管理会计价值管理的结构体系,扩展"价值"的内涵与外延,强化管理会计的控制系统和信息支持系统。

一、从管理会计的"价值增值"视角考察

管理会计的供给侧改革就是要从管理会计的供给端入手,提供更为广泛而有效的战略相关信息,帮助企业管理当局作出明智的决策,提高价值创造的核心竞争力,并维护可持续性的成功。对此,需要对传统的"价值"内涵与外延进行扩展,即要从以往仅仅强调"收益""利润"等指标的考核转向从经营发展的质量等角度评判利润或收益的"价值增值"。要向国家倡议,对那些垄断性强的企业实施利润约束,减少垄断对财富的瓜分,正确评价企业的"价值增值"目标。很多看似利润丰厚的企业,其实是靠垄断获取财富,这也是非常严重的收入不公平问题。所以反垄断、放松管制,促进市场自由化、产权民营化,不仅是"放松供给约束、解除供给抑制"的必然要求,也是促进民营经济发展、增加就业的必要措施。对此,需要充分调动各级管理者的积极性,管理会计要在强化管理会计人才队伍建设的同时,结合企业的不同情境特征,收集各类组织及个人的行为动机,设计各种可供选择的"满意情境",使供给端在管理会计的不同时期、不同阶段,以及企业内外部不同的价值管理环节,事先从战略的视角规划企业的"价值增值"目标,并进而提升企业收益或利润的质量(Gary & Wood,2011)。从现阶段存在的大量的轻资产企业为例,传统管理会计的"价值增值"理念在这类企业中可能已经失去评价与衡量的

功能作用。以互联网企业为例,这类企业价值创造有以下几个特性。

(一)"价值"扩展速度快

全球巨无霸零售企业的沃尔玛公司一直是我国零售业模仿及学习的榜样。在传统的企业经营模式下,中国没有企业可以与其相媲美。该公司在中国有5万多名员工,年交易额超过百亿元。然而,随着以互联网新经济(各种"互联网+"的聚合形态)为代表的企业的产生,其"价值"形成的轨迹似乎瞬间发生了转变(冯巧根,2015)。以马云创办的淘宝网为例,淘宝网三年时间的交易额就是沃尔玛在华所有门店交易额的三倍。阿里巴巴通过"交易撮合+服务收费"的商业模式创新,成为电子商务企业的领头羊,已形成世界最大的商品交易平台。在2015年的会计年度里(2014年4月1日—2015年3月31日),阿里的商品价值实现金额为2.44万亿元(黄世忠,2015)。再如,服装行业的雅戈尔通过32年的积累,在国内建立了500亩的工业城,开了1500个专卖店,终于实现每天1.3万件男式衬衫的销售业绩。而同样卖服装的凡客诚品,仅仅成立3年时间,没有厂房和流水线、没有一家专卖店,除了设计是自己的,靠一个网站一天实现3万件男式衬衫的销售业绩,是雅戈尔的两倍。这种"互联网+"的轻资产公司正在改变会计的内涵与外延,管理会计的"价值"观念必须加以转变。2015年5月,国际会计准则理事会(IASB)发布了财务报告概念征求意见稿(ED),重点之一是重新定义了"资产"概念。将资产表述为"主体因过去事项而控制的当前经济资源,经济资源是有产生经济利益潜力的权利"。同时,对资产的确认标准等也作了调整,删除了可能性的临界值的概念,增加了确定是否确认一项资产或负债时所考虑的因素,即"相关性、真实反映和成本/收益"。其中,关于"成本/收益"的考虑旨在确定计量是否存在异常困难。对于"质量特征"的描述是,如果财务信息具有相关性并实现真实反映,那么它具有有用性。拟定的框架在对真实反映的描述中,明确提及"实质重于形式"。此外,审慎性(曾于2010年从框架中删除)作为一项有助于实现中立性的原则再次回归。这些变更或修改对管理会计的"价值增值"势必产生影响或冲击,必须主动地加以适应并积极地予以应对。

(二)"价值"积累的"流动性"强

以TMT为代表的新经济公司("TMT"是指电信、媒体和科技整合在一起的公司,代表未来电信、媒体\科技与信息技术融合的趋势),其价值积累所体现出的往往是极具流动性的现金类财富。2012年,"支付宝"横空出世,在短短的几个月时间里就积累了百亿元以上的资金。然而,当时由于没有在管理会计的供给端进行设计与规划,许多人质疑这类爆发式沉淀资金的利息应该算谁的,如何进行会计及税务处理?阿里及马云也面临巨大的法律风险。当时,他们采取的是回避政策。马云回应,没有在淘宝购过物,也不会用支付宝。阿里官方则说,我们没有动过这些钱,资金都是交由工商银行托管的。这表明改革之间是相互嵌套的,否则可能会出现不必要的"牺牲"。因此,加强金融体系的供给侧改革,实现管理会计的供给端核算与控制的匹配是实现管理会计创新的内在需要。从最新的百度、阿里和腾讯年报看,其现金资产分别为575亿元、1391亿元和808亿元,占其资产总额的58%、54%和47%。从管理会计的"价值增值"角度观察,这些TMT行业中的不同企业(规模不等的企业)在利润或收益质量上是存在较大差异的,有的企业持续亏损,而有的企业存在巨额的利润(其中主要是该类企业中的上规模公司)。究其原因是,政策等的扶持偏于中大型企业,在利益上存在"大者通吃"或"赢者通吃"倾向或现象。譬如,小企业可能很难获得政府下发的金融牌照,难以通过大量的现金资产进行"套利"等方式获得"收益"。因此,管理会计在宏观的供给侧改革引导下,应当加快管理会计制度的建设,通过管理会计价值管理的供给端改革,采用"指南"或"指引"的方式引导这类企业展示其收益或利润的质量,使 TMT 行业中的不同企业,以及 TMT 行业与其他行业之间的利益博弈实现纳什均衡,并进一步提高中国经济的运行质量。

二、从管理会计的"管理控制"视角考察

当前,降低实体企业的成本负担,是管理会计研究的重要课题。通过结构性减税等政策使企业获益,如"适当降低社保缴费水平"等就是与降低实体企业成本思路一致的一项提议。企业要充分利用这次供给侧改革的机会,并以此促进企业的发展。推动制造业加快升级换代步伐,通过新产品、新技术、新业态与新的商业模式的探索提高产业或企业的核心竞争力。管理会计的"管理会计控制系统"要通过优化功能结构,明确管理会计的职能和作用范围,整合和创新管理会计的技术方法或工具体系。亦即,管理会计功能结构的供给端管理要能够为管理会计控制系统的提升发挥积极的作用。譬如,在财务管理与管理会计的关系方面以往只是从需求端考虑各自的定位与作用,使得各种争论难以得出有效的答案。事实上,从供给端角度出发,管理会计通过弱化长期投资、增强经营投资与决策管理等功能,可能更有利于发挥其自身的职能与作用。

管理会计的控制系统是基于"价值增值"而完善价值创造的创新驱动过程。从供给端角度观察,管理会计的价值创造已不再局限于商品经营,资本经营及环境经营等也开始独立于商品经营之外形成自身的价值创造区域。供给端发力,从产业集聚区域的经济结构优化视角考察,比较有代表性的是环境成本管理的变迁管理,即从环境成本的需求端管理向供给端管理转变。管理会计的价值创造模式主要是两种方式,即成本导向型与收益导向型。传统的成本导向型强调成本的降低或成本的节约,主要是商品经营条件下的产物,服务于重资产企业的经营管理;而收益导向型则注重收益的质量与收益的形成路径,围绕管理会计经营决策的投资收益获得,以及通过环境友好与环境保护等社会责任的价值发现与价值创造型经营,归属于资本经营与环境经营的范畴(冯圆,2016)。

尽管商品经营、资本经营与环境经营都可以在财务管理与管理会计中加以体现,但从供给端管理入手加以规范,则可以清晰地对两者的功能结构作出明确的边界揭示,并有序地促进各自职能作用的发挥。譬如,从供给端来观察,财务管理在这三种经营模式上的职能作用就不同于管理会计。即它是围绕企业的投融资活动来实现具体的价值增值目标。从节约带来增值的角度考察,财务管理的职能作用或者说其主要工作内容就是融资活动。现实中,融资方式多种多样,通过对不同融资方式的比较选择,可以在融资成本上获得差量收益。从投资收益角度讲,投资或资本经营已经成为财务管理最基本的职能之一,随着资本市场的不断完善与发展,这种作用尤其突出。财务管理通过在资本市场上的直接投资等行为来获得企业收益,已经成为企业经营的一种基本价值增值路径。从价值发现角度讲,加强生态文明建设,搞好环境保护,并在商品经营与资本经营中体现环境经营的要求,或者独立开展环境经营,从环境资源优化与整合的视角为企业带来的效率与效益等,是财务管理区别于管理会计的一项重要内容。

三、从管理会计"信息支持系统"的角度考察

要结合信息生成渠道和信息应用领域等完善管理会计信息支持系统的功能结构,并结合

"供给侧改革"建立与健全管理会计的信息管理制度体系。或者说,要形成人流、物流、资金流与信息流高效畅通的管理会计信息支持系统,开展全要素价值链信息的收集与咨询、价值管理咨询和服务、交易成本的预测与评估,以及寻找供应链合作伙伴,开展网式经营的前瞻与咨询服务,并且实现充分的信息共享等。同时,从供给端出发设计和构建管理会计的报告体系,以及强化管理会计信息系统与其他信息系统的协同与共赢。

基于供给侧改革的管理会计信息支持系统要服务于经营管理的全过程,重视信息的前馈机制效应与反馈机制效应。"前馈机制"是相对于"反馈机制"而言的,它们确立于 60 年代的管理工程学领域。随着控制论和系统论等理论的普及,许多学科(如医学、心理学、经济学、管理学)与会计学出现了相互融合的趋势(罗宾斯、贾奇,2008)。这些概念范畴因学科的丰富而形成多样性的内涵。前馈机制是一种基于对脱离规范的情况通过事前的行为加以防范的路径,而反馈机制则是为脱离规范的行为进行反作用的治疗性路径而设置的。前馈机制具有如下几个特征:① 它是一种事前的预防控制行为。前馈机制要求企业在形成实际的产出实绩前,对这种产出进行预测,从产出目标的潜在偏差中进行事前的确认,以防范于未然。② 它是一种开放的结构性体系。前馈机制具有权变性的基本属性,它以动态开放的姿态接纳各种管理会计工具或方法,并结合管理会计的控制系统与信息支持系统对不同的方法进行加工、整合与完善。这种开放式的结构体系有助于在经济新常态下寻求解决管理会计中存在困难和问题的能力。③ 它具有很强的适时性效应。前馈机制是一种在预测基础上对问题适时介入的控制形式。与反馈相比,其在适时性方面具有主动性。当前,在不确定性现象大量存在的情况下,为了提高管理会计的有效性与科学性,强化前馈机制的作用,以识别和预测所有可能产生差异的原因,降低预测的风险是必要的。

为了优化管理会计"信息支持系统"的供给端管理,完善和发展反馈机制在信息系统中的职能作用也是当前的一项重要课题。传统的管理会计信息系统体现出的大都是一种反馈机制效应,其原因是管理会计决策活动过度依赖于财务会计提供的信息资料。当前,通过构建管理会计的信息支持系统,必须对反馈机制有一个全面的理解与把握,尤其是要对负反馈机制有一个正确的认识,并使其在管理会计的信息支持系统中发挥积极的作用。负反馈就是在管理会计信息的传输及应用中,其信息的传导可能不是一种正向的效果,在具体的管理会计决策活动中必须反向加以把握与应用。负反馈在动物学领域应用得比较普及,一个典型的案例是"动物具有自主调整种群数量的能力"。譬如,当我们将某个动物种群数量看作一个控制系统,这个系统好像一个暗室,这个暗室有入口和出口。动物的出生就是入口,动物的死亡就是出口。根据控制论的观点,一个控制系统(上述的暗室)要长期有效地起作用的话,应该在出口和入口之间存在某种负反馈(逆向联系)。所以当一些动物(如老鼠)被毒杀时,会发出某种信号;传递给幸存下来的动物。这些"漏网分子"接受他们同伴临死时发出的"紧张刺激",通过感觉通路,作用于性腺、垂体,垂体分泌促进性腺激素作用于性腺,使性激素分泌增加,排卵增多,胚胎着床率也增大。这样一来,繁殖的数量就增加,种群密度不降反而上升了(奥德姆、巴雷特,2009)。

负反馈在反腐倡廉的供给侧改革中具有积极的作用,仅仅依靠打"老虎和苍蝇"而没有好的制度建设,那么有可能存在"'老虎和苍蝇'打得越多,同时小的'老虎和苍蝇'成倍地生长"的情况。管理会计强调在信息支持系统中增强"负反馈机制"的应用,就是要寻求管理会计在控制系统中的内在规律,通过股权激励、期权激励等手段防范道德风险、逆向选择等负反馈现象的出现;同时,发挥信息支持系统更为积极的效用。譬如,仅仅提供成本降低及收益增加的信息,可能难以保证企业长期的利益增长或可持续性地成功。应着眼于价值的长期增长而非短期利润的提高,必须平衡价值创造工具和信息支持手段,在保持增长动力的同时专注于企业的核心业务培植,将收入增长与价值增值嵌入于企业的发展战略之中。

四、围绕供给侧结构性改革实施管理会计制度创新

供给侧改革必须与"互联网＋"以及"大众创业、万众创新"等相结合,加快经济体制的改革与创新。在宏观层面推进国有企业改革等措施的同时,必须注重微观层面的各项改革,其中积极推进管理会计的供给侧改革就是一项重要的内容。财政部在 2014 年已经就会计的结构问题了提出了改革思路。譬如,2014 年 10 月正式颁布的《全面推进管理会计体系建设的指导意见》就是会计领域的一种供给侧改革。换言之,就是要将以往算账、报账的传统思维向决策优化、提高全要素生产率的方向转变。政府层面要减少高行政成本、高融资成本和高税收成本,企业层面要增强商品经营、资本经营与环境经营的联动,提高企业投资的回报效率。要完善管理会计的体制创新,跳出短期利弊的思维视野,从长远利益考量,应该让企业层面的制度因素与国家层面的经济增长的长远目标相匹配。

基于供给侧改革的管理会计创新,必须注重前馈与反馈机制在管理会计控制系统和信息支持系统中的应用。管理会计创新反作用于供给端,就是要防范管理会计中的"负反馈"效应。譬如,从"节育"视角考虑控制"老鼠"式疯狂生长现象的再次发生。同时,积极调整管理会计的内容结构,譬如,增加"环境管理会计"等内容,使环境成本管理、物料流量成本管理、防灾成本管理等在生态文明建设中发挥出积极的作用。管理会计工作者要具有企业家眼光。企业家不是简单的社会身份,而是具有发现市场机会的眼光、承担风险的勇气、强大行动能力的个性化人格特征。企业家主要干好三件事,一是看到别人没有看到的地方;二是算别人算不清的账;三是做别人不做的事情(冯仑,2015)。要加强管理会计控制系统中的风险管理,提高管理会计信息支持系统在企业价值增值中的功能作用。管理会计工作者要胸怀宽阔,坚守"责任、热爱、幸福"的理念,努力做好本职工作。

第四节　创新驱动下的权变性管理会计

管理会计是管理学领域中的一门年轻学科,它与社会经济与政治密切相关,会随着经济理论、管理理论的发展而与时俱进,也会随着企业中出现的新问题、新要素而不断充实自己。换言之,管理会计本身就是一门权变性的管理科学,它以价值增值为目标,以"管理控制"和"信息支持"为基本手段。

一、权变性管理会计的提出

20 世纪末,随着企业内外部环境不确定性的增强,权变理论得到企业界的广泛重视。以随机应变为指导思想的权变管理一度取代了战略管理理论,并占据学科研究的主导地位。权变理论认为,不存在适用于所有组织或不同环境的管理原则,管理会计必须结合多因素分析,以权变性思维去发现和解决问题。这种嵌入权变理论的管理会计就是权变性管理会计。管理会计要结合企业的情境特征灵活权变,不仅在管理会计控制系统中充实新内容,还需要充分发挥管理会计信息支持系统的决策功效,积极参与企业的经营管理。同时,权变性管理会计结合

经济学"绿色"或"生态化"的研究动向,基于外部性视角考察环境成本的内部化问题;并且,围绕社会学中的社会成本和冲突问题,以及管理学中的战略导向和战略联盟等问题,在创新驱动的引领下开展网络结构、互联网新经济等问题的研究。

管理创新和技术创新是企业创新驱动的两种基本类型。管理创新影响组织结构和管理过程,这种类型的创新关注目标、战略和控制系统的变化。技术创新是关于新产品、新过程和新服务方面的思想变革,它关注产品或服务变化以及产品生产或提供服务的方式。管理会计从执行性阶段转向决策性阶段,更多的是从管理创新的视角加以考察或总结的;从决策性管理会计向权变性管理会计转变,更多的要依赖于技术创新的推动。经济新常态下的企业竞争和发展强调管理会计的创新驱动,并由传统的规模经济转向速度经济,从讲究规模效益向追求资源效率转变。这种战略性转变就是要增强管理会计为顾客创造价值的灵活性或权变性。在权变性的企业情境特征下,技术创新与管理创新的适应性和可选择性成为管理会计的一项重要战略。譬如,对于低度专业化(Professionalism)、高度规范化(Formalization)和集权化(Centralization)的企业可以从管理创新入手加以研究,反之则有利于以技术创新为导向加以研究与探讨。随着技术创新的突飞猛进,管理会计必须加快管理创新与技术创新的融合,提高实践中管理会计活动的针对性和适用性,并结合特定对象、特定主体和特定行为选择采用相应的管理会计工具或技术方法。

二、权变性管理会计的创新特征

权变性管理会计不仅能够传承顾客价值创造经营(Customer Value Added Management, CVAM)的愿景,更能够设定企业的价值增值目标。通过管理会计的"管理控制"与"信息支持"的两大系统在企业内外进行不同层面的沟通与交流,将企业目标凝聚为利益相关方的共同信念,通过创新驱动保持企业持续的竞争力和竞争优势。

(一)以管理创新为基础

就企业而言,创新驱动实现的目标是既能够在成熟市场进行有效的竞争,也能够在开发新产品和新服务方面迅速突破。前者强调管理创新,后者注重技术创新,管理创新是权变性管理会计的基础。尽管人们对管理创新的理解各有不同,但在为顾客创造价值的认知高度上是一致的。通常认为,管理创新要实现企业价值的最佳化,即符合创造价值(Creating Value)、管理价值(Managing for Value)和衡量价值(Measuring Value)的内在要求。强化管理创新,管理者需要持续地调整战略目标,重新协调内部的组织安排,从而对市场的技术变革等带来的动态性作出适时的反应。这种变革不是被时尚所推动,而是适应技术创新的根本需要。这种动态变化要求打破原有的平衡,采取激进式的变迁。对于企业来说,权变管理会计就是要防范这种变迁过程中的风险,提高管理会计控制系统和信息支持系统的功能作用。

管理创新促进了管理会计的发展,不仅使管理会计中的"管理控制"水平得到提高,而且使嵌入现代移动通信支持的管理会计"信息支持"体系得到快速发展。随着经济全球化进程的加快,企业组织不再表现为单一经营领域的规模扩大,而且表现为跨领域、跨国界的投资增加,公司向产业集聚及全球经营方向发展。管理会计适应世界经济一体化的发展趋势,权变性地调整战略管理视角,开始从单纯的价值管理服务及低层次的产品营销型竞争发展到较高层次的价值创造和全球性的战略性竞争。此时,管理创新对于管理会计而言至关重要。换言之,竞争战略上的得失关系到企业的兴衰、成败。传统的管理会计受经营活动贯性思维的影响,往往对新事项的接受程度较弱,管理创新的主动性与积极性不强。从企业角度观察,企业战略、结构、文化与人员之间的内部一致性虽然能够驱动短期业绩,然而这种一致性容易使企业跌入"陷阱",使企业面对重大竞争和技术变革时,不能果断决策。譬如,不能及时地对企业结构、人员和文化进行变迁管理等,结果往往导致经营失败。因此,突出管理创新在权变性管理会计中的基础地位,有助于防止企业发展跌入经营增长的困境或"陷阱"。以当前的"互联网+"为例,那些不愿意主动拥抱互联网经济,并进而积极转型升级的企业,将面临巨大的风险。对此,优化企业行为,持续改进,并将这种认知融入于管理会计的"管理控制"与"信息支持"系统之中,是组织成功的前提,也是组织学习的内在要求。

(二)以技术创新为保证

权变性管理会计要明确技术创新驱动对企业发展的重要性。技术创新具有超越性特征,其发展速度会超过市场对产品性能的要求,那些最初只用于新兴市场的技术,后来能够侵入主流市场,从而使新进入公司超过老牌公司,取得胜利。为了取得持续性的成功,管理会计必须重新定位并调整功能结构。即,采取管理会计新战略和新结构,以适应不断变化的环境要求。在经济新常态下,产业结构与企业转型往往需要借助于不连续变革(激进式变迁)加以完成,如通过环保技术升级等实现企业战略、产品结构、生产技术和企业文化等的同时转型。权变性管理会计要适应企业渐进式变迁与激进式变迁的内在要求,在加强管理创新的同时,积极推进技术创新。众所周知,面对全球经济的剧烈波动,企业在市场竞争中采取渐进式变迁的方式往往十分被动,及时推动技术创新,强化激进式变迁是权变管理会计的一项重要的战略选择。权变理论告诉我们,战略管理要从系统性、整体性的视角来观察管理会计问题,提高管理会计实践应用中的灵活性与权变性,增强企业战略决策的科学性与有效性。经济全球化带来的市场动态变化已成为一种"常态",是管理会计需要面对的管理主流。管理创新对企业畅销产品采用的策略往往是渐进式的变迁,比如,尽量延长生命周期、维持现行的管理制度,这在短期内可能成功。然而,再畅销的商品也会过时,再有效的制度也会失效。因此,必须重视技术创新,并且加快制度建设,不断从平衡的管理向非平衡的管理转变,探寻企业持续性成功的发展路径。

基于技术创新驱动的管理会计往往借助于智能化手段来体现其权变性特征,或者说,智能化管理会计提高了权变管理的能力。这些能力包括:① 对企业内外部环境变化的适应能力;② 保持或获取企业竞争优势的能力;③ 及时发现新领域或随环境变化制定战略管理的能力;④ 将企业嵌入更大系统且实现可持续性成功的能力等。智能制造下的技术创新将对管理会计,尤其是成本管理带来深刻的影响,并在广泛领域对管理范式产生影响。智能制造与"互联网+"的结合是创新驱动的战略选择。以数字经济为代表的新经济对管理会计的影响可以分为三个阶段,一是吸收数字客户,强化智能化的管理会计体系;二是建立数字化企业。通过社交、移动、分析、云计算技术来改变企业的价值管理模式;三是数字运算。即将自动化手段与人工智能相结合来辅助企业的成本核算与内部控。智能制造的技术创新将推动企业的研究与开发费用稳定增长,为企业可持续的发展提供技术上的保证,使企业盈利的有效性大大提升。

(三)体现"创新"的本质

熊彼特在《经济发展理论》一书中指出,发展的源泉是企业家和他的创新,企业家的存在只是为了完成一种任务——引进创新。熊彼特认为创新就是建立一种"新的生产函数",将新的理念和设想,或一种从来没有过的生产要素和生产条件的"新组合"引入生产体系。创新引起管理会计的结构变化,需要采用新的结构方式替代或补充传统的价值管理方式。譬如,面临技术上、规则上或竞争上的重大变革,管理会计控制系统要权变性地把握这种动荡,并有效地应付短期内对不断提高的一致性需要及塑造目前文化的需要,以及对转变组织和定期重塑企业文化的需要。组织的转变容易产生"蝴蝶效应",即需要同时对公司结构、系统以及文化与能力加以转变。积极地塑造既能应付创新驱动下的渐进式变迁,又能应付激进式变迁的企业文化,也许是企业战略管理的最高境界。熊彼特及其追随者们提出的"创新理论"已经逐渐发展成为当代创新经济学的两大分支:一是以技术变革和技术推广为对象的技术创新经济学(技术创新);一是以制度变革和制度形成为对象的制度创新经济学(管理创新)。

管理会计中的创新驱动主要有两种观点:① 资源依赖观。这种观点认为,公司的战略选择主要受外部环境制约,管理者判断力在很大程度上是无效的。譬如,Pfeffer 和 Salancik (1978)从公司外部环境来解释公司对创新活动的资源配置方式的选择,强调顾客和投资者是公司生存之本。亦即,为了确保公司生存,除了响应顾客需求和投资者要求对创新项目配置资源外,管理者不需要去做其他的努力。对于企业来说,面对外部环境带来的技术竞争等压力,增强投资力度,改进现有顾客使用技术的效率与效果,是确保企业生存与发展的关键。② 行动支持观。这种观点认为,仅靠产品的性能扩展或者开发新产品、新工艺,不能算作一种战略管理方式,应当在具体的行动上有所作为。首先,要增强中层管理者的认知,使他们在资源配置过程中发挥执行力。譬如,在一些项目的资源配置中,中层管理者给予的支持或提供的动力是实现资源创新的关键。其次,加强职业规划、提高员工的素质也是资源配置效率的重要支持手段。如果缺乏对未来项目的认知,管理者对于成功度低的项目可能就不会加以支持且缺乏动力,因为一旦投入并运行这些项目的创新活动与技术开发,可能会由于市场的不响应而对其职业生涯产生负面影响。因此,在即有的知识框架下,他们倾向于支持产品需求有保障的那些项目。

综合上述两种观点,推动公司内部资源配置进而创新的动力不是由风险意识的管理者自发作出的决策,他们首先考虑的是创新能否获得顾客的认同,并依赖于顾客的需求支持。影响资源配置因素的重要排序是:① 公司的重要顾客对产品改进的欲望;② 技术能力与创新行为的匹配度;③ 市场行情的稳定性;④ 新技术的成功概率高低等。由此可见,当重要顾客有需求时,就会产生足够的资源配置动力,即使创新难度大也会在所不惜。但是对于那些满足冷僻市场或新兴市场少数用户的需求创新,企业一般不愿意提供所需求的大部分资源,即使技术上有能力也没有这种支持的动力。适应经济新常态的情境特征,管理会计的创新驱动战略应该是融合这两种观点,促进企业技术、人才与产业结构转型升级的紧密结合,将各种无形资源的优势转化为企业竞争的优势。

第五节 管理创新视角的权变管理会计

基于管理创新的管理会计,其权变性主要体现在主体、行为与流程等具体方面。譬如,就管理会计的主体而言,其正在由单一企业向企业集群方向扩展;管理会计行为则表现为由商品经营活动向购并重组等资本经营,以及环境经营等的方向延展。

一、管理会计主体的扩展

作为管理会计主体,体现出的必然是市场经济的运行规律与行为范式。在现代经济的市场化、全球化、信息化和网络化特征下,管理会计要跳出企业主体的思维,站在价值链(实体价值链与虚拟价值链)甚至网络价值链(基于网络组织与网络关系形成的价值链)的立场和范围,创新和发展管理会计。管理会计强调"顾客价值创造经营",其着力点是最大限度地满足顾客需求,实现价值增值的最大化。管理创新作为管理会计主体扩展的理论支撑,不是单纯地提高产品的管理效率与效益,而是通过为顾客价值创造来争取现实的和潜在的顾客资源,赢得企业的成功。管理创新的深层推进是经营模式或商业模式的创新,这种创新可以为企业带来竞争对手难以模仿的优势,并为管理会计倡导的"帮助管理当局明智决策、创造价值和实现可持续成功"提供一个施展才华的良好平台。要结合价值链的演进趋势,通过管理会计的主体扩展实现组织结构的优化与创新。在没有管理创新的背景下,价值链演进的焦点是规模扩张型的"价值创造",它提供了价值,但并不足以使企业超越市场。要结合"中国制造 2025"和"互联网+"等技术手段推进管理创新,努力构建适合企业自身特色的价值链,使价值链中的各个节点或具体活动都具有权变性与灵活性,充分发挥出产品或服务的个性化潜质,并通过管理会计的控制系统和信息支持系统发挥出积极的效果。

长期以来,在缺乏管理创新的背景下,创新往往是技术拉动型、市场推广型的,或者是理想主义的,即忽略客户是否愿意接受并支付相应的价格。通过管理会计的管理控制系统,将价值链管理过程中的强弱、重点与一般活动等列示出来,扬长避短;借助于管理会计的信息支持系统,强化价值链的结构特征,使价值链体系运转有序,相互配合。这种基于管理会计主体扩展的价值链管理活动是企业获得竞争优势的基础。

根据制度经济学理论,以组织为特征的主体变革可以分为渐进式变迁与激进式变迁两种形式。渐进式变迁以效率改进为导向,是对现有的管理会计体系的局部和整合式的变革;激进式变迁是以核心竞争力提升为导向,是对管理会计主体的结构性革命。传统的价值链管理偏重于单一企业的价值创造分析,着眼于企业内外部的成本价值效益比较。从价值链演进视角考察,管理会计的主体扩展包括基于内部价值链重构的企业再造、重塑价值链上下游关系的企业网络调整和重新定位价值链的业务转型等三个层次。必须借助于管理创新提高管理会计主体扩展的效率与效益,譬如,将分散在各个价值流中的经营单元实施分权化管理。不同类型的组织背景需要与其相适应的管理会计控制系统与信息支持系统相衔接,以提高管理会计为顾客创造价值,实现价值增值的目的。换言之,从单一企业到企业群管理会计,管理会计主体的扩展使价值星系理论成为管理创新理论的一个重要组成部分。或者说,价值星系理论可以很好地解释为什么企业愿意集群生存与发展。价值星系理论将视野扩展到整个行业或区域的价值链管理,强调价值创造的价值网络,注重星系群内企业的合作与协调,它在时间与空间上对价值链进行了扩充,在管理思想与方法上进行了发展与创新。

二、管理会计行为的扩展

借鉴社会学的"嵌入性"概念,管理会计实际上是一种嵌入于社会结构之中的,受社会结构限定的网络化行为。管理会计行为已从单一的企业行为向社会网络化行为转变。譬如,在经济新常态下,产业结构不断优化升级,市场结构已发生深刻的变化,客户需求模型的改变、互联网新技术的冲击,商业模式的持续创新,以及高度流动的资本市场、经济全球化对商业伦理和道德的关注,对环境与生态的重视等迫使管理会计行为不断扩展。管理会计行为的扩展使更多的企业重视组织之间的关系及其变迁管理,充分认识、分析、优化企业与其它组织之间的关系,是企业获得所需知识、资源,持续竞争优势的先决条件和关键。管理会计的行为扩展要结合管理创新思维,适应价值链演进的趋势,从供应链、战略管理和利益相关者等角度加以延展。从供应链管理角度考察,以价值为基础的管理会计需要将传统的价值关注点扩展到价值创造的整个链条(如网络集聚供应链等),并考虑供应链上的利益冲突和平衡问题。从战略管理角度看,战略导向与核心竞争力导向的结合,要求管理会计将传统的价值增值观念与战略、经营、资源配置和绩效衡量等有机地联系和整合在一起。从利益相关者角度考察,企业的发展需要社会的支持和员工的努力,必须兼顾社会和员工等利益相关者的权益。此外,管理会计必须基于社会责任、环境责任的考量进行管理创新,将与企业相关的全部利益关系者纳入管理会计行为优化的分析框架中,探索和反映利益相关者对管理会计经营决策的影响及相应的对策与诉求。

适应经济新常态下的价值链演进态势,权变性管理会计在为企业创造价值、实现价值增值的基本目标基础上,需要借助于管理会计控制系统引导企业经营模式的转型,并依赖管理会计信息系统的支持扩展企业发展的盈利空间。一种趋势是:从单纯商品经营向商品经营与资本经营并重的方向转变。相对于商品经营,资本经营的方式和结构更加复杂,风险也更大。管理会计要为企业经营模式的转变提供支持和帮助,积极顺应时代变迁,重点关注资本经营方式的选择及风险的管理与控制。此外,环境经营也是管理会计行为扩展的内在要求。传统的企业经营过于追逐自身的经济利益,忽视环境经营的价值理念与生态文明建设,使自然环境受到了极大的破坏。近年来,随着人们对环境意识的觉醒,以及政府针对大量公害性环境事件的曝光与惩治,环境对企业与社会的重要性深入人心。管理会计行为扩展就是要将这种环境问题企业化,如环境成本的内部化等。环境经营表明,环境作为一种公共物品,其供给并不是无限的,而是稀缺的,人们对其选择与使用必须付出代价,只有以"经营"的姿态去善待环境,才能实现生态平衡、社会文明,进而为企业创造价值,实现经济效益、组织效益与环境效益的统一。

三、管理会计流程的扩展

管理会计工作需要按照一定的程序展开,不同的管理事项有不同的管理会计流程相对应。然而,从总体上进行归纳不外乎为"管理控制"与"信息支持"这两大系统的流程。从管理会计的"管理控制"流程着眼,要将战略、目标、预算、绩效管理与内部控制等相互融合,增强管理会计实践中的前馈与反馈效应。譬如,预算管理流程已经从单项的预算管理向以信息技术为支撑的全面预算管理转变,基于"互联网+"的电子预算等已在实践中广泛应用。从管理会计"信息支持"流程看,管理会计流程的扩展就是要在管理创新的同时大力推进技术创新。有效的资源配置是市场驱动的,也是技术驱动的。企业往往会对已有市场,以及现有的用户需求等流程产生扩张的动力。反之,当管理创新不能满足现有用户可预见的需求时,管理会计流程的效率与效益就难以发挥作用。当新兴技术最初的价格/性能特征使他们只在新兴细分市场具有一定的竞争力而不能满足当前用户时,基于传统管理创新思维的资源配置机制一般拒绝给这些新技术提供资源,从而使那些原本领先的公司失去了再发展的良机。比如,全球最大的零售商沃尔玛,在华有 5 万员工,年交易额过百亿,这个巨无霸的公司似乎无人可及;然而,马云创办的淘宝网仅 3 年时间的交易额就是沃尔玛在华所有门店交易额的 3 倍。服装行业的雅戈尔用了 32 年时间,在国内建立了 500 亩的工业城,开了 1 500 个专卖店,终于实现每天 1.3 万件男式衬衫的销售业绩。而同样卖服装的凡客诚品,仅仅成立 3 年时间,没有厂房和流水线、没有一家专卖店,除了设计是自己的,靠一个网站一天实现 3 万件男式衬衫的销售业绩,是雅戈尔的 2 倍。

企业获得成功并保持领先地位,需要满足两个条件,一是企业的战略、结构、文化与流程之间要保持协调与配合;二是面对环境不确定性,要做好变革的充分准备。要在流程扩展过程中设置权变性组织管理机制,通过管理会计主体、行为与流程的协调与配合,增强组织的创新能力,譬如,设置一些组织创新平台,鼓励企业内部创新与创业,并为外部的“大众创业、万众创新”搭建通道,使组织在运作流程上始终具备渐进式创新和激进式创新的能力,保持企业内不同的组织结构、管理流程和文化的并存(如设置一些权变性的小经营主体等)。管理会计就是要通过这种流程扩展,一方面借助于渐进式创新在成熟市场竞争;另一方面,应用激进式创新(借助于针对性的流程创新等)在新兴市场展开竞争。以波音公司为例,该公司曾经花费 4 年时间研究 500 座的大飞机,在完成设计准备投入生产的经营决策过程中,该公司否决了这种新机型生产的计划。该公司认为,500 座飞机的市场空间有限,尽管未来的航线前景乐观,但大部分顾客更愿意购买 250 座的新飞机,这种飞机经济实用。为此,波音公司集中精力对已有机型进行技术升级。例如,波音公司在现有的 747 机型上开发出新机型,通过技术创新使座位增加了 16%,减少了 10% 的“米/座位”成本等。

第六节 技术创新视角的权变管理会计

基于技术创新的管理会计,其权变性主要体现在企业经营方式选择的灵活性上。譬如,从实体价值经营向基于流程再造、网络经济等的虚拟价值经营转变,或者实施实体经营与虚拟经营的融合创新等。

一、技术创新对管理会计“价值增值”理念的影响

现代经济是基于产业链的全球一体化经济,是以信息服务、电子商务为主要交易平台的经济,是以满足顾客需求、增加顾客体验的经济,是技术创新驱动的经济。从国家层面看,技术创新能够带动与之相关整个产业链的产生与扩展,增加新的就业,提供财富重新分配机会,创造许多新的经济增长点,促进宏观经济量与质的共同发展。然而,从企业角度观察,技术创新则不一定能够获得利润。由技术进步而带来的创新利润,其主要获得者来自四个层面,一是创新主体的企业;二是顾客;三是模仿者和其他“跟随者”;四是供应商。管理会计的技术创新动力来自于对企业经营战略的影响以及决策方案的选择。譬如,应用智能化的管理会计工具进行经营一体化战略或者合作化战略的选择等,这对技术创新的效率与效益产生重要影响。换言之,企业即便有很强的技术创新能力,能够为顾客创造价值,如开发出有价值的新产品或管理新工具。然而,若其事先没有在相关的互补性资产上占有一定的地位,则其在市场中有可能地位很低,并导致失败。因此,技术创新视角的管理会计系统需要从价值链及其创新的视角权变性地考察经营战略并制定相应的决策方案。传统的管理会计在衡量企业获利边界上主要依赖的是贡献毛益,对于制造业中的生产部门而言,亏损企业是否要停产,其获利边界的确认条件

有二,一是贡献毛益的大小,二是贡献毛益能否转移。前者是针对整个企业而言,即不至于因为停产而使其他生产部门产生新的亏损;后者是设备或厂房等的利用效率问题,能否通过对资产利用产生大于拟停产部门的贡献毛益。权变性管理会计要求企业的技术创新必须与管理创新相结合,一方面借助于"众创、众包、众扶、众筹"等形式,借助于智能制造与"互联网＋"等手段扩大企业发展的空间;另一方面,通过提高企业无形要素生产率,通过调动员工积极性等措施或手段来扩展贡献毛益的增量边界,通过围绕顾客需求的价值创造转化企业真实的价值增值,提高企业的竞争力,体现产品或服务的竞争优势。

技术创新促进了全球经济一体化步伐的加快,各国市场和各地区性市场得到了统一,原材料、资本、劳动等的要素资源加快流动,企业通过吸纳整合全球各国或各地区的优质资源打造全球产业链,采用诸如并购成长的方式参与全球市场的竞争,产品开始在国际产业链上实施分工与协作,这种快速的技术变迁使产品寿命大大缩短。这些外部环境的新变化,必然会对管理会计的"价值增值"目标产生冲击与挑战。斯蒂格利茨(2004)认为,全球化有三种明显的好处,一是某国产品的需求不再局限于该国自己的市场;二是一国投资不再限制储蓄的来源;三是一国厂家能(以相当高的价格)获得最先进的技术。同时,他也对经济全球化存在的问题进行了阐述,即:① 全球化无法消除各国或地区经济存在的多层次性和多样性,从而影响经济发展公平性和效率性;② 全球化加深了区域经济一体化和贸易集团化的发展,但并没有能够改变贸易保护主义加剧和贸易冲突增多的趋势;③ 资本和劳动的不对称流动,导致全世界不平等加剧。由此可见,技术创新促进了经营活动的全球化,全球化产业链开始形成。与此同时,也对管理会计带来许多新的问题,譬如:① 转移定价的复杂性和隐蔽性;② 利率、汇率风险影响的直接性;③ 倾销与反倾销,以及当前的 TPP(跨太平洋贸易协定)等贸易争端的直接性;④ 管理会计工具国际化与本土化间的矛盾;⑤ 管理会计文化的协调与沟通的有效性等。这些新问题都会对管理会计的价值增值理念产生影响。因此,技术创新需要与管理创新相互协调与配合,并借助于创新驱动使技术创新的利润贡献在渐进式变迁与激进式变迁中实现平衡。

二、技术创新对管理会计"管理控制"系统的促进作用

经济全球化促进了自由贸易的发展以及跨国经营的深入,企业间的竞争更加激烈。面对日益复杂的外部环境,管理会计控制系统要能够及时帮助管理当局调整决策,避免各种损失的发生。换言之,适应节奏不断加快的内外部环境,权变性管理会计需要借助于技术创新提高快速反应的能力,开发智能化的管理会计工具,实现多种工具的柔性应用,提高管理会计的决策相关性和决策有效性。以"互联网＋"为代表的现代科技,使企业的组织间关系变得更加复杂与多变。如何基于不同组织开展协调与合作,突破传统组织边界的约束,使企业管理渗入各类中间组织,加强组织间的项目预算与成本的规划和控制,谋求总成本最低的目标等,需要借助于技术创新来加以实现。管理会计的"管理控制"系统需要结合价值链管理、供应链管理、网络理论、契约理论和成本管理等集成现有的研究成果,通过智能制造与成本管理的结合,寻求新的契合路径,开发新的管理会计工具,提高组织间"管理控制"的能力与效率。譬如,基于技术创新的供应链管理可以通过以下三种途径协调降低组织间的成本费用。一是设计的协同。即帮助企业与顾客及其供应商进行沟通与协调,使产品设计方案新颖且制造流程高效,在源头上降低成本并以较低的成本进行产品生产。二是生产的协同。帮助企业和供应商等寻求加工与生产方法的一致性,如借助于"众包"等手段使生产环节进一步实现降低成本的可能性。三是

效率的协同。即,借助于"互联网+"等手段,帮助组织间的企业寻求经营活动的高效协作方法,使组织间的企业管理程序更有效率。

经济全球化对管理会计"管理控制"系统而言,技术创新与管理创新需要在更高层面上加以协作。我国作为世界第二大经济体,全球性公司的数量在不断增加。在 2014 年《财富》世界 500 强排行榜中,中国上榜公司数量创纪录地达到 100 家。面对这些全球性公司,管理会计的"管理控制"系统如何结合自身的情境特征丰富与完善管理手段与方法,将成为未来一个时期的重要课题。譬如,全球性公司往往会在不同国家和地区设立纵向的业务分部以及横向的地区总部,这种纵横交错的多中心多结点的网络管理模式是一种新型的经营模式或管理架构。它有利于全球公司对全球范围经营环境的变化作出更迅速的反应,并有效地利用全球资源实现企业价值最大化的目的。同时,全球性公司还在利益上体现"担当"与"责任"的意识,即从过去的股东价值最大化提升到强化包括股东、社会和环境责任在内的公司责任体系。这就要求权变性的管理会计在实施管理控制的同时,协调好经济效益、组织效益与社会效益、环境效益的统一,并从协同管理与管理控制的综合视角设计管理会计的"管理控制"新系统。

三、技术创新丰富和扩展了管理会计的"信息支持"功能

传统的商品经营主要依据商品的数字化与非数字化特征加以展开,数据化特征在互联网条件下可以较便捷地传达给购买者,而非数字化特征则难以为虚拟价值链中的消费者所感知。然而,技术的进步已逐渐向可以感知的方向发展。譬如,虚拟现实和全息影像技术的发展,一些非数据化特征可以借助于认知工具加以感知。未来技术的发展一旦突破味觉与嗅觉的认知关,非数据化特征有可能转化为数字化特征。管理会计要纠正以往偏重于管理控制系统而轻视信息支持系统的倾向,将价值管理绩效信息以完整、系统的方式反映到顾客价值创造的管理实践活动之中,丰富和扩展管理会计的"信息支持"功能。实现从战略决策与业绩评价进而朝组织间管理等方向扩展,进一步提高管理会计信息支持系统的效率和效果。

要通过全面预算管理和战略管理会计的研究与应用丰富和扩展管理会计的信息支持系统,提高管理会计在支持决策科学方面的积极作用。譬如,面对激进式的技术创新,销售人员往往会提供悲观的销售预测,一般来说,激进式的技术创新往往定位于新兴市场,初始销售额的确很小;而且,这些技术生产出来的产品不仅更加简单,性能也更低。管理会计人员若仅凭以往的经验,以及局限于现有的市场销售空间,其对利润的预测必然是缺乏"乐观"态度的,即容易得出这种新技术下的产品不如原有产品创造利润多的结论。相应地,这种激进式的技术创新也就不容易得到资金等资源的支持。

那么,为什么曾经积极进取、创新和关注用户需求的公司会忽视或者延误具有重大战略影响的技术创新呢?这里面存在"路径依赖"的问题,老牌公司面对新技术,第一反映是做好现有的技术,满足、维护和巩固现有顾客,且在大客户上进一步投入最大的资源。或者说,不是在这些新技术上投入充足的资源。原因在于,这些新技术所代表的市场此时往往很小,而且用户需求几乎无法作出清晰的判断和明确的界定。权变性管理会计就是要增强管理会计"信息支持"的智能化水平,提高技术创新的未来预算管理功能,增强发现价值的能力和树立创造未来价值的信心与决心。权变性管理会计是战略管理会计的孪生物,战略管理会计的关键着眼点不是局限于现有技术的创利能力,而是更看重未来技术创新可能给企业或企业群带来的价值增值。技术创新有助于实现"财务与业务一体化",提高管理会计"信息支持"系统的价值发现功能。

即从内部与外部两个方面用整体的眼光来看待公司业务,并着眼于企业的未来发展。在技术创新的同时充分利用管理创新提供的机遇,有效地把战略、经营、资源配置和绩效管理等内容连接起来,更好地适应市场的变化。

四、权变性管理会计的发展

权变性管理会计是当前供给侧结构性改革的内在需要,它能够面向全要素生产率用立体的思维去确定企业管理的新原则,寻求经营发展的新路径。权变性管理会计通过将管理创新与技术创新有机结合,借助于创新驱动调整企业的决策与行为,并在"顾客价值创造经营"的基础上保持企业的可持续性成功,实现最大程度的价值增值。本文的主要观点集中在"管理创新"与"技术创新"两个方面。权变性管理会计借助于"管理创新",将权变管理理论嵌入于现行的管理会计体系之中,增强了管理会计决策行为的灵活性与针对性,使管理会计在应用于企业管理的每一个环节中都注意到权变的因素,提高了管理会计控制系统的效率与效益。基于"技术创新"的管理会计有助于提高经营决策的科学性与有效性。老牌公司在市场上的失败,有时并非技术本身的原因,可能更多的是资源投入的不足及战略的失误。

通过丰富和扩展管理会计的"信息支持"功能有助于纠正以往存在的决策偏差等问题。由于"路径依赖"等原因,老牌公司在用户需求导向下,对于渐进式的技术创新保持着旺盛的动力(它可以维持即有利益,这种技术变革也不需要考虑战略的需要)。同时,基于激进式技术创新的初创公司,在经营的初期往往打不开市场且停留在细分的新市场上进行销售,而这一市场的经济前景和价值特征对于老牌公司而言没有足够的吸引力。然而,就是这些新创公司,他们依靠其资源包袱轻(没有即有的用户、利润等机会成本),以及敢闯敢干的精神,采用技术创新与战略管理相结合的手段,从细分市场的点漏开始做起,迅速攻击整个市场,最后使老牌公司经营失败。

通过创新驱动,加强管理会计的技术创新与管理创新的融合力度,增强管理会计"管理控制"与"信息支持"的功能作用,可以弥补公司战略与技术不匹配的现象。研究发现,虽然资源依赖力量强大,但管理会计仍然能够有效发挥积极的作用,并改变公司战略变革的方向,而不是朝资源提供者拉动的方向走。换言之,通过对用户需求、技术创新和资源分配之间的有效协调与配合,管理会计能够把商业化的激进式技术(要求战略变革)与渐进式技术(资源依赖力量)融合起来,通过经营模式的创新(如培育小利润中心组织等),使管理行为与战略变革有机结合,资源依赖规则与资源分配过程互相协调,增进组织的外部有效性,并进一步实现企业价值增值的基本目标。

案例与讨论

☞ **案例一**

背景资料

管理会计的结构性改革:火星探索失败的原因

自 1992 年起,NASA 对航天任务的管理哲学使它们的发展和操作变得"更快、更好和更便宜"。这一哲学与如今的全球环境中经营的许多组织的哲学是一致的。这一哲学只有在不放弃业绩的情况下才能成功。但是这对 NASA 来说并非如此,因为过去的 16 次机器人探索任务中有 7 次或者失败了,或者在发射后出现了严重的技术故障。

批评家们抨击,大量的成本缩减是失败的主要原因之一。最近的失败是在 1999 年 12 月月初,价值 16 500 万美元的火星探测仪在接近那个红色星球时消失了。

Lockheed Martin 的自我评判是坦率的,他声明对成本和进度表的约束迫使他不能像应当的那样检测火星极地着陆器,尤其是忽略了用于降落到火星表面的减速火箭系统。更进一步地,公司的官员宣称成本的缩减使得他们作出了本来也许不会作出的决定,例如,放弃飞行操作技师用来与降落的着陆器联系的遥感发射机。

另外一个因素是 Lockheed 技师的大量减少以及工作环境的恶化。明显地,人们在这个项目上每星期花费 80 到 100 小时是很正常的。雇员的筋疲力尽是否也有一定影响呢?

除了着陆器消失的重要科学损失外,Lockheed 也许将放弃其 1 250 万美元报酬的大部分。NASA 已经在重新考虑将这些特征加到下一个火星着陆器。新的通讯和危险防止系统(这些当初因为预算的限制被取消)使得新的着陆器的成本增加了 1 200 万美元。

这个教训就是,当各种组织中的决策者在贫乏的环境中经营时,在作出最后决定之前,必须判断哪些因素是本质的,哪些不是。否则,类似火星着陆器这样的灾难还会出现。如果预算不足以制造出成功的装置,那么考虑的不应该是大量的降低成本,而是该项目的整体有效性和及时性。

案例来源:Robert Lee Hotz. Are Failed Mars Probes the Price of cost Cutting? Los Angeles Times, December 26,1999, pp. A1, A45.

请讨论

1. 结合供给侧结构性改革思路,谈谈对火星探索失败原因的认识。
2. 应用权变性管理会计理论,结合上述材料,就管理创新与技术创新的重要性展开讨论。

答案提示

略。

☞ 案例二

背景资料

高管夫人带薪当"专职太太"

位于山东省临沂市临沭县的山东嵘兴工贸有限公司出台了一项"专职太太"的政策,即公司高管家属离岗留薪回家打理家务。由于该公司的性质,尚无女性高管。至 2006 年 8 月中旬,该公司享受这一政策的"专职太太"已经达 36 人。公司出台这一措施的目的是提高工作效率,促使高管工作不再受家庭事务拖累,创建和谐企业。

由于企业规模的不断扩大和市场竞争的不断加剧,许多高层管理干部和重要岗位的技术骨干工作压力很大,而他们的家属也多数在公司的车间工作,有时双方都要加班加点满负荷超强度工作,从而忽略了家庭事务,给家庭生活和双方身心健康带来了不和谐音符,也影响了这些高层管理干部和技术骨干的思想斗志。为了让他们的生活和休息得到充分保障,公司在今年初出台了高管家属离岗留薪的管理制度。

　　制度规定,全公司下属各单位"一把手"家属一律离岗留薪回家料理家务,下属各单位根据工作情况可灵活安排生产、技术、销售等重点岗位的高管家属带薪回家"休息",薪酬按照原先岗位的标准发放。制度同时规定,所有离岗留薪的干部家属其"三金"(养老保险金、失业保险金和医疗保险金)一律由企业负责上缴。据了解,按照当地的工资水平,企业每年为每位"专职太太"支出的费用在1万元左右。

　　该公司称,这项新的管理制度的出台起到了明显的效果——由于"后方"有了充分保障,"前线"捷报频传,截止目前全公司的产值和销售收入分别比去年同期增长了53%。

请讨论

　　1. 谈谈对上述报道的感想?

　　2. 结合管理会计中的权变思想,结合上述材料,就这项"制度创新"的合理性和科学性加以评述。

答案提示

　　略。

本章参考文献

　　[1]　Daft R. L. A dual-core model of organizational innovation [J]. Academy of Management Journal, 1978,21(2): 193-210.

　　[2]　Damanpour F. Organizational innovation: A meta-analysis of effects of determinants and moderators [J]. The Academy of Management Journal, 1991, 34(3):23-32.

　　[3]　Gary M. S., Wood R. E. Mental Models, Decision Rules and Performance Heterogeneity [J]. Strategic Management Journal, 2011, 32(6):569~594.

　　[4]　Pfeffer J., Salancik G. R. The External Control of Organizations [M]. New York: Harper & Row, 1978.

　　[5]　Theodore H. Moran. International Political Risk Management: Exploring New Frontiers [M]. Switzerland: World Bank Publications, 2011.

　　[6]　康芒斯. 制度经济学(下册)[M]. 大连:大连出版社,1962.

　　[7]　阿兰·斯密德. 制度与行为经济学[M]. 北京:中国人民大学出版社,2005.

　　[8]　熊彼特. 经济发展理论[M]. 北京:北京出版社,2008.

　　[9]　罗宾斯,贾奇. 组织行为学[M]. 北京:中国人民大学出版社,2008.

　　[10]　奥德姆,巴雷特. 生态学基础[M]. 北京:高等教育出版社,2009.

　　[11]　斯蒂格利茨. 让全球化造福全球[M]. 北京:中国人民大学出版社,2011.

　　[12]　周天勇. 传统经济模式的增长困局[N]. 学习时报,2013.9.9.

　　[13]　贾康,苏京春. 探析"供给侧"经济学派所经历的两轮"否定之否定"——对"供给侧"学派的评价、学理启示及立足于中国的研讨展望[J]. 财政研究,2014(8).

　　[14]　杰里米·里夫金. 零成本社会[M]. 北京:中信出版社,2013.

　　[15]　宋献中,等. 贯彻创新、协调、绿色、开放、共享的发展理念,服务"一带一路"建设,推动会计改革与发展[J],会计研究,2016(1).

第九章 嵌入战略管理会计的文化价值管理

在全球经济一体化、盈利模式微利化、市场竞争激烈化的环境下,通过综合考虑企业的各种具体情况,从利益、制度、文化等多个层面实现管理会计理论的"整合"研究,提高管理会计技术与方法的现实针对性和决策有用性,是当前管理会计研究的一个重要课题。文化价值管理(Culture Management)已成为战略管理会计中的一项重要工具。文化价值管理在战略管理会计中的推广应用,为管理会计的创新与发展提供了一种新的思路。

第一节 文化及企业文化的特征

文化价值管理的前提是要认识文化的内涵以及企业文化的特征。文化的本质是价值观体系,无论是行为规范还是器物工具,都是某种价值观体系的利用与实现,是其物化形式或现实载体。

一、文化的不同视角

文化具有极为广泛的内涵与外延,从经济学与管理学的角度考察和认识文化,大致可以概括为如下几种观点。

一是将文化归入"非正式制度"范畴,认为文化是影响交易成本的一个变量。诺斯是按照这一思路进行研究的代表,尽管他较为成功地解释了制度变迁,但是他的"意识形态理论"并没有真正确立。这一思路的困难在于文化并不是制度,交易成本范式并不适合分析文化变迁。

二是采取博弈论的分析方法,认为文化变迁是人们多次博弈的结果。例如,埃维纳·格雷夫通过对马格里布人与热那亚人组织发展差异的深入分析,强调了影响行为的价值观的重要性。但博弈理论的自身缺陷制约了研究的深入,因为多次博弈的结果是多个均衡点的存在,而且博弈论的结果基本上是无法进行实证检验的。

三是从认知科学的角度来分析文化变迁。倡导这一潮流的仍然是诺斯,他认为,"将认知科学、制度方法运用于历史,给出了赋予经济史和现今各经济体间迥异绩效以意义的希望"。无疑,探索人类认知与学习的规律对于理解文化现象是有益的,但仅依靠心理学或脑神经科学的研究似乎已经偏离了经济学分析的范畴。

四是将文化归属或等同于知识,试图利用知识理论来解释文化。随着基于人力资本的"新增长理论"的发展,学者们越来越倾向于利用知识来解释经济增长。但对于知识因素的分析面临着重大的困难,迄今尚未给出准确的定义。

在上述研究中,最具有启发性的贡献是道格拉斯·C·诺斯作出的。他通过对意识形态的深入分析，一定程度上解释了文化现象①。诺斯认识到，"一种实证的意识形态理论对于进一步发展交易费用分析是必不可少的。约束性的最大化模型因限于规章及其实施的制约，留下了一个只能通过调节伦理道德准则的力量来缩小的很大的后遗症，伦理道德准则决定着个人作为搭便车者从事活动所需要的费用"。他认为，意识形态是一种节约认识世界的费用的工具，是减少提供其他制度安排服务费用的最重要的制度安排，所以为了使意识形态有效率，它必须相当好地合乎个人对世界的认识。

二、企业文化及其特征

企业文化的创立过程一般分为六个阶段，即调查分析阶段、总体规划阶段、论证实验阶段、传播执行阶段、评估调整阶段、巩固发展阶段。建立企业的特定文化就要发挥其在战略管理中的作用，而企业文化在其发挥作用时，需要一定的物质基础。例如，要把文化深入到每一个员工的心里，增强员工的归属感。对此，必须加强文化价值管理，将企业的价值意识借助于各种手段灌输给员工或潜移默化地对员工进行培训。企业成功的关键因素是企业文化能在公司每个角落贯彻和执行，将员工的思想行为方式纳入到企业文化理念和行为规范中来。这不同于人力资源培训，人力资源培训只是对员工知识、能力的培训，只是提高了员工的工作素质；而文化价值管理除培训之外，还包括企业的精神、观念及行为活动。通过文化价值管理使员工感受到企业在尽心尽力为他们创造发展机会，这是体现企业文化的重要形式。企业文化产生作用的主要特点是陶冶和熏染，这也区别于物质性工作、制度性工作中带有强制性和约束性的特点。在各个企业的日常运行中，企业文化价值管理是要在经营性、制度性和管理性渠道之外，建立更多有效的企业内部沟通及其载体，使企业员工达成精神层面的充分交流。为此，一方面要对企业内外部环境进行调整、创新；树立企业精神，从制度上、员工精神上使企业精神焕然一新；另一方面，创造良好的外部环境（包括民族文化环境、政治经济环境、市场环境），通过塑造企业良好的形象并且对外表达，来不断增强企业文化的资本含量。

文化价值管理是对企业意识形态进行的管理。Joynt 和 Warner 认为："文化能对管理和组织行为产生重大影响。从事管理学研究的学者们面临的挑战就是如何确定行之有效的做法以及怎样适应不同的文化环境（如果存在的话）。"在中国特殊的企业环境下，企业的文化特征具体可以表现为如下几点。

（1）中国人倾向于远离权力中心，从而导致中国企业的成败往往取决于企业最高领导。他们在组织职能并不完善的情况下，通过对下级的直接干预来管理企业，而下级更多的是服从领导的安排。显然，如果通过这种方式来管理其他发达国家的企业是行不通的。因为在这些国家的企业中，企业中层往往扮演着非常重要的角色。

（2）中国人对风险的接受程度较高，企业往往不太强调控制而是鼓励人们接受模糊不清的东西，并较少注意方针政策、各种实务和旨在限制个人的主动性的各种规章制度的制定、实施和监督上，从而在很多情况下导致"人治"大于"法治"。

（3）中国企业表现出很强的集体主义，个人倾向于从道德的角度来解释他们与组织的关系，并且可能对组织产生一种心理承诺和忠诚度，这一点在国有企业尤为明显。

---

① 他指出对意识形态的分析也应该适用于其他非正式的制度安排，如伦理规则、道德规范和习惯。

第二节　文化价值管理对战略管理会计的影响

美国哈佛大学教授安德罗斯认为,企业战略是企业的"目标、意图或目的以及为达到目的而制定的主要方针和计划的一种模式"。显然,企业战略只是解决了企业发展的目标和计划问题,要全面实现企业战略,还必须将战略目标、战略计划与员工行为联系起来。文化作为一种非正式制度,它对于调动员工积极性,传播企业思想,扩大知识共享等具有积极的作用。

一、文化价值管理推动着企业内部控制制度的完善

文化价值源于诚信。阿罗曾经指出:"信任及类似的价值观,忠诚、讲真话等,都是商品,它们具有真正实际的经济价值,他们提高制度的运行效率,从而使人们能够生产更多的产品或任何人所重视的东西。"诺斯也深刻地看到文化起着一种类似"资本存货"的作用,是人们为了更节约更快速地行事而储备的。这表明为了提高企业效益,减少成本耗费,以诚信为本的文化价值管理在日益激烈的市场竞争中显得尤为重要。对此,在文化价值管理的推动下,企业以成本控制为重点的内部控制制度得到了进一步的建立与健全。当前和今后很长一个时期,文化价值管理的重点是要建立全方位的内部控制体系,通过战略管理的手段将管理会计的控制系统深入到企业乃至与企业相关的社会各个领域。这是由内控发展的形势决定的,现阶段以腐败为代表的极端文化,已成为一种投资回报式的思维理念悄然植入人们的心中,并形成会计活动中的一种失控态势。譬如,企业经营者在权力的运用过程中,不是积极地服务于管理职能,而是处处牟取个人或小集团的利益,并有向利益最大化发展的倾向。文化价值管理一方面要在提高企业诚信度上下功夫,另一方面要促进企业内部控制制度的进一步扩展与完善。诚信度低在会计中的表现是:① 应收款比率居高不下。在发达的市场经济条件中,企业间的逾期应收账款发生额约占贸易总额的 0.25%～0.5%,而在我国,这一比率高达 5%以上,且呈现逐年增长的势头。② 商业欺诈超常增加。我国的商业欺诈年增长比率已超过 30%。据中国消费者协会统计,全国每年有 68.4%的消费者受到商业欺诈行为的侵害。③ 逃废银行债务成为一种时尚。据报载,河北某县 205 家改制企业中,竟有 167 家以各种名目和手段逃废银行债务,涉及本息 3.2 亿多元。据 2005 年中国人民银行广州分行公开曝光的粤、桂、琼三省首批认定的逃废银行债务企业就达 105 家,涉及贷款本息近 60 亿元。为提高企业的诚信度,文化建设是关键。文化价值管理有助于人们从价值观体系、思想意识形态上着眼于防范未来,通过构建有效的战略管理会计控制体系提升企业的竞争能力。

二、文化价值管理的优劣影响企业资本经营决策的成败

按经济学的基本假设,人是自私的且会在一定约束条件下追求自身的利益最大化。我们认为,人类接受某种文化或价值观体系是因为这种文化本身具有给予其拥有者或享用者使用价值的特性。从满足人类需要来说,文化为人们提供了一个认知世界的价值观体系,这个体系将一切事物和行为的价值进行排序,为我们作出选择提供了极大的便捷,减少了人们判断决策

的代价①。在全球经济一体化的情况下,战略管理会计在实施资本经营战略过程中,如果不注重文化价值管理的优化与完善,将有可能导致整个企业战略决策的失败。20 世纪 80 年代,日本是世界制造业中心,日本人也开始高调收购美国的资产,其中包括 Firestone 轮胎公司和好莱坞的哥伦比亚影业公司。但是几乎没有一桩收购案能给日本买方带来预想的收益,大部分日本公司在美国的收购都以惨败告终,Firestone 公司和哥伦比亚的收购最后分别损失了 10 亿美元和 32 亿美元。并购后的公司没有认真执行优势整合的战略,也缺乏严格治理监督和财务控制,这是收购失败的一些原因。但是,最为重要的原因还是在于合并双方不能克服国民和企业层面的文化差异。通过文化价值管理,在企业战略决策中充分考虑合并双方的文化差异,是企业战略决策会计的一种重要选择。比如,企业在进行资本经营过程中先收购文化距离较近的公司,随后在具备了一定的兼并收购能力的基础后,再扩大到文化差异大的地区或国家,等等。

三、战略管理会计要强调"中庸之道"

作为强调和谐理念的"中庸之道",在战略管理会计实践中的主要表现是,无论在资源的企业个体生产还是在资源的集团内部分配过程中,企业至少在公开场合中,都力求与同一层次中的其他成员在占有资源的数量和质量上中庸式地趋于一致,既不求过多地领先于其他企业,也尽量不过多地落后于其他企业。从产品生产的角度讲,财产物资等工具性资源的生产与口碑声望等象征性资源的生产两者并没有严格的界限,而都可以统归为一种实现自我或自我表现的过程。在企业预算战略规划过程中,企业道德(过于保守、不愿意积极进取的预算战略规划选择)或能力(预算规划宏大,而现实表现过低)等方面反映出来的一些企业个体存在的不足,无疑会为众人看不起,很容易被边缘化;但过于出众的企业则更加危险,更可能遭到排挤打击,"枪打出头鸟""人怕出名猪怕壮"等正是这种文化心理的集中体现。"中庸之道"的企业战略管理会计(如预算、目标成本管理等),就是要在实践中既"克己"又"克公",凡事与其他部门保持相当的一致性(协调、沟通),通过适度地压缩自我、隐藏自我来维系自身与众人关系的相对和谐,使企业在集团中获得好的声誉。中华文化强调的"人缘"就是要有"中庸之道"的精髓。对资源的"不争""忍让""以和为贵"就是一种基于战略的以长远利益为目标的"争"的方式,长期压缩自我、隐藏自我的处世待人方式本质上也是一种保护自我、赢得资源的策略。从工具性资源的角度而言,这点似乎是不言自喻的,长期的隐忍可能在一些关键性的时刻取得极大的工具性收益,而从象征性资源角度来看,当我们评价某人"不为名不为利"的时候,其实他已经获得了最好的"名",甚至可能是名利双收。战略管理会计的"中庸之道"是企业可持续发展的精神保证。

第三节　知识文化、知识管理与战略管理会计的扩展

哈耶克认为:"文化既不是自然的也不是人为的,既不是通过遗传承继下来的,也不是经由理性设计出来的。文化乃是一种习得的行为规则构成的传统。"这说明文化本身也是演进的,

---

① 心理研究也证明了这一点,如格式塔学派认为,当事物作为整体被掌握时,思维过程所使用的能量最少,因此大脑中已经存在的主观框架对于活动至关重要。

文化的多样性是必然的。强调文化的多样性是世界文化发展的基础。在经济全球化条件下，战略管理会计更要重视文化的多样性与差异性。保护文化多样性的前提是认识与尊重文化的多样性、差异性。文化的多样性有助于促进企业的可持续发展。一个优秀的企业文化往往取决于它是否有机会吸取邻近企业及社会集团的经验。

在知识文化与管理方面，经济学家们偏好于对经济增长问题作出解释，会计学家则偏重于知识文化与知识管理。鉴于我国企业文化的特征，企业在选择文化价值管理的方式或手段时，可以从知识文化入手，通过知识管理与创新，在企业内部形成一种有助于企业上下沟通、消除企业官僚主义作风的文化价值管理意识；同时，在风险防范的基础上加大技术开发与创新力度，树立良好的道德风范，积极履行企业社会责任。战略管理会计强调的知识文化，是基于知识创造、知识转化与知识管理的分析视角。

一、企业知识文化的特点

企业获取的知识，可以分为有形知识（Explicit Knowledge）和无形知识（Tacit Knowledge）。"有形知识是能够用文字或数字表达，用严密的数据、方程式，显性化程序、方法，普遍的原则等形态，方便地传播、共享的知识"；"无形知识是指它仅为极少数的人所拥有，难以形式化，难以向他人传播并共享的知识。"人们基于主观的洞察、直接感觉、衡量，将这种知识形式融入自身的观念之中，尤其是无形知识往往是通过个人的行动、经验，理想、价值观、情感等融入人们的知识范畴之中的。这种无形与有形的知识在企业这种组织形式中是相互作用的，这种相互作用被称为知识转换。知识转换从文化价值管理的视角来考察，具有如下四个特征。

（1）共同化。随着经验的积累、作业组织模式的形成以及技能等无形资产的扩展，以及新型的师徒制度、办公自动化等有力地促进了知识的共享。

（2）外在化。将无形知识以明确的方式揭示出来，或者通过创新的知识传授及相互交流而产生的知识外溢等促进企业知识文化的外在化，这一点在企业集群区域的文化价值管理中最为明确。学习与交流对文化价值管理是有效的，它有助于促进我国企业组织形式的变革，减少企业最高领导者决策失误带来的损失，这尤其适合于我国国有企业文化改革的现实。

（3）融合化。将各环节有机融合构成一个知识体系，包括融合不同的有形知识及促进新的有形知识的形成等；从微观角度分析企业管理、经营、生产等环节，融合体现了文化价值管理对企业环节经营的重要性，即知识管理可以通过文化形式的具体化（操作化）来实现知识的传播，同时知识还有助于促进信息技术的整合。

（4）内在化。它主要表现为有形知识与无形知识的一体化；学习型组织对于知识文化的内在化具有重要作用。

以上四种知识转换方式，使无形知识与有形知识不断地交织而相互循环，并借助于这些方式由组织创造出更高、更新的知识。这种组织的知识创造形式被定义为知识模式。对此，人们可以从组织的知识创造视角来认识知识文化创造的内涵。组织的知识创造路径一旦被确立，为实施这种路径的管理就十分必要，这就是知识文化价值管理。其关键是借助于创造性丰富的个人，围绕知识创造提供更良好的条件。知识文化价值管理可以理解为是对组织的知识创造的目标环境进行整合的产物。因此，即便具备了组织创造知识的目标环境，若没有组织成员的积极行动，组织的知识创造也是不能进行的。这一点就是强调战略管理会计中文化价值管理的必要性所在，因为管理会计的文化价值管理十分重视"人本管理"。

完善的组织是通过企业领先战略对组织结构的再造而形成的。通常的组织结构往往是在计划体制与市场体制两极之间摇摆不定的产物，这尤其以我国的国有企业为典型。从知识创造的视角观察，两者并非是相互排他的体制。他们之间是可以互补的，认识这一点很重要。这是因为计划体制能发挥融合化和内在化的效果，市场体制适应共同化和外在化的特性。换句话讲，前者适应于知识的利用与蓄积，后者在知识的共享和创造上效果明显。基于这种思考，完善的组织是计划体制与市场体制相互补充的组织结构。相当于计划体制的是企业内部的经营系统机制，相当于市场体制的是各种项目组织机制，经营系统机制与项目组织机制有机融合构成了基于知识标准（基准）的机制。其形成机理是，知识标准机制是依据上述两个机制创造出来的知识再分类、再构造的产物。但是，知识标准机制作为现实的组织实体并不存在，它内含于企业经营系统、组织文化或者技术之中。就这点而言，经营系统机制与项目组织机制是有差异的。

二、基于知识管理的战略管理会计控制机制扩展

为了实现组织的知识创造，在整合的组织环境下，将知识体系与组织成员结合起来是必要的。即对组织成员的知识体系的控制引伸出来的概念是必要的，这种概念的作用能达到战略管理会计控制体系提升的目的与效果。这是因为战略管理会计控制体系的功能在于依据组织目标的理念将组织成员的行动连贯起来，实现企业价值的最大化。下面依据知识创造理念来探讨如何恰当地设计和应用战略管理会计的控制体系。

诚如前述，组织的知识创造需要重视组织成员的内在作用，即尊重成员的主观能动性。为此，确认组织成员的自我评价，实现组织成员自我功能的发挥是十分必要的。对此，控制与自主性之间就需要加以协调。因此，扩展控制概念的内涵，就可以减少协调的成本。这种扩展的控制概念有经营权控制机制（Diagnostic Control Systems）、剩余权控制机制（Boundary Systems）和信任机制（Beliefs Systems）、交互式控制机制（Interactive Control Systems）等。经营权控制机制是狭义的控制概念，即针对计划进度，说明目标实现的程度；剩余权控制机制是新时期探索激励约束制度建设的控制概念，组织的上层管理者明确地设计一种能让组织成员接受与理解的价值观和方向。剩余权控制机制决定规则的制定，是规范行为的控制系统，剩余权控制机制中的"剩余"概念有助于创新；同时，还可以防止组织成员行为的过激，起到了制约组织行为的功能作用。信任机制是组织的上层管理者向下层管理者传递决策信息时，以战略的不确定性为焦点，依据个人的领导魅力，增强企业凝聚力，通过学习与沟通来把握竞争的威胁与机会。交互式控制机制是指借助于共享与竞争相关的信息，试图通过理解上层管理者的组织目标来最终达到期望的行动。这样，被扩展的控制系统促进了概念的融合化，并被再造与运用。战略管理会计的控制体系必须重视组织成员的权限与责任会计体系的构建。知识管理是适应完善的组织所必需的，战略管理会计控制体系必须强化文化价值管理的设计。

在完善的组织中，识别出组织成员究竟属于经营系统机制，还是项目组织机制，在知识创造中尤为关键。由于经营系统机制与项目组织机制在业务内容上有所差异，使得所获取的知识也就不同，知识创造的方法也表现出不尽相同。因此，建立在经营系统机制基础上的控制系统与建立在项目组织机制基础上的控制系统进行分类设计应该说是可行的。同时，将两者综合，从全社会管理控制系统中去加以考虑，我们认为也是恰当的。这是因为组织的知识创造路

径是围绕知识这三个机制来回运转的,控制系统若不是从全社会整体的视角加以整合,企业发展的生命周期就会受到影响。因此,首先要探讨各机制适合于哪种控制系统。由于经营系统控制具有基本的计划体制的特性,因此经营权控制机制被认为是适当的。项目组织机制因为具有市场体制的特性,剩余权控制机制可能是适合的。知识基准机制不具有具体的组织结构实体,是包含在企业经营及企业文化之中的,因此知识基准机制相对地适合于信任机制和交互式控制机制。这方面的关系如下所示:

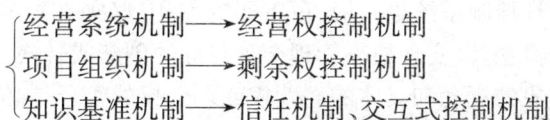

$$
\begin{cases}
经营系统机制 \longrightarrow 经营权控制机制 \\
项目组织机制 \longrightarrow 剩余权控制机制 \\
知识基准机制 \longrightarrow 信任机制、交互式控制机制
\end{cases}
$$

当经营权与剩余权整合为组织目标时,组织成员的活动能够遵循目标并加以实现。因此,战略管理会计的控制系统具有综合性,即各种各样的控制系统的目标以及剩余权,通过整合加以设定是可能的。因为组织目标是基于企业文化或理念,以及有关竞争的共同认识而决定的。因此,应将经营权控制机制中的经营权和剩余权控制机制中的剩余权基于企业文化或理念之上,并在有关竞争的共同认识方面加以设定,以保持各种各样的经营权及剩余权之间的整合性。这种思维状态下的控制系统如图 9 - 1 所示。

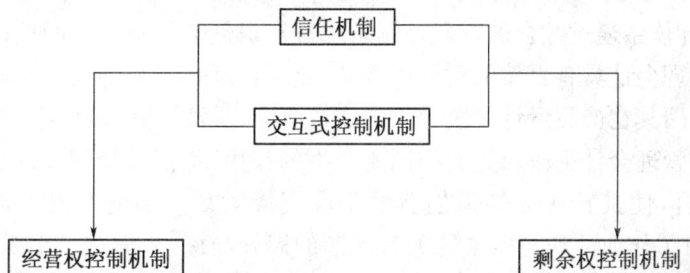

图 9 - 1　被综合化的战略管理会计控制系统

三、知识创造与战略管理会计的功能扩展

在知识创造中,战略管理会计体系的贡献可以通过以下几个方面表现出来:

(一) 通过战略管理会计控制系统贡献于知识创造——间接作用

战略管理会计的许多方法是作为控制系统的规则来体现的。因此,战略管理会计对组织的知识创造的贡献,可以认为是通过综合的控制系统来实现的,这些贡献可以说是面向知识创造的间接贡献。传统管理会计中的各种方法,譬如,预算管理、标准成本计算制度等,一旦灵活地投入运用,就能够在目标的实现及业绩的考评等方面产生明显的效果。同时,借助于作业成本管理、资源消耗会计、平衡计分卡、经济增加值等现代的管理会计方法,能够进一步提升战略管理会计的控制系统,在企业的业绩考评上可以使企业的绩效与薪酬更加紧密地联结,实现员工激励的目的。

剩余权控制是与经营权控制相反的控制系统,就目前的情况看,战略管理会计体系与剩余权控制机制的互补性不高。即战略管理会计体系尚没开发出能适应剩余权控制机制的方法。因此,当剩余权控制需要量化,特别是采用货币来表示的时候,迫切需要战略管理会计体系的支持。即构建服务于剩余权控制机制的战略管理会计体系是十分必要的。如图9-1所示,这两种控制系统,在信任机制以及交互式控制机制的结合下,形成了一套融合的战略管理会计控制系统。此时,信任机制以及交互式控制机制成为经营权设定或剩余权设定的出发点。在这一框架体系中,尤其是当经营权或剩余权用货币值设定的情况下,战略管理会计体系是不可或缺的。因此,综合的控制系统采用货币值反映经营权或剩余权时,战略管理会计体系是不可或缺的。

为发挥战略管理会计控制系统更积极、更重要的作用,必须在控制系统中融入企业文化、价值与理念这些抽象的概念,以实现战略管理会计目标的创新或转换。在这个过程中,企业文化、价值、知识等这些抽象的概念和具体的经营权或剩余权的整合是必要的。企业内部有关各种经营权或剩余权统一的寸度仅限于企业范围,在此范围中将企业文化、价值这些抽象的概念用更具体的控制权或剩余权加以融合并展开(具有一定的操作性),在这一点上,笔者认为战略管理会计体系是重要的。进一步而言,组织的知识创造对于企业来讲,最终必须形成并产生出经济价值。也就是说,如果组织的知识创造不能产生经济价值,组织的知识创造对于竞争力的贡献就不存在。因此,当组织成员与组织的知识创造结合的时候,必须拥有经济价值观念,经济价值促进了企业的计量与揭示,借助于经济价值观念也能够看出战略管理会计的重要性。

(二)通过战略管理会计手段贡献于知识创造——直接作用

战略管理会计体系通过综合的管理控制系统对知识创造的贡献是间接的,而作为知识创造的手段,战略管理会计具有直接的贡献。譬如,成本企画在产品的设计阶段,围绕降低目标展开的成本管理,因其在产品设计阶段导入了成本概念,诱发了组织的柔性,提高了管理效率。对此,成本企画的管理会计手段对管理控制所产生的作用,不仅仅是间接的贡献,由于它将设计与成本管理融合,使其转化为知识创造的手段直接对知识创造作出了贡献。此外,采用ABC法的企业,有关作业活动与成本的关系问题的展开与深入,促进了组织成员对成本管理的了解。因此,ABC法本身就具有在组织成员间促进知识的共享与创造的功能(Birkett,1995)。进一步讲,会计信息在交流传播的同时,使参与交流的人们之间,不单纯是获取会计信息,通过围绕这些会计信息的解释或一体化能够增进各自的知识。这种形式的会计信息交流与传播被称为会计沟通,它有助于促进组织成员间的知识创造与共享(Ahrens,1997)。

成本企画、ABC以及会计沟通等例子,说明综合的控制系统不只是借助于会计管理方法,而是对组织的知识创造的直接贡献。着眼于这样的直接贡献,战略管理会计方法自然成为了知识创造的手段。

(三)直接与间接的融合——提升知识管理

如上所述,战略管理会计对知识创造的贡献可分为两类,一类是基于组织成员结合观点上的贡献(通过管理控制的间接贡献);另一类是作为知识创造手段的贡献(直接的贡献)。战略管理会计作为一种技术与方法体系,对知识创造具有很高的有用性,它能将这两类贡献以相互补充的形式加以综合。成本企画在诱发组织知识创造的同时,能够面向组织的知识创造将组织成员结合起来。战略管理会计在综合的控制系统中所起的作用是通过设定的控制权或剩余权来达到的。因此,战略管理会计控制系统能够从被设定的经营权或剩余权中诱导出基于成本企画的目标成本。换言之,将组织成员的行动以灵活的形式加以利用的控制权和剩余权,也是一种作为组织柔性被使用的东西。进一步讲,依据成本企画诱发组织知识创造的同时,能够面向组织的文化价值管理将组织成员结合起来。

此外,用会计沟通获取的会计信息,在战略管理会计控制系统中可以借助于经营权或剩余权的形式加以说明。此时,不仅局限于经营权或剩余权,还促进了在这些背景下的企业文化、理念、有关竞争的信息共享。由于企业文化、理念、有关竞争的信息共享与信任机制、交互式控制机制具有同样的效果,所以会计沟通这种知识创造手段作为战略管理会计控制系统的功能起到了积极的作用。换言之,依据会计沟通诱发组织知识创造的同时,能够将组织成员融合于组织的知识创造之中。在这种情况下,知识创造手段的经营方法和综合的控制系统进行了有机的结合,即战略管理会计控制系统实现了知识创造手段和控制方法或手段的一体化。这种一体化,通过控制系统的间接贡献和作为知识创造手段的直接贡献,在互补的方式下融合起来。因此,借助于控制权或剩余权若能将知识创造的手段和管理控制的方法或手段融合的话,战略管理会计系统作为组织的知识创造,可以说具有很高的有用性。

文化是为一定战略服务的,是为一定的活动服务的。当企业里面一定的战略形成以后,在战略的实施过程中,必然会形成与之相应的文化,当企业战略需要调整的时候,企业文化也需要进行调整。战略管理会计的形成与演进必然要求企业文化及其管理能够适应企业战略的实施及未来的发展需要。中国企业文化的特征表明,许多企业领导者对于文化的理解仍停留在从字面上对企业文化进行描述的阶段,企业文化仅仅被当作是一种对内和对外宣传的工具,并没有真正成为整体组织的信仰和价值观,也没有成为员工共同遵守的原则。为此,企业管理者(特别是高层管理者)必须身体力行地遵守企业文化的要求,充分认识文化价值管理的重要性,这对建设可持续发展的企业精神是不可或缺的。

战略管理会计系统使企业中基于知识创造的直接贡献和间接贡献的内容得到了明确,这种将直接的贡献和间接的贡献融合起来的战略管理会计体系作为文化价值管理表现出来,具有很高的有用性和可操作性。今后,如何沿着直接贡献和间接贡献融合的方向,形成有助于战略管理会计创新的综合型控制系统的构建,将成为未来战略管理会计研究的重要课题。

第四节　战略管理会计中的环境经营文化观

党的十八届五中全会将"加强生态文明建设"写入了"十三五"规划。从企业文化建设角度考察,生态良好的文明发展道路必须重视企业的环境保护,积极实施环境经营。其中,加强战略管理会计创新,促进环境经营与企业文化建设的深化与融合,改变过去那种以牺牲环境为代价的经济发展模式,实现环境保护和生态文明建设导向的管理方式选择是管理会计发展的重要趋势。

一、环境经营在企业经营模式中的定位

环境经营更多的是一种理念,它是在企业文化价值观指导下的环境管理。环境经营要求企业在获取经济效益的同时,兼顾环境效益与组织效益。如果企业在经营活动中只考虑自身的局部利益或眼前利益,而不顾及社会利益与环境的承受能力,那么这种经营活动(无论是商品经营还是资本经营)就不可能带来正向的收益,而是一种经济学上称之为"负外部性"的结果,即造成巨大的环境压力和难以承受的环境代价。环境经营活动就是要通过"外部成本内部化"(如环境成本的内部化等)手段克服这种"市场失灵",提高企业成本项目的相关性和可靠

性,并进一步在文化成本、环境成本、生产成本和交易成本等的整合与交融的契约组合下积极履行社会责任,实现社会的公平与效率。亦即环境经营的情境特征促使企业的文化价值观与自然契约观相联结,通过资源集约谋求环境、经济和社会效益的协调发展。企业的经营实践表明,环境经营可以独立运作,也可以与企业的其他经营方式相互融合;同时,环境经营可以在一家企业中推行,也可以在整个产业集聚区域里推广及应用。实践表明,环境经营对于经济新常态下的产业结构转型升级具有积极的促进作用。如果仅就一家企业的经营活动来考察环境经营,可以发现,它正在成为企业商品经营与资本经营博弈过程中的重要砝码。三者之间的博弈关系,如图9-2所示。

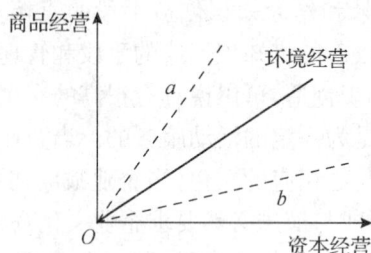

图9-2　商品经营与资本经营的博弈

图9-2表明,基于商品经营视角,随着消费者对环境质量需求的提高,商品经营过程中对环境经营的迫切性变得越来越强。商品经营活动将更多地体现环境经营的内在要求,充分关注各利益相关者的环保诉求,努力实现利益相关者的价值最大化。此时,环境经营就会偏向商品经营(即转变为a线)。从资本经营的视角考察,面对经济发展带来的巨大环境压力,加强生态文明建设、重视环境责任、提高投资营运的环境效率将变得十分迫切。此时,环境经营就被资本经营拖向b线。亦即,企业的兼并与收购,以及产业转型升级等均需要将环境经营嵌入其中。总之,商品经营与资本经营之间围绕环境经营的博弈,确立了环境经营的地位,同时也促进了商品经营与资本经营各自的发展,最终实现企业经营方式的成功转型。

二、企业文化与环境经营的融合

企业文化建设就是要树立环境经营的价值理念,促进企业资源的高效利用。科斯(1937)的《企业的性质》将企业视为一系列契约的集合体(普特曼等,2 000),但其强调的是社会契约。即受当时环境因素的影响,对自然契约的考虑不足。换言之,对企业来说,强化生态平衡的环境契约并不只会产生成本,更可能创造利润。

(一)基于企业文化的环境契约

历史考察表明,从最初的个体企业、家族企业(或泛家族企业)发展到现在的公司制企业乃至全球公司,企业都经历了一个文化资本积累的过程,表现在企业文化上就是持续地包容各相关契约主体的价值取向。企业文化也是一种观念形态上的契约,它是"为一定的战略和管理活动服务的,在企业发展的不同阶段,就有不同的企业文化,而企业文化则会影响到企业经营活动的落实,进而影响到企业环境经营的发展战略;反过来,当企业实践中环境经营战略形成之后,在战略的实施过程中必然也会形成与之相应的文化,而当企业战略需要调整的时候,企业文化也会随之调整"(冯圆,2013)。笔者将这种基于企业文化的环境契约视为环境经营的一种外在表现,亦即,它是一种"外部成本内部化"的环境管理机制。换言之,根据交易成本理论,当环境的外部交易成本大于内部交易成本时,需要将环境成本内部化,即将环境成本控制在环境的自净化能力之内,这种环境契约体现的正是环境经营的客观要求。从理论上讲,"外部成本内部化"理念便于总结、提炼并设计出外部社会承担的企业"环境成本"数额,能够丰富环境成本管理的理论内涵;从实践上讲,上述理念或观点对实现企业环境负荷的最小化,构建符合可持续发展的循环型社会有积极的现实意义。

文化的本质观表明,环境经营就是从环境契约的视角重新思考原有的企业文化。或者说,它是一种基于企业文化的环境契约转型。实践表明,企业中任何一种环境管理工具的开发,通常都会遇到相应的抵制。只有那些成功实现了文化价值观体系扩展的企业才能顺利地推进环境管理制度的创新与发展。在企业文化对环境经营的影响方面,Sapienza & Zingales(2006)阐述了文化环境会影响企业经营的情况,但对环境经营问题尚未作深入的分析;科特和赫斯克特(1997)通过分析不同国家的企业文化与经营业绩的内在联系,推断出包括企业规模、债务比率等市场因素和文化因素会共同影响企业的经营与管理行为,进而影响企业的市场表现和对管理层及员工的激励方式。易学君(2008)认为企业文化能对企业的经营活动产生重大影响,环境管理工作者面临的挑战是如何确定行之有效的做法以及怎样适应不同文化对环境经营的具体要求。

事实上,有时环境成本技术与环境制度创新不能产生,主要原因是文化创新未能发生。因此"要有效地开发和应用技术,就必须进行适宜的制度创新,而制度创新的形式主要受文化传统的限制。根据诱致性创新模型,预期利润是诱致技术和制度创新的动力。然而不管诱致力量有多强,如果它们与植根于人们头脑中的传统规范不一致,对社会有利的创新就不可能实现"(速水佑次郎,2003)。基于企业文化将环境契约嵌入企业经营,就是欲将企业环境管理战略和企业经营的竞争优势相互结合,实现企业与社会的共赢。同时,围绕环境经营的核心价值体系的构建,可以寻求企业文化、环境经营与制度建设融合的发展规律,促进企业文化价值观向更有利于企业与社会共享的环境契约方向发展。

(二)企业文化是嵌入环境契约之中的经营价值理念

这种由环境契约到环境经营的企业文化价值观,可以从以下几个方面加以体现。

(1)从生态平衡到企业发展。1991年9月16日,在亚利桑那州奥拉克尔市(Oracle,Arizona),一支科研小组进驻了封闭的"二号生物圈"(Biosphere Ⅱ)。这是由玻璃和金属构建而成的一个占地3.2英亩的圆穹建筑在阳光的照耀下熠熠发光。建造这个圆穹是为了小规模地复制地球的主要生态系统。2年后,当这个大胆的尝试宣布结束时,这个人造生态环境却几乎濒临崩溃,从这个圆穹里走出来的科学家们,个个面容憔悴。而他们之所以能够生存下来,还是依靠外界不断向圆穹中输入的新鲜空气。"二号生物圈"装备了价值2亿美元的精密设备,可终究还是没能制造出仅供8人使用的空气、饮用水和食物。然而,作为我们所居住的地球,即"一号生物圈"自身也面临危机。由于大量的自然资源受到肆意采掘、加工、运输和处置,地球的这种维系能力正受到威胁。我们每年消耗的自然资源高达2 200亿吨。1998年,中国长江流域因滥砍滥伐引发特大洪水,3 700人因此丧命,2.23亿人被迫转移,6 000万英亩耕地被淹,经济损失高达300亿美元。此次灾害迫使政府颁布了"禁伐令",同时投入120亿美元,紧急启动植树造林工程(波特、范德林德,2006)。

传统的企业经营过于追逐自身的经济利益,忽视环境契约的价值理念与生态文明建设,使自然环境受到了极大的破坏。近年来,随着大量公害性环境事件的频频曝光,相关利益主体开始意识到环境对于人类生存与发展的重要性,进而认识到环境作为一种公共物品,其供给并不是无限的,而是稀缺的,人们对其选择与使用必须付出代价。注重生态平衡,加强环境保护,努力实现"经济、环境与社会"的协调发展已成为企业经营的一项基本责任。面对生态文明建设的环境形势,企业或政府正在倡导环境经营及其具体行动来遏制环境恶化对社会经济产生的影响。同时,为帮助企业明智决策以及实现可持续发展,政府开始积极引导企业推行国内外先进的环境成本管理工具或技术方法,并在经济增长方式加快转型升级的步伐,通过"互联网+"及"中国制造2025"规划提高环境管理的智能化水平。如果企业在决策时仅仅考虑自身利益,而忽视生态平衡与环境利益,那么就会因为负的外部性,而导致市场的失灵,从而带来巨大的环境代价,随之产生大量的无法也没有动力加以内部化的环境成本,从而造成企业经营成本的失真,这对于遵守环境标准与法律的企业来说是不公平的。因此,企业必须充分认识环境经营的重要性,采取各种积极有效的环境资源利用手段来实现企业的发展。

(2) 企业是自然契约与社会契约的集合体。自然契约(Natural Contract)是企业与自然关于和谐共生的默契合意。现代法国哲学家米歇·塞雷指出,可以通过建立某种"自然契约"使企业与自然、环境之间保持协调与共生(莫妮克·佩罗拉诺,2 000)。社会契约(Social Contract)是一种概念,一般用以解释企业和政府之间的适当关系。从企业角度看,社会契约最初作为一种社会规范是随着人类社会形态的发展而自然产生的,它分为经济层面的社会契约与伦理层面的社会契约两种形式。

企业以社会契约集合嵌入自然契约,是自然契约与社会契约的复合体。在生态系统面临重要拐点的抉择时刻,决定资源配置方式的契约结构重心正逐渐由社会契约向自然契约转变。自然契约思想的复苏反映了企业与自然关系经历了"忽视自然—保护自然—投资自然—融入自然"的演进过程,并努力促使企业文化将经营活动与环境契约的外生性给定推演至内生性再造,还原企业演化的自然逻辑。社会契约衍生于自然契约,其发展逻辑以企业文化价值观的确立为主线,环境经营是企业发展的内在动力,并与环境保护息息相关。自然契约则明确了企业与自然的关系是在更高程度上对环境经营的全新认识,是人类在征服自然迷途中的深刻觉醒,是对遵循自然规则的理性回归,是生态平衡与企业发展的客观统一。认识企业是自然契约与社会契约的集合体,可以促进企业经营方式的转变,并自觉地将环境经营融入到商品经营与资本经营的企业实践中去,进而丰富和发展企业文化的价值内涵与外延。

(三) 环境经营中的战略管理会计文化观

企业文化是在环境变化中持续推进的,企业文化与环境经营具有紧密的相关性。企业文化建设可以调动组织或单位实施环境经营的主动性与积极性,企业文化的资源战略观进一步促进了资源效率的提升。企业文化有多种不同的看法,雷蒙·威廉斯(2014)从三个方面对企业文化作出了定义:① 理想化的"文化"。即它是人类完善的一种状态和过程。② 文献式的"文化"。即它是知性作品和想象作品的整体。③ 社会性的"文化"。即它是一种整体的生活方式。在上述定义中,第一种文化观侧重于文化科学,第二种侧重于文化作品,第三种侧重于文化行为。环境经营活动中的文化观一般表现为"文化行为"。麻省理工大学教授 Edgar H. Schein 构建的企业文化模型是一种三层次的文化交流与沟通模式:① 以企业的核心价值观作为企业文化的准绳;② 借助于核心价值观向员工解释做事的基本伦理与原则要求;③ 企业的处事规范与操作细则必须体现核心价值观的行为特征等(冯巧根、冯圆,2014)。这种文化定义模式对于理解企业文化与环境经营的相关性具有很强的说服力,并易为大多数人接受。环境经营作为一个新概念,同样存在各种不同的认识。在现有的《环境经营学》教材与著作中,对"环境经营"的定义,一般界定为组织对环境问题所实施的管理运营,是一个全面的、整体的、战略的概念(金原达夫等,2011)。因此,也有人将环境经营等同于环境管理,也有人认为称之为"绿色管理"可能更好,等等。我们认为,若将《环境经营学》中的"环境经营"概念应用于会计领域,就需要一个转换。具体的研究路径是:从"大概念向小概念"转化。譬如,我们认为,环境经营的实施是企业经营活动与环境的关系从相互对立走向相互融合;环境经营的目的是获得经济利益和环境保护的双重价值,是基于循环经济和可持续发展理念的新的企业经营模式,它体现了企业与自然、企业与社会的相互依存关系。由此,并进一步提出:"从企业的生产活动着眼,环境经营就是指企业在生产过程中,以提高资源利用率为核心,借助于生产流程优化、技术水平提升,以及高效的监管手段等来控制环境污染,全面推行清洁生产,以达到实现企业经济效益、环境效益和组织效益并重为目的的一系列管理活动。"(冯圆,2014)

　　企业文化作为嵌入环境契约之中的经营价值观,它是一种对现实的价值判断,在市场经济中可以浓缩为"公平、公正与可持续发展"。环境经营要求处理好企业的道德公平与经济发展的关系问题。"经济发展与环境保护(环境成本抑制)可以称其为'善',而环境污染(巨大的环境成本)与贫困则是一般意义上的'恶',所以企业在决策过程中面临善与恶的两难选择。"(朱七光、何米娜,2006)。很显然,企业经营行为不应该是将"善"推至极至,也不可能将"恶"放至无穷,环境经营就是要在企业文化价值观下寻找"善"与"恶"的最佳平衡点,将环境成本控制在环境的自净化能力之内。这种使环境成本内部化的经营也就是我们所说的"环境经营",它有助于实现企业环境负荷的最小化以及构建可持续发展的循环型社会。

案例与讨论

背景资料

　　20世纪80年代日本是世界制造业中心,日本人开始高调收购美国的资产,其中包括Firestone轮胎公司和好莱坞的哥伦比亚影业公司。但是几乎没有一桩收购案能给日本买方带来预想的收益,大部分日本公司在美国的收购都以惨败告终,Firestone公司和哥伦比亚的收购最后分别损失了10亿美元和32亿美元。并购后的公司没有认真执行优势整合的战略,也缺乏严格治理监督和财务控制,这是收购失败的一些原因。但是,最为重要的原因还是在于合并双方不能克服国民和企业层面的文化差异。

请讨论

　　结合上述资料,谈谈融汇合并企业双方文化的方法与途径。

答案提示

　　融汇合并双方文化差异的一种方法就是先收购文化距离较近的公司,由此来逐步提高公司兼并收购的能力。例如,中国企业在收购英国公司之前可先收购中国香港的企业,在澳大利亚开展项目之前可先在新加坡尝试运作项目,在进入美国市场之前可先在加拿大尝试经营。文化差异的重要表现是各地工作伦理的差别。有人形象地比喻说,美国工人在工作8小时之后一定会坚持回家,而中国员工却可接受加班到深夜。在法国,工人每周只工作35小时,而中国首席执行官两天的工作时间就可达到 35 小时。

其他的文化差异还包括晋升政策、对团队合作精神的重视、激励方式、对不同职能和业务部门的重视以及对企业目标和未来发展的看法,等等。企业需要通过交流与沟通来消除这种文化隔阂,企业只要真诚地去解决人际交流问题,文化问题自然可以得到解决。

本章参考文献

[1] Birkett W. P. Management Accounting and Knowledge Management [J]. Management Accounting, 1995(11).

[2] Simons R. Control in an Age of Empowerment [J]. Harvard Business Review, 1995(3).

[3] Ahrens T. Talking Accounting: An Ethnography of Management Knowledge in British & Germany Brewers [J]. Accounting Organizations and Society, 1997, 22(7).

[4] 野中郁次郎,竹内弘高. 知识创造企业[M]. 东京:东洋经济新闻社,1996.

[5] 约翰·科特,詹姆斯·赫斯克特. 企业文化与经营业绩[M]. 北京:华夏出版社,1997.

[6] 木村彰吾. 关联性模式与管理会计[M]. 东京:税务经理协会,2003.

[7] 高波,张志鹏. 文化成本:概念与范式[J]. 南京大学学报,2005(5).

[8] 赵曙明,张捷. 中国企业跨国并购中的文化差异整合策略研究[J]. 南京大学学报,2005(5).

[9] 迈克尔·波特,克拉斯·范德林德. 环保与竞争力:对峙的终结[J]. 哈佛商业评论(中文版),2006(1).

[10] 潘爱玲,等. 文化对会计的影响:文献述评及未来研究展望[J]. 会计研究,2012(4).

[11] 冯巧根,冯圆. 企业文化与环境经营价值体系的构建[J]. 会计研究,2013(8).

[12] 冯圆. 企业文化、环境经营与民营企业成本创新研究[D]. 南京:南京大学,2013.

[13] 雷蒙·威廉斯. 希望的源泉:文化、民主、社会主义[M]. 北京:译林出版社,2014.

第十章

全球化经营时代的管理会计创新

进入新世纪,围绕企业环境的重大变迁,管理会计正面临历史性的考验。在这种全球化经营环境的冲击下,管理会计理论与方法体系必将随着经营方式及会计概念的发展而出现新的变革。本章将围绕这一话题,就管理会计的新动向加以探讨。

第一节　全球化经营时代的管理会计标准

长期以来,我国企业在经济增长方式上偏向于对收入和资产规模的重视,而对企业收益的质量缺乏应有的关注。一方面资产规模在扩张,而另一方面资产收益率却不尽理想,甚至出现下降态势。面对激烈的全球化竞争,企业只有不断增强价值创造的能力,才能在市场上获得竞争优势,实现持续稳定的发展。

一、全球化环境下的企业管理特征

最近 10 多年,在经济全球化潮流推动下,全球范围内企业界发生了巨大的变化,其中最引人注目的是跨国公司(Transnational Corporations)向全球公司(Global Corporations)的转型。其主要特征之一是围绕全球经营,吸纳整合全球各国或各地区的各种最优资源,包括资金、市场、原材料、技术、人才,打造全球产业链,采用诸如并购成长的方式以全球的资源参与全球市场的竞争①。从跨国经营向全球经营转变的具体特征表现在:① 经营活动的全球化。随着营销及服务网点撒向全球,制造组装等业务也开始全面向新兴市场或者最适宜加工组装的地区转移。无论是主动发起还是被动应对别人的全球化市场挑战,跨国公司都不得不根据全球市场制定全球战略,从而保持现有的竞争优势和开发新的竞争优势。② 打造全球产业链。随着制造业的转移,跨国公司开始将研发设计业务向全球转移。近年来,跨国公司研发出现了从国内到国外,从发达国家到发展中国家转移的趋势。通过在全球范围设立营销服务、制造组装和研发设计中心,跨国公司建立了自己的全球产业链。现代市场竞争已经从单一企业间点对点的竞争上升到产业链的竞争。③ 外包的常态化。跨国公司根据全球产业链发展的需要,往往把经营重点转向服务环节,退出某些制造环节,把零部件生产,甚至最终产品生产按照自己的标准发包给经过认证的海外企业。开始是制造外包,后来则是服务外包。现在,连财务管理、信息系统管理、产品设计等过去完全由企业自己完成的服务业务也都开始外包给其他企业进

---

① 参见王志乐:《跨公司发展新趋势及其带来的挑战与机遇》,《光明日报》第 10 版,2007 年 8 月 28 日。

行。④ 通过并购快速成长。过去企业比较注重"有机增长"(Organic Growth),即主要依靠自身生产能力扩大而取得发展。现在仅仅依靠有机增长已难以适应迅速变化和扩大的市场。通过并购其他企业获得增长的方式被广泛应用。

在全球经营的推动下,跨国公司在数量和贸易规模上都有了巨大的发展。其中引人注目的是,随着跨国公司向全球公司的转变,它们所产生的内部贸易已经占了世界贸易的很大比重。据联合国贸发会议统计,截至 2004 年年底,全球跨国公司 6.4 万家,海外分支机构 85 万多家,跨国公司的内部贸易占世界贸易总额的 1/3 以上①。全球公司通过跨国界的企业内部市场来代替外部市场进行中间产品交易,可以更大程度上以日益广阔的内部市场的交易来降低外部市场不完全所形成的交易费用和成本的增加。一般而言,产品的内部化程度随产品加工程度的提高而上升,也就是说制成品内部化程度一般远高于初级产品的内部化交易程度。这是因为,通常一国最终产品的名义关税税率都高于中间产品的名义关税税率。随着产品加工程度而逐渐升级的关税结构,不仅推动了全球公司出口中间产品,然后在市场所在地进行组装,而且也促使出口企业将一些最终制成品的出口实行内部化。

全球公司新的发展战略、新的管理结构以及新的理念和文化给我国管理会计发展提供了新的动力与机会。一方面,我们要积极推动本国企业的市场化以及战略、结构及理念文化的转型;另一方面,我国企业必须转变管理会计的传统观念及思维方式,积极考虑以全球资源来参与全球竞争和有效吸纳整合跨国公司的资源为我所用。同时,按照市场经济规律加快产业整合,提升科技创新能力,让那些具有全球经营战略理念的企业跨地区跨部门并购同产业的其他企业,允许外部企业参与国有企业的并购,通过外资企业并购促进竞争,淘汰落后,使我国企业在国际贸易中占据主动地位,提升市场经济地位,促进管理会计的创新与发展。

二、管理会计标准的国际化与创新

全球化是指社会经济体系、政治体系的非国家化和全球一体化的过程。20 世纪中后期以来,全球范围内的经营环境发生了巨大的变化,最显著的表现是经济全球化趋势与信息技术发展迅猛,网络经济不断得到壮大。在其影响和推动下,全球化条件下的管理会计也面临强烈的冲击,并从欧美波及到我国,使管理会计无论在内涵还是外延上都产生了深刻的变化。这种大范围的变革,宏观上由政治、经济开始经过财政、金融下传之企业的方针、战略,微观上则直接由财务会计传导给管理会计。

(一)管理会计标准的国际化

面对全球化的经营环境,企业管理一般有三种方案可供选择,一是适应环境;二是影响环境;三是重新选择新环境。管理会计在全球化浪潮的冲击下,不单纯是管理会计的方法,作为其根基的管理会计概念也面临着挑战。

1. 管理会计的国际标准

在全球化的经营环境下,管理会计仍然采用一国的局部标准是难以适用的,制定国际标准

---

① 参见于培伟、于鹏:《贸易摩擦是我国利益与世界互动的重要表象》,《经济研究参考》,2005,(82):4-7.本文转引自纪玉山等发表在《云南财经大学学报》上的《跨国公司内部贸易趋势及发展中国家的对策研究》一文。

(Global Standards)已成为当务之急。国际标准可分为法律标准(De Jury Standards，DJS)和事实标准(De Facto Standards，DFS)，法律标准有按与法律相同的基准进行处理的强烈要求，而事实标准虽无法律上那么高的强制性，但是若缺少这样的基准，灵活处理经营活动就会带来困难。比如，作为强制性要求的前者有 JIS 及 ISO 这样的标准，而作为后者则有"Window"(微软公司)及 VHS 等规范，问题的关键还在于后者。

在全球化的环境下，某类工业产品若只注重自行创立 DFS，而不考虑与其他 DFS 的一致性，那么其生产的产品就无法到世界市场上去销售。不仅是工业层面，经营层面上也有 DFS 的问题，这是必须重视的问题。公司治理(Corporate Governance)也不例外。如何适应全球化经营的需要，改造我国传统的公司治理模式，是管理会计战略制定应当考虑的重要因素。我国是一个文明古国，国内具有"天时、地利、人和"的经营文化，然而，随着企业的跨国经营，各国之间存在的文化、体制、法律和经济发展水平等方面的差异，要求国际性企业对这些差别具有敏锐的感知，并针对这些差别采取适当的改革与策略。

管理会计规范必须与全球化环境相适应。全美会计师协会(NAA)连续颁布的是美国管理会计师协会(IMA)的《管理会计文告》(Statements of Management Accounting，SMA)。IMA 在管理会计领域是全球最大的研究、教育机构，拥有包括世界各国或地区在内的 300 多个分支机构，会员达到 8 500 多人。管理会计的基本目标是向管理者以及利益相关者提供决策有用的信息，号召经营过程的管理会计人员积极参与企业的全球化管理。在《管理会计文告》(SMA)里，对管理会计人员在经营活动以及过程中应遵循的标准作了以下明确的规范：

(1) 管理会计人员的责任。为实现管理会计目标，管理会计人员必须恰当地进行计划的制定，经营事项的评价，控制的实施，以及完成有关经营资源履行情况的会计受托责任，并向外部作出报告。

(2) 管理会计人员的活动。为了完成上述责任，管理会计人员需要承担信息的报告，信息的解释，经营资源的管理，信息系统的开发，先进设备与技术的利用，信息的验证以及会计组织的管理等职责。

(3) 管理会计的过程。上述各项活动，是经过交易事项的确认、计量以及归集，作业的分析、资料的编制以及解释，并向使用者进行信息传递等这一系列过程来加以实施的。

《管理会计文告》(SMA)较早的事实标准(DFS)被认为是美国会计学会(AAA)颁布的《1995 年度管理会计委员会报告》。这份报告引人注目之处在于，除了要求向管理者提供信息之外，还需要向其他的利益相关者提供信息。财务报表的编制以及揭示本身虽然只是财务会计的事，然而将其结果通过财务报表提供给其他利益相关者，这种外部报告会计也变成内部管理会计的共同话题，并被明确作为管理会计的主要目的之一。因此，现在尚未制度化的环境成本、股东持有股份变化情况以及经营层讨论等与公司治理相关的报告内容，今后将成为管理会计的目的之一。

2. SMA 中有关革新的内容

在《管理会计文告》(SMA)中，面对 21 世纪的全球化挑战，针对可能对管理会计冲击，发布了若干新的革新文告。相关内容归纳在表 10 - 1 中。

表 10 - 1　SMA:革新的管理会计文告

连　载	SMA 的标题	编　号	年　份
1. 基于供应链的管理会计	综合的业绩指标的开发	4U	1995
	实施综合的业绩管理系统的工具与方法	4DD	1998
	评价竞争优势的价值链分析	4X	1996
	制约理论管理系统的经济基础	4HH	1999
2. 基于国际经营的管理会计	高效的对比基准	4V	1995
	综合的竞争信息开发	5D	1996
	财务功能的再设计	5E	1997
3. 基于股东价值创造的管理会计	股东价值创造的计量与管理	4AA	1997
5. 基于公允价值的管理会计	金融商品的理解	4M	1990
	跨国公司的金融商品的利用及管理	4Q	1992
7. 基于环境保护管理会计	质量成本管理	4R	1993
	风险管理费的会计及其分类	4S	1993
	企业环境战略的实施	4W	1995
	基于决策的环境会计的工具及方法	4Z	1996
8. 基于顾客价值创造的管理会计	作业成本计算的实施	4T	1993
	作业管理的实施	4CC	1998
	ABC/ABM 的实施工具及技术	4EE	1998
	成本企画的实施工具及技术	4GG	1998
	成本企画的实施	4FF	1999

　　资料来源:Institute of Management Accounting, *Statements of Management Accounting*, IMA.

　　如表 10 - 1 所示,按照内容的不同,我们根据连载的分类列出 SMA 的标题,并附上编号及年份。现说明如下:

　　(1) 基于供应链的管理会计。将 SCM 及 VCM 作为直接对象的是 4X,而对此开展综合的业绩管理讨论的是 4U 和 4DD。其中,作为一种方法将 TOC 引入的是 4HH。

　　(2) 基于国际经营的管理会计。与国际标准并列所讨论的是"差异突破",反映在 4V 中;国际经营中是以竞争环境与新的财务功能为对象加以讨论的,反映在 5D 及 5E 之中。

　　(3) 基于股东价值创造的管理会计。面对 21 世纪全球化冲击的应对策略,管理会计的革新是实施价值创造经营(VAM),其核心是股东价值创造经营(SVAM)。讨论这些新课题的是 4AA。

　　(4) 基于企业集团的管理会计。直接论及这个问题的 SMA,现在还没有。

　　(5) 基于公允价值的管理会计。公允价值管理的对象主要是金融商品,在 4M、4Q 中有这方面具体的介绍,并对有关控制实务提供了指南。

　　(6). 基于现金流量的管理会计。有关这方面直接论及的 SMA,现在还没有。

　　(7) 基于环境保护的管理会计。正面论及环境管理会计的各种问题的是 4W 与 4Z。4R 与 4S 在讨论质量与风险的过程中也涉及了这个问题。

　　(8) 基于顾客价值创造的管理会计。与股东价值创造经营并列第二的是价值创造经营,就是顾客价值创造经营(CVAM)。在这个课题中,从 ABCM 的侧面论及的是 4T、4CC 以及 4EE,此外,从成本企画角度论及的是 4GG 与 4FF。

(二)寻求最佳实务标准的国际计量基准

为了在全球化的竞争中获胜,管理会计仅仅依靠国际标准也是远远不够的,寻求全球范围内的最佳实施方案才是获得竞争优势的良方。一种策略就是在差异比较中寻求最佳的计量基准(Benchmarking)。

1. 计量基准的意义及其种类

所谓计量基准,就是在进行计量或判断时所依据的标准(以下简称 BM)。作为经营或会计的 BM,依据 SMA,它是以判断类似活动的优劣与否为标准来计量作业的方式。管理者为了能促进作业的有效性或者高效率,依此来识别环节或方法(IMA,1998)。这样的 BM 有以下三种类型(IMA,1995):① 内部(Internal)的 BM。在组织内部类似的环节、产品或者服务中,调查确定最完善的方案。② 行业内或竞争的(Industrial/Competitive) BM。在同一行业内的其他组织中,调查确定最强有力的直接竞争对手所拥有的最高的产品、服务以及作业环节。③ 世界水准(World-class)的 BM。调查确定各国所实施的类似环节中的世界最高水准的组织业绩。

对同一企业的其他事业部及工厂、分店,调查确定的最佳实务方案就是"内部 BM"。这种基准具有获得信息容易,在推进过程中能够相互协作,且最简单易行的特点,但它难以获得期望的大成果。以企业外部为目的,选择同一行业的其他公司来寻求最佳实务方案,是"行业内的 BM",因为它是以竞争企业为对象,所以又称"竞争的 BM"。它提供的是一种竞争对手的信息,该基准有助于明确企业自身在竞争市场中的产品定位。面对全球化经营的不断深入,今后基于集团经营的管理会计必须开展"世界水准的 BM",超越国界、超越行业探寻出世界最高的实务标准是极其必要的。这一过程具有很大的困难,但同时,它有可能带来巨大的成果。在这种管理会计的冲击下,以这种"世界水准的 BM"为对象,管理会计将表现出如下的特色:① 本公司具有成功决定因素(Critical Success Factors,CSF)。这种决定因素以选出的业绩指标为焦点;② 探索有关 CSF 的超优良企业的世界最高水准的实务标准;③ 该最高实务标准要与本公司的文化进行协调与配合,要寻求其文化导入的接口并持续地加以改善。

2. 最佳实务标准的步骤与行动

针对上述的 BM,特别是"世界水准的 BM",我们需要寻求恰当的实施步骤与行动。现将实施步骤(1~6步)和实施活动(a~q)分析如下:① 选出 BM 项目,并附上优先顺序。即 a. 以识别出实施 BM 的领域来排列顺序;b. 识别出实施 BM 的顾客和其他要素。② 编制 BM 小组。即 c. 任命 BM 小组。③ 记录自己的作业环节。即 d. 决定有用的 BM 尺度;e. 调查揭示内部 BM 的环节。④ 探索和识别最高水准的业绩。即 f. 决定数据的收集方法;g. 识别应该实施 BM 的组织;h. 收集 BM 业绩和可能使用的数据。⑤ 分析 BM 数据,识别可能采用的方案。即 I. 决定现行业绩差异;j. 有关现行和未来的差异识别成本;k. 预测未来可能达到的业绩。⑥ 依据 BM,调查实施关注的事项,最后进行再设计。即 l. 经营者承担改善差异的结果及寻求对策;m. 设定有关业绩的目的及目标;n. 实施对策;o. 评价目标实现的进展;p. 必要的时间,改进目标;q. 设定适宜的、最新的计量基准。

上述核心是步骤④,即如何收集有关最高水准的信息。依据 SMA4V,必要的信息源有以下途径(IMA,1995):① 内部的信息源。来自销售员、调查员、技术员的信息,以及委托事务所的调查,或者访问顾客、对图书馆资料的数据分析及对最近的雇用、竞争对手分析所获得的信息等。② 外部的信息源。如行业的出版物、专业团体、研讨、业界专家、大学、刊物、顾问、财务分析、国内与国际的票据交易所、需求集团、证券分析报告、年度报告、特许记录、调查报告、新闻、销售商的介绍、政府记录、联机服务与信息交换等。③ 独自调查。如邮送调查、电话调查、顾问、BM 的现场访问等。对于世界水准的 BM,要求有很高程度的信息收集能力。图 10 - 1 这种金字塔式的收集方法值得借鉴。

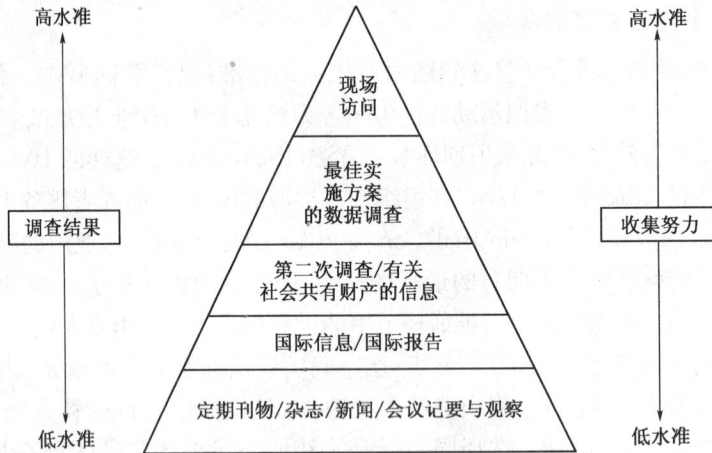

资料来源:IMA,SMA4V,1995,p. 31。

图 10 - 1　世界水准的比较(计量)基准

在图 10 - 1 中,底部是定期刊物、杂志、新闻、会议资料与记录等,这一层次无论是收集的努力程度,还是调查的结果都是低水准的。但是,从国际信息、国际报告中获得的第二次调查,以及有关社会共有财产的信息,进一步进行最佳实务方案的数据分析与调查、逐步向金字塔的上层推进,这种收集努力和调查结果就逐步成为了高水准。最后是现场访问,这一步达到了顶点。在实地访问中,往往期望其能够获得较大的调查成果,即使对所访问公司的探索、谈判、了解等已经付出了许多的收集努力,这项工作也是值得去做的。在日本,如索尼、丰田汽车等优秀公司,就是通过实地访问获得许多成果的,如索尼的小公司体制与执行董事制度、丰田的看板管理方式及成本企画等,都是最佳的实务方案。它们作为经营、会计领域的《世界的 BM》被认为是世界水准的最佳实务方案,且已众所周知。

第二节　全球化竞争的挑战与管理会计创新

随着世界经济全球化的趋势加强,越来越多的公司被吸引到国际贸易与投资的活动中,许多原有的跨国公司转变为全球公司,并在全球观念下制定战略。全球化竞争将对政治、经济结构产生新的冲击,管理会计必须通过变革谋求新的发展战略。

一、全球经济环境对管理会计的冲击

近年来,随着美国次贷危机①的反作用力,世界经济正处于"艰难境地"。国际货币基金组

---

① 指美国的次级贷款市场危机。次级贷款,即通过零首付或很低的首付款给那些低收入阶层发放的房地产贷款。由于美国房市泡沫破裂使得这种次级贷款难以收回,从而形成金融危机。

织发布的报告指出,2008 年世界经济增长将下降至 4.1％,2009 年则进一步放缓至 3.9％,远远低于 2006 年的 5.1％和 2007 年的 5.0％。目前世界经济主要面临新一轮金融风暴冲击和通货膨胀上行两大风险。随着次贷危机继续恶化,全球金融市场依然脆弱,系统性风险居高不下,信贷紧缩使再融资变得十分困难。而通货膨胀上行风险突出表现在能源和粮食价格的飙升上。目前的油价仍处高位,不少石油消费国不堪重负;粮食的上涨更使许多欠发达国家面临困境。作为中国这样的新兴经济体,尽管保持了较好的抗冲击的能力并成世界经济的主要推动力,但次贷危机对我国企业的影响同样十分严重。从管理会计战略的推进来看,我国企业在现阶段的国际经济环境下存在如下问题。

一是整体利益受损。剧烈变动的国际金融市场和不断动荡外部投资环境,使许多中国企业的跨国经营发生了困难。钱德勒(Chandler,1999)认为,决定企业成功的重要因素始终只有一个,即管理者通过对生产、销售和管理的三重投资追求规模经济和范围经济的决心和能力。或者说,战略性增长能够获得更加有利可图地利用现存的或扩张中的资源。而事实上,我国许多企业依赖"剩余"的资源和能力走向国际,实施并购和海外扩张,在前几年获得了一些成功,而近年来由于资源价格或高或低的波动,已影响到企业原来所拥有资源和能力的稀缺性和独特性。譬如,面对人民币的不断升值,许多纺织企业陷入了困境,以劳动力密集为代表的传统工业不仅在海外遇到了挑战,而且从整体上受到重创。一些扩张过快的企业,面对突然变化的国内外资本市场,资金链中断风险增加,过度多元化的产业,已经从某一点(如某个产业)的损失向企业整体渗透,使企业整体失去了持续竞争的优势。从企业内部考察,为了防范风险,提高自身的利益,跨国经营事业部之间、企业内部的公司之间、集团企业之间的壁垒扩大,协作发生困难。与集团整体的利益相比,各个公司的利益被优先考虑;与企业的利益相比,各个部门的利益优先得到考虑。这种行为极大地损害了企业的整体利益。

二是增长失控。从国际经济环境看,美国经济正面临房市调整、资本市场动荡和油价高企的困扰;而欧元区经济则同时面临通货膨胀压力上升和经济增长速度放慢的双重威胁。在这种全球化的经济形势下,我国企业,尤其是面向国际或跨国经营的企业由于无法把握现金、存货、顾客和最终赢利等局面,使企业经营管理失去控制。从国内经营环境看,由于成本的不断提升,尽管企业的销售收入在增加,利润却没有增长,或者说销售收入的增长速度小于成本的增长速度。从理论上来讲,衡量企业增长的指标通常有资产和人员规模、收入和利润的增长以及企业寿命。面对国际经营环境的冲击,管理会计战略要在努力实现企业资产规模、收入和利润方面持续的增长的基础上,延续企业的寿命。同时,从实践上提升企业销售的质量,必须确保企业销售产生的利润和现金流量充足,且能够以更高的销售额使企业通过规模经济效益弥补固定成本,进而实现企业的良性增长。

三是目标提升受限。管理会计的目标是要获得供应链企业间利益的最佳化,而全球激烈的市场竞争形势,已使原来的平衡被扰乱。供应链整体的风险防范能力受到影响,各种"瓶颈"不断出现。从外部环境看,传统的以规模扩张为战略目标的企业,由于缺乏长期眼光,企业的盈利能力不足,面对当前的国际经济形势,企业的生存面临挑战。从企业内部环境分析,由于受成果至上思想的影响,公司员工崇尚个人奋斗。企业在设定目标的标的上有意识地向下浮动,这样就使经营计划缺乏坚实的基础,并且还会出现自觉不自觉地抑制目标的情况。同时,公司员工仅关注自己的工作,加之该项工作的专业性提高,其视野越来越窄。

四是分权缺乏制约。面对国际经济形势的变化，现行的集团经营中存在的各种问题开始暴露出来。即陷入所谓的"分权化的圈套"。任何一个组织都不是完美无缺的。分权化也必然存在其不足的一面，只是以前没有外化而已。分权化是必须满足以下条件：① 能够减少集团的财务风险。企业选择经营模式时应当考虑这种模式能否化解集团的财务危机，同时在结合自身的集权与分权管理体制的基础上，从各种备选方案中选择财务风险最小的方式。② 能够使集团分部获得最大利益。若由于集权而使企业分部或分支机构的发展面临资金瓶颈的制约，那么，这种管理模式违背了企业存在的原始目的（利益最大化）。这里研究的资金控制，不应视为狭隘的资金限量分配，而应视为在集团资金供给量为一固定预期值下的合理配置问题。合理配置的标准普遍被认为是资金回报周期与资金回报率，即投入产出的均衡和高效。③ 要与集团架构相配比。分权化的实施很大程度上依赖于集团的组织架构，但组织架构的选择或者变革又取决于经济实体的实力。一般情况下，集团企业实力强，可选择的资金控制方式能力大。实力越弱的企业，变革企业组织架构带来的相对成本越高，可选择的资金控制方式能力就小。

此外，与管理会计构架相适应的企业组织体系过于关注国内的经营环境，战略思维欠缺，在人员安置上缺乏后备力量，人力资源不足。管理队伍精干而不强干，缺乏长眼的人力资源战略。面对国际经济的新竞争环境，集团总部成为"小而弱的总公司"，无法形成强大的竞争优势。

二、全球竞争时代的管理会计创新

传统的依靠自身积累的企业发展模式，正在向兼并收购等外部扩张型的发展模式转变。一方面，企业通过横向合并、垂直一体化，以及地区扩张和业务多元化等手段不断地膨胀自身；另一方面，企业现有的组织能力，如资金平衡能力、协调能力、组织执行能力等却面临严峻的挑战。对此，如何构建适应企业发展的竞争管理会计模式已变得越来越重要。

（一）创建整体最佳的经营模式

外部扩张的加速提高了企业的规模效益，同时也增加了经营中的风险，尤其是对于采用多元扩张手段实现规模经济的企业，为了提高企业的市场价值，增加股东和员工的满意感，往往会出现许多次优化的选择，从而损害企业长远的发展战略。

1. 整体最佳型经营模式的框架

一旦选择次优化战略（追求部分最佳），各个企业及各个部分的利益意识会变得非常强，从而产生某种偏差。与此相对的是所谓的"整体最佳型经营"，即它是在加强向各个组织单元及每一位员工灌输整体观意识的同时，本着进一步提升组织整体及集团整体的利益，面向"整体经营模式"的目标而实施的经营形式。公司个体的利益意识一旦增强，"离心力"就开始发挥效力。必然地，其"向心力"就会停止，"离心力"的作用会使集团整体意识降低乃至丧失。为此，必须保持"向心力"，并且防止分散化的异心意识的蔓延。公司中的同心感是必要的。防范员工视野的狭窄，必须具有整体感。此外，满足于现状就不会有紧张感。必须维持一种人们对现状难以满足的紧张感，进而促进公司的协调一致，保持同步感。将这些付诸实践，有五个要点。如图 10-2 所示。

```
┌─────────────────────────────────────────┐
│  向心力　（ ←──→ 　离心力）              │
│  同心感　（ ←──→ 　异心感）              │
│  整体观　（ ←──→ 　视野狭窄观）          │
│  同步化　（ ←──→ 　难以协调、零散化）    │
└─────────────────────────────────────────┘
                    ▽

┌─────────────────────────────────────────┐
│  • 拥有共同的理念、使命、价值观           │
│  • 无形资产的共有                         │
│  • 信息的共享                             │
│  • 扩大关心的范围，开展横向组织之间的协作 │
│  • 共同具有危机感和不满足现状的意识       │
└─────────────────────────────────────────┘
```

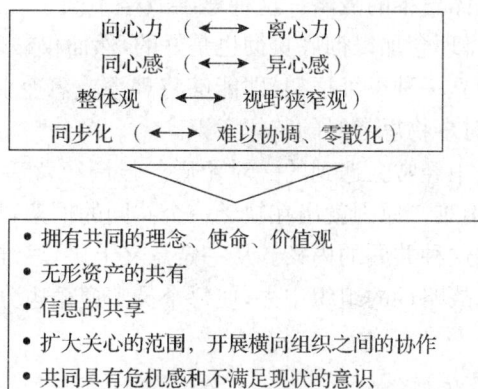

图 10-2　整体最佳型经营的要点

如图 10-2 所示，实现向整体经营模式的转变，第一，要"拥有共同的理念、使命、价值观"。拥有共同的理念、使命和价值观的重要性是毋庸置疑的。但是，对于经营者来讲，这些理念、使命是经常性反复阐述，还是偶尔提及，或者断断断续续地阐述，其效果是不同的。此外，是否具有将这些理念和使命在具体化的环节与框架中真正加以保持，而并非仅仅只是口头上说一说。企业有无能够传承的象征着理念与使命那样的案例是至关重要的。第二，是"无形资产的共有"。无形资产是由品牌、技术、技能、软件、产权、网络等构成的，而不只是其中的一种。实现整体最佳经营，个人及每一个组织感受到归属于公司及集团这种整体的好处或者实惠是重要的。必须具有由这样的"向心力"所构成的无形资产，且能够共同拥有。这是因为，在现实中企业虽有无形资产，但不能被共同拥有的情况是很普遍的。第三，是"信息的共享"。对于公司整体获取最新的高质量信息，以及个人、每个组织自己的业务活动及决策方面瞬间反映出的最新信息，如果不能被共同拥有的话，那么面向整体最佳型模式的转变则是难以实现的。第四，是"扩大关心的范围，开展横向组织之间的协作"。从根本上讲，促使公司运转的是个人。为此，如果不着手构建能够进一步扩大每个员工关心范围之类的框架，整体最佳型经营的目标是难以实现的。组织即使意识到"整体"的重要性，也难以期待其会发挥自动实施的效果。如果个人不具有整体观，则这种"整体"将变得无意义。只有当个人能够对自己所从事工作的事前与事后情况有充分的了解，并对相关组织给予同样的关心，最终才能与整体最佳型目标相联结。第五，是"共同具有危机感和不满足现状的意识"。许多经营者从年初开始就将"今年的形势很严峻"挂在嘴上，但事实上并没有危机感。员工则具有"与前年和去年的情况一样，虽然形势严峻，但还是能够维持下去的"这样的稳定心态。因此，不能仅仅停留在语言和文字上，而是应该从人的内心深处感受到危机意识，这方面是需要花费较大精力的。构建整体最佳的经营模式，需要通过管理会计手段设计方案，使这种危机感不只停留在总体上或者氛围上，而是能够关乎企业自身的利益。

2. 在个体中孕育整体思维的战略

近年来，随着全球竞争的加剧，一些大型企业集团开始从综合型经营转向自主分权型经营。然而，问题也出现了，一些企业基于自身的利益在所在地区的竞争中不顾及整体的现象开始涌现，即形成了部分最佳型经营，或者说陷入了部分最佳型经营的模式之中。今后，这种经营模式若不改变，组织整体就难以产生利益。因此，为了实现整体利益最佳的经营模式，必须在个人及每个组织中孕育整体思维的战略。这种思维战略不同于理念,"理念"是创业者逐渐形成和接受的观念。当然,将理念加以彻底贯彻也是好的,然而仅靠理念未必能够实施整体最佳型的经营。必须在企业确立一种思维框架,即能够将理念或者企业的价值观、利益、业绩与员工个人相联结,或者增加对事物思考时的整体意识。

分权与集权是企业发展中经常会遇到的一对矛盾。强调经营活动的多样性,提高分权的比重,组织的维护就会发生困难。原因就出在缺乏一个共同的框架,唯多样性而多样性。确立整体思维的战略就是要寻求这种共同的内核。从一定意义上讲,思维是自然生成的,然而企业文化可以将这种思维嵌入到战略性的组织中去,使每个员工遵循边分析事物、边解决问题的思考环节。

3. 基于"地利"的整体最佳型经营模式

这是考虑国情与企情的一个话题。"将美国的经营模式按原样导入也难以符合中国的实际情况",持这种观点的学者比较多。虽然过于本国化不尽理想,但若不能形成符合本国情况、地利的经营模式,则很难在实践中发挥作用。换言之,美国有美国的地利,中国有中国的地利,一个地区也自然有这个地区的地利。美国型经营的特色在于,充分调动个人的活力与积极性,采用所谓要素还原的原则。即通过明确规范工作标准,使各项工作无差别;对组织而言,即使变换人员也能够照常维持运转,这就是要素还原原则(操作导向)。我国是采用原则为导向(综合判断导向)的国家,对各项综合管理能力的要求比较强。现在有人提出,我国也应该采用要素还原原则,或者至少在综合能力的基础上嵌入要素还原原则。从管理会计的战略思维考虑,要素还原尽管存在一定的好处,但在中国当前不同企业规模、不同员工素质和管理水平高低相关甚大的情况下,要素还原原则似乎不太切合实际,应该在基本立场上采用综合观察事物原则上的综合判断导向。当然,对一些条件比较好的企业个体也可以适当考虑要素还原原则。

"地利"需要"人和",只有通过"团队"协作才能实现企业整体利益的最佳化。团队协作的基础是加强沟通,企业内部沟通渠道的建立与健全是发挥企业整体协作的基础。我们在对管理会计工具进行整合与创新的过程中,必须重视这种沟通,通过价值流、信息流、物资流的交流平台为公司内部管理提供"地利"的环境。只有具备这种环境,才能真正实现整体最佳型的经营模式。

4. 增强透视"律速"的力量

开展整体最佳型经营的优点不外乎提升收益。在图10-3中,纵轴的功能是供应链,在这里出现了"律速"这个词。所谓"律速",不是经营管理方面的语言,在化学工程学上是讨论反应速度时使用的一个概念。在构成要素中,反应速度最迟缓的部分(瓶颈)意味着整体的速度,即它决定着整体的反应速度。在公司经营中,供应链中的哪个部分成为"律速",要经过认真的观察来确定。因为律速决定着整体,若不能提高律速的整体力量,整体的收益就不具有相关性。此外,在公司经营中,考虑垂直延伸的供应链的同时,也必须考虑水平展开的价值链(供应链)。即使是公司重要的经营事业部,若存在成为律速的事业部,那里也同样会成为公司整体的主攻方向。即必须将成为律速的经营事业部通过优化使实力得到明显的提升(详见图10-3)。

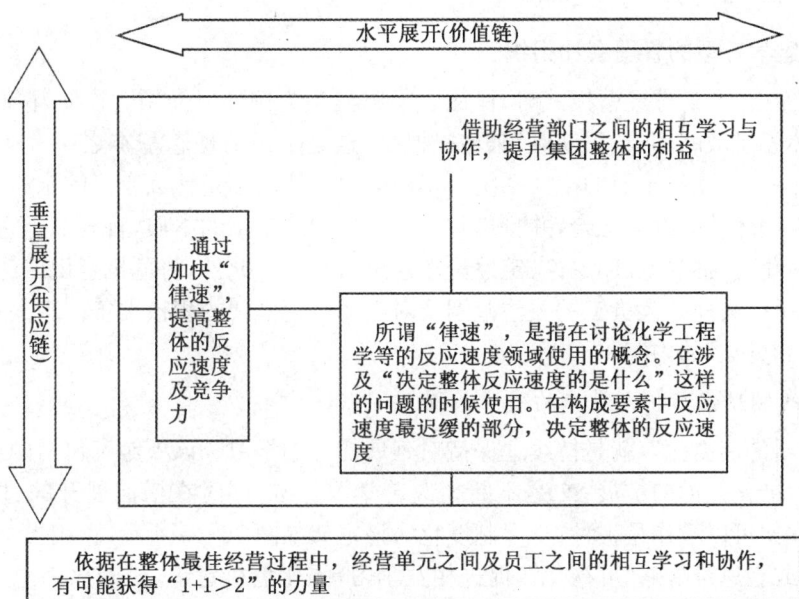

图 10 - 3　整体最佳经营为什么能够创造收益

　　成为律速的事业部领导人必须有清醒的头脑,针对存在的问题积极采取改进措施,绝不能采取消极对待的态度。即,成为律速的部门,应当具有危机感,要以主动的姿态及时地改进工作,使律速成为不律速。从技术上考虑,我们可以在纵横两个坐标轴上采取与收益联结的方式加以设计。在纵轴的流量中,律速在哪里,并把握其发展的程度。同时,在此基础上,明确地构建出对此改善的框架。此外,若不能实现前道工序与后道工序的"可视化",就难以把握律速,因此加强企业信息化建设具有积极的现实意义。对于水平展开的价值链,在经营事业部之间通过明确共同的强度及相关的环节、技术,将强度在水平层面上予以磨炼,通过正式、非正式的手段加以完成,我们认为也是十分重要的。整体最佳型经营也是分阶段来实施的,如图 10 - 4 所示。

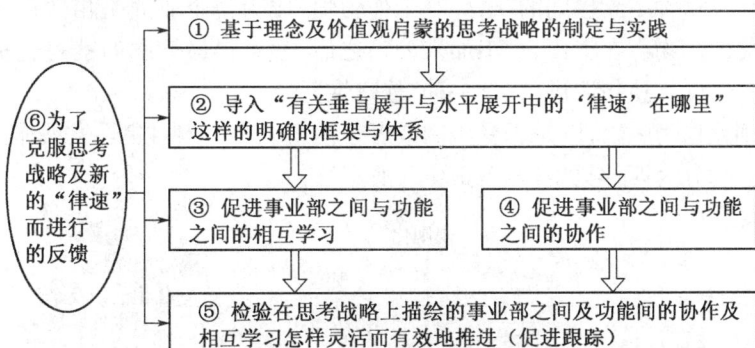

图 10 - 4　整体最佳型经营的步骤

　　第一阶段,是明确思考框架,并付诸实践的基础步骤。第二阶段,在垂直延伸与水平展开上律速体现在哪里,并且在对其明确的基础上予以"可视化"。第三阶段,促进事业部之间(水平展开)及功能之间(垂直延伸)相互学习。第四个阶段是相互协作。第五个阶段是切实的跟踪。第六个阶段是反馈。

(二) 构建学习型的管理会计组织

日本学者在论及最佳经营模式时,往往以丰田汽车为例加以介绍。伊藤邦雄教授(2005)将丰田的整体思维战略用"丰田获胜"来加以概括,这是丰田的理念基本之一。在经营战略方面,丰田的另一个理念是丰田的生产系统。丰田的思维战略不是什么夸张的东西,而是要求其经营战略实现整体的共存与融合,并且与收益挂钩。归纳丰田的本质,首先在于它使问题外在化,重视"可视化"。抽象论、印象论、定性论在这里行不通。此外,将危机意识广泛地植根于员工之中,并着手持续地扩大员工的关注范围及对整体经营框架的积极准备。进一步讲,这一框架内涵"学习制度化"的内容。

1. 学习的制度化与扩大员工的关注范围

所谓"学习的制度化",就是持续地保持对延展能力的学习。该项制度包括两项内容,一是学习内容的标准化并横向扩展;二是不断地改善学习标准,同时在横向展开的过程中进行学习。丰田的框架可以看作是一种"学习制度化",该框架如图 10-5 所示,它相当于一般的流程图。将理念、或者思维战略"可视化",促进相互学习,强化危机意识,明确律速,扩大员工的关注范围,标准化并水平扩展,加强跟踪,以及不断更新等。丰田的这种学习制度围绕上述流程的周转不断地得到提高。

对于扩大员工关注的范围问题,丰田在实践中也采取了各种不同的手段。从生涯规划中可以了解到,现实的情况是"参加公司工作的员工只有到第十五年左右才具有扩大关注范围的意识",第 16~30 年左右的员工,随着工作范围扩大和能力的加深,能够进一步扩大关注的范围。此外,丰田的情况还表明,通过设计使员工在前道工序与后道工序之间积极地开展嵌入式思考,也能够扩大所关注范围。由于"学习制度化"也是依据这一规则制定的单一标准模式,因此需要围绕这种生涯周期反复地进行改善。依据学习制度化这一模式,就会有"假如学习不能标准化,那么任何工序都不可能得到改善"这类的思考方法。同时,它还是一种将改善的环节再标准化的不断学习过程。据此,在现场管理中有必要彻底地贯彻这一模式,如丰田公司工作人员在遇到问题时,要求连续问五次"为什么",一直到查出真正的原因为止,这样可以减少不必要的成本发生。这种不断提问的"嗜好"(工作习惯)成为与企业战略相联系的概念,是丰田公司学习制度化的产物。在丰田,员工加入公司之后,教育得最彻底的就是这种"嗜好",是一种有意识养育的嗜好。换句话讲,它是一种"战略性"的行为。

将是否规则化作为纵轴,以是否受压制或者任由组织及个人自主性发展作为横轴,可以将"学习的制度化"划分为四种类型(如图 10-5 所示)。

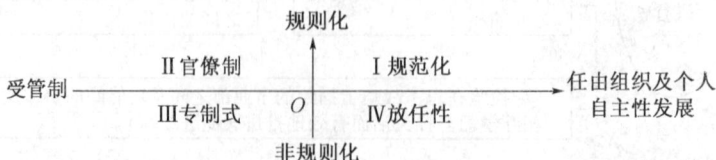

图 10-5 学习制度化的类型

第Ⅰ象限是一种规范化的制度体系,在明确的规则下,组织及个人能够得到自主性的学习能力。第Ⅱ象限,尽管对学习制度非常规则化,但学习受到管制,是一种"制度化"的消极体现,或者说是一种机械的官僚制。即它是一种受管制，要求严格执行规则，必须根据惯例行事的学习制度，否则就得不到确认。第Ⅲ象限表明，这是一种无规则，但受到领导管制的学习制度，这种专制式的学习制度，必须建立在领导者自身具有丰富的经验，并善于根据不同的情况作出适时的判断与决策。第Ⅳ象限，则是放任性的，它即无规则遵循，又任由组织及个人自主性发展。这类学习制度是目前公司中的主要类型。

2. 真正强大的公司是持续学习的公司

采用上述坐标分类法，丰田的做法属于"官僚制"，即它是由公司明文规定，并要求强制学习的制度。尽管具有强制性，但也不能一概否定它的好处。丰田通过推行规则化、标准化的学习制度，一方面能够很好地引导员工学习的自主性，另一面通过强制的方式要求学习。这种"官僚化"制度或许是一种将学习更彻底地贯彻于实践的公司管理方式。

此外，竞争与协调也是有技巧的。一方面，丰田要求采购人员让供应商之间进行激烈的竞争；另一方面，让他们搞好企业间的协调，并在供应链的合作伙伴之间实施信息共享，或者采取"可视化"的管理方式。这样一种"竞合"的模式就形成了，即形成了一种"非常严峻"与"相当温和"并存的采购环境。同时，积极的沟通也是需要培养的一种学习能力，譬如如何开展平等的交换。从表现形式上这是一种相互学习，如丰田通过与 GM 的合资企业"New United Motor Manufacturing, Inc."之间进行相互请教与互相学习。事实上，无论在供应商之间还是在企业之间，这种相互请教与互相学习是始终存在的。换言之，丰田还向竞争对手的佳能公司请教。当然，通过请教学到了些什么，也不可能很明显。但是，这种有意识的、战略性的举措，在各种不同层次上展开，使学习成为一种持续的自觉行动则是十分重要的。当有提问："什么样的组织最强大，用一句话来讲"，这种回答只有一个，就是"能够学习的公司"。能够学习的公司，在业绩等各个方面与不学习的公司相比有很大的提升，这是一种现实的感觉。

（三）寻求整体最佳的方法：以佳能公司为例

部分最佳是由于企业缺乏对新的竞争环境的认识和难以提升产品的经营能力所引发的一种次优化选择。整体最佳就是要形成一种整合的能力。在当前以并购为主要扩张方式的全球竞争环境下，通过并购重组实现增长，会对企业的组织能力有很强的资源依赖性，通过资源整合，加强并购过程管理，降低交易费用，就能够获得整体最佳的经济效率与效益。

1. 整体最佳与部分最佳的差距

由于构建了学习型的管理会计组织，丰田即使在垂直延伸（供应链）方面也能够积极推进整体的最佳化。丰田围绕计划系统的开发，从生产现场开始扩展到供应商，这种国际化的扩展一直延伸至营销部门。这样的整体最佳发展下去，就产生了各种各样的收益。"收益性没有很大的提升，这是为什么？与业界的其他公司相比，自己的收益与他们相差不多，这又是为什么？"思考这些不同的因素或问题，若以自己的"部分最佳"去对比别人的"部分最佳"，期望获得较同行更大幅度的收益增加是不可能的。这是因为，同行业的其他企业也在不断地绞尽脑汁，谋求部分最佳，提高单个企业的能力。对此，如果只谋求部分最佳，寻求压倒性的收益差几乎是不可行的。

那么要获得较同行压倒性的收益，怎样做好呢？其回答是"整体最佳"。假如不能从部分最佳向整体最佳的方向转变，想获得压倒性的收益是不现实的。丰田对每一项工作都提出"改善"的口号，并在本质上加以把握，面向整体最佳进行着持续的推进。即，将"丰田获胜"在各种功能上赋予其机制，或者努力促使其进化。

2. 以整体最佳为目标的佳能公司

佳能公司是丰田公司的竞争对手，佳能这所以能够在全球化的竞争环境下获得持续的竞争优势，在很大程度上得益于采取整体最佳的管理会计战略。通过对佳能社长御手洗的访谈，我们了解了佳能实施整体最佳的动因。御手洗社长回顾 1995 年任社长时的情景时说："经营事业部推行过度时，成了企业内的企业。预算制度也好，人事制度也好，在部分最佳方面有点乱。整体最佳这种说法谁也没有听说过。"御手洗社长接着说，"经营事业部一旦过度，各事业部就将自己的事业利益为最优先，视而不见公司整体的利益。各种浪费也就大量出现"；一旦明确整体最佳的目标后，"社长经常关注提升公司整体的效率，需要在整个生产周期中关注与思考经营情况，员工也需要考虑整体最佳，并在具体行动的同时加强学习，为公司业绩的提升作出贡献"。从佳能公司的精神面貌中，我们感受到了该公司具有的不断进取的内在特性。譬如，它拥有"三自精神（自主设计、自主经营、自负盈亏）"这类文化产品。但是，当时发展事业部制偏离了"度"，每个事业部的比重过于扩大了。

御手洗社长的话是从切身感受和体验中道出的，能有这样的意识也确实不容易。事业部出身的人一旦当了经营者，事业部的理论和方法会原封不动地留在脑海里，不能够转变思路，就难以正确认识实情。好在御手洗先生没有事业部的经验。他这二三年间是在美国度过的，积累了美国公司的管理经验，回到日本后任常务或专务，他也感受到了佳能在实践中向部分最佳推进时的情况。当时的佳能转向部分最佳模式时，御手洗先生发问，"真的想那样经营吗，能够那样经营吗？"由于战略上没有面向整体最佳，自然也就无法实施整体最佳，对此，需要花费相当多的时间和精力开展协调，这对当时来讲是必要的。因此，御手洗先生开展了集团经营，提出了国际优秀企业集团经营的构想。并分步骤加以推进，目前第一步已经完成；第二步也已在实施过程之中。此外，导入了按事业本部分类的合并业绩计算制度，并且成立了经营革新委员会和朝会（早晨的调度会）。

现在的佳能是强大的，它构建了一个大的框架，或者可以认为是面向整体最佳经营实施转换的一个成功典型。为了明确向心力，佳能将 PC 电脑业务、FLC 显示屏业务等，从大大小小的七个事业领域中撤退，强化照相机业务。此外，在基层也促进员工相互学习，以培育同心感为目标，导入了单元生产方式。这样，也为每个员工提供了机会，使他们有了在更大范围关注公司的平台。

在纵横方面都"可视化"是佳能的一大特色。为了把握"律速"，佳能对围绕销售的生产子公司及各事业部实施业绩的"可视化"，使使相互之间对存在的"瓶颈"一目了然。这一框架，就是事业本部分类的合并业绩计算制度。除了采用业绩"可视化"外，佳能也开发各种不同的评价指标。同时，他们还将外部的竞争氛围传导到企业内部，使员工产生危机感，并由此促进了企业内的公司之间、事业部之间的协作。

佳能实施整体最佳战略的另一个成功做法，就是在经营革新委员会和朝会中实行信息共享。佳能将整体最佳经营模式投入实践的第一步，是在全球化的优秀企业集团中设立经营革新委员会。这是一个非常好的思路，整个佳能大约有八个左右的纵横交叉的委员会。在八个委员会中，假如 A 专门委员会的委员长由外行的 X 先生来担任，同时 X 先生又加入作为自己专业领域的 B 专门委员。X 先生在 B 专门委员会将自己的意见反应出来，即提出来有关整体最佳的议题，谋求经济的整体一致性。如果这种提议不能够顺利推进，那么在 A 专门委员会从事的委员长一职也就无法再担任下去。因此,即使是 B 专门委员会也必须着手面向整体最佳进行改革。的确具有"哥伦布的鸡蛋"(虽然是任何人都可能做的事情,但要做到第一个去尝试却非常难)那样的发散思考的框架。

朝会已成为一种惯例,一到早晨 8 点,中层干部们自然集中到会场,虽然不是强制性的,但是除出差之外的领导几乎都会参加,一直到 9 点,相互之间交换着信息。这种类似国内早晨调度会的会议,没有固定的会议流程,交流也不采用强硬的话语,若某个干部说"昨天去看了 A 公司的工厂,竟做着这样的事情","是吗,想请教一下",传过来的是御手洗社长的问话。一直到朝会结束的时候,专务面向常务说"那件事情,请多关照",并着手安排了具体的应对措施。朝会并不是御手洗社长就任社长后开始的,很早以前就有这个制度了,只是过去往往在早会上讨论高尔夫之类的话题。现在通过正式与非正式的方式,成为信息共享和相互学习的一个场所。

佳能在明确向心力的同时,从 PC 电脑业务中撤退,并强化其特色。这种集中化战略不仅关系到技术层面,还需要考虑难以综合化的事业部的情况,以及与其他业务的关联性问题,核心是要提高佳能的综合实力。正因为如此,在推进水平展开、垂直延伸的同时,必须清楚律速并消除律速。此外,各经营事业部及经营活动在强化技术共享的形式上,对于水平扩展的层面也必须向整体最佳经营推进。同时,必须围绕学习制度,激发员工的工作热情与活力,在单元生产环节,增强员工的同心感及竞争意识,以及危机感或者整体感。否则,单元生产方式就不能成功。

(四) 基于价值创造的品牌管理会计

全球化的竞争必须注重权变的管理思想。品牌作为企业无形资产的重要组成部分,必须从整体最佳的角度加以规划与整合。如果一味依赖原有品牌的影响力,盲目地认为对不同的产品和地区,品牌影响力会自然延伸,而忽略了对新产品、新市场的营销努力,这样就会损害企业创造更大程度的顾客价值。

1. 探求联合品牌经营

在整体最佳型经营中共享无形资产是至关重要的,而在应当共享的无形资产中联合品牌经营最重要。现在,决定各企业竞争力及企业价值的要素,不只看有多少有形资产还有无形资产,而是更关注高质量无形资产的积蓄,这是提高企业竞争力的关键。在无形资产中最重要的是企业的品牌资本,一旦提高企业的联合品牌价值,无形资产的价值就会提高,相应地就会带来企业价值的提高,以及竞争力的提高,由此便形成一种良性的循环格局。从这种意义上讲,联合品牌经营已成为集团和公司的公共财产。传统的日本企业,注重对联合品牌的宣传,即使是新参加工作的员工到客户处去开展经营活动也要带上名片。但是,一味使用也会使联合品牌枯萎。对此,必须在灵活应用的同时,加强维护管理,这样才能达到提升企业价值的目的。联合品牌是一种难以言传的知识资产,是一种似懂非懂的观念。如果要定义的话,它是"顾客及员工对这家公司以及集团所持有形象所判断出的无形之中的个性特征"。例如,听到某个品牌名的消费者,很快在心理具有了某种风景意识,这就是联合品牌。虽说"没有明显的标志",但就总体上讲正是这种心理形象构成联合品牌,它是无形的。

2. 在品牌经营中体现凝聚力

20 世纪 90 年代,人们讨论比较多的一个话题是"重视股东利益的经营好,还是重视员工利益的经营好"，然而没有得出结论。事实上，企业的利益相关者众多，顾客、员工、股东等都是利害关系人，他们的立场和价值观不尽相同，偏重任何一方都不恰当。从这个角度讲，谋求联合品牌经营，实施价值创新算是一条中间路线。它有助于股东、员工与顾客实现"三方多赢"，即将三者的价值链进行联动，并在此基础上探索能够创造价值的经营模式，其结果无疑就是"联合品牌经营"。所谓联合品牌经营，就是利益相关者超越相互对立的博弈，而产生出整体利益为重的经营模式。

在面向整体最佳型经营的五种要素中的一种是"向心力"。然而，现实中分权化已成为一些企业集团的管理方式，积极的分权化产生出了许多负面效应，如分权化使离心力发挥了效用，"怎样做才算好"便成为人们的一种担心。同时，公司治理也在我国企业全面推进，面对分权的环境，我们应该怎样做更好？依据分权化或公司治理来提升企业价值的话，企业将持续地实施分权化或者治理。但是，仅仅靠分权化或者治理并不一定能够提升企业价值。其结局是，能否提升企业价值将由其后的经营及工作步骤来决定。在集团内部如何增强同心感及向心力，成为企业集团经营的关键。当然，怎样保持好这些向心力，会存在各种不同的手段，但引人注目的必将是核心公司及集团共同拥有的联合品牌，它对于培育同心感和向心力具有积极的意义。

面向凝聚力来提升企业的品牌经营，必须拼弃损害品牌价值的分权化。简单地讲，一旦核心企业的品牌价值下放，离心力就会变大。集团内部的企业将变得不再听从核心企业的话了。这是因为，听话的好处已经不再存在。即使有，为了培育向心力和同心感，必须磨练联合品牌。然而现实是，联合品牌的断绝使分权化得到了进一步的发展。自主经营促进了个别部门的最佳化，品牌作为整体的价值几乎不可能提高。这是一对矛盾，需要妥善加以解决。另一方面，整体所观察到的信息不进行让渡以实现共享，这样在集团整体层面提高联合品牌的这种行为就难以实现。即团队不能形成，品牌也就不能形成。品牌是依靠全体员工创造的。每个个体因分散、分心，即使努力，品牌也不能形成，相反还可能使其损坏。所以，提高联合品牌，使新的信息共享，必须依靠团队来行动。将整体最佳的行为在垂直层面上延伸是十分必要的。倘若品牌也不能"可视化"，就成了定性论、精神论、印象论，那样良好的经营就不起作用。"不能计量就无法控制。"假如能够"可视化"，就能够控制。反过来讲，不能够计量的也难以控制。因此，为了计量联合品牌，日本经济新闻社开发了"联合品牌价值控制（CB价值控制）"这种计量模式。

3. 将产品与联合品牌联动

为了提高联合品牌经营的效率，提升公司员工的规则意识，培育同心感是十分重要的。毋庸置疑，好的公司是在员工中以积极的规律意识展开活动的公司。然而，为了避免社会纠纷的发生，强化柔性管理的一种可行架构是设立协调机构（如成立"协调室"等），它是构建好公司的基础。不宜做的事情不去做，至少不会成为"坏的公司"。但是，仅此也成不了"好的公司"。进一步讲，要树立这样一种意识，即每一个公司员工均担负着自己公司品牌的建设任务。然而，公司员工为了完成每天的预算目标，围绕成本降低及产出数值，在某些环节受到诱惑从而失控的情况也是客观存在的。此时会发现，"为了这50万元，偶然之间，也许使50亿元的品牌价值受到了损害"，假如是这样的话，自己赶紧刹车吧。然而，品牌是非言传性知识资产，难以产生较高程度的规律性意识。我们把它称之为"品牌治理"，即通过持续不断地提升品牌价值的活动，提高每一个员工的规则意识。

在现行的各种治理模式中,引入独立董事进行严格的监控是重要的,设置委员会等机构也是好的。但是,与此相并列,或者比其更重要的是品牌治理的问题。20 世纪末,由于受欧美思维观念的影响,关注业绩的成果至上原则得到了推行。成果至上本身并不坏,但由于缺乏制约,出现了过于偏重个人利益的倾向,公司员工间的矛盾产生,离心力逐渐产生效力。引入成果至上原则是有前提的,譬如,企业具有共同的文化观与价值观,具有良好的学习机制,公司员工具有整体的经营观念,能够在品牌维护等方面承担起应有的责任等,否则将难以发挥应有的作用。

企业品牌并非某个员工或某一个部门的产物,若品牌由全员承担却不使其发挥作用,则其价值也不会提高。假如能够将产品与品牌联动,即"协调互动",那么,即使成果至上原则的应用也能发挥出很好的功能。换言之,这样有助于使向心力与离心力得到平衡。进一步讲,将联合品牌在全体员工中形成一种意识,新的品牌创造的同时也成为联合品牌形成的基础,这样就构成了一种良性的循环周转。当前,积蓄了优良无形资产的企业能够提高竞争力,提升企业价值。然而,无形资产实际上也只是人与品牌。仅仅是"人"也不行,仅仅是"品牌"也不行,"人与品牌"的并重是最为关键的。在企业实践中,要具有"坚实的竞争力",员工们必须维护本公司(集团)的联合品牌价值,必须在各项工作以及经营活动方面保持一种时常思考的姿态。具有联合品牌意识,并将其提升到战略的高度进行经营,使其渗透到整体的意识之中,这是整体最佳经营所具有的核心理念(详见图 10 - 6)。

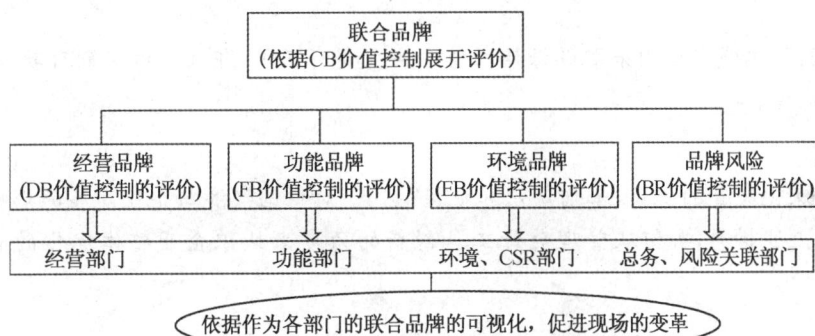

图 10 - 6 联合品牌价值的"可视化"改变了现场的作业活动

面对全球化竞争时代的经营革命,日本会计界知名学者伊藤邦雄教授认为,企业应当拥有三种资本,即一般资本、智力资本和情感资本。一般的资本是指由实物资产、经营资产和金融资产等组成的"商业资本";另一种资本是由知识资本为代表的智力资本,进入 21 世纪以来这种资本特别受到重视,并受人关注。这两种资本固然重要,但由此也不一定能使公司变好。最重要的是第三种资本,即情感资本。伊藤教授认为,应该将员工的情感作为资本。日本企业的许多经营者,在这方面很乐观。全体公司员工是同一国籍的,说着相同的语言,因此习惯也差不多。经营负责人想说的都能加以理解,因此,将提高员工的情感从战略上花费功夫几乎没有必要,其实这是一种错觉。事实上,情感资本是一种隐含着比预想价值更高的资本。对此,有必要提高情感资本这类经营的实践。一个可行的做法是,在企业中开展品牌经营,以提升公司价值。

当前,世界范围内的企业都在关注企业社会责任(Corporate Social Responsibility,CSR)

经营及环境经营。这不只是流行,而是一种大潮流。为此,我们必须纠正以往追求部分最佳的经营倾向,扩大员工的视野及关注领域,将整体意识融入到每一个员工及事业单元中去,这正是管理会计创新所要追求的目标。强调企业的社会责任,就是要从利益相关者的整体立场上关注各个不同利害关系者与企业关系,企业经营需要面向更加宽广的视野,环境经营必须包括其中。未来,维护地球家园的责任也将被纳入到企业经营的视野之中,管理会计必须从战略高度构建自身的新坐标。

案例与讨论

背景资料

当人们还在为如何筹资伤透脑筋的时候,一个新的概念又进入了中国人的视野,这就是"热钱(Hot Money)"。这是国际套利资本的通俗说法,它充斥在国际间,是无特定用途的流动资金。为了追求最高回报,"热钱"往往会在国际金融市场上迅速地流动。短期、套利和投机——是"热"字的核心体现。回顾 1997—1998 年的亚洲金融危机,莫不是"热钱"作祟的结果。

据总行统计,截至 2007 年 9 月月末,国家外汇储备余额为 14 000 多亿美元,而在国内流动的外汇一度接近 16 000 亿美元,约有近 2 000 亿美元的外汇储备来历不明,这些就是流入的"热钱"。

巨额的国际热钱在国内采取的保值增值方法主要有三种,即人民币定期存款和国债、房地产以及创业基金。

请讨论

1. 从全球化经营的视角,如何认识和把握"热钱"对中国经济与企业发展的影响?

2. 结合上述材料,如何从管理会计工具创新的角度来认识企业整体优化的必要性和重要性?

答题提示

1. "热钱"的过多涌入影响了既定的中国经济政策。从银行角度看,大量的以美元为代表的"热钱"的流入,可能会迫使中国人民银行基于稳定固定汇率的考虑,大量发行货币,以购买过量的美元等外币,进而引起通货膨胀。为了抑制通货膨胀,中国政府采取了一系列的价格控制措施,使既有的经济政策发生变革。其结果是,廉价的劳动力供应、低水平的能源价格、过剩的生产能力、大量现金追逐房地产等现象出现,对中国经济的长远发展产生负面影响。

必须改变中国现行的经济增长模式。中国经济增长过多来自出口与投资,而不是消费。依赖出口与投资增长有三个问题,第一,出口对全球经济的稳定性非常敏感。全球性衰退将可能因此严重损害中国经济,2008 年年底的华尔街金融风暴已充分说明了这一点。第二,出口产品价格过低会导致国内资源流失,从长远而言,对中国国力是严重伤害。第三,投资过度导致了剩余生产能力与低效率的恶性循环。因此,中国需要转换到依赖国内需求,特别是国民消费需求的增长模式上来。

要寻求恰当的时机,积极推进我国金融体制的改革。有人认为,只要坚持人民币不升值,这些"热钱"无利可图就会自行退出。实际上,这种可能性很小。因为"热钱"的投机成本微乎其微。日本更是趋于0,因为日本国内长期以来实施的零利率政策,货币政策陷入流动性陷阱。低成本的"热钱"不会轻易退出,我们只有改革人民币汇率制度,才能从根本上寻求问题的解决。

2. 略

本章参考文献

[1] Cooper Robin, Regine Slagmulder. Supply Chain Development for the Lean Enterprise [M]. The IMA Foundation for Applied Research,1999.

[2] Goldratt E. M. The Goal(2nd edition),North River Press,1992.

[3] Institute of Management Accounting, Statements on Management Accounting.

• 4T Implementing Activity-Based Costing, 1993.

• 4X Value-Chain Analysis for Assessing Competitive, 1996.

• 5E Redesigning The Finance Function, 1997.

• 4DD Tools and Techniques for Implementing Integrated Performance Management Systems, 1998.

• 4HH Theory of Constraints (TOC): Management System Fundamentals, 1999.

[4] 迈克·E.波特.群聚区与新竞争经济学[M].北京:经济科学出版社,1997.

[5] 西村明,大下丈平.管理会计的国际展望[M].福冈:九州大学出版社(日),2003.

[6] 伊滕邦雄.国际竞争时代的经营革新[J].Business Research(日),2005(4).

[7] 李天民.论管理会计的前景[J].会计研究,1988(5).

[8] 冯巧根.财务范式新论[M].上海:立信会计出版社,2000.

[9] 罗伯特·S.卡普兰,安东尼·A.阿特金森.高级管理会计 (第三版)[M],吕长江主译.东北财经大学出版社,1999.

[10] 盛洪.生产性努力的增长.经济研究,1992(6);转引自盛洪.现代制度经济学(下卷).第1版.北京:北京大学出版社,2003(241).

[11] 金碚.中国企业竞争力报告[M].北京:社会科学文献出版社,2005.

[12] 杨周南.价值链会计管理信息系统的变革[J].会计研究,2005(11).

[13] 胡玉明.高级管理会计(第二版)[M].厦门:厦门大学出版社,2005(6).

[14] 芮明杰,刘明宇,任江波.论产业链整合[M].上海:复旦大学出版社,2005.

第十一章 业绩评价与高管人员薪酬激励

业绩评价与薪酬激励是企业管理控制系统的核心部分,是管理会计功能发展中的一项重要内容。经济增加值(EVA)、平衡计分卡(BSC)等管理工具是在寻求克服以财务指标为核心的传统业绩体系缺陷的过程中不断创新的产物。透过业绩评价来观察高管人员的薪酬激励,有助于寻求管理会计激励机制与组织结构完善相互融合的新途径。

第一节 业绩评价的战略导向

长期以来,业绩评价一直是管理会计与控制系统的重要主题,近年来受到更多的重视,并且关注的内容也有了一些新的特点①。通过衡量企业管理人员和部门的业绩,可以决定其相应的奖惩和薪酬,以及未来的责任和职位的升降。同时,业绩评价与激励可以促进企业各个层面的管理人员和部门提高效率、改进业绩以实现企业的战略意图。

一、业绩评价的演进

近年来,企业业绩评价的演进呈现出以下两种发展趋势,一是对业绩评价中使用经济增加值(EVA)指标的关注;二是企业业绩评价中使用非财务指标和平衡计分卡方法。

(一)从财务指标的优化到财务与非财务指标的融合

在企业经营过程中,基于资源的有限性,企业内部之羊在决定分配各种资源时,需要首先确定它们的业绩衡量方法和指标。近年来,常用的一个代表性指标是经济增加值(Economic Value Added,EVA),它被认为是一个衡量公司价值创造的有用指标。其计算公式如下:

$$经济增加值 = 税后利润总额 - 加权平均资本成本 \times 资产占用总额$$
$$= (资产报酬率 - 加权平均资本成本) \times 资产占用总额$$

公式中的税后利润总额是以报告期营业净利润为基础,主要经过下述调整得到的:① 加上坏账准备的增加;② 加上后进先出法下存货的增加;③ 加上商誉的摊销;④ 加上净资本化研究开发费用(R&D 的增加);⑤ 加上其他营业收入(包括投资收益);⑥ 减去现金营业税。当

---

① 如针对传统业绩评价仅关注财务指标的局限,普遍的共识是在业绩评价中更多地考虑非财务方面的业绩。同时,传统业绩评价仅仅把指标作为运行结果的代表,并不重视评价方式可能反过来对被评价者的行动与业绩产生影响。

EVA 为正时,或虽然为负但负值正在减少,则说明公司在创造价值;当 EVA 为负时,或虽然为正但正值正在减少,则说明公司是在毁损价值。

根据 Stem Stewart & Co(思腾思特管理咨询公司)的研究[①],精确计算 EVA 要进行的调整多达 120 多项。然而,在实际应用中,并不是每个公司都要进行所有这些调整。在大多数情况下,只需要进行 5～10 项重要的调整就可以达到相当的准确程度。一个公司在计算 EVA 时,决定进行哪些调整、不进行哪些调整,最终目的是要在简便与准确之间达到一种平衡。EVA 蕴含了一系列新的思想。首先,EVA 是建立在经济利润概念基础之上的,而经济利润是指公司从成本补偿角度获得的利润,它与会计利润不同,这就要求公司不仅要把所有的运营费用计入成本,而且还要将所有的资本成本计入成本。这种资本成本不但包括向银行和债权人支付的利息,还包括公司股东所投入资本的机会成本。其次,EVA 吸收了早期的剩余收益思想[②]并增加了资本市场方面的理论,建立了公司权益成本的可靠计算方法;传统的剩余收益接受了会计上给定的经营利润的概念,但是 EVA 则要对会计经营利润进行一系列的调整,最常见的有三项(研发成本、广告促销、员工培训与开发),因为在会计上这三项均作为费用,用以扣减利润,但是 EVA 则把它们看作对未来的投资。最后,EVA 是和管理薪酬与激励紧密联系的,EVA 不仅能够衡量整个企业的业绩,还可以在部门层次上应用。目前,世界上有 500 多家公司采用了 EVA 管理系统,其中包括国外的 AT&T、可口可乐、索尼等以及国内的宝钢和青岛啤酒等著名企业。在咨询市场发达的欧美国家,实施 EVA 是比较平常的管理手段,可口可乐 20 世纪 80 年代就开始使用,而索尼则是在两年多前开始把董事和执行官们的部分收入与 EVA 挂钩。

随着人类进入知识经济时代,传统的以财务指标为主的企业评价体系已难以反映企业在顾客、供应商、员工等方面的投入与产出,也难以衡量无形资产在企业价值创造过程中的作用。为了克服财务指标过于综合和滞后的特点,获得更及时、更具体、更详尽的信息,许多企业的业绩评价开始把财务指标和非财务指标结合起来,注重考察企业业绩评价过程中的控制特征。换言之,就是要在业绩评价体系中引入战略思维,使业绩评价目标具有挑战性和可操作性;同时,业绩评价过程应该通过及时反馈,引导积极的组织行为,并确保员工行为与组织战略目标的一致性;尽可能避免管理者通过损害组织整体利益的行为实现被计量的业绩要求,当某些重要业绩指标有信息价值但是不可控时,至少要求业绩评价能反映管理者的行动,如采用业绩评价去识别,以实现正面的激励;此外,为了建立目标责任,业绩评价结果应该与相应的报酬或处罚机制联系起来。此外,还必须积极促进团队业绩的评价。从业绩评价中获得的信息可以分为直接和间接两个部分,增加业绩评价指标的范围和参与度是一种直接的效果,它通过向团队

① EVA 最早出现在新古典经济学派经济学家阿尔佛雷德·马歇尔的《经济学原理》一书中。而经济增加值的思想又是源于亚当斯密的剩余收益法,在某种程度上可以认为 EVA 是剩余收益的新版本。在剩余收益理论和 Modigliani 及 Merton 于 1958—1961 年发表的一系列关于公司价值的经济模型的文章基础上,20 世纪 90 年代,美国 Stem 和 Stewart 提出了以创造股东价值为核心的企业经营业绩评价的方法——EVA,并创立了 Stem Stewart & Co,专门从事于 EVA 的推广和应用等咨询工作。随后 EVA 作为反映公司是否创造价值的指标引起了投资者和管理者的高度关注,并作为企业经营绩效评价的综合指标风行欧美。
② 剩余收益(Residual Income,RI)指企业或投资中心的经营净利润扣减按企业要求达到的最低利润率计算的投资报酬后的余额,其计算公式为"剩余收益＝经营净利润－资产×要求的最低利润率"。

成员提供有用的信息以帮助他们处理任务。另外,业绩评价对团队成员报酬差距的影响是间接的,团队成员对报酬是敏感的,这种业绩刺激能促进团队业绩增加值的显著提升。虽然仅用财务或非财务指标也能评价出团队业绩,但是很显然,最好的业绩来自全面评价和高参与度相结合的团队,它们共同提供了团队业绩的改进基础,因此关键问题是引入业绩评价的战略导向,从而为成功的团队业绩评价创造更好的机会。

(二)从平衡计分卡到战略计分卡的发展

卡普兰和诺顿(Kaplan & Norton)在对 12 家在绩效测评方面处于领先地位的公司进行研究后,设计出了"平衡计分卡(Balanced Score Card,BSC)",并于 1992 年发表了题为《平衡计分卡——良好绩效的测评体系》的论文,这标志着平衡计分卡的诞生。平衡计分卡作为一种管理会计工具,至少包括两个层面的含义。一是它作为一个信息系统,为管理者提供了更好的信息,有助于改善组织的决策和控制;二是它作为一种管理活动,在使用平衡计分卡的过程中,对组织结构和运作产生了积极的调整效应。平衡计分卡作为一种综合的业绩评价体系,主要从四个方面来考虑和评价企业的业绩,即财务视角、客户视角、内部经营过程视角,以及学习与创新视角。由这四个方面形成的业绩评价体系如图 11-1 所示。

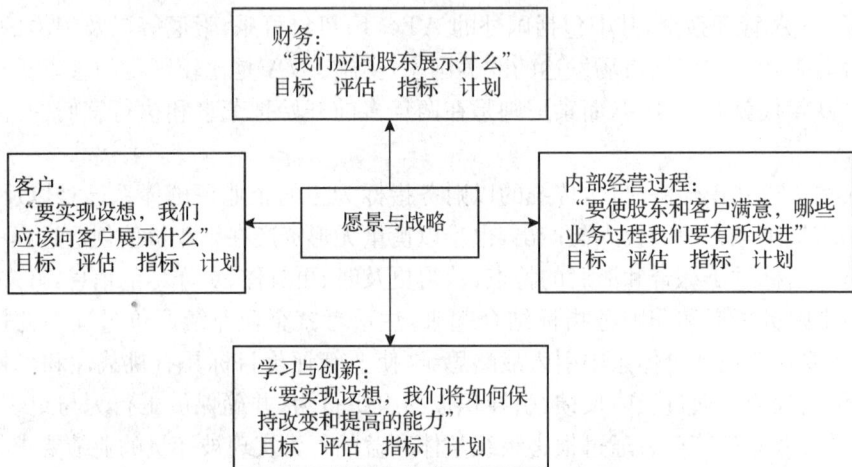

图 11-1 平衡计分卡的基本框架

这四个视角从不同方面诠释了组织的战略目标。此外存在于其中的因果关系链涵盖了平衡计分卡的四个方面,表明这四个视角结合在一起构建了完整的有内在联系的一体化的业绩衡量指标体系。1996 年,卡普兰和诺顿又发表了题为《把平衡计分卡作为战略管理体系的基石》的文章,他们详细论述了应用平衡计分卡把长期目标和短期行动联系起来的步骤,即说明远景、沟通与联系、业务规划、反馈与学习。同年,他们出版了《平衡计分卡——化战略为行动》一书。该书详细阐述了为什么需要和如何应用平衡计分卡管理企业战略的原理和方法,还具体描述了应当如何通过组织结构再造、学习与反馈、预算与战略挂钩等措施来保证平衡计分卡的战略意图。

基于业绩评价的战略思维强调风险的防范,尽管卡普兰和诺顿在《平衡计分卡——化战略为行动》一书中也提及了风险管理,但作者认为:"一般而言,风险管理是一个附加的目标,它应当对业务范围已选定的预期回报战略予以补充。"换言之,在平衡计分卡中,风险管理问题并没有得到应有的、足够的重视。作为使用最为广泛的战略管理工具的平衡计分卡对企业风险管理的忽视,使企业风险管理失去了一个良好的平台,给风险管理工作带来了不少缺憾。为了弥补这一不足,同时也是为了扩展董事会的战略功能,英国特许管理会计师协会(CIMA)和国际会计师联合会(IFAC)联合开发推出了"战略计分卡"。战略计分卡弥补了平衡计分卡在处理战略监管方面不足的缺陷,成为平衡计分卡的一个补偿机制(CIMA、IFAC,2003)。与平衡计分卡相比,战略计分卡的服务对象聚焦于董事会,内容较为宏观,加强了对风险的关注,在解决战略变迁问题方面更能发挥突出作用。Roland Kaya(2005)指出,战略计分卡和平衡计分卡结合运用,可以增加企业成功的几率。战略计分卡包括四个维度,即战略定位、战略选择、战略执行和战略风险,如表 11-1 所示。战略计分卡不是一个详细的战略计划,其目的在于确保董事会在战略流程的所有方面都是完整的,通过识别关键决策点和战略选择的时机、战略执行的基础,灵活地处理战略抉择和转型变革,为公司战略定位和发展给出一个真实、公允的图像,识别和减轻战略风险。企业风险管理是企业治理的基本要素,必须在战略计分卡上得到体现(Gillian Lees,2004)。

表 11-1 战略计分卡

战略定位(Strategic Position) • 微观环境(市场、竞争、客户等) • 宏观环境(经济、政治、法规等) • 剧烈变化产生的威胁 • 经营状况(市场占有率、价格、质量与服务的差异等) • 能力(核心竞争力、SWOT 分析等) • 利益相关者(投资者、员工、供应商等)	战略选择(Strategic Options) • 范围的变化(地域、产品、市场等) • 经营方向的变化(低或高的增长、价格及质量)
战略执行(Strategic Implementation) • 依据董事会的意图推出最新策略 • 具体方案选择及详细评价进程 • 可实现的标志及时间、方向的设定 • 设定关键成功要素	战略风险(Strategic Risk) • 彻底评价战略风险 • 关键风险的影响和可能性分析 • 沉淀在公司/业务部门计划中的战略风险 • 评价风险的常用方法,如压力测试 • 针对重要节点上的关键风险的行动计划 • 兼并、收购方案中的风险管理

资料来源:PAIB,*Enterprise Governance*:*Getting the Balance Right*,CIMA and IFAC,2004。

(三)经营绩效表:平衡计分卡应用的一种创新

20 世纪末,欧美各大公司围绕平衡计分卡创新性地开发出一种"经营绩效表",并以该表替代传统的"净利润"或"投资收益率"的业绩评价方法。"经营绩效表"是围绕平衡计分卡将一系列的经营指标和主要策略转化为有形的目标与衡量指数。它具体包括:① 财务经营绩效指标,是企业为股东创造的投资利润;② 顾客导向的经营绩效指标,是企业服务顾客,为顾客创造消费与接受服务的价值;③ 企业内部运营及技术指标,是公司提升内部作业、产品质量、技术水准和生产力,以及降低成本和加速交货的衡量指标;④ 学习、创新与成长指标,是员工实现产品创新和增加价值的绩效衡量指标(详见表 11-2)。

表 11-2　经营绩效平衡表

财务经营绩效指标	顾客导向经营绩效指标
投资周转率、流动资金周转率、单位成本、成本降低率、营业净利、投资收益率、现金净流量	市场占有率、新顾客人数及销售额所占比重、旧顾客人数及销售额所占比重、顾客满意度调查质量指标，如① 产品退回次数/比率；② 不满意产品比例；③ 延误或准时交货次数/比率；④ 顾客抱怨次数；⑤ 产品耐用度等。 服务水准及态度指标，如① 产品送达时速；② 新产品开发速度；③ 服务的及时性
企业内部运营及技术指标	**学习、创新与成长指标**
新产品产出能力，如① 新产品占总销售额比例；② 新产品推出速度；③ 五年来总营业净利对研究发展费的比例等。 设计能力，如① 设计水准；② 工作水准；③ 一年内设计修改次数等。 技术水准 制造水准，如① 产品及原材料耗损率；② 订单交货速度；③ 准时交货次数；④ 单位成本；⑤ 质量标准；⑥ 生产力等。 安全性，如① 意外发生次数；② 受伤次数。 售后服务，如① 顾客满意度；② 成本、质量与速度等。 社区服务与关系	员工满意度、员工流动率、员工生产率、每位员工的平衡销售额等 员工培训次数、奖励与员工积极性、员工技术水平、管理能力、信息系统的更新程度、员工提案及改善建议次数、新产品数量及提出速度、新产品销售额占总额的比例

表 11-2 中的指标体系是就总体而言的，它是按一般意义上的广义角度设计的，企业在具体应用时需要结合所属行业，以及自身的特点加以权衡与选择。这种基于平衡计分卡的"经营绩效表"有以下几方面的积极意义：

第一，有助于克服传统绩效评价存在的片面性，纠正企业的短期行为，保证企业绩效评价的全面、科学与合理，维护企业长期发展的盈利能力。它具体体现在四个平衡上：① 平衡了外部(如股东、顾客与社会)和内部(内部运营与技术，学习、创新与成长)的关系；② 平衡了成果(如利润、市场占有率)与动因(如新产品开发投资、员工培训、顾客关系等)的关系；③ 平衡了客观(如利润、员工流动率、顾客抱怨次数)与主观(如顾客满意度、员工忠诚度)的关系；④ 平衡了短期(如利润)与长期(顾客满意度、员工的培训成本与次数)的关系。

第二，有助于企业利益相关各方权益的平衡。传统的绩效指标只考虑对投资者利益的满足，而忽视了对企业其他参与者——员工、顾客、社会等的利益兼顾。而实际上，投资者(股东)、顾客、员工共同构成企业的主要参与者，三者缺一不可，并成为企业关键的三个变量。每个参与者，每个成功关键变量都有其自身的利益目标，对其利益目标的保护、实现与满足构成了参与者参与企业活动的动力机制，也是确保企业长期盈利的关键因素。

第三，有助于企业管理者更全面地评价经营绩效，并有效地控制企业的生产经营活动，维护企业长期的盈利能力。长期以来，管理者主要依据某些财务指标来衡量经营绩效，管理、控制企业的生产经营活动。随着竞争的加剧，以及全球化经济的推动，管理者必须借助于综合化的管理工具来管理企业，评价绩效，经营绩效表应该说是这类管理工具中一种比较好的选择。

需要强调的是，"经营绩效表"中的指标覆盖面较宽，计算也比较烦锁，企业在具体应用时，应当结合经济社会发展的需要、企业的目标与使命、企业的竞争战略,作出恰当的简略程度的调整,从而使评价工作有的放矢。

二、战略业绩评价与平衡计分卡

欲使平衡计分卡具有战略特性,必须增强企业业绩战略的协同性、激励的有效性和组织的文化认同感。具体而言,首先在战略协同性上,企业应该拥有一套全面而又简捷的与战略相关的关键业绩指标评价体系,业绩评价与被评价的组织成果之间具有因果关系,业绩评价具有准确、客观、可证实性的特征。其次在激励的有效性上,企业应当具备一套积极的激励机制。此外,在组织的文化认同感上,有效的管理控制工具应具备如下品质,即业绩评价能够反映管理者可以控制的活动和可以施加影响的行为;制定的业绩目标或标杆具有挑战性且又是可以达成的;业绩评价与实际的奖惩挂钩。

(一)平衡计分卡面临的挑战

自 Kaplan and Norton 提出平衡计分卡(BSC)这一基本模式以来,已过去了 10 多年,美国或欧洲发表了许多应用的案例。借鉴这些研究成果,并将其应用于企业的战略业绩管理,一直是人们讨论的热点话题。尽管对如何有效应用,已形成了某种程度的共识,然而,随着企业实践的不断推进,BSC 模式构造上存在的各种问题也逐渐暴露出来。

1. Norreklit 对 BSC 模式的批评

2000 年以来,《管理会计研究》(*Management Accounting Research*)杂志就陆续刊载了若干篇论文,对 BSC 的有效性问题进行辩论,其中 Norreklit 与 de Haas & Kleingeld 的论文有一定的代表性,该文以 Norreklit 的批评为线索,就 BSC 的概念及其方法的适用性等展开探讨。Norreklit(2000)对 Kaplan & Norton 的 BSC 主要从两个方面展开了批评,一种批评观点认为,Kaplan & Norton 所设想的因果关系,其内涵是模糊的。若基于这种不明确的概念,从非财务业绩计量值来推测财务目标并实施管理的话(换言之,在有关错误的因果关系的预测下,针对财务目标的成果加以控制的话),易导致逆功能行为的发生以及形成局部次优化的结局。另一种批评观点认为,尽管 Kaplan & Norton 阐述的战略控制模式在层级上属于领先型,然而在当前动态的组织环境下,欲对 BSC 加以明确定位则困难重重。

Norreklit 的第一种批评意见与 De Haas & Kleingeld(1999)的观点基本相同。他们均采用事项法加以考察,即在时间和空间中通过接近地观察两个独立事项,一方事项在经过的时间中先行于其他事项,则由其考察前面的事项,将表明该事项具有高的概率,后面的事项因在其后被观察到,其概率的确定性有可能降低。这种基于经验的实证关系,即使在时间坐标上观察,其因果关系(Cause-and-effect Relationship)的存在也值得思考(例如,依据标准成本计算的传统成本管理和过剩库存之间也许是存在因果关系。然而,采用公允价值计算,对于当前的投资项目较资本成本具有更大的收益率这种情况而言,在逻辑关系上就不具有因果关系)。尽管 Kaplan & Norton 没有阐述因果关系的定义,但他们认为,BSC 中的因果关系乃至因果链是其核心构成要素。例如,他们认为"战略是基于因果关系的一种假说",相应地认为,"适当的构建计分卡,能够借助于一系列因果关系的业务活动确立战略领导地位"(Kaplan & Norton,1996b)。或者可以说是"战略的本质体现于计分卡上的各种衡量尺度,它们对财务结果可能产生风险"。

　　然而,Norreklit 批评认为,在 Kaplan & Norton 的 BSC 说明中,因果关系和逻辑关系及手段、目的的关系是混杂的,四个视点间或者与成果的联系在相关的说明上,从整体角度观察是非常模糊的。例如,若提高 CS(顾客满足),则顾客的满意率提高,据此财务业绩的上升是相关的。这种观察,若被证实具有高的概率,那么基于因果关系而实施的管理必然是可行的,然而 Kaplan & Norton 并未按此逻辑运作。Norreklit 认为,应当用 ABC 等方法加以分析。根据 Norreklit 的观点,依据 ABC 等的分析是基于逻辑关系的分析。然而,由于这些关系自身存在的混杂现象,通过应用 BSC 来推进战略的实施与创新,在管理上就缺乏清晰与透明。对统计分析是否是基于决策进行的,是否是基于逻辑关系展开的,或者是否应该对这些不同的手段、目的之间的关系加以考察,就变得不好判断。这些是前述第一种批评观点的主要内容。

　　对于第二种批评,即以 Kaplan & Norton 基于层级化的领先型控制模式为前提,在当前动态的组织环境下,BSC 的定位是困难的。Norreklit 对此的批评观点认为,这种模式最大的局限是,没有提出面对竞争者的地位以及继续推进技术发展的具体思路,更为严重的是缺乏促进内部市场化条件下的经营人员优化竞争机制的要素。

　　2. 强化 BSC 的凝集性和战略性

　　正如 Kaplan & Norton 所阐述的,BSC 不是简单的计量体系,而是面向战略实施的管理系统。BSC 拥有战略控制的功能,确保其获得相关的信息,明确计划与战略的定位和促进整合是必要的。然而,若企业竞争者的地位以及技术发展难以持续的话,相关的信息就不具有可比性,经营人员在实践中就难以按计划完成任务,目标与战略融合的可能性就不存在。面对外部市场化趋势的增强,经营人员在计量方面会针对自身利益采取次优化的冲动,此时各层面的领先型控制策略将成为内部发展的障碍。尽管 Kaplan & Norton 意识到基于新战略发展的组织分支可能会形成,在 BSC 中也隐含着对组织分支机构开发战略规则的可能,但它与领先型控制为前提所作的 BSC 阐述发生了矛盾。换句话讲,管理会计的正确定位不仅包含学习与成长,还应当包含认知、知觉、信念以及知识等的各种要素,以及相关的更宽广的思维领域,这才是管理会计应具有的正确定位。然而,BSC 却缺乏这一点。

　　对此,包括 Norreklit 在内的许多学者认为,不仅要将多种尺度间的关系视为因果关系,且在 BSC 中确立凝集性(Coherence)的功能也将十分有益。所谓凝集性,就是指面对各种波动的相互干涉,以凝集的姿态为特征展开的计量与评价活动。这种凝集性的好处在于,它围绕某一目标,针对相互关联的各种现象,通过互补和完善来提升融合的效果。虽然凝集主要在整体战略行为的标准和个别集团活动的标准之间进行,然而积极把握环境的变化,明确自身的定位,并据此围绕这些活动予以实施,加强和提升在此基础上的市场化战略对话,是一项十分重要的战略举措。在整体战略行为的标准上,借助于相互调和的不同战略领域(如财务、市场、技术、内部经营环节等)特性,实现全公司整体目标的凝集及战略规划的确立。因此,问题的关键是寻求有机结合的业绩尺度,以提高凝集的效果。即使个别集团活动的标准,通过凝集性的控制活动,也能够使个别的企业目标和全公司的整体目标实现联结,并在相应标准的依存下强化企业的管理。此外,De Haas & Kleingeld(1999)也重视凝集性和战略性的对话。随着战略创新与开发的进一步融合,非财务环节的指标与传统财务指标的相互融合,有助于优化组织设计,增进组织间的战略对话,提高企业综合控制的能力。

　　(二)战略业绩评价的意义:基于因果关系的认识

　　诚然,因果关系是认识平衡计分卡(BSC)的一个焦点,但在企业实践中,这种严密的因果关系是否体现于 BSC 之中很难作出绝对的判断。以往人们在各类广泛的数据中试图证明业绩计量具有因果关系，而实际上这种检验流于形式，因而难以让人信服。例如，Eccles & Pyburn(1992)应用扩大的项目，即包含品质、顾客形象(CS)、市场占有率等非财务业绩数值之类的计量体系，来验证 BSC 内在的因果关系，其结果并非理想(即实践中并没有这么简单)。依据组织所处的社会状况和管理者的信念制定自身的业绩目标是可取的，然而要进行这样的实证，上级管理者必须在这些业绩计量体系实施之前，使该体系与企业的其他经营业绩模式相适应，而这样做的可能性与现实性几乎没有。换言之，在企业经营业绩模式中，能够很好地观察到各种因果关系的经验模式，将是一种执行力很强的实施模式，并且能够在管理实践中传达经营者的信念和意志，而这些在实际中是不存在的。此外，在基本面上基于 Kaplan & Norton 的业绩计量体系展开讨论，从战略业绩评价的视角提出假设，譬如某种程度的可检验关系(或者经验)或假定某种时候成立的此种关系，并由此观察 BSC 的功能扩展至少是具有积极意义的。

事实上，即便发现了基于 BSC 的各变量间的因果关系，对其作出验证也不容易。依据外部变量的关系，对于表示学习与成长视角的业绩尺度和其他视点的变量间关系，因其在相当长时间里是动态变化的，很难确切地予以捕捉。进一步讲，BSC 虽然是一种战略业绩评价方法，然而由于无法将各种变量间的关系在某种状况上予以特定化，因此应用统计手段进行实证研究是困难的。Kaplan & Norton 也认识到了这一点，他们认为，在定量化方面将因果关系特定化是不容易的，必须承认主观的、定性的评价的必要性(Kaplan & Norton,1997b)。此外，他们还认为，在许多场合里因果关系实际并不存在，那么又有什么必要非要表现出这种因果关系呢。尽管如此，他们仍然强调因果关系，这是为什么呢？依笔者之见，这是为了让企业的组织成员接受战略，因而将因果关系纳入组织的战略业绩评价之中。BSC 通过明确规则有助于团队展开业绩评价，即它通过整合组织成员间的战略实施行为，将因果关系体现于战略经营之中。然而，这不能成为因果关系存在与否的依据。因此，假如实际上不存在因果关系，则怎样才能捕捉到组织成员间相互整合的行为呢？对此，Norreklit(2000)等强调，构建多元的复合业绩计量体系，并以"凝集"的要求加以整合，增强战略对话等，这在企业实践中是有现实意义的。Simons(1995)所说的在线控制(Interactive Control)或者实现组织成员间的相互学习，对于战略业绩评价来讲至关重要。

诚如前述，Norreklit(2000)虽不认为因果关系被广泛应用于 BSC，但对各种变量间的双方互动关系(Interdependence)却十分看重。譬如，对开发环节提供必要资本的可能性，因受到财务结果的影响也许会被限制。或者说，某项活动是否满足财务的要求，以及对企业内部经营环节和顾客价值等产生怎样的互动关系，这一点对于战略业绩评价具有重要价值。对此，Norreklit 主张，通过在线控制这种手段来解决有关各方的互动关系是一种战略选择，因为它有助于组织间提高其聚集度，提升战略对话的组织型学习(Double-loop Learning)效果。

第二节　高管人员薪酬激励：国际比较

业绩评价与激励机制是同一个事物的两个方面。没有业绩评价，经营者的激励机制就失去了基础，而没激励机制，业绩评价便形同虚设。业绩评价与激励机制相结合，才能有效地实现组织发展的战略目标。激励制度就是业绩指标与奖惩行为的结合，是一个组织实现组织目标、贯彻组织战略和塑造积极的组织文化的最强有力的杠杆。

一、高管薪酬激励的一般安排

目前，发达国家已经形成了一套比较成熟的经理报酬制度及其运行机制，基本上做到了激励与约束相对称、短期与长期相配套。西方国家的经理报酬结构主要由两大部分及其明细分类组成。现代企业的经理报酬安排趋势是越来越多元化，并且不断有新型的激励方式出现。

高管薪酬安排，大致由以下几个部分组成：① 基薪。即基本薪金，也称岗位工资，是经理人收入报酬中的固定部分。② 奖金。以短期或年度的业绩评价为基础，常见的是业绩奖金，即在达到或超过指定的业绩标准后获得一定金额的奖励。③ 经理股票期权（ESO）。通常局限在企业最高管理层，在某一期限内（通常是 3～5 年）按预定价格购买本企业股票的一种选择权。其价值取决于行权价与赋予期权时的股票市价之差，因而是一种基于市场的激励方式。经理的报酬通过企业股票的市场价格与企业的业绩相联系，因为一般情况下，企业的股票价格会随企业业绩的增长而增长。④ 业绩股份（PS）。根据不同的业绩表现，奖励不同比例的股票，目的是解决经理的短视问题。业绩股份的目标通常与企业整体业绩衡量标准相联系，最普遍的标准是几年期间企业股票每股盈余的累积增长率是否达到预定目标。在这种激励方式下，经理获得的股票有一定时间内不得支付等条件限制，从而增加了经理离开企业的机会成本。⑤ 股票增值权（SAR）。股票增值权是一种递延的现金奖励计划，它将股票在奖励日与实际支付日之间增值部分用现金方式支付给经理，是以现金形式获得的期权价差收益，而无须行使期权，因此又称现金增值权（详见表 11－3）。

表 11－3　高管薪酬的一般结构

主要类型	明细分类
短期报酬	基薪
	短期津贴或奖金
长期报酬	经理股票期权
	业绩股份
	股票增值权益

此外，还有非货币性报酬。将非货币的实物作为高管薪酬，一般应明确其具体的内容。譬如，公司提供的住宅情况，给高管个人补助的最高上限的租赁费是多少，或者一次性给予多少金额住房补助。同时，对于公司住宅的所在地等具体情况需要加以记载。我国对一些企业，如高新技术企业，政府给予经济适用房的房源，企业内部可能还会在资金上给予补助。对此，需要作如下的披露：① 提供给董事（或其他高管）的住宅补助金额为多少？或是租赁给个人住，这一租赁费相当于非货币报酬。② 提供公司住宅是为了确保业务上的便利，或者是企业履行社会责任的体现。③Ⅲ 公司住宅的宽敞、等级等是否有标准规定。④ 公司住宅租金与其他公司住宅的租金的差额为多少，等等。

二、美国公司高管薪酬的揭示规则与状况

各国公司高管薪酬状况除了受企业财务情况影响外，还与所在(所属)国家与地区的经济发展水平，以及制度规范(薪酬管制)等外部因素紧密相关。本节以美国为例加以分析。

(一)揭示规则

20世纪90年代初，美国公司高管薪酬的揭示因受各方对高管人员高额薪酬的质疑和批评，促使薪酬揭示规则进行了修正。依据美国证券交易委员会(以下简称SEC)的揭示规则(Regulation S-K，Item402)，有关薪酬揭示以代理人声明(Proxy Statement)的形式作出了明确规范。

1. 有关薪酬的基本信息

(1) 以CEO及其薪酬额排列前四位的上级执行高管(确定的执行高管)为对象；

(2) 提供确定对象人员前三个会计年度的所有薪酬情况的简表；

(3) 期权/SAP(Stock Appreciation Rights)的授予表以及行使表；

(4) 长期激励(Long Term Incentive Plan，LTIP)的授予表；

(5) 其他，诸如年金计划、董事薪酬结构、CEO的雇用契约、退职计划等。

2. 薪酬委员会的意见

(1) 有关薪酬委员会构成人员利害关系的说明；

(2) 经营者薪酬与公司业绩间的关系等，决定该会计年度经营者薪酬时所采用的方针(薪酬方针)；

(3) 从特定的量与质两个方面对有关CEO的薪酬决定要素、基准、评价加以设计。

3. 趋势图

有关该企业的市场指数，以及与该企业所属的产业指数相关联的累计总股本报酬率(TSR)的变化情况，并对此作出相关的比较曲线图。

(二)揭示的状况

为了说明美国公司高管薪酬的揭示状况，本部分选择个案分析的方式加以说明。下面，结合2003年度GM(General Motors)公司公开发表的代理人声明加以介绍。

1. 高管薪酬委员会

高管薪酬委员会承担对企业经营活动代理过程中，有关薪酬报告要求的事项，包含作为执行高管的公司高管薪酬以及退休给付计划的设计及管理这方面的监督责任。为了协助推进这一环节的工作，该委员会与独立的高管薪酬顾问公司签订协议，由顾问委员会承担对该委员会执行情况的直接说明责任。自1989年以来，该委员会完全由独立董事构成。2003年该委员会的构成人员中由John H. Bryan担任委员长，成员有George M. C. Fisher，Karen Katen。

与以往相同，2003年董事会召开了薪酬会议，探讨了公司的业绩以及CEO、指定的执行高管和其他经理人员的业绩。该委员会就有关这些高管的所有薪酬安排向董事会提出建议。同时，该委员会还将就有关主要的薪酬问题定期地向董事会提供最新的信息。同年，该委员会对

薪酬大纲进行了修正与强化,其中,为了确保对美国企业改革法[①]以及修正的 NYSE 上市规则的有效执行,采用并选择了年度自我评价的环节。

2. 薪酬方针

General Motors 以及主要子公司的高管人员薪酬计划,是基于职员利益应当与 GM 的股东利益保持紧密关联性为前提的。具体而言,这一方针主要包括:

(1) 在各高管人员的全部薪酬中,无论是短期的还是长期的收益都必须围绕为股东创造价值这一目标,且与具体的可计量实绩挂钩。

(2) 薪酬计划按照高管人员对于整个公司或自己分担的特定领域/部门的业绩或收益性的提升来设计激励方案。

(3) 高管人员个别的业绩及贡献程度通过按个别的固定薪酬加以调整,且在既有的激励安排下予以支付。

(4) 长期激励关系到进一步提升高管人员利益与股东利益联结的目的,采用普通股加以支付。

(5) 全部薪酬的目标结构中最弱项不低于竞争对手企业相应项的 75%。其结果,在高业绩产出的年份,高管人员与竞争对手的企业相比,能够获得极具竞争力水准的薪酬。为此,该公司为了维持经营的有序运转并不断成长,需要积极引进相关人才,以保持企业的持续、稳健发展。相反,若业绩目标下滑,则高管人员所获得的薪酬在竞争方面的层次下降,或低于竞争对手。

3. 持股计划

公司坚信,强化高管人员利益与股东利益联结的最有效方法是让高管人员持有相当数量的普通股股票。其结果是,该委员会对于包含指定的执行高管及其他特定的上层管理人员等的所有公司高管人员,确定了正式的股份持有计划,并且明确该计划的责任依据。在职的指定执行高管应保持各类持股计划的金额,并在股份数量上不断增加。

4. 薪酬税扣除的方针(略)

5. 报酬的种类

退休金支付的内容放在后面的表中探讨。高管人员的全部薪酬体系由以下三个方面的主要要素构成:① 固定报酬;② 年度激励;③ 长期激励。在决定薪酬的各项构成要素的金额比例时,GM 的原则是不低于竞争对手相同级别的收益情况,即本公司经营班子的人才按与其他大企业相同职位的薪酬情况加以支付,同时基于该公司固定薪酬结构在公司内排序列表。这类高管人员的劳动力市场并非仅限定于汽车产业,而是以工业/服务部门规模以上的 28 家大的国际化公司构成的集团作为"比较对象集团"而确定的。每年,在确定有关该公司高管人员确切的业绩状况及薪酬水平时,需要慎重地对这种比较对象集团的构成进行再探讨,分析他们支付的薪酬结构,以及各公司的业绩及其他要素的情况。此外,公司外部的顾问组织提供的信息及建议也作为一项考虑的依据。

---

① 即 Sarbanes-Oxley Act of 2002,又称《萨班斯-奥克斯利法案》或简称 SOX 法案。

（1）固定报酬。在决定 GM 高管人员的固定薪酬时,需要考虑基于比较对象企业集团相同职位的薪酬数据。此外,个人的业绩、未来提升的可能性、具体的职责,以及现职的任职期限这样的其他因素也对每一个高管人员的最终薪酬情况起着影响。

（2）年度激励。对于全体执行高管人员的 2003 年度的激励,是根据 2002 年度股东大会上股东认可的 GM 公司 2002 年度激励计划进行的。这样,全体高管人员才能成为获得有年度激励资格的对象。在各项业绩评价的最初,薪酬委员会决定业绩目标,并为接受这些薪酬支付应该达到的业绩水准作了规定。若达不到最低业绩水准,就不支付年度激励。作为 2002 年度激励的一个环节,每个人获得的最高金额收益已得到股东的认可。在围绕支付额的确定时,除了考虑过去的业绩水准与预测业绩水准之外,还要对经济预测、竞争上的业绩水准、汽车产业的预测销售台数、预测的市场份额、质量提高等的外在市场条件等展开分析,并为达到这一目的所需完成的必要业绩程度作出评价。最终的支付额需要根据实际完成的业绩水准与预先设定的整个公司或者地域/部门的目标加以比较后,再来决定个人的业绩。业绩数据也有一些调整事项,主要是一些预计之外的或者例外的事项的影响情况。最后,还要提供 GM 的业绩与主要竞争对手企业相比较或评价的详细报告。

与过去相同,经营班子在 2003 年年初积极履行薪酬委员会提出的业绩目标职责。同时,薪酬委员会规定需要将年度激励的支付计划比照公司经营计划的净利润、净资产收益率(RONA)、市场份额、与质量相关的特定标准的完成情况进行考核。2003 年年末,该委员会进一步探讨公司整体的经营实绩,判断净收益以及与 RONA 相关的财务实绩提升的目标现状,并且就有关地理区域/经营分部的有关品质及这些地域/部门内的市场份额的预先设定目标加以对照,再次探讨其业绩目标完成情况。结果表明,业绩既有下降到限度值的地域也有大幅上升的地域,存在相当高的离散性。但是,综合起来看,2003 年度公司支付的最终激励金额在目标水准上略有上升。

（3）长期激励:期权。基于 2002 年度股票激励的规定,全体高管人员成为具有股票期权授予资格的对象。通过期权的授予与实施,提升了公司长期的股票价格,增强了维护股东权益的意识。薪酬委员会认为,让高管人员持有 GM 的普通股是适当的。这种期权,授权日按平均股价的 100％授予。因此,高管人员为获得利益必须提升股价,这无论是对股东还是高管人员本身都是有益的。在这项计划中,未经股东认可擅自对期权的行使价格进行变更是不允许的。期权是基于长期激励的劳动力市场竞争要求而考虑授予的。在对公司高管决定新的授予规模时,需要考虑各位高管迄今所授予的期权数量。2003 年以来,GM 授予的所有新设的股票期权在行权的期间内是作为薪酬费用计入费用账户的。

（4）其他长期激励。基于 GM 的长期激励的业绩份额计划,通常仅对上级管理者进行授予。和年度激励的授予相同,这样的授予虽然也是按年度进行的,其支付额是将基于 3 年期间的普通股的股东收益率(TSR)与 S＆P500 综合指数(S＆P500 指数)的 TSR 进行比较后的实绩排位来决定的。在 2003—2005 年的业绩评价期间开始时,以公司普通股的股份数表示的目标授予标准,向高管人员进行授予。若这 3 个年度的 S＆P500 指数的公司排位下降 25％的情况发生时,任何支付额都不进行。公司的排位在 S＆P500 指数企业的上位 10％的百分点以内时,则达到最高的支付水准。支付率是适应最低支付水准和最高支付水准之间的百分点的排位产物。据此决定的授予数是一种双赢,它对于股价走势的提升,高管人员的欲望提高有积极的作用,既是对高管自身收益也是对公司股东收益的维护。我们确信,这种计划随着上级高管人员的股票期权,从业绩的长期视角观察,是一种提供有关股份薪酬的多方博弈均衡的路径。

有关 2001—2003 年这一期间 GM 的 TSR 实绩,因为是根据长期激励的支付目标确立的标准,所以按目标要求支付。2002 年,面向公司经营现金流量的产出以及结构性成本的削减努力,高管人员着力强化了全球干部团队的整体作用,开展了基于 1997 年业绩完成计划的"领导层挑战性授予"的活动。有关这种授予,根据 2002 年以及 2003 年的经营现金流量的产出目标完成情况,和依据 2002 年以及 2003 年的结构性成本削减目标的完成情况,结果四个目标中有三个达到要求,完成了目标。2004 年 1 月,按目标完成情况进行了授予,其中 75％用股份进行了授予。

6. 高管人员的薪酬状况:薪酬报表

表 11-4 列示的是 G. R. Wagoner,Jr. 董事长兼 CEO 以及执行高管中排列于 2003 年报酬额最高的 4 位成员,他们在过去 3 个年度支付的税前薪酬。

表 11-4 薪酬报表

姓名及主要职务	年	年度薪酬			长期薪酬			其他薪酬/$
					授予		支付	
		固定薪酬/$	奖金/$	其他年度薪酬	带限制的股份	股票期权（股份数）	长期激励/$	
G. R. Wagoner 董事长兼 CEO	2003	2 200 000	2 860 000	58 578		500 000	3 313 000	76 994
	2002	2 000 000	0		5 006 250	600 000	0	34 382
	2001	2 000 000	0			400 000	480 000	84 160
J. M. Deyine 副董事长兼 CFO	2003	1 550 000	1 612 000	55 604		200 000	2 821 000	463 472
	2002	1 450 000	0		3 003 750	300 000	703 000	428 953
	2001	1 450 000	1 500 000	69 721		200 000	1 380 000	418 168
R. A. Lutz 副董事长（产品开发）、GM 北美董事长、GM 欧洲临时总经理	2003	1 550 000	1 612 000	57 010		200 000	3 171 000	61 994
	2002	1 450 000	0	9 4153	3 003 750	200 000	1 388 000	26 581
	2001	483 333	500 000			200 000		
T. A. Gottschalk 董事、副总经理	2003	929 167	850 000			90 000	1 196 000	37 163
	2002	900 000	0	52 279	1 602 000	140 000	0	19 800
	2001	858 000	0			70 000	230 000	32 617
G. L. Cowger 集团副总经理 GM 北美总经理	2003	775 000	646 000	58 718		55 000	787 000	23 244

此外,还有《2003 年度按个人分类的期权/SAR 授予表》《2003 年度按个人分类的期权/SAR 行使实绩合计与 2003 年 12 月 31 日持有的期权/SAR 合计表》《长期激励的授予表》《退

休计划的详细记述》《雇用契约的详细记述》《趋势图表》等。限于篇幅，在此省略。

三、英国公司高管薪酬的揭示规则与状况

（一）揭示规则

英国高管人员薪酬的揭示起始于 1990 年的肯得贝里报告，它是继古林贝里报告之后，根据汗培尔报告的建议加以统一规范（Combined Code）后于 1998 年编制完成的，2002 年与交易所规则相结合，以《董事薪酬报告规则》（*Directors' Remuneration Report*）的形式而被规范化。这项规则规定了如下事项：

（1）董事会根据规则要求编制高管薪酬计划，并作出相关决议，同时需要记载于年度报告之中，得到股东大会的认可；

（2）需要对审计对象之外的薪酬委员会委员的姓名、薪酬等的信息、薪酬的方针、趋势图（本公司股价与 FTSE100 等的指数相对的 TSR 趋势的比较揭示），雇用契约等加以揭示；

（3）作为审计的对象还包含过去年度按薪酬要素分类的所有董事的个别揭示（固定、奖金、各种津贴及其他），有关期权的期中变动（如授予、行使、失效等）以及行使价格、期间等的条件，其他长期激励、退休计划等的揭示；

（4）公开揭示薪酬方针、有关业绩联动型薪酬的内容、薪酬委员会成员的姓名、报酬。

（二）揭示的状况

为了说明英国公司高管薪酬的揭示状况，本部分选择个案分析的方式加以说明。下面，结合英国石油公司 British Petroleum（BP）的年度报告，就董事薪酬报告加以介绍。董事薪酬报告以执行董事和非执行董事的全体董事为对象，记载于第 106～115 页上。这份报告由两部分组成，第一部分是有关执行董事薪酬的报告，由薪酬委员会编制；第二部分是关于非执行董事薪酬的报告，由公司董秘代替董事会编制。这份报告接受董事会的认可，得到的是代表董事会的秘书的签名。有关这份报告需要在年度股东大会上由全体股东认可。

1. 第一部分：执行董事的薪酬

依据薪酬委员会委员长 Sir Robin Nicholson 的报告，记载有关薪酬委员会的任务、构成、营运，并记载其他外部顾问的建议（限于篇幅，在此省略）。有关执行董事薪酬的方针包括以下几个部分：

（1）主要原则。薪酬委员会的薪酬方针反映了这样一种目标，即将执行董事的薪酬与股东整体的利益相结合形成一个经营集团，在世界范围内聘请一流的经营者。这一方针的主要原则阐述如下：① 全部薪酬应有明确的标准，即能够反映 BP 国际化经营的市场要求。② 全部薪酬的大部分应当与严格的业绩目标的完成情况挂钩。③ 执行董事的激励应当与普通股全体股东的利益联动。这是薪酬委员会的方针要求，它需要在考虑业绩目标的前提下通过计量股东整体收益水准来设计相关的激励，即应当维持各位执行董事持有相当多少数量的 BP 公司的股份（相当于该董事的固定报酬的 5 倍）。④ 基于执行董事激励计划的业绩目标，应当包括 BP 股东的整体利益及收益和业绩的关系，以及与更广泛的市场中的其他股东利益及收益的严格比较。⑤ 应当将包含在集团内的其他公司的固定报酬及雇用条件作更大幅度的比

较与思考,尤其在决定提升年度固定报酬的情况下更应如此。

有关 BP 执行董事报酬的现行方针预定在 2004 年继续执行。薪酬委员会将在现行的执行董事激励计划结束的 2005 年 4 月前,对 2004 年以后实施的方针进行综合修订。在此项修订中,计划将 BP 的经营环境及战略的变化考虑进去,有关新方针将在下次薪酬报告中予以说明。除了获得全体股东的认可外,对于新确立的长期股权激励,还需要得到股东大会的特别许可。

(2)薪酬的要素。执行董事的全部薪酬,由固定薪酬、年度激励(奖励)、长期激励、年金,以及其他津贴等构成。这种薪酬结构是围绕业绩目标的完成由薪酬委员会定期修正执行的。2004 年度仍然坚持成果主义原则,年度激励的结构将达到执行董事潜在的直接薪酬的 3/4。

(3)固定薪酬。各执行董事每月获得一定数额的现金。薪酬委员会结合对 2004 年世界市场的预测,打算对固定薪酬进行修正。其中,尽管薪酬委员会考虑了参照欧美其他同类企业的情况,然而这些同类型企业是依据薪酬委员会聘请的有关薪酬问题的独自外部顾问人员来定义和分析的。

(4)年度激励。基于成果主义原则,各执行董事均具有年度激励制度的参与资格。薪酬委员会对设定的奖励目标以及资格条件的修订每年进行一次。目标水准是固定薪酬的 100%(当然对于集团 CEO 的 Browne 来说将目标定为 110% 也是恰当的)。最大的支付基准是在大幅度超越目标的情况下,最高限定为 150%。不过,对于杰出的业绩也有例外,即薪酬委员会的裁定也有超过最大支付基准支付奖励的情况发生。2004 年执行董事的年度激励,预计以 BP 年度计划为前提,由严格的财务目标及领先目标构成,同时结合销售扩大的创新及长期的多重战略目标,也将人员、安全、环境、组织等因素包含在内。

(5)长期激励。长期激励是指提供给 2004 年 4 月得到股东认可的有关执行董事激励(EDIP)。在 EDIP 里包含着难以预测的情况,对于这种计划,薪酬委员会要求在 2005 年 4 月停止执行,或者在更新以后的时间段里继续进行,这是薪酬委员会持有的方针。基于 EDIP 的股权薪酬以及股票期权,其业绩的达成条件要寻求国际化的标准,即综合考虑 BP 的业绩与石油产业的其他竞争企业及国际化的竞争企业的业绩水平的平衡状况。薪酬委员会的薪酬方针之一,要求各执行董事在执行董事上任后的五年内应当保持获得相当于自己固定报酬 5 倍价值以上的股票,其董事持股部分反映在第 105 页(省略)所揭示的图表之中,Browne、Olver 和 Grote 均持有该种上升的股份。接受委任不久的董事,也期望在上任后的五年内达到这种水准。这项方针也反映了 EDIP 的条件,基于股权薪酬而授予的股份,假如不能满足最低持有股份计划且 3 年的保管期已结束,即该条件不具备的话就不能让渡股票。此外,有关"股权薪酬的详细说明""股票期权的详细说明""现金计划及年金制度以及收益的详细说明""服务(委任)契约的详细说明"等,限于篇幅,在此省略。

(6)薪酬支付实绩。表 11-5 列示的是 Lord. Browne 等 7 位高管(其中一位为 2003 年退任的董事)薪酬支付情况。

表 11 - 5　2003 年的薪酬要素实绩情况表

	年度薪酬								长期激励					
	固定薪酬（1 000）		年度激励（1 000）		现金以外的津贴及其他（1 000）		合计		EDIP/LTPP 股份要素				EDIP 权利授予	
									2001—2003 年 2004 年 2 月预定行使权利		2000—2002 年 2003 年 2 月行使权利		2003 年 2 月权利授予	
	2002	2003	2002	2003	2002	2003	2002	2003	预定的权利确定（股份）	相当的金额（1 000）	实际的权利确定（股份）	相当的金额（1 000）	2003—2005 股票（年度趋势）股票要素	股票期权要素（期权）
Lord Browne	£1 284	£1 316	£1 695	£1 882	£52	£79	£3 031	£3 277	352 750	£1 503	224 000	£887	632 512	1 348 032
Dr D C Allen	n/a	£367	n/a	£459	n/a	£2	n/a	£828	62 518	£266	n/a	n/a	197 044	220 000
Dr B E Grote	$713	$770	$856	$1 001	$302	$192	$1 871	$1 950	131 750	$1 063	68 000	$449	233 638	349 038
Dr A B Hayward	n/a	£367	n/a	£459	n/a	£3	n/a	£829	54 825	£234	n/a	n/a	197 044	220 000
J A Manzoni	n/a	£367	n/a	£477	n/a	£34	n/a	£878	51 170	£218	n/a	n/a	197 044	220 000
R L Olver	£530	£570	£636	£741	£37	£43	£1 203	£1 345	144 500	£616	117 600	£466	274 138	370 956
2003 年退任的董事														
R D Chase	£640	£231	£768	£295	£32	£30	£1 440	£556	174 250	£742	139 200	£551	—	—

其他,有关固定薪酬、年度激励、股票期权、长期业绩激励(LTPP)和股权薪酬的个人分类支付实绩的图表等,在此省略。

2. 第二部分:非执行董事的薪酬

有关薪酬的方针、薪酬的要素、委任书(代理书)、非执行董事的年度固定薪酬结构、退休慰劳金的支付实绩,限于篇幅,在此省略。本份董事薪酬报告得到了董事会的认可,2004 年 2 月 9 日由公司秘书 David J Jackson 代表董事会署名发布。

四、法国公司高管薪酬的揭示规则与状况

(一) 揭示规则

1999 年的毕尔乐报告修正了法国公司法,接受了应当揭示个别薪酬的提案,New Economic Regulations(2001)将包含过去年份的董事薪酬的揭示进行了规范。具体地讲,就是对每年提交股东大会审议的年度报告,需要揭示全体董事会构成人员的个别薪酬、权利行使状况(未进行/已进行的股票期权等)的详细内容。对于高管人员之外的职员授予股票期权的情况,其前 10 名的详细内容及股票期权行权数量在年度前 10 名的(含职员)需要加以揭示。

(二) 揭示状况

为充分揭示法国高管薪酬状况,以下结合 Total 公司 2003 年度的年报对董事及执行管高人员的薪酬情况加以介绍。

1. 提名与薪酬委员会

该公司董事会下设提名与薪酬委员会,有关薪酬,董事会赋予其的职责主要包括:

(1) 就有关下面的内容向董事会提供建议或提案:① Total 公司执行高管的薪酬、退休及年金制度、实物给付,其他的现金薪酬;② 每一个单独的执行高管的股票期权的分配。

(2) 对经营委员会成员的股票期权及基于股价动向的计划(股票基准的计划),以及退休及年金制度、实物给付等提供建议。

该提名与薪酬该委员会由董事会指名的 3 位以上董事组成。独立董事占委员会的一半以上。委员会的委员能够从公司或子公司领取的报酬情况是:① 基于董事工作以及担任提名与薪酬委员会的委员职务的相关薪酬;② 不依据未来的工作或者活动,而仅仅是对公司过去的工作应当支付的薪酬和年金。

该委员会的委员长以及办公室主任由该委员会任命。办公室主任就任公司的执行高管。该委员会一年召开两次以上的会议。该委员会应有向最高经营执行官(CEO)提出建议与方案的要求。涉及自身的薪酬状况方面的审议时最高经营执行官不能出席会议。尽管该委员会必须切实维护协议的机密性,然而为了获得有关议题项目的专家或高资格的上级经营者的意见与支持,可以向最高经营执行长官提出请求。同样,该委员会为了完成使命,在认为必要的情况下,可以向董事会提出谋求外部支援所需要的手段及资源。该委员会必须就有关这些工作向董事提出报告。

2003 年度,该委员会召开了两次会议。在这两次会议中,委员的实际出席率是 100%。作为委员的人员有 Bertrand Collomb、Michel Pebereau、Serge Tchuruk,他们全部是独立董事。该委员会的委员长是 Michel Pebereau。与单一的薪酬委员会不同,该委员会具有对公司控制遵循一般认可的准则,并向董事会提供与 Total 公司无重要关联的独立董事名单的提案等。

在 2003 年 2 月 19 日的会议上,他们向董事会提交了公司独立董事的名单,共 16 位。其成员如下：Barsalou、Bouton、Collomb、Desmarais、Dupont、Friedmann、Jacquillat、Jeancourt-Galignani、Lauvergeon、Lippens、Pebereau、de Rudder、Sarrazin、Studer、Tchuruk、Vaillaud。遵循 2002 年 9 月的 AFEP－MEDEF 报告的建议,有关董事会运营状况的正式评价于 2003 年 11 月和 12 月委托外部组织进行。

2. 经营总结

接受来自提名委员会的提案,董事会在 2002 年 7 月 9 日的会议中,决定按以往的经营方式,即由董事长继续兼任最高经营执行官(CEO)。

3. 有关董事和上层执行高管人员的薪酬

2003 年作为全体执行高管(经营委员会委员和财务负责人)的薪酬,包括法国国内以及海外公司的关联企业,共直接或间接支付的总额是 1 460 万欧元(执行高管 28 人),与 2002 年的支付额(执行高管 29 人)相等[有关经营委员会委员的这个总额,2003 年是 694 万欧元(委员 7 人),2002 年是 698 万欧元(委员 7 人),变动的薪酬占 2003 年的总额的 35.5%]。兼任公司关联企业董事的执行高管,没有资格接受关联公司董事部分的薪酬。

2003 年度,董事长兼 CEO 的 Thierry Desmarest 包含实物给付的薪酬总额是 2 528 076 欧元,董事会通过了这个薪酬。其中,2003 年的固定薪酬是 1 297 051 欧元(与 2002 年同额),但相对于前年度的固定薪酬,本年度设定了一定比例的变动部分,其金额是 1 231 025 欧元。变动部分是基于该年度集团的自有资本收益率的情况计算得出的,当然也与其他主要的国际石油公司的业绩作了比较。基于 2003 年度的集团业绩,2004 年度向 Thierry Desmarest 支付的预定变动部分是 1 490 188 欧元。Thierry Desmarest 的薪酬总额,2002 年是 2 109 952 欧元;2001 年是 2 225 070 欧元。董事长没有特别的年金制度,他拥有与集团中的其他高管相同的补充年金制度的享受资格。

董事会成员作为董事的固定薪酬,2003 年支付的金额是 67 万欧元(遵循 2000 年 3 月 22 日召开的联合股东大会的决定)。2002 年 12 月 31 日的董事人数是 16 人,而 2003 年 12 月 31 日的董事人数是 14 人。2003 年作为董事固定报酬支付总额 67 万欧元的明细情况如下：每一名董事的固定金额是 15 000 欧元(期间存在变动情况时按比例分配);董事会、审计委员会以及提名与薪酬委员会的会议,每次都有效地出席的话,每位董事还可获得 4 500 欧元。公司的执行高管截至 2003 年 12 月 31 日是 28 人,截至 2002 年 12 月 31 日是 29 人。

五、日本公司高管薪酬的揭示规则与状况

日本的企业会计主要以商法、证券交易法及法人税法的会计规则为中心,其所体现的不是个别的松散规则,而是相互协调形成的规则体系。公司的薪酬制度主要与商法的规则相关。

(一)揭示规则

平成十四年(2002 年)日本对商法进行了修订。其中,对董事的薪酬支付要求与企业的业绩进行联动。此外,该商法还导入委员会等的设置要求。在设置了相关委员会的公司,公司外部董事超过半数的薪酬委员会决定着高管薪酬及每个人的具体金额,个人的不确定金额的计算方法、个人除货币之外的一些具体的内容(不需要股东大会决议),还要求将《有关个人薪酬决定方针(薪酬方针)》记载到经营报表之中。这种高管薪酬规则与传统型的设置审计部门的

公司有很大的不同。在这部商法修正案中,董事应获得的薪酬,在章程及股东大会的决议中明确了以下一些规定(商法第 269 条):① 以确定金额为报酬的情况下,按该金额执行;② 以不确定金额为报酬的情况下,应有其具体的计算方法[①];③ 将非现金作为报酬的情况下,应当明确其具体内容[②]。

对于设有监事的公司,也需要按涉及董事的薪酬规则的商法第 269 条进行整理调整,并且按照确定的金额、不确定的金额,以及货币之外的报酬加以区分。同样,不确定金额以及货币之外的报酬需要说明相当于报酬的理由。对积极履行社会责任的公司,对于员工的薪酬信息则由过去按附属明细表揭示薪酬总额的方式改为在营业报告中加以揭示。此外,发行有价证券报告的企业,平成十五年(2003 年)4 月开始涉及的会计年度的有价证券报告,要求遵循职员薪酬揭示这种格式(即内阁府令第 3 号格式)。在《企业控制的状况》的记载中,作为企业控制的事项,有关职员薪酬的内容需要具体而又易懂地加以记录(例如,公司内部董事与公司外部董事,需要区别内容加以揭示)。授予新股预约权的企业,要求揭示有关股票期权授予的情况(商法实施规则 103 条 2 项)。

平成十四年(2012 年)4 月以来,在营业报告年度用特别有利的条款对股东之外的人员发行的有关新股预约权(股票期权),必须作出以下项目的揭示,即接受分配的人员姓名、名称,以及他们获得的新股预约权的数量,目标股票的种类以及数量,发行价格、行使条件、转让的事由以及条件(有利条件的内容)、管理人员按全体人员揭示,其他人员需要对前 10 名作出揭示。

(二) 揭示的状况

为了便于理解日本公司高管薪酬的揭示状况,本文以日立制作所 2003 年度的营业报告为例,摘录其相关的要点。

1. 高管薪酬

这主要体现在"有关决定董事及执行高管的薪酬内容的方针"上,具体包括以下几方面的内容:

(1)董事、执行高管共同的事项。在考虑其他公司支付水平的基础上,制定与本公司高管人员能力与责任相吻合的薪酬水平。

(2)董事。董事的薪酬由月薪、期末津贴以及退休金构成[③]。它具体包括:① 月薪从固定薪酬看,有常勤与非常勤(兼职)之分,根据其归属的委员会以及职位情况的合计决定。② 期

---

① 日本某公司于平成十六年(2004 年)3 月在其股东大会上通过了不确定金额报酬议案的决议(《资料版/商事法务》241 号第 44、46 页)。作为与股价关联的部分激励,将"股价关联型激励授予权"支付给董事。所谓"股价关联型激励授予权",是一种能够从公司领取的有关行使金额与授予金额的差额乘以权利行使的单位数的金额的权利,因其与股价相应的受领额存在变动,所以将其相当于不确定报酬。此外,根据商法要求,在不确定金额作为报酬的情况下,必须"揭示与其报酬相当的理由"(商法第 269 条第 2 项)。其理由主要是两个方面:① 提高董事对于公司持续成长的积极性,并达到使董事与公司的利益紧密关联的目的。② 激励的价值因为与股价的一部分联动,达到了作为中长期业绩联动型报酬的目的。

② 将非货币的物货作为报酬的情况,在股东大会上虽然必须确定"其具体的内容",例如,公司在提供住宅的情况下,作为上限的租赁费或者其相当的金额以多少为限需要揭示,并作出明确规定,而对于公司住宅的所在地等的具体的特定记载则不需要(实务上也从来没有记载过)。这表明,非货币的货物作为报酬时必须在股东大会上"揭示相当于报酬的理由"。

③ 兼任执行高管的董事,不支付按董事标准的薪酬。

末津贴,虽然是按照月薪为基准确定的,大约为年收入的两成金额,然而依据公司的业绩情况,有时调减金额也是存在的。③ 退休金是按月薪与在任期间(继续担任的情况下连续计算)为基准确定的金额,在退休时予以支付。

与一般高管不同,该公司对执行高管单独进行了规范。执行高管的薪酬由月薪以及业绩联动薪酬和退休金组成。① 月薪按照相应的职位等级的基准金额进行确定。② 业绩联动薪酬按年收入的约三成水平作为基准金额,要求与业绩以及所负责业务的成果相适应,在一定范围内决定。③ 退休金,它是按每一次担任职位的在职时间的月薪和在职期间(连任的情况连续计算)作为基准计算出来的金额,具体支付则依据退休时的职位加上一定的定额计算确定,并在退休时加以支付。

日立公司的其他事项还有:① 根据平成十五年(2003 年)6 月 25 日召开的该公司第 134 次定期股东大会的决议,在这次股东大会结束前作为在任的董事或者监事担任董事/执行高管的人员,按相当于设置有委员会等的任期合并计算包含慰劳金的退休金金额;② 有关退休金,以计算确定金额的三成为上限,同时根据查阅的功绩记录可以追加计算。此外,依据事项的变化,也可能从确定的计算额中加以调减。此外,作为面向该公司的提升企业价值的激励,授予股票期权。

2. 有价证券报告

在该报告第一部分的企业信息、第四部分的公司揭示状况、第六部分的公司控制情况中涉及高管薪酬的信息。其主要内容包括:

(1) 有关公司组织的内容、董事会,以及对薪酬委员会的说明。薪酬委员会是拥有基于董事及执行高管的薪酬内容决定的方针以及决定基于此的按个人分类的薪酬的内容的权限等的组织,它由包括 3 名公司外部董事的共 5 位董事组成。

(2) 信息揭示状况。在设置委员会等机构的公司中,其董事及执行高管的支付额(2003 年 7 月以来),就董事(公司内外部分开记录)以及执行高管的薪酬总额、慰劳金总额(一次性退休金),按支付人员(数量)进行揭示。

(3) 高管薪酬的内容。该公司的董事及执行高管的薪酬,由月薪加退休金,以及对董事的期末津贴和对执行高管的业绩联动薪酬构成。董事的薪酬虽然大致是固定的,但对执行高管的业绩联动薪酬,根据业绩及负责业务的成果个别加以确定。此外,作为面向该公司企业价值提升的要求还设有激励授予型股票期权。总之,该公司的薪酬体系是以货币薪酬为中心的。该公司 2003 年度的薪酬总额,如表 11 - 6、表 11 - 7 所示。此外,营业报告中按新股预约权所揭示的姓名,在此作了省略。

表 11 - 6 对设置委员会等的公司移交前的董事及监督的支付额* 日元

项目	薪 酬		奖 励		退休慰劳金	
	支付人员	支付额	支付人员	支付额	支付人员	支付额
董事	14 名	8 400 万	14 名	2 亿	3 名	29 500 万
监事	5 名	2 500 万	—	—	3 名	4 900 万
合计	19 名	1 090 万	14 名	2 亿	6 名	34 500 万

表 11-7　对设置委员会等的公司移交后的董事及监事的支付额　　　　　　　日元

项目	薪　酬		退休金	
	支付人员	支付额	支付人员	支付额
董事 (外部董事)	10 名 (4 名)	1.58 亿 (4 500 万)	—	—
执行高管	30 名	4.84 亿	1 名	3 100
合计	40 名	6.42 亿	1 名	3 100

注:(1) 董事薪酬中的支付人员里,不包含兼任执行高管的 3 名董事。

(2) 在该经营年度中,没有对董事的期末津贴以及对执行高管的业绩联动薪酬予以支付。

六、揭示状况的比较分析:代小结

以上分别就美国、英国、法国和日本等国的高管薪酬实施情况进行了介绍。高管薪酬揭示状况的选择采用销售收入为基准,即选择各国销售收入排名第一的公司进行研究。通过对2003 年度美国、英国、法国销售额居第一位的 GM 公司、BP 公司和 Total 公司,结合高管人员的薪酬安排及相关要素进行了探讨。日本则从薪酬揭示的详细程度的角度选择了设置有委员会的日立制作所(日立公司),该公司也是日本销售额第一的公司。

诚如上述,美国公司高管人员的薪酬揭示是依据 SEC 的规则加以实施的,它始于 20 世纪90 年代初。英国自 2002 年起根据"董事薪酬报告规则"对高管薪酬进行了规范,它与美国的薪酬揭示相协调,试图超越其上来构建一套内容体系。法国根据公司法的修正也规范了自身的高管薪酬制度。日本则围绕设置委员会等的公司规范高管薪酬方针,以及对基于有价证券报告的高管人员薪酬总额加以揭示。就目前日本国内的研究情况看,采用那些揭示方式更为合理与有效,且有助于加强内部控制正成为讨论的热点。

从高管薪酬揭示的手段上分析,美、英两国应该说是最为先进的。虽说日本也有薪酬揭示,但仅仅是按管理人员、以及薪酬要素分类的以薪酬额的揭示为焦点展开的一种尝试。美国、英国、法国的薪酬揭示,是按照关键环节的揭示以及高管人员的个别薪酬揭示为整体的方式披露的。关键环节揭示所依据是薪酬委员会的揭示规则,以及由此形成的薪酬方针等,其目的是非常明确的。换言之,它能够揭示出以下一些具体内容:由哪些高管成员构成、经过了几个环节、坚持怎样的方针并是否明确薪酬额等。按高管成员分类的薪酬揭示,在薪酬要素类别上,详细记载了具体的金额与奖励以及股票薪酬等相关的内容。它不仅反映了同类型企业的薪酬额高低,也揭示出薪酬组合中业绩联动部分的金额有多大等,将薪酬单一作为激励高管的制度,其实并非目的,能够从企业价值及经营战略相衔接的角度,并且从股东利益视角加以体现,这种薪酬机制才是有效的制度。在美、英两国,通过详细的信息揭示,尤其以投资家的眼光判断有关经营者的薪酬是否与企业价值及经营战略相一致,薪酬的关键环节是否透明和客观,薪酬标准的制定(包括对比较对象的选择)是否合理等,具有浅显易懂的效果。

法国对个别董事的薪酬和执行高管薪酬的总额作了揭示。然而,仅对董事薪酬进行个别揭示,而未对较董事薪酬更重要的其他执行高管人员的个别薪酬加以揭示(Total 公司的董事兼任的仅是 CEO),是法国薪酬揭示的不足之处。此外,有关环节披露,虽然法国也有对薪酬委员会的揭示,然而没有对薪酬方针揭示方面的规范。因此,法国与美、英两国相比,其薪酬揭示内容处于发展的初级阶段,较之日本,法国处在美英两国与日本的中间位置。

在日本,董事会内设置委员会等的公司开始有了对薪酬方针揭示的强制性规范,这可以说是极大地推进了薪酬制度的发展。2004 年 6 月,在日本董事协会的"制度基础和透明性委员会"(金子昌资任委员长)发表的《经营者薪酬方针(试行)》中,对设有监事会的公司也被推荐采用这种薪酬方针的揭示,并提出要进行基于未来的薪酬的个别揭示,这一点可谓意味深长。此外,虽然这些不是强制的,但从日本《资料版/商事法务》刊登的案例来看,在有价证券报告中揭示薪酬总额的企业正在持续增加。作为投资家的信息需求,高管薪酬是否与企业价值及经营战略相一致,需要在薪酬环节中作出透明、客观的揭示。有关从综合性的角度对高管薪酬进行揭示,日本尚缺乏相关的规则。目前,董事津贴的收益分配方案是根据商法的要求以单一基准进行的揭示,薪酬总额的揭示在有价证券报告中也是以单一基准所作的自行揭示。对此,薪酬方针中的揭示内容究竟应包含那些项目,是否需要有统一的导向等,值得进一步研究。

有日本学者认为迄今为止,基于日本薪酬揭示的讨论主要集中在有兴趣的个别薪酬揭示这一焦点上。在薪酬揭示的讨论中,"与货币性驱动成为公司高管行为的因素不同,日本表现出的是热爱公司及为社会作贡献这种履行社会责任的行为。然而,高管薪酬的揭示只不过是欧美国家的范式",这种意见在日本经常能够听见。但是,通过上述国际比较,我们不无遗憾地说,日本现行的相关规则中缺乏这种有关薪酬的揭示方针,其结果将导致薪酬信息的严重不足。从投资者角度观察,怎样进行薪酬的揭示才算有效? 我们认为,结合文化的背景开展诸如个别薪酬的揭示,并构建综合性揭示的基准是十分必要的。

第三节　我国企业高管薪酬的激励:调查与分析

从微观层面讲,每一集团、每个公司、每个部门内部,都要形成有效的奖惩制度,从而形成与个人收入分配直接挂钩的激励机制。激励机制要按照责任、贡献、风险、利益相统一的原则,借鉴国际惯例,采取多种方式加大对经营者的激励力度,使成功的经营者收入在社会各个阶层中处于领先地位。

一、高管薪酬制度的重点与难点

(一)有关高管薪酬的一份调查

企业高管薪酬制度的设计与运作是业绩评价的重要内容之一。我们在江苏省内部分国有企业中,通过访谈和问卷的形式,结合下面六个问题对企业经营者进行了调查。这次调查的内容和结果如下:

(1)您认为现行体制对国企经营者的物质和精神激励情况属于以下哪一种:

① 都比较重视,但精神激励的内容方法陈旧,物质激励的差距还不够开。选择这一答案的比例为 47.8%;

② 都不重视。选择这一答案的是 15.1%。

(2)如何认识国企经营者和职工收入差距应进一步拉开:

① 这是按劳分配和按生产要素分配的必然。选择这一答案的 52%;

② 虽有道理但负作用太大,难以一步到位。选择这一答案的 67.3%。

(3)您认为实行年薪制的结果可能是什么:

① 可以调动经营者积极性。选择这一答案的是86.1%;

② 职工意见增多。选择这一答案的27.9%;

③ 经营者短期行为增加。选择这一答案的是42.1%。

(4) 您认为一些国企经营者在经济上"出事"的主要原因是什么:

① 制度缺陷,监督约束乏力。选择这一答案的是88.55%;

② 物欲膨胀,缺乏自制力。选择这一答案的是86.17%;

③ 收入太低,心理不平衡。选择这一答案的是41.2%。

(5) 您对目前国企经营者收入现象的看法:

① 太低。选择这一答案的是35%;

② 尚可。选择这一答案的是53.4%。

(6) 一些国企经营者不敢拿合同规定的较高收入的原因有那些:

① 怕和职工收入差距太大,影响干群关系。选择这一答案的是35.31%;

② 怕引起班子不团结。选择这一答案的是84.02%;

③ 怕今后工作难做。选择这一答案的是52.8%;

④ 怕被人非议,影响威信。选择这一答案的是65.87%;

⑤ 怕危及家庭安全。选择这一答案的是17.06%。

这些调查数据表明,经营者在对报酬制度不满的同时,深知改革不可能"一步到位",在对有关部门提高经营者收入的举措心理认同的同时又心存疑虑,在希望提高收入的同时又对合同规定的高收入存在较多"人际关系"上的担心,在肯定经营者经济上出问题源自体制、素质的同时又认为"收入太低"也是原因之一。这一系列矛盾的解决就成了当前经营者激励机制建设的重要内容。

(二)高管薪酬制度设计的理论分析

近年来,国企高管的薪酬制度已经有了很大的改进。较之过去,高管的收入水平已大大提高。从管理会计激励功能的演变看,今后如何从利益相关者的视角设计高管薪酬激励机制,实现社会经济的和谐发展意义重大。具体的思路是:通过将国有资本的保值增值情况与经营者年度奖惩、持股大小、股本扩减、风险状况、社会荣誉、职位进退等密切结合,并使之成为制度性的结构关系。在此基础上,设计出一套促使国企经营者在关心追求自身目标利益最大化的同时,客观上又能够最大限度地符合国有资产权益的新型激励约束体制。

不同的国企在经营业绩和生存发展情况上是不同的。公益性企业、基础性企业和竞争性国企在功能目标上是不一样的。高管薪酬激励应首先在竞争性国企中进行。应当根据竞争性和非竞争性国有企业功能的不同,分类建立国有资产管理体制。竞争性国有企业以资本收益水平为经营目标,有关这些企业的国有资本应与民间企业所有者对资本管理的性质相同,即国家以资本所有者的身份,根据增加资本收益目标(包括资本收益额和资本收益率)进行管理。换言之,现有的大多数国有及国有控股公司将逐步变成以公有投资者股权为主的股权多元化公司,或者公有股、个人股结合的股权多元化公司。这不仅有利于股权和资本市场的约束强化,便于利用产权交易优化重组资产,还有利于形成所有者与经营者之间的制衡机制,从而为建立管理会计的激励机制打下坚实的基础。

高管薪酬激励具体有三种方式,一是以财务业绩为基准的报酬;二是对团队业绩与个人业绩加以整合,并据此按比例分配的报酬;三是以非财务业绩为依据的报酬。从财务业绩这一基准看,由于企业的情况不同,管理会计工作者必须立足长远、制定统一规范的考核指标,在实际操作中建立一个公平的"起点":如考核企业应将国内外同行业平均效益水平作为重要参考标准,考核指标应以"销售收入增加值""利润增加值"和"资产(原值、净值)增加值"为主要指标,对于新项目或技改投入的开发期、成长期应当与资产负债情况挂钩,激励经营者灵活运用别人的资金为国资增加收益等。

二、高管薪酬激励的模式

高管薪酬激励本身是一项十分复杂的工作,我国目前仍处在探索期,需要研究和解决的问题很多[①]。现就国资委对国企业激励的一些制度规范,结合民营企业的做法作一介绍及讨论。

(一)国有高管薪酬的激励模式

目前,国企高管的经营风险、职位风险较低,收入相对也较低。国内企业常用的风险机制包括三个层次,一是交纳风险抵押金;二是适当缩小基薪"保底"比例;三是经营者个人筹资购股。为了防止经营者"一手拿年薪,一手抓灰色收入",必须对经营者增加货币收入,规范职位消费,并使两者结合起来。根据效率优先,兼顾公平原则。首先让高管们因享受到社会公开认定的与业绩相称的较高报酬而被激励,同时兼顾高管们的影响力、满足感和社会的承受力、公平度。对国企高管物质激励的途径大体可以分为基本薪金、风险薪金、职务消费、股权收入和非股权分红收入等。前两种是短期激励,后两种是长期激励,职务消费介于其中。

1. 基本薪金(或称岗位工资)

即国企业高管从事本岗位工作的岗位报酬。其计算公式如下:

$$基本薪金=岗位系数\times\left(\begin{array}{l}本地区年度职工\\平均工资性收入\end{array}\times30\%+\begin{array}{l}本企业年度职工\\平均工资性收入\end{array}\times70\%\right)$$

年度职工平均工资性收入是地区或企业在册职工全年工资、奖金(不包括创造发明奖)、津贴、补贴等的平均工资性收入。岗位系数是指企业本年度所有者权益期初数所在的规定期间,由主管部门根据企业完成目标难易、责任大小确定系数值。

2. 风险薪金(风险工资或效益工资)

风险薪金是指企业高管在按资产的规模交纳相应的风险抵押金后,根据企业当年资产保值增值水平得到的风险报酬。

$$风险薪金=净资产增加额\times风险系数\times人均创利系数$$

风险系数按本年度利润规模的大小确定;人均创利系数按人均创利水平确定;风险薪金在每一个档次确定 一个最高限额,如本年度利润规模50万元以内的,最高风险报酬为1万元。风险工资是与企业高管个人交纳的风险抵押金联动的,若不按规定交纳风险金,不能取得风险工资收入,并不能在原岗位继续任职;风险工资收入的30%~50%应存入经营者专户,用于增加交纳风险金,直到经营者退休或离职,方可把基金从本息中取出,等等。

3. 职位消费

它是指企业高管在任职期限内为维护行使经营者管理职能所消耗的费用。职位消费包括

经营者的各种福利、办公费用(如办公用品、电话费、办公设备折旧等)、交通费用(如小车折旧、司机收入、油耗及车辆管理费用等)、招待费用、培训费用、信息费用和企业家用公款进行的其他消费。

对职位消费的控制,目前主要有两种思路:一种是实行职位消费报告制度。即参照监察部、国家经贸委和全总1995年、1998年关于在国企实行业务招待费报告制度的两个规定,对国有企业在生产经营中的经营者职位消费(如办公室装修、电话费、公车使用费、出差出境费、请客送礼费等)情况由经营者本人向职代会定期报告。这种方法操作相对简便,但实践情况很不规范;有的企业有职位消费全年定额,有的没有,可以敞开口子花;有的企业经营者职位消费实行单独列支,而很多企业则没有单独列支,直接摊入企业成本(如办公室装修摊入基建成本,出差出境费摊入管理成本等);有的企业经营者没有向职代会报告也没有过问。另一种是职位消费货币化制度。即把经营者的电话费、公车使用费、出差出境费和请客送礼费等,根据预期中销售或利税额规定一个基本比例,将现金打入经营者的个人账户;同时取消这些费用的公款列支。这样既可以为国家和企业降低成本,又可使经营者的货币收入提高并激励其节约开支。这种方法可以从根本上扼制国企高管消费居高不下的趋势,问题在于货币化科学设定难度大,设定后这部分收入打入个人账户,人们的观念接受也要有一个过程。

4. 股权收入

股权收入也称分红收入或红利,是指企业高管由于持有企业实际或虚拟股份而在年度或若干年度后享受到现金、实物、红利、补充养老金等等的权益。

5. 非持股分红收入

非持股分红收入即不持有企业股份的企业高管享有的红利收入。设计"非持股分红激励"的原因,一是大型或特大型企业董事长和总经理所持股份非常有限,持股激励强度不大;二是假如股东都是法人也无法让董事长和总经理持股;三是国有独资公司和未改制的非股份国企高管无法持股;最后,让没有持股的企业高管享有部分企业"剩余",这本身就是对经营者人力资本价值的直接肯定,其激励作用是持股激励不可替代的。

6. 期权激励

期权激励即给企业高管这样一种权利:若干年(如3年)以后经营者可以按现在约定的价格购买这个企业的股票。经营者只有努力且有效地工作,以使股票价格在3年以后尽可能地多涨价,才能从中获利。期权激励这一方式曾引起人们许多的争论,但期权激励的实践表明,它具有显著的作用,具体表现在以下四个方面:① 有助于增加企业高管经营企业的积极性,促使其爱岗敬业,精心经营;② 有助于企业高管自身价值的实现,减少和杜绝"灰色"收入;③ 期权激励实行高管收益的中长期化,有助于减少企业高管与职工之间的矛盾,促进社会稳定;④ 有助于企业(所有者)与经营者的长期得益融为一体,从根本上解决经营者的短期行为,确保国有资产的保值增值。

(二)民营企业激励机制的创新:以浙江为例

事实表明,我国的高管薪酬激励理论落后于企业实践。在浙江的一些民营企业中,类似"期权激励"的方式很早就在民营企业中出现应用的案例了。早在15年前,浙江的温州人还不懂得期权概念的时候,就已在实践中应用了这种方式。那时,温州的柳市有1 500多名工程师在那里打工,这些工程师来自国内著名城市,有北京的、上海的,等等。他们来到柳市后放下架子,积极投入生产,踏踏实实地为企业工作。当时,工程师们的月工资并不高,仅1 000余元,只能解决生活方面的问题。江苏等临近的省、市、地的高管们很纳闷,这些温州的民营老板们到底使得是什么招? 其实,他们行的就是"期权"这个招。柳市的老板们用产权纽带留住人,即工程师来了以后,他们就对公司清盘重组。譬如,某公司的资产是200万元,物色到一个很好的工程师,了解到他手中有一些产品或项目,便设法引进这位工程师,与他合伙,实行利润共享、风险共担。即让工程师占10%的股份,或者说就是给工程师10%的股权,双方规定5年后兑现。5年以后不管该公司发展如何,工程师总是占有10%的股份。这位工程师一算,10%现在值20万元,如果把自己的新技术投进去,5年后把这家公司的资产从200万元上升到1 000万元,易如反掌,这样一来自己就拥有股份100万元。再加上5年的工资、奖金近10万元,可以衣锦还乡。因此,工程师们在5年内就会死心塌地为企业工作。

改革开放30年来,温州经济迅速发展,柳市也从一个假冒伪劣产品的重灾区一跃成为全国低压电器出口的最大基地,这其中最强有力的手段就是用期权这一"金手铐"铐住了外地技术人员的心。这种方法在浙江省的其他地区的民营企业中也被广泛应用,如浙江东阳的横店集团,以及台州、萧山的一些民营企业都采用过这种方法,并取得了很好的效果。

(三) 高管薪酬激励的若干难题

任何制度总不可能做到尽善尽美,高管薪酬制度的设计与实施同样存在着许多需要完善的地方。要有效地促使高管薪酬激励机制的发挥,必须在以下两个方面加以努力:① 建立充分竞争的有效市场环境;② 构建规范的资本市场;③ 能够依靠自己的努力而获得晋升的机会。若社会环境实现不了这些条件,则高管薪酬激励机制的有效发挥将大打折扣。另一个问题是如何合理确定企业高管的范围。国外一个企业中主要经营者(高管人员)的范围是很小的,一般只包括董事会或总裁、执行总裁等极个别人,尽管报酬很高,但对企业总体成本或利润分配的影响不是很大。而在我国的国有企业,主要经营者往往是一批人,包括董事长、总经理、"三总师"、党委书记、工会主席及其多位副职等,一般至少有十几个甚至更多,如果都要享受高的年薪、奖励和期股待遇,企业根本承受不了。还有,这种高的待遇标准及其与职工收入的差距,到底订到什么样的水平为好,也是一个很复杂的敏感问题。订低了,扭转不了传统的平均主义分配趋势,起不到有效调动和发挥优秀经营者积极性的作用;订高了,在国有企业中职工思想上肯定又难以接受。甚至因此挫伤了广大职工的应有积极性,国有企业的生产经营还是很难搞好。但值得提出的是,尽管我国的年薪制、股票期权制等激励方式还存在一些制度上和道德上的风险或问题,但它们毕竟大大充实了对国有企业高管薪酬激励机制的内涵,并提供了很多操作性方面的度量指标。虽然是"道高一尺,魔高一丈",但总比没有一点基础为好。规范和完善激励制度永无止境,而且伴随着对"委托——代理"问题的深刻理解和对资本市场、企业家市场的国际规则的进一步认同,股票期权等现代管理会计的激励方法必将在我国企业中成熟和发展起来。

案例与讨论

背景资料

传化集团是浙江省的一家民营企业,创业于 1986 年。经过数年发展,到 2004 年,传化集团的销售额已经接近 10 个亿。旗下的洗衣粉、洗涤剂、印染助剂等产品也扩大到八大系列 200 多个品种,在国内同类产品中市场占有率约为 10％。2004 年,传化股份在深交所中小板块正式挂牌上市,总股本 8 000 万股,募集资金约 1.98 亿元。2005 年 8 月,传化集团以每股 3.545 3 元的价格,购入浙江另一家化工上市公司新安股份 6 788.1 万股股权,传化也由此持有 29.77％的股份,成为第一大股东和实际控制人。此时,传化集团拥有了两家化工类上市公司。

在企业登上新台阶之后,如何激励高管层成为传化集团积极探索的一个课题。2007 年上半年,即在传化入股新安股份后不到两年,传化集团就宣布拿出 2 227 万股股票,对新安股份的管理团队进行股权激励,这部分相当于传化集团购入股份的 1/3,而其激励的价格(1.595 元/股)更具诱惑力,这个价格等于将传化集团入股新安股份时的 3.545 3 元/股的价格,按成本价打对折卖给新安股份的管理团队。新安股份董事长王伟获授 801 万股,以每股 70 元计算(该股 2007 年最高到过 90 元/股),他的身价接近 6 个亿,同时还有 6 位高管身价过亿元,8 位高管的平均持股市值则达到了约 1.9 亿。

除了在新安股份进行股权激励外,该集团还在另一家上市公司传化股份试行另一种现金激励方式。他们的具体思路是:通过对高管派发现金,并让高管的现金奖励分享传化的业绩增长。举例说,如果一个员工获授 20 万元现金奖励,奖励期为 4 年周期,在此期间传化股份的资产回报率达到 20％,那么,公司高管 4 年中每年就可以获得 4 万元的红利,并在 4 年后取走获得的 20 万元奖励。

请讨论

1. 结合高管薪酬理论,谈谈公司还可以采用哪些方式对高管人员实施激励。

2. 通过对欧美发达国家高管激励模式的分析,阐述我国企业应当如何制定或完善高管人员的激励规则与揭示方式。

答案提示

略。

本章参考文献

[1] Gillian Lees. Improving strategic oversight: The CIMA Strategic Scorecard [J]. Measuring business excellence, 2004(8).

[2] Laurie B. McWhorter, Michele Matherly, Deseree M. Frizzell. The Connection between Performance Measurement and Risk Management [J]. Strategic Finance, ABI/INFORM Global, 2006(2):50.

[3] Brian Ballou, Peter C. Brewer, Dan L. Heitger. Integrating the Balanced Scorecard and Enterprise Risk Management[J]. 2006(5/6).

[4]　Cam Scholey. Risk and the Balanced Scorecard [J]. CMA Management,2006(7/8).

[5]　小林哲夫.BSC 与战略管理[M].会计（日）,2001(5).

[6]　托马斯·B.威尔逊.薪酬框架[M].陈红斌译.北京:华夏出版社,2001.

[7]　希德克·雷德,杰克·罗斯,约翰·邓利威等.公司财富的引擎[M].郑德渊,李正,等译.北京:中国财政经济出版社,2004.

[8]　罗伯特·S.卡普兰,大卫·P.诺顿.平衡计分卡——化战略为行动[M].广州:广东经济出版社,2004.

[9]　罗伯特·S.卡普兰,大卫·P.诺顿.战略中心型组织[M].北京:人民邮电出版社,2004.

[10]　罗伯特·S.卡普兰,大卫·P.诺顿.广州:战略地图——化无形资产为有形成果[M].广州:广东经济出版社,2005.

[11]　罗伯特·S.卡普兰,大卫·P.诺顿.组织协同——运用平衡计分卡创造企业合力[M].北京:商务印书馆,2006.

[12]　罗伯特·西蒙斯.战略实施中的绩效评估和控制系统—教程与案例[M].大连:东北财经大学出版社,2002.

[13]　翁君奕.企业组织理论——组织激励与协调的博弈分析[M].北京:经济科学出版社,1999.

[14]　张春明.基于 EVA 的企业价值评估[J].亚太经济,2007(2).

第十二章 企业社会责任与管理会计

企业社会责任的形成经历了多种观点摩擦及演进的过程,商业伦理观是企业社会责任履行的基础,它有助于推动处于市场经济起步阶段的中国企业积极履行社会责任。管理会计视角考察企业社会责任,需要有好的切入口,伦理观察便是其中的有效选择之一。管理会计的伦理观推动了企业社会责任的履行,而企业社会责任又对管理会计的发展起着促进的作用。

第一节 企业社会责任的提出

一、履行社会责任是企业的内在要求

近年来,企业社会责任(Corporate Social Responsibility,CSR)再度引起世人注目。企业是以盈利为目的的组织,随着社会的发展以及经营环境的改变,企业单纯以追求利润最大化为目标已不现实,可能的选择是在满足各方要求的基础上谋求适当的收益。考察近年来的经营环境,随着企业利益相关者的增加,企业不能仅以收益获得为中心来实现其经济责任,履行"社会人"的社会责任也开始纳入企业的视野,并且成为企业生存所必备的条件。

随着环境法规的强化以及市场竞争的加剧,企业围绕获得 ISO14001 认证及 CO_2 削减等工作目标的要求,积极履行环境等社会责任,并向社会充分揭示相关信息已成为企业的必然选择。最近几年,我国编制环境报告(或企业社会责任报告)的企业急速增加[①],上交所、深交所等到部门还就此专门下发了有关文件[②],对上市公司以及有关组织的 CSR 行为进行规范和引导。一个明显的趋势是,环境报告正在向由经济、社会、环境(3EE)构成的可持续报告(Sustainability Reporting)转变,并进一步地向企业社会责任报告的方向扩展。在此背景下,社会责任投资(Socially Responsible Investment,SRI)及机构投资者的影响力逐步增强,他们需要将评价有关企业道德及社会责任履行的信息提供给外部利益相关者,并借助于企业评价传达其潜在的意图。

---

① 我国较早颁布环境报告或企业社会责任报告的有宝钢、国电、上海浦发行、中国移动通信等公司。

② 2006 年深交所发布《深圳证券交易所上市公司社会责任指引》,2008 年上交所发布《上海证券交易所上市公司环境信息披露指引》,以及《关于加强上市公司社会责任承担工作的通知》,2009 年中国银行业协会发布《中国银行业金融机构企业社会责任指引》,这些都表明我国社会经济发展使得企业承担相应社会责任迫在眉睫。

二、企业社会责任在我国的引入

我国自 20 世纪 60～70 年代引入企业社会责任概念以来,围绕企业经营活动中的环境问题开展了企业社会责任问题的讨论。相应地,在会计领域诞生了"社会责任会计"及"社会审计"等新的会计学分支领域,且积累了一定的理论与实践成果。然而,无论过去还是现在,将社会责任恰到好处地在企业经营上加以定位并不容易,若将什么都作为企业社会责任来定义也未必可行。在某些方面,如"员工雇用"等,曾遭遇企业经济利益(追求利润)与履行社会责任难以协调的矛盾。从理论上讲,偏离法律框架的距离越远就更应受到道德的约束,有必要从战略层面上来定位 CSR①,但如何规范其具体的操作则困难重重,一套统一的 CSR 信息揭示方法及内容尚难形成。

以往的 CSR 研究往往以企业经营活动为基础,采用量化的方法探讨企业社会责任,即研究企业社会层面的计量问题。传统的管理会计以技术方法为核心,探讨诸如 ABC 与 BSC 之类的计量方法。在这样的管理会计中,管理会计工作者往往将焦点集中在提供信息的技术层面上。因此,探讨管理会计的技术结构,提高信息的有用性成为管理会计发展的重要因素。然而实际上,将管理会计信息导入实务领域的情况下,与技术层面同样重要的是提供信息的层面,将信息接受方的伦理也作为关注的焦点是十分必要的。

第二节　企业社会责任的伦理观察:管理会计视角

对企业社会责任(Corporate Social Responsibility,CSR)问题进行研究的历史很短,西方一般以博文(H. R. Bowen,1953)提出的"企业及其经营者必须承担社会责任"的观点为研究的始点,迄今也就 50 多年的历史。然而,将企业社会责任及其伦理观与管理会计结合起来进行研究,还处于起步的阶段。

一、企业社会责任观点综述

企业社会责任(CSR)的基本原则是,企业不仅要关心利润和经济绩效,也应该回应和满足社会对企业的多重期望(郑若娟,2006)。自博文提出企业社会责任的观点之后,许多学者对此进行了探讨,如戴维斯(K. Davis,1960)认为,企业"对社会责任的回避将导致社会所赋予权力的逐步丧失",因此,社会责任是指"企业考虑或回应超出狭窄的经济、技术和立法要求之外的议题,实现企业追求的传统经济目标和社会利益"。弗雷德里克(W. C. Frederick,1960)强调,社会责任意味着商人应该监督经济体制的运行以满足社会的期望,促进社会的进步(企业有责任为社会进步作出贡献)。麦克奎尔(McGuire,1963)明确地提出,企业应该承担除经济和法律之外的其他责任。沃尔顿(Waliton,1967)提出,企业应该关心更广泛的社会系统。CSR 概念提出后,一直不乏来自各方面的批评。最激烈的批评者是来自新古典经济学的代表人物米

---

① 波特等人在 2006 年进一步提出了战略性企业社会责任(Strategic CSR)的概念(Porter & Kramer,2006)。他们认为,围绕企业社会责任的履行,应当将诚信经营、节约能源、环境保护、善待员工、热心公益等社会需求贯穿到企业的日常经营活动之中;同时,积极地将社会责任的意识嵌入于企业的核心战略决策过程之中。

尔顿·弗里德曼,他认为 CSR 的观点是对财产权利甚至是对自由社会的破坏性打击。企业的唯一责任就是盈利。环境保护作为一种公共物品,应由社会其他角色提供。否则,既损害股东利益,也违背了市场经济的自愿合作与分工原则(广原,2004)。其他批评者认为,CSR 缺乏统一而清晰的定义,内容过于宽泛,学术性太强,缺乏操作性等。也正是由于 CSR 概念固有的缺陷,从 20 世纪 70 年代中期开始,大量研究者转向从多种视野来研究 CSR,提出了一些新的思想与观点。

(一) 企业社会责任是否包含经济责任

进入 20 世纪 70 年代以后,有关 CSR 讨论出现了广义化的倾向,即将经济责任也包括在了 CSR 之中。比较有代表性的是 1971 年美国经济发展委员会(CED)报告中的观点。在该委员会发表的《工商企业的社会责任》报告中写到:"企业应该为美国人民生活质量的提高作出更多的贡献,而不仅是提供产品和服务的数量"。(CED,1971)这份报告详细阐述了"三个中心圈"的企业社会责任规定。即内圈代表企业的基本责任,如为社会提供产品、工作机会并促进经济增长的经济职能;中间层是指企业在实施经济职能时,对其行为可能影响的社会和环境变化要承担责任,如保护环境、合理对待顾员、回应顾客期望等;外圈则包含企业更为广泛地促进社会进步的其他无形责任,如消除社会贫困和防止城市衰退等。

此外,一些学者也提出了类似的观点,如卡罗尔(Carroll,1994)将企业社会责任概括为经济、法律、伦理和慈善四个层次,这是其 1979 年观点的延伸。由卡罗尔于 1979 年提出的 CSR 概念至今仍被广为引用,他认为"企业社会责任包含了在特定时期内,社会对经济组织在经济、法律、伦理上的和自行裁量的期望"。卡罗尔认为,对于经济组织而言,首先,经济责任是企业最基本也是最重要的社会责任,但并不是唯一责任;其次,作为社会的一个组成部分,社会赋予并支持企业承担生产性任务、为社会提供产品和服务的权力,同时也要求企业在法律框架内实现经济目标,因此,企业肩负遵循法律责任的重任;再次,虽然企业的经济和法律责任中都隐含着一定的伦理规范,公众社会仍期望企业遵循那些尚未成为法律的社会公认的伦理规范;最后,社会通常还对企业寄予了一些无法或难以明确表达的期望,是否承担或应该承担什么样的责任完全由个人或企业自行判断和选择,这是一类完全自愿的行为,例如,慈善捐赠、为吸毒者提供住房或提供日托中心等,卡罗尔将此称为企业自行裁量责任。对于 CSR 的研究状况,卡罗尔是这样描述的:"这是一个兼容的领域,有着宽泛的边界、多元化的成员、不同的学术背景、大量非集中的文献、多学科交叉的观点。"就未来理论发展的趋势而言,CSR 的概念也许将不断得到修正,也许可能产生更多新的概念和术语[①]。但无论如何,未来的发展不可能与过去半个世纪所积累的理论成果相分离,而是将基于其不断发展变化的环境和期望,努力构建一个更系统的、更具操作性的 CSR 理论框架。

总之,CSR 包含经济责任是由以下两点决定的,一是企业的性质是追求经济目标的组织,企业的首要目标(很多情况下是唯一目标)是经济目标,企业社会责任(CSR)正是在企业经济目标实现的过程中衍生出来的。二是企业社会责任(CSR)中包含了追求经济目标,经济目标

---

① 譬如,波特等人在 2006 年就提出了战略性企业社会责任(Strategic CSR)的概念(Porter & Kramer, 2006)。他们认为围绕企业社会责任的履行,应当将诚信经营、节约能源、环境保护、善待员工、热心公益等社会需求贯穿到企业的生产经营活动之中;同时,积极地将社会责任的意识嵌入到企业的核心战略决策过程之中去(Bonini, et al. ,2006)。

是企业社会责任的主要内容,任何一个企业社会责任的履行,都不可避免地要依附于企业经济目标的实施(郑若娟,2006)。

(二) CSR 与企业价值的相关性

20 世纪 70～80 年代,国外学者围绕 CSR 活动与企业价值的相关性,依据财务业绩指标,如资产净利率(ROA)、净资产收益率(ROE)和销售利润率等与 CSR 的关系开展了一系列的实证研究(Schnietz et al,2005)。这些研究大致形成了三种结果,一种观点认为,企业履行社会责任可以提高企业的财务业绩;一种观点认为,企业履行社会责任会降低企业财务业绩;另一种观点认为企业社会责任的履行与其财务业绩之间没有关系。几乎涉及人们可以预测的各种可能性,导致这种研究结论高度不一致的原因主要是受到了学者们观察视野的限制[①]。譬如,几乎没有人从风险与收益的关系入手进行探讨,且研究的样本规模也大都偏小,等等。社会学家们认为,积极履行社会责任,无条件地给予社会、他人以帮助,也能给自己带来利益的增加。这种纯粹的利他行为给自己带来利益增加往往不体现在当时,而是体现在纯粹利他行为发生一段时间之后。典型的利他行为是慈善捐助。譬如,洛杉矶的企业家罗伯特·洛奇在捐钱出去的时候根本没有打赚回来的主意,但他在捐了几次款后发现,捐了款就能赚回来。因为慈善行为可以博得他人的好感[②],从而使自己有机会结识对自己有用的人。洛奇因为捐助癌症研究,成为一家制药厂早期投资者。他当初投资的 100 万美元已经增值了 7 倍,等到这家公司上市,可盈利 3 000 万美元。洛奇在总结慈善事业方面捐助与赚钱的关系时说,他花在慈善方面的每一块钱,都能够换回 1.1～2 美元。

(三) CSR 的衍生概念与主题

20 世纪 70 年代中期以来,研究者为了更加完整与全面地研究 CSR,开始倾向于以 CSR 的履行为出发点,通过各种衍生概念、主题来丰富对 CSR 的研究(如表 12-1 所示)。

表 12-1 CSR 观点的形成及其主要思想

衍生概念与主题	代表人物或机构	主要观点与内容
社会回应 (corporate social responsiveness)	Ackerman(1976)	监督和评价外部环境条件;关心利益相关者的要求;设计一系列计划和政策以回应不断变化的环境及利益相关者的要求
公共责任 (public responsibility)	Preston(1975)	社会责任的决定应该是一个公共参与的过程,应当广泛考虑政府要求、法律规定、公众观点等因素
企业社会绩效 (corporate social performance)	Sethi(1975)	通过设计模型对社会绩效加以评估与判断,如关注财务绩效与社会绩效间的关系等
商业伦理 (business ethics)	Carroll(1994)	将适当的伦理政策和战略融入企业组织管理之中,并形成公司行为规范与价值观,优化企业及个人的道德行为

---

① 当然,这也与实证研究本身的局限性有关。
② 洛杉矶科学中心入口处的墙上刻着罗伯特·洛奇的名字,见者无不称赞。

（续表）

衍生概念与主题	代表人物或机构	主要观点与内容
利益相关者理论 （stakeholder theory）	Freeman(1984)	考虑任何能够影响公司目标实现的集团和个人，以及对公司目标施加影响的任何集团或个人的利益
企业公民 （corporate citizenship）	Matten(2003)	是一种对激励企业实践者的思路。有三种观点：① 与企业慈善活动、社会投资或对当地社区承担的某些责任相近；② 与企业社会责任类似的观点；③ 企业对社区、合作者、环境都要履行一定的义务和责任
社会责任投资 （social responsible investment）	Pax World Fund(1971)	通过资本的引导，促进企业履行社会责任

从表 12-1 的七种观点来看，"社会回应"管理一直是 20 世纪八九十年代研究的主题，并成为企业社会责任管理实践的重要方法。"公共责任"观点既表达了对企业经营中内外部社会问题的关注，也表达了公共社会对企业公共政策的影响。"企业社会绩效"观点注重企业社会责任与价值相关性（如财务绩效与社会绩效等）方面的实证研究。"商业伦理"观点虽然起始于 20 世纪 70 年代中期，然而注重将适当的伦理政策和战略融入企业组织管理中，并开始在实践中被广泛应用是进入 20 世纪 90 年代以后盛行起来的[1]。"利益相关者理论"清晰地提出了企业社会责任管理的对象及相关责任，由于其具有较强的操作性，在管理学中得到了广泛应用[2]。"企业公民"观认为，企业面对公共领域时，应自觉遵守公共利益。"社会责任投资"（SRI）也称为伦理投资或绿色投资，它关注的是企业社会责任的实现，其基本原则是通过资本的引导，促进企业行使对社会负责任的行为。上述七种观点并非完全割裂而存在，它们在实际应用中往往相互融合，即在发挥自身观点的同时，注意吸收其他观点的长处并为已用，以增强自身理论的有效性和包容性。

近年来，SRI 基金的管理和绩效以及与传统基金的比较研究一直是研究的热点。从 20 世纪 90 年代末开始，各国 SRI 资金急剧增长，并随之引起了一些重大的变化。首先，原来的 SRI 是以零售基金为主体，现在则以养老基金和保险基金等机构投资者为主流；其次，实施的方式从原来主要依靠负面筛选股票的方法（即将认为不符合伦理要求的公司从投资组合中排除出去）转向"三脚凳"结合的方法（即将股票筛选、股东主义和社区投资三种方法相结合），以一种更积极的方式来推动企业社会责任的实施；最后，一些国家，如美国、英国、加拿大和澳大利亚等政府通过立法、政策等手段来推动 SRI 基金的发展。此外，几大证券市场都推出相应的社会责任指数来支持 SRI 的实施，如美国的道琼斯可持续全球指数（DJSGI）和纳斯达克社会指数（Nasdaq Social Index）、英国的《金融时报》社会指数（FTSE4Good World Social Index）和日本星晨社会责任投资指数（Morning Star Japan KK）等。随着跨国公司（Transnational

---

① 这种观点比较适合目前我国企业社会责任履行的现实状况，本文在后叙部分将重点加以讨论。
② 利益相关者理论自 20 世纪 50 年代兴起以来，得到了迅速发展。进入 20 世纪 80 年代以后，围绕这种理论，企业社会责任研究逐渐形成了单纯经营论、功利主义论和理想主义论三个研究范式。

Corporations)向全球公司(Global Corporations)的转型①。越来越多的跨国公司在调整全球战略和管理架构的同时,强调应承担更多的社会责任和环境责任,保持可持续发展。跨国公司把股东责任、社会责任、环境责任看作是公司行为的三层底线②。

二、企业社会责任履行的基础:商业伦理

诚如上述,伦理作为人与人之间相处时所遵循的道德和行为准则,在企业实践中具有更为广泛的延展效用。20世纪70年代形成的商业伦理观,在进入20世纪90年代之后开始上升为战略的伦理理念。从管理会计的视角考察商业伦理,是寻求企业积极履行社会责任的重要途径。

(一)商业伦理观是企业可持续发展的保证

商业伦理以企业中的雇员以及企业自身为规范对象,旨在通过内约和自律的方式来弥补法律未加以规范而又与社会的伦理和文化相冲突的一些商业行为,以求员工行为和企业行为合乎社会伦理和价值规范。这种伦理规范主要用于调整员工与企业之间的关系,同时也涉及企业与社会、公众的关系,比如,企业召回缺陷产品的制度就是基于商业伦理的一种道德规范。随着经济的发展,企业的竞争越来越依靠企业固有的价值理念和思维流,而这一点同商业伦理的构筑直接相关。从某种意义上讲,企业积极履行社会责任是其遵守商业伦理的内在要求。企业积极履行社会责任,可以提高消费者的满意度,增加顾客对企业产品的忠诚度,从而降低营销成本、提升销售业绩。反之,企业发生产品质量问题、事故,消费者通过第三者维权(如诉讼等),将影响企业的公众形象并带来销售业绩的损失。商业伦理观赋予企业与社区和谐共存的发展关系。对企业而言,为社区作贡献会涉及慈善、捐赠、财政援助等纯公益性的支出,但良好的社区环境是企业可持续发展不可或缺的外部机制,诸如激励员工提高生产率、吸引和保留高素质的居民等。

企业从事慈善捐助事业还会有意无意地向有利于企业可持续发展所需的资源、技术和人才等方面倾斜,例如,捐助研发,可以使公司创新,而创新是企业生命之源;捐助教育,可使公司育人,而人才是企业发展之本;从事慈善,可使公司美名,而美名则可打造社会形象(李海舰等,2008)。这样一来,社会责任的伦理观与企业价值创造的发展观就得到了融合。譬如,贵州茅台股份有限公司根据新农村建设的要求,确立"四在农家"的新经营理念,扶植当地有机高粱的生产,既回报了所在地区,又建立了质量可靠的茅台酒原料生产基地(邓学衷,2008)。由此可见,积极的商业伦理观在回馈社会的同时,树立了良好的公众形象,建立了互利的社会关系,将来通过战略联盟、虚拟运作、资本运作以及体系运作等方式可以从社会上整合更多的有形资

---

① 全球公司的一个重要特征是围绕全球经营,吸纳整合全球各国或各地区的各种最优资源,包括资金、市场、原材料、技术、人才,打造全球产业链,采用诸如并购成长的方式以全球的资源参与全球市场的竞争。

② 为了提高全球范围内可持续发展报告的可比性和可信度,1997年,美国一个非政府组织"对环境负责的经济联盟体(CERES)"和联合国环境规划署(UNEP)等共同发起成立了"全球报告倡议组织(Global Reporting Initiative,GRI)"。其主要任务是制定、推广和传播全球应用的《可持续发展报告指南(简称GRI指南)》,目的是使这种对经济、环境、社会三层业绩的报告成为像财务报告一样的惯例。企业依据GRI指南所揭示的有关三层业绩的非财务报告(Triple Bottom Line),在很大程度上可以体现企业履行社会责任的状况。企业社会责任已成为国际贸易中的一道门槛(如SA8000标准等),以沃尔玛公司为例,欲申请成为它的供应商必须先填写相关申请表,只有达到它制定的企业社会责任标准,才有机会取得订单,成为它的合作伙伴。

源,实现企业更大的发展。

(二) 商业伦理是企业社会责任发展过程中的一个重要阶段

商业伦理与企业社会责任具有紧密的相关性,它们是相互促进及互相转换的一种发展路径。伦理一般是指个体的道德行为,而社会责任常常说的是社会对企业的期望。伦理是外延更为广泛的概念,适用于对人一生的行为的期望,而企业的责任则显得变化性较大,常随着社会价值的改变而改变。在开放系统中经营的企业从社会环境中获得利益,因而应坚守商业伦理,完成其社会责任。

现阶段,企业经营中出现诸多问题的本源最终均可追溯到商业伦理,商业伦理建设在企业经营管理中具有极其重要的意义。首先,完善的商业伦理体系可以为企业处理它和社会、生态环境之间的关系提供正确的指导原则,从而在企业和社会、环境之间建立一种融洽、和谐的关系。一个企业具有越高的商业伦理水平,就越有可能在市场上和社会上赢得消费者与同行的信任和声誉。其次,完善的商业伦理体系是正确处理企业内部的各种关系、化解企业内部的各种矛盾、增加企业内部凝聚力、有效降低企业的内部交易成本所不可或缺的重要因素。在企业内部,商业伦理作为一种矫正人们行为及人际关系的道德约束,能够使员工具有明确的是非观、善恶观,提高其工作效率。最后,商业伦理的建设也是企业走向国际市场的必然需要。随着中国企业产品竞争力的增强,西方发达国家越来越依靠设置各种认证壁垒来阻止中国产品的进入。OHSAS18000、SA8000 等认证经常成为中国产品进入西方市场的必备条件,而这些认证中的许多条款都涉及商业伦理的问题(唐一之等,2008)。因此,商业伦理是管理会计战略有效实施的必要条件之一,它不仅可以直接提高企业的整体形象,而且还可以间接地增强企业的竞争能力。

三、管理会计与伦理

管理者为了履行企业社会责任,需要从不同视角制定相关的决策,同时拥有各种必要的信息资料。其中之一,便是管理会计信息。管理者使用这些信息开展决策时,其所依据的信息应该是既无法律问题也不存在伦理方面的问题,这是十分重要的。如果企业满足了上述的企业社会责任的最基本要求,提供这类法律与伦理均相符的信息将是自然的事情。譬如,在设备投资决策方面,提高诸如折旧之类在法律方面存在选择余地的现金流量预测的准确性与合理性(因为在很多时候它们会受到主观因素的影响),以及提高信息的透明度等,能够使管理者或管理会计人员充分地理解信息的内容及其重要性。

(一) 管理会计视角的伦理观

美国的管理会计自 1924 年确立以来,数量众多的技术与方法得到开发。从传统的预算管理及设备投资的经济性计算,到现在的作业成本法(ABC)和平衡计分卡(BSC),包含的内容很多。这些方法为我国学者广泛讨论,许多方法还在我国实务界得到应用与扎根。从管理会计技术与方法层面考察,欧美各国开发的管理会计工具在我国都有不同程度的研究。然而,将管理会计从伦理视角考察,管理会计的有用性除了技术方面的有用性外,从其技术方法构成的信息形成到转输,再到依据这些信息开展决策的接受者的伦理观也会对决策产生重大的影响[①]。

---

① 企业社会责任(CSR)涉及的理论观点众多,本文选择伦理观来探讨管理会计对 CSR 的积极作用。

美国,自1919年的NACA(1957年改为NAA,1991年改称IMA①)创立以来,围绕这个问题一直在进行着讨论,而我国尚未对这种状况作出明确的规范。下面,就有关信息转输者的管理会计工作者伦理,结合美国的案例研究加以探讨②。

有关美国管理会计伦理的框架,可以追溯到1919年NACA的设立。即在NACA成立时,就围绕组织的基本理念构建了伦理行为的框架,并在设立的12个常任委员会中设置了一个伦理委员会。该委员会以大都市为中心开展活动,经过长期的努力,1972年有了注册管理会计师(CMA)制度,1983年颁布了《管理会计工作者的伦理行为准则》。CMA制度是CPA的管理会计版本,给予管理会计方面的业务专家以相应的资格。即使在我国,设立这种制度的愿望也非常强烈,财政部也与有关国际组织达成了协议,近年来这种CMA资格考试在中国已经展开。美国的CMA资格需要根据考试与经验授予。考试不仅只考专家们出的一些知识题,还包括伦理等内容。因此,在没有明文规定,即在《管理会计工作者的伦理行为准则》发表之前,管理会计的专家们已经对伦理的重要性有了深刻的认识。

对于1983年发表的《管理会计工作者的伦理行为准则》,曾于1969—1970年担任NAA会长的麦亚斯作了如下的阐述:"当时,管理会计工作者随着会计知识的理解接受了伦理。因此认为没有形成文本的必要了。之后,在利益导向原则、企业购并以及早期的谋求利益最大化的组织体制下,各种因会计惯例而发生的会计舞弊等事件使得企业内、外部环境发生了急剧变化,进而使人们对以前所接受的原则及准则的功能产生了怀疑。对此,NAA于1981年设立了特别委员会,其成员深感伦理问题的必要性,并于1983年公开发表了这份报告。"1977—1978年担任NAA会长的艾里斯也有如下的阐述:"从1919年到1983年的大部分时间,很多人认为没有必要设立伦理准则。"尽管从1919年成立当初,就设置了常任委员会的伦理委员会,且从1972年开始的CMA制度的考试里面也开始包含伦理方面的问题,但对管理会计工作者来说,伦理真正成为重要的规范是进入20世纪80年代之后的事情。Management Accounting杂志从20世纪八九十年代设置了有关伦理的栏目,1990年6月编辑出版了有关管理会计与伦理的专集。

(二) 基于管理会计的对策

企业为了履行社会责任,在遵守法规的同时需要承担伦理规范的要求。为使组织整体符合伦理行为的要求,管理者本身及全体员工都有遵循伦理规范的必要。这既是管理者的权利也是义务。这是因为,管理者从企业组织阶层的观点看,它处于首要的位置。因此,将管理者作为接受信息的决策者,管理会计工作者作为提供信息的人员来看,在组织的决策过程中,会

---

① NAA为全美会计师协会的简称,IMA为美国管理会计师协会的简称。
② 在已有的案例研究中,往往以确立伦理的企业为标杆,结合企业造假现象来阐述伦理的重要性,它涉及许多方面的内容。企业要实现伦理的规范要求,需要包容各具特征的若干要素,这在构建伦理环境上给人们以重要的启示。尤其在这方面的一个共同点是,必须面向管理者构建一个基本的伦理框架。管理者就企业而言是决策者,需要承担决策的责任和相关的义务。管理者应该承担的不仅是法律的责任,也需要履行伦理的责任。因此,管理者在履行自身的伦理要求的同时,必须承担组织整体开展伦理活动的管理责任。此外,从信息利用的角度讲,管理者是以信息接受方的立场开展决策的,即它是基于各种各样信息开展经营决策的。因此,从决策者的立场来看,欲使经营管理者的决策符合伦理要求,则信息传输方的伦理更是不可或缺的。

存在四种模式,如表 12-2 所示(模式 4,在社会上不具有存在的意义)。

表 12-2　信息接受者与传输者的伦理

	模式 1	模式 2	模式 3	模式 4
经营管理者	○	○	×	×
管理会计工作者	○	×	○	×

注:○表示伦理的,×表示非伦理的。

　　模式 1 是最伦理的,其他模式的定位都有必要向模式 1 的方向靠拢并加以改善。有关模式 4,可以说是一种极端的情况,模式 2 以及模式 3 均认为有面向模式 1 并加以改善的充分理由。特别是模式 2,向模式 1 转变的可能性较大,它符合经营管理者的意志。模式 2 情况表明,既是信息接受者又是决策者的管理者是有伦理意识的,而作为信息提供者的管理会计工作者则是非伦理的。在这种情况下,管理者可能会发生对伦理要求没有得到充分履行的情况。即作为管理者自己具有伦理的同时,也具有对组织整体的行为按伦理规范进行运作的管理义务。在这种模式下,管理者发挥强大的领导执行力,给下属的管理会计工作者予以指导,要求其遵循伦理要求,这是较为容易实现的。

　　我们来讨论前面提到的案例。如表 12-2 所示,考虑模式 3 的定位。在这种模式下,向模式 1 转变在很大程度上需要依赖于下属管理会计工作者。在案例中,管理会计工作者对未来的担忧通过将有关证据转给上级 CFO,进一步再递交给 CEO。在这一点上,管理会计工作者充分履行了自己的职责。相反,CEO 没有就书面的问题及事情的进展作出充分的说明,对于来自生产部门经理所传递的担忧事项也未作出明确的回答。即 CEO 不仅没有传达下属的观点,而且根据自己的推测,以自己认为符合情况的信息作出决策。这里表现出的问题是,对不符合情况的信息揭示缺乏制约机制,伦理问题由此产生。管理者与管理会计工作者之间,直接或间接的是一种上下级之间的关系。假如考虑到这一点,作为上司的管理者是伦理主义的情况下,要求部下的管理会计工作者遵循伦理要求,这种控制是容易实现的。然而,相反的情况就需要从外部施加压力,或者说构建一种有引导力的机构加以强力推动是当务之急。总的来说,管理会计信息在具有真正意义上的有效功能,不仅要使信息接受者的决策人(管理者)具有伦理观,信息传输者的管理会计工作者的伦理观也需要明确规范。

　　伦理在很大程度上受一国文化和传统的影响。因此,管理会计工作者的伦理应该如何规范,可以参考美国的一些做法,并在此基础上构建具有我国特色框架体系。管理会计以服务于企业内部管理为主要内容,真正意义上的功能是通过管理技术与方法来加以体现的,提供基于这些技术与方法的信息工作者的管理会计人员的伦理,以及基于这些信息开展决策的管理者的伦理研究,不应该是欠缺的。有关管理会计技术与方法的研究,围绕信息技术的进步和企业环境的变化,将变得越来越重要。与此同时,围绕管理会计信息就管理会计工作者以及管理者的伦理加以研究,将是今后的重要课题。此外,在企业之外研究伦理问题,与构建管理会计技术与方法一样,伦理的架构必须充分考虑成本效益原则。

第三节　管理会计视角的企业社会责任揭示

　　如何由环境报告向可持续报告、乃至企业社会责任报告扩展是未来管理会计研究的重要课题。对于 CSR 的计量及其应用而言，一个现实的难题是，有关社会（或员工）方面的相应数据获得困难，依据量化来进一步明确企业社会责任的实现程度，目前在实践操作中仍然举步维艰。管理会计作为揭示实务领域状况的信息系统的同时，还具有反应信息接受方感受的影响系统的功能，因此关注管理者的伦理观也是十分必要的。

一、基于企业经营的社会责任

企业作为社会的成员，除了经济目标外还需要考虑非经济目标，这一点在我国（尤其是国有企业）有更明确的要求。与欧美一些国家相比，由于文化、价值观与宗教体系的不同，中国企业的社会性具有自身的一些特征。企业以出资者为核心，存在各种不同的利益相关者。这些利益相关者包括股东、经营者、债权人、职员、顾客、金融机构及税务机关等。利益相关者的需求在一定的时期内往往会出现利害关系的冲突，充分满足所有各方的需求是困难的，调整这种利害关系，即开展包容各方利害关系的经营，正是企业所需要追求的。这样就使得企业社会责任外在化了。

为了履行社会责任，企业必须具备健全的经营系统，即能够实施包容各利益相关者需求的经营。企业的社会责任有法律责任和伦理责任等。前者是指必须的最低底线的责任，后者是指自身应积极履行的责任。开展健全的企业经营，内在地要求企业实现上述两种责任的统一。这是因为，企业作为社会的组织成员担负着自觉履行法律与伦理责任的义务。构建这种企业素质的责任是企业家的社会责任。换言之，企业管理者担负着有关法律和伦理方面的最高责任。从经营模式考察，有遵纪守法经营和公司治理经营。

（一）遵纪守法型经营

所谓遵纪守法型经营，是指遵守一般的法律、规章，并体现在其组织行为之中的经营。这个概念，美国于 1960 年，我国在 20 世纪末随着市场经济体制转轨过程中出现的一些问题，如"59 岁现象"，以及上市公司会计造假现象的不断出现，开始重视对企业遵纪守法型经营的重视与关注[①]。近年来，我国新闻媒体曝光的一些企业，往往是那些在遵纪守法方面违反基本行为要求的企业，如表 12-3 所示。

表 12-3　2003—2012 年企业社会责任失范事件一览

年　份	社会责任失范事件
2003	① 沃尔玛将我国 72 家有雇佣童工现象的供货企业列入永久性禁入名单； ② 金华火腿"敌敌畏"事件等
2004	① 彩电巨头创维集团财务造假； ② "德隆系"事件，等等
2005	① 安徽阜阳"毒奶粉"事件； ② 格林柯尔高管涉嫌经济犯罪被捕等
2006	① 鹰联航空财务丑闻； ② 上海长江医院虚假广告，等等
2007	① 金蝶"涉嫌财务作弊"； ② 本色控股法定代表人吴英涉嫌非法吸收公众存款，等等

① 不是以往不需要遵纪守法，以前的企业经营是一种绝对意义上的遵纪守法经营。

（续表）

年　份	社会责任失范事件
2008	① 兖州太阳纸业陷入破坏环保丑闻； ② "三鹿"毒奶粉事件等
2009	① 湖南浏阳镉污染； ② 内蒙古赤峰饮用水污染事件等
2010	① 富士康跳楼事件； ② 真功夫"排骨门"事件等
2011	① 广西柳州镉污染事件； ② 浙江台州血铅超标事件等
2012	① 通化金马"毒胶囊"事件； ② 酒鬼酒深陷"塑化剂门"事件等

与此相适应，为了应对全球标准化管理的潮流，在我国目前的制造业大国背景下，这种遵纪守法经营已为人们广泛重视。在遵纪守法经营中，首先要求企业遵守法规。对企业来说，这是理所当然的事，是企业应当履行的义务。在我国，不遵循这种最低限度要求的企业已经很少了，这是行政手段在事前进行规范的结果。据此，我国遵纪守法经营的核心始终是守法，从本质上讲，这只是基于最低限度的定位，此外，还必须遵守企业内部规范及企业伦理的要求。为了突出伦理的功能，借助于全体员工的协作，以企业管理者为主体加以推进是十分必要的。具体地讲，就是期望构建这样一种体系，即以管理者或具有同等权限的人员为主体，根据遵纪守法经营模式制定规则，并将其贯彻于全体员工之中。在这方面，开展相关的培训和探讨有关问题发生时的应对方案是必要的。在这种经营模式下，随着企业价值的提升，广大员工的改革意识及提高效益的积极性将得到充分的发挥。

企业社会责任就是企业在创造利润、对股东利益负责的同时，还要承担对员工、对消费者、对社区和环境的社会责任，包括遵守商业道德、生产安全、职业健康、保护劳动者的合法权益、保护环境、支持慈善事业、捐助社会公益、保护弱势群体，等等。企业社会责任超越了以往企业只对股东负责的范畴，强调对包括股东、员工、消费者、社区、客户、政府等在内的利益相关者的社会责任。企业社会责任最基本的是企业的法律责任，包括遵守国家的各项法律，不违背商业道德。在高层次上是企业对社区、环境保护、对社会公益事业的支持和捐助。企业社会责任的本质是在经济全球化背景下企业对其自身经济行为的道德约束，既是企业的宗旨和经营理念，又是企业用来约束自身内部包括供应商生产经营行为的一套管理和评估体系。"企业社会责任守则"不同于其他的技术标准，它超越了以往企业只是强调技术性指标，只是把赚取利润作为唯一目标这样的传统理念，更强调在生产过程中对人的价值的关注，注重生产过程中人的健康、安全和应该享有的权益。企业社会责任还强调企业对消费者、对环境的社会价值，注重企业对社会的贡献。

（二）公司治理型经营

公司治理是基于"企业是谁的"来规范公司的控制主体，同时将最佳的行为赋予企业的经营系统或环节。一般而言，大多数的企业属于股份制企业，因而认为企业是股东的，然而实际上企业受到各种不同的制约。从市场的观点看，可以是证券市场、金融市场、劳动市场、供应市场、销售市场等。例如，在证券市场围绕股价，金融市场根据融资条件对企业施加影响。此外，劳动市场根据人才提供的情况影响企业。这些在公司治理型经营中,借助于对企业施加影响的控制主体,引导企业针对不同的利益相关者选择最佳的行为。这也是企业作为社会公共品的起因。然而,作为企业经营者的管理人员,会要求企业在更高的层面上考虑利益相关者的权益,并据此开展各项经营活动。

为了适应这种要求,必须包容各种利益相关者并由此开展经营。面对证券市场上的股价及分配,以及金融市场上的融资额的利息偿付能力,各种不同的利益相关者对企业的要求是有差异的。在公司治理型经营中,要求开展以股东为核心的适应利益相关者要求的经营。因此,企业的管理者必须适应这样的要求。首先要充分理解利益相关者的需求,且围绕满足这些要求对经营组织和经营战略加以改善。其中,一项重要的工作是在实施公司治理型经营的过程中,明确与企业价值提升相联系的业务活动方向,并且在包含财务报表在内的各种报告的内容中提高其可靠性。对此,前述的协作的思路有必要充分加以考虑。之所以强调这一点,是因为各利益相关者的需求多种多样,常常会在各种利益问题上发生冲突,因此强调遵守法规,确立企业伦理是利益相关者的共同要求。换言之,只有在这样的经营系统中才能确保管理者构建出切实有效的内部控制体系。当前,随着我国企业跨国经营步伐的加快,企业经营的自身特征可能与国外的经营模式存在差异,在全球化经营的大环境下,确立遵纪守法与企业伦理规范的经营系统是当务之急。①

(三) 两者共同点

诚然,有效的企业经营必须同时兼顾上述两个方面的要求。在公司治理型经营中,企业遵守法规的同时也需要遵循公司的内部规章和企业伦理的要求,同时公司治理型经营是协作经营所要考虑的重要因素之一,也是与利益相关者期望的企业价值提升目标相一致的。因此,从两者的共同之处来看,无论协作经营还是公司治理型经营,从根本上讲,对企业伦理的确立均有强烈的要求。这是企业持续、繁荣发展最重要的条件。对此,在实施经营改革,导入新的经营系统时,管理者必须站在更高的视角要求企业考虑企业的伦理规范。

二、管理会计视角的 CSR 尝试:与计量论相关

作为计量企业社会责任实施状况的尝试②,在理论和实践上正在不断强化。然而,社会责任的概念是多视角的③,在计量对象不确定的情况下,无论采用何种计量手段,都必然存在其内在的局限性。

---

① 现阶段,跨国公司(Transnational Corporations)正在向全球公司(Global Corporations)的转型。全球公司的一个重要特征是围绕全球化经营,吸纳整合全球各国或各地区的各种最优资源,包括资金、市场、原材料、技术、人才,打造全球产业链,采用诸如并购成长的方式以全球的资源参与全球市场的竞争。
② 有关企业社会责任实施状况的计量,具体包括企业对社会正、负两方面的影响情况。
③ 从 20 世纪 70 年代中期开始,大量研究者转向从多视角来研究 CSR,提出了一些新的思想与观点。如对企业社会责任实施过程和战略的进一步研究,发展出了企业社会回应的概念;强调社会责任的决定应该是一个公共参与的过程,从而产生了公共责任的观点;注重对 CSR 实施过程和结果的关注,有了社会绩效及模型的应用;企业究竟应对那些群体承担责任,导致了利益相关者理论的提出;为了有助于从企业内部建立一种规范的价值标准,促进企业及个人的道德行为,商业伦理观形成了;为了激励企业实践者,企业公民观提升到了较高程度;为了以资本来促进企业社会责任的实现,有了社会责任投资(SRI)的观点,等等。

(一) 企业社会责任的计量方法

企业社会责任(CSR)的计量方法,一般有声誉指数法和内容分析法。声誉指数法是指向被调查人(例如,商学专业的学生或公司员工等)发放问卷,考察他们对不同公司的评价。声誉指数法的缺点是受到企业的规模、存在年限、是否接近大众传媒、问卷应答者的经历等的影响,而且声誉指数法限制了进行研究的样本公司的数目,冗长的问卷可能会导致质量下降,所以,一次只能对20家或者30家公司进行声誉评分。内容分析法则可用于大样本研究,它是对企业的文件或者报告进行内容分析,按照企业文件中披露的CSR活动的字数、行数、页数,或者按照企业从事CSR活动的小类进行指数赋值等来评价企业的社会责任活动数量。文件一般使用年度报告,这是因为年度报告有广告等其他文件所不具有的可信性。内容分析法的优点是,一旦选择了CSR活动的小类(主观过程),余下的部分就相当客观了;该方法的缺点是,确定CSR活动的小类的过程是主观的。

此外,还有一种方法是采用社会会计框架进行量化研究。企业是社会的企业,这一客观存在从宏观的视角加以考察的话,学术界形成了企业社会会计。从历史的角度来看,应用会计平衡式对社会利益进行计量,必须借助以下若干步骤来加以实现。即:

$$社会收益—社会成本＝社会利益$$

通过上述公式,可以计算出作为最终收益的社会利益。在一元的社会中,这种企业贡献度是能够确认的。问题的关键在于,如何选择和应用社会收益与社会成本的概念及其计量方法。有一种观点认为,企业应该从涉及的影响面的社会角度加以计量,如消费者剩余的计量等,这些都是具有共性的外生概念。实际上,以企业的正或负的外部性(Externalities)为框架,对比社会收益和社会成本,可以揭示出表示社会冲击的社会影响报告(Social Impact Statement)(Estes, 1976),如表12-4所示。

表 12-4　企业环境管理水平对财务业绩的影响

		财务业绩		
		提高	无变化	降低
环境管理	好	正向,Ⅰ,绿色的财富	中性,Ⅱ	反向,Ⅲ,圣人、曲高和寡
	差	反向,Ⅳ,肮脏的面包	中性,Ⅴ	正向,Ⅵ,乞丐、污染者付费

然而,若仅仅以这些观点或理论来实施企业社会责任的计量,可能还过于理想化。因为,作为企业的费用和作为社会的损害往往是交织在一起的,不具备区分的客观属性,其结果正如一些公司个案揭示的那样,在实践中难以实施①。

(二) 社会会计计量方法的难点分析

企业将履行的社会责任数量化,其一个现实性方法是将企业的费用按利益相关者类别加以归集,即将它们视作履行社会责任(企业的努力)所预测的成本耗费为好。将社会责任置于会计的框架之中,其好处是可以利用会计系统可计量这一优点。然而与此同时,在以收益计量

---

① 详见冯巧根、周时羽:《EMA路径下的环境成本实务研究:来自某造纸企业的案例》,《审计与经济研究》,2009年第4期。

为目的构建的财务会计系统中,那些以收益的牺牲而形成的费用是否就是履行社会责任的表现,则成为会计的一个难题,是计量能否突破的界限。进一步讲,目前利用这种方法是不能够计量社会收益的。

　　一般而言,社会责任的许多方面是不介入市场的行为,因此必须采用财务指标与非财务指标结合的方式加以评价。即在货币计量的同时,可以根据实物量信息或者描述性信息来说明企业履行社会责任的程度及内容。例如,残疾人就业率或劳动、安全有关的事故率、实施策略的说明等①。在社会责任的计量方面,目前环境会计已经取得了一些成果,譬如,利用货币数值与实物量数值结合的环境效率测试就是一种很有意义的计量方式。这种类似的计量方法是否适用于社会责任的其他领域是今后需要研究的课题之一。

　　在企业社会责任揭示方面,我国企业感到最难的部分是社会(员工)的计量。以长期契约为前提而构成的内部关系中,国有企业或民营企业就有关社会(员工)的报告内容,或者揭示有关各种应对员工的措施的内容,体会到了制度的困惑(内在的摩擦)。此外,在环境报告阶段,企业内部环境负责部门需要扩大职责范围,不能仅仅局限于收集信息,还需要将社会(员工)、经济以及社会责任包含在内,在传统纵向的组织结构难以应对时,有必要通过构建横向的项目型组织结构来实现企业的社会目标。这表明面对不具有确切内容的目标以及抽象的经营方针时,应当积极寻求相应的解决对策。这一点与国际化认证要求具有明确的共同承认的内容和形式不同,企业需要具有创造性的揭示社会责任的能力。

　　此外,作为企业社会责任数量化的信息,提出附加价值的形式(如编制附加价值表,即增加值表等)是值得关注的。2003 年版的伊藤洋华堂的社会责任报告披露了附加价值信息,这可以说是 20 世纪 70 年代会计报表改革的一个回归现象的体现(详见图 12 - 1)。

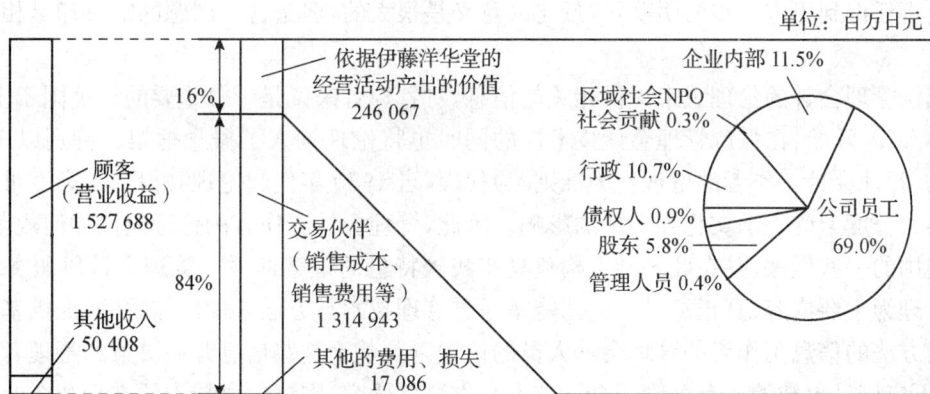

资料来源:伊藤洋华堂(2003),第 3 页。

图 12 - 1　伊藤洋华堂的附加价值信息(示意图)

---

① 20 世纪 70 年代,德国提出的可实施报告的方案,其具体形式有三种类型,一是社会报告。即依据对无法量化的企业社会活动以描述的方式加以揭示(记述信息)。二是社会贡献计算表。即在企业对社会的努力(社会成本)以及社会的效用的对比基础上,根据可计量事物的货币数值加以揭示(货币信息)。三是创造价值计算表(附加价值计算表)。即依据企业某一期间产生的价值及其分配情况所作的信息揭示。上述这些具体的内容,即便在现阶段仍然十分适用。

　　将损益表从新的视角整合编制的附加价值表，是对依据货币数值分析企业社会性问题而扩充揭示的一种有效手段，在德国和英国已经有这方面的经验可资借鉴。附加价值从产出和分配两个方面加以把握，其所提供的信息突出了分配计量这一重点。这种分配计量将损益表上的费用以及利益分配项目按每个利益相关者加以归类，用于观察产出的附加价值的归属。通常对员工的分配往往占最大的部分，这在使用金额图表的情况下尤为明显。

　　对于环境成本的取得，这种附加价值表的揭示在20世纪70年代是不存在的，因为当时没有将附加价值概念引入环境保护的思想。如果反过来思考一下，假如在附加价值概念中嵌入环境成本，附加价值会发生怎样的变化呢？由此延伸的一个问题是，污染物质及废弃物等的负附加价值的生产应当怎样纳入到计算体系之中去呢？这对于附加价值的研究是一个重要课题。在表12-4中，环境经费（成本）是作为面向环境的附加价值的分配来表示的。"面向环境的分配"应当以什么概念加以考察，可以用所谓的地球环境主体，即将"废弃物的适当处理"成本看成是面向环境的分配，这体现了企业的道德责任，是对地球资源的回报。此外，负的附加价值仅仅在损益表的形成过程中是无法展现的。现阶段，用附加价值信息来满足所有的要求也是不充分的，这里面还有许多新的理论需要探讨①。

　　总之，基于管理会计视角就有关企业社会责任的计量，以及经营的伦理观进行了讨论。管理者具有的企业社会责任，主要是法律及伦理的责任。欲使经营决策科学有效，计量企业社会责任是十分必要的。CSR的计量观是在继承20世纪70年代的理论以及实践的基础上延展的。以往，总是将"社会责任与企业利益的对立"作为一个讨论的话题，尽管企业在履行社会责任的同时也能获得利益，但它与市场上获得高度评价的双赢关系是不同的。通过计量的手段来明确从"责任"转变为"战略"或者"经营"，且在这种转变中，无论"责任"或者"战略"，欲使企业社会责任得到更进一步的明确，数量化的意义是很大的，但是这一课题的解决却是相当的不容易。

　　围绕管理会计的伦理观来提供相关的信息，对管理者来说是十分重要的。美国于1919年创立NACA开始，在强调管理会计技术性的同时也将伦理列入了概念框架。特别以1983年颁布的《管理会计工作者的伦理行为准则》为代表，自1980年代起伦理观得到了高度重视。伦理在很大程度上受一国文化和传统的影响。因此，管理会计工作者的伦理应该如何规范，可以参考美国的一些做法，并在此基础上构建具有我国特色的框架体系。管理会计以服务于企业内部管理为主要内容，真正意义上的功能是通过管理技术与方法来加以体现的，提供基于这些技术与方法的信息工作者的管理会计人员的伦理以及基于这些信息开展决策的管理者的伦理研究，不应该是欠缺的。有关管理会计技术与方法的研究，围绕信息技术的进步和企业环境的变化，将变得越来越重要。与此同时，围绕管理会计信息就管理会计工作者以及管理者的伦理加以研究，将是今后的重要课题。此外，在企业之外研究伦理问题，与构建管理会计技术与方法一样，伦理的架构必须充分考虑成本效益原则。

---

① 将产出层面的附加价值作为企业目标，由于附加价值是混合概念，因此这是困难的。作为在附加价值概念中导入环境成本的例子，可以以荷兰的BSO/Origin公司为例。这是依据大气污染物质及废弃物的排放量乘以单位成本，将实物量单位换算成货币单位，依据扣除对环境的贡献分值的环境税支出等，计算出扣除价值，然后从总附加价值中减去扣除价值得出纯附加价值。可以说，这相当于是基于附加价值计算的相对折旧费的思路。

第四节　基于企业社会责任的管理会计框架重构

企业社会责任(CSR)的概念是不断演进的。无论围绕风险管理关注 CSR 对企业价值的影响,还是投资者结合社会责任投资(SRI)再造投资管理新模式,以及结合 CSR 与 SRI 的相关性来重新定位公司治理的作用等,均需要完善管理会计系统,进而重构管理会计的新框架。当前,从 CSR 的伦理观考察管理会计的框架结构是一种比较现实的选择。

一、CSR 在管理会计框架中的定位

CSR 理论概念的演进表明,尽管 CSR 信息揭示正在不断地与企业价值活动相结合,但是现阶段尚未形成一套与管理会计框架相适应的 CSR 价值管理模式,其未来的发展必然会对以价值管理为核心的会计框架,尤其是管理会计带来新的冲击。

(一)CSR 发展对管理会计框架的影响

会计直面的新事物,往往是以外生变量的形式加以设定的,但是作为一个经营主体的企业有时也存在以内生变量形式获得的新事物。近年来,随着企业社会责任观的不断升温,管理会计原有的内部平衡正在受到冲击,传统的企业价值体系面临再造的挑战。

对于企业社会责任(CSR)对会计的冲击,有人将其与现阶段形形色色的会计丑闻相联系,认为是道德观冲击着传统会计的结构;也有人将其与环境因素相结合,认为传统会计架构中缺乏对环境报告的信息揭示,等等。尽管这些观点一定程度上揭示了 CSR 与管理会计框架之间的关系,但仍然限于片面,因为 CSR 对管理会计的影响极为深远。企业社会责任(CSR)对管理会计框架的影响至少涉及四个方面:

一是与企业外生变量相关联,来自企业外部的涉及企业的社会、环境、道德等对管理会计的影响。英国将这些问题作为头号问题,并统称为 SEE 问题,亦即围绕 SEE 的企业责任问题。通过社会责任投资(SRI)的投资行为来考察投资对象选择的各个经营环节,以及其对管理会计的影响问题。站在会计信息使用者的立场,这种变化体现在信息需求的变化对管理会计带来的外在冲击。即在 CSR 风险里,雇用、环境、人权、社团,不仅是交易方面的风险,还包含与这些风险及品牌风险相关的评价风险(Reputation Risk)。进一步讲,地球暖化、废气排放、森林、食物链相关的变动等的气象风险(Climate Risk),也是企业直面的风险。这些 CSR 风险是逐渐形成的,它意味着在没有明确直观的威胁情况下这种风险可能已经侵蚀了企业的价值(无形的与有形的),这种侵蚀经常不具有实体形态,但具有很强的破坏性。因此,污染、环境恶化、童工、道德观念低下等这类问题,不仅涉及对企业的批判,并且会显著损害股东的价值[①]。

二是社会责任投资(SRI)对管理会计的影响。作为企业的内生变量,SRI 将对企业及会计工作产生哪些问题与影响,值得管理会计工作者关注。对此,一些观点将其定位在如何有效地

---

① 譬如,一种新的"社会责任标准"——SA8000,正成为继 ISO9000、ISO14000 之后出现的规范企业组织社会道德行为的另一个重要的、具有国际性的新标准。据美国相关商会组织的调查,目前有 50% 以上的跨国公司和外资企业表示,将按 SA8000 标准重新与中国企业签订采购合同。这对广大的中国中小出口企业来说将是一项重大的经营风险。

管理 CSR 风险。因为不同于传统的企业价值观,面对外部社会可能带来的巨大影响,需要企业从内在化的角度,从企业经营活动的整体中来把握 CSR。这涉及管理会计框架的重构问题,其中采用改变资产组合的思路和修正评价模式杠杆效应的研究视角,应该说是分析 CSR 风险对管理会计影响的一种重要方法。

三是从 SRI 和 CSR 风险联系的角度,结合管理会计框架来重新认识公司治理状况。这是因为 CSR 风险对于企业价值影响的重要性无法回避,在投资者看来,企业组织以怎样的框架管理 CSR 风险,成为治理的焦点。对此,以独立董事、透明度、会计责任为内容的新的治理对象开始成为取代传统的治理结构的焦点。

四是从战略管理会计的视角观察 CSR。通过整合与创新管理会计工具来不断完善管理会计的方法体系,譬如,采用平衡计分卡(BSC)的形式来考察 CSR,并据此优化管理会计的框架结构。

(二) CSR 风险与资产结构的变化

CSR 风险对企业价值的影响可以从资产结构变迁的角度加以考察。长期以来,企业尤其是企业财务方面,往往注重其实物性资产,并且至今仍然认为实物资产是最重要的。然而,企业的成功还依存于企业内外的各种要素,如领导班子、创新、经营环节等。据此,资产可以进一步划分为五个子目,即实物资产、金融资产、组织资产、员工与供应方资产、顾客资产。研究 CSR 风险对企业资产的影响,必须同时对这些资产项目加以关注。结合企业资产子目的组合,以图 12 - 2 来揭示 CSR 风险对资产的具体影响过程(今福,2004)。

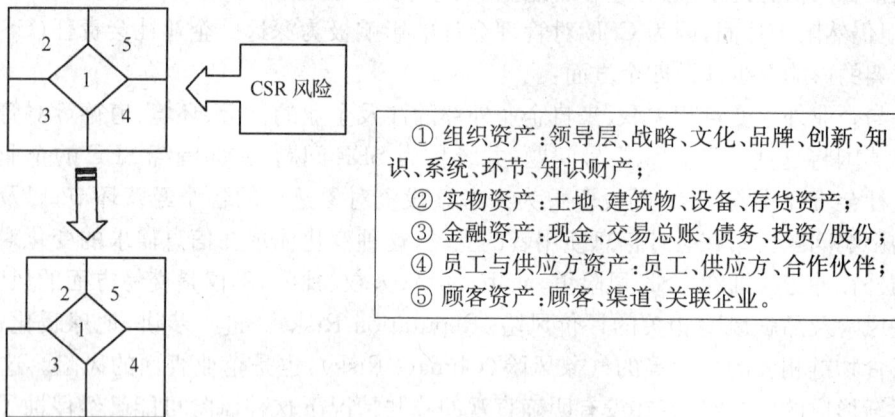

① 组织资产:领导层、战略、文化、品牌、创新、知识、系统、环节、知识财产;
② 实物资产:土地、建筑物、设备、存货资产;
③ 金融资产:现金、交易总账、债务、投资/股份;
④ 员工与供应方资产:员工、供应方、合作伙伴;
⑤ 顾客资产:顾客、渠道、关联企业。

图 12 - 2　CSR 风险和资产结构的本质变化

如图 12 - 2 所示,顾客资产将信息和资金提供给企业;员工和供应方资产提供产品和服务、技术与知识;组织资产提供的是涉及有关产出领域的全部,即从特许权信息一直到环节和系统的综合方法。特别是,员工与供应方资产以及顾客资产更是 CSR 无法忽视的资产,这是因为 CSR 的重要任务就是要满足对企业利益相关者投资的信息揭示需要。

CSR 风险的发生将会对这些资产的结构产生重大影响,而且这种影响是全面的。从表面上看,CSR 风险直接影响的是组织资产、员工与供应方资产、顾客资产,但随着这些资产的逐渐劣质化,必然会影响到企业传统的实物资产,同时随着这种劣化倾向的渗透,与企业关联的公司以及合作伙伴等均会受到不同程度的影响,从而涉及金融资产,使金融投资的价值下降。

正如图 12-2 的下半部分所列示的那样,CSR 风险的发生,即使仅对组织资产、员工与供应方资产、顾客资产带来某种劣化的倾向,事实上它也会对物质性的实物资产价值产生负面影响,从而导致实物资产减值。同样的,这些劣化倾向也会影响到企业与关联公司的关系,使金融资产的价值下降。

这种资产结构中的价值和 CSR 之间的关系,可以作如下表述:在资产的价值源泉中,包含着有形和无形的两种基本形态,它们通过扩展资产的内涵,促进企业价值的创新。基于创新框架中的这五种资产只是资产扩展的显性体现,还存在一些隐性的价值尚未得到确认。由于这五种资产极易受到社会、道德、环境(SEE)之类因素的影响,在对这些资产进行全面确认与评价的过程中,必须将 CSR 问题融合于企业经营活动的各个方面。换言之,积极把握与 CSR 相关联的价值问题是十分重要的。

结合管理会计框架,围绕 CSR 风险涉及的有关资产结构的内在机理,我们应当明确以下几方面的工作重点:

第一,基于 CSR,管理会计必须重点研究无形资产问题。Sandra A. Wad dock & Samuel B Graves(1997)提出的公司显性成本(Explicit Cost,如支付给债权人的利息等)和隐性成本(Implicit Cost,如产品质量成本、环境成本等)概念对人们认识 CSR 有重要意义(水谷,1995)。公司因为不从事 CSR 活动造成隐性成本提高,会产生更多的显性成本,从而丧失竞争优势。显性成本与隐性成本的理念与利益相关者思想是一致的,例如,在管理与供应商、消费者、员工、政府、股东、社区等的关系中体现 CSR。这是因为,良好的社区关系促使当地政府提供更多的税收优惠;好的雇员关系可以提高企业的士气和生产效率;关注产品的质量能够带来积极的客户关系和良好的声誉等。

第二,管理会计必须与 CSR 风险管理相结合。即对实物资产的评价,尤其是对其使用价值的评价,需要权衡 CSR 风险的影响程度。这也与上述基于资产结构的 CSR 评价,如对资产减值的评价相关。Comell & Shapiro(1987)认为,不能满足股东之外的利益相关者的需求,将产生市场恐惧,并提高公司的风险溢价,最终导致更高的成本或丧失盈利机会(水谷,1995)。

第三,适应 CSR 的发展,创新管理会计工具。充分揭示 CSR 风险是未来管理会计发展的一项重要内容。传统上仅仅将 CSR 风险所涉及的对资产的影响采用以金额的形式进行评价是困难的,有必要探讨一种新的揭示模式。现阶段这种模式有两种基本形式,一种是以美国为代表的基于年度报告的 MD&A(管理层讨论与分析)[①];另一种是英国的 OFR(经营与财务概况)的揭示模式(冯巧根,2007)。企业必须基于 CSR 发展的需要,积极吸收借鉴上述模式中的有益部分,创新管理会计工具。

第四,必须将 CSR 风险管理融入管理会计的内部控制系统之中。英国在这方面走在了前列,CSR 风险作为企业面临的一项风险已经被列入公司董事会关注的领域,并且作为一项控制方针在公开发表的《Turnbull Report》中得到体现(Matten et al,2003)。该报告主题中比较引人注目的一点是:"董事会必须基于风险的路径来构建健全的内部控制系统,并积极提升其效率。"这是因为"企业的内部控制系统,在重大的风险管理方面对企业目的的实

---

① 我国上市公司已采用了这种形式,深交所与上交所均对此作出了明确的规范,2008 年的上市公司年报中就有明显的体现。

现起着关键的作用","涉及与内部控制相关的董事会责任的主要因素是：① 该企业直面的风险特性和范围；② 该企业承受的风险范围与种类；③ 该风险实现的可能性；④ 企业消除这种风险发生的能力，以及风险发生将给企业带来的冲击；⑤ 依据相关风险的管理获得的便于对特定事项进行控制的运营成本"。为此，董事会依据经营者提供的内部控制报告，必须就不同种类风险的重要性，以及有关这些风险如何加以识别与评价，如何有效管理等问题展开探讨。这种包含了 CSR 风险的风险管理已经成为企业管理会计的核心内容。

二、CSR 与 SRI 的信息揭示对公司治理结构的影响

公司治理的实质是消除股东与股东委托经营的代理人(经营者)之间因利益矛盾而形成的代理成本，或者通过再分配来谋求企业价值的最佳化。SRI 是与 CSR 相互协作的产物，必须基于 CSR 重新定位公司治理的作用。

(一) CSR 信息揭示与 SRI 之间的内在联系

英国是以 2000 年年金法(Pensions Act)的实施为契机，使社会责任投资(SRI)的年金基金等作为一项投资战略得到迅速扩大的。依据年金法，企业年金基金"必须在投资政策中表明投资的选择、持有、转让是否对相关的社会、环境、道德(SEE)问题进行了考虑"，并明确提出了社会责任投资(SRI)的概念。这里所谓的 SRI，可以定义为"金融机构及基金组织应向那些经营业绩好，能履行社会责任，或者能够解决各种社会问题的经营主体进行投资。"SRI 与 CSR 关系到投资者的基本投资战略。对于那些以长期资产运作为导向的机构投资者来讲，企业符合资金运作规则，并能够积极履行社会责任，则有助于减少风险，提升企业长期的股票价值，这种 CSR 问题将成为投资决策的重要因素。换言之，若企业能够改善社会、环境状况的话，就可以消除长期的风险和不确定性。

这一思路推动了 CSR 报告模式的发展，英国保险业协会在其报告《面向社会责任的投资：风险与机会》中明确提出："必须提高收益的质量，只有那些有效管理 CSR 风险的企业，才能够较好地防范大幅度的收益波动行为。"企业应以年度报告的形式，对有关 CSR 的信息加以揭示，具体的规则是：

(1) 董事会必须就该企业经营的社会、环境、道德(SEE)问题的重要性作出定期的说明。

(2) 董事会依据对有关 SEE 事项的灵活处理，来创造企业价值提升的机会，并识别、判断涉及企业短期的、长期的与价值相关的 SEE 事项的重要风险。

(3) 董事会结合对上述风险的判断，提供各种有关 SEE 事项的信息，以便于董事们了解。

(4) 董事会在进行重要的风险管理上对有效的系统加以适当的确认与定位，以确保业绩管理系统和报酬激励组合系统的完整和有效。

此外，在年度报告中还应当揭示有关 SEE 事项的方针、程序以及评价方法，这些列示的内容主要有：

(1) 对企业短期的、长期的价值予以重要影响的与 SEE 相关的风险和机会的信息。

(2) 与有关短期的、长期的价值方面的 SEE 事项的风险管理相关的该企业的方针与程序的说明。该企业在年度报告中若表明没有这些方针与程序，此时必须说明没有的理由。

(3) 该企业有关 SEE 事项风险的管理方针与程序，处于何种程度、是否属于规范的信息。

(4) 有关 SEE 揭示情况的相关程序说明。

作为受托者主体的企业,考虑投资过程中的 SEE 事项是有必要的。企业社会责任报告必须兼顾揭示财务与非财务风险有关的绿色报告以及《内部控制》相关的信息披露等方面的内容。SEE 事项有关的风险管理是以该企业财务上的长期收益的获得为前提的。对有关董事会业绩状况的揭示,有助于提高企业信息披露的质量。

(二) CSR 与 SRI 之间的公司治理

现阶段有关 CSR 的研究正从社会、环境、道德问题的视角,转向 CSR 风险与企业长期价值的相关性方面的研究。与此同时,随着人们对 CSR 认识的深入,前述的 CSR 理论观点之间存在的交叉、重复问题也被提了出来。为了有效地解决各种理论观点之间的冲突,有人结合 CSR 与 SRI 间的关系,将 CSR 从手段与目的两个层面来加以认识(小口,2004)。

1. 作为手段的 CSR

这是企业以 CSR 之外的最终目的为前提,围绕其目的的实现来限定 CSR。企业是盈利组织,获取利润、交纳税金、实施股利分配、创造就业、开展设备投资是必然的。因此,企业应在价值最大化的基础上来强调 CSR 这种手段的重要性[①]。即企业应当构建与员工、顾客、交易伙伴、区域社会等各方面利益相关者的良好关系,并以此形成 CSR 的框架。有学者(小口,2004)认为,以维护自身的经济价值为目的的风险管理是具有十分重要的现实意义的。欧洲委员会于 2001 年 7 月发表了《绿色报告:促进企业社会责任的欧洲框架》,进一步推动了 CSR 的发展。该报告就有关 SRI 基金的等级指标的标准化与透明度,以及其评价方法所使用的工具,确立了一致的意见,这是十分必要的。此外,2004 年 6 月,国际标准化机构(ISO)决定编制"社会责任的国际标准",即 SA8000 标准。

CSR,或者有关 SRI 的标准化、规范化的要求越是强烈,其对象依据个人价值观之上的道德产物,在遵守法律和社会规范这种广泛共识下形成的标准趋同将是一种必然趋势。拥有各种不同价值观的消费者,基于自身特定的价值观来观察 CSR,其结果必然会促进 CSR 的多样化。面对违反社会规范,存在欺诈嫌疑的产品,无论何种价值观的消费者都不会推动这种产品的购销行为(这一点在河北"三鹿"乳品案中得到了体现)。对于投资者来说,因投资对象企业的违法、违规,其结果自身也必将被社会抛弃。对于这种社会标准,一般应以社会普遍认可的行为(最小公倍数)作为遴选的条件,这样便于获得更广泛的一致意见。

2. 作为目的的 CSR

这是以 CSR 的实现为最终目的的概念。企业在履行社会责任方面,如社会贡献、义工服务、慈善活动等,需要承担直接的成本或者以牺牲收益的机会负担间接的成本。对此,是否有必要制定某种价值标准使 CSR 法制化? 这如同作为手段的 CSR 所叙述的那样,作为企业公民,应当寻求超越一般法律、社会规范所遵循的标准,并以此来构建 CSR。为此,以什么为对象来确认 CSR,它将对个人的价值观产生重大的影响。早期的 SRI 基金是美国基督教协会以宗教的道德观来界定资产的运用而提出的,虽然这是那个时代社会问题的反映,但这一规范迄

---

① 诺贝尔经济学奖获得者芝加哥大学的米尔顿·费里德曼教授主张"企业的社会责任是要增加收益"。在企业价值最大化的基础上,强调 CSR 的重要性,这一点是与费里德曼教授的观点相一致的。

今仍然在沿用①。这样，基于道德观、伦理观的 SRI 基金就必然呈现出多样性的特征②。SRI 专门的应用公司之一，美国最大的 SRI 投信公司的 CEO 将 SRI 的宗旨作了如下的表述，即"所谓重视社会责任的投资者，就是应用投资这种手段，并且在道德观的提升及地球环境的可持续性发展方面发挥积极的作用"。

欧洲委员会（EU）主张，对于 SRI 的应用和商品设计，该基金的购入者要能够负责任地加以选择，必须补充基于标准化的透明度。从这一观点来看，SRI 基金的种类是不多的。如同作为手段的 SRI 所叙述的那样，若将 CSR 按实现企业价值最大化这种最终目的来限定手段的话，欧洲委员会的主张是有道理的。然而 SRI 基金，正如其诞生开始就明确的，正是因为存在与 CSR 有关的多样性的价值观才有其持续的意义，市场与标准规范相比，评价其多样性无疑更为客观现实。

3. CSR 与公司治理

CSR 与 SRI 如同事物的正反两面，它们的有机结合便成为公司治理的重要课题。即公司治理中传统的路径，其重点强调的是"董事会的独立性，对于股东的责任，以及长期收益的最大化与透明度"，现在需要转向"可持续相关"的治理新问题。这是因为，优化 CSR 风险管理有助于提高企业与员工、顾客、供应方、社团等利益相关者之间关系的质量，最终结果是提升企业的价值。这种关系如图 12-3 所示。

图 12-3　CSR 与公司治理

三、平衡计分卡与 CSR 的整合

平衡计分卡是 20 世纪 90 年代初期，由美国哈佛大学卡普兰和诺顿（Kaplan & Norton）教授提出的，它主要从四个方面来考核和评价企业的业绩。即财务视角、客户视角、内部经营过程视角以及学习与创新视角。BSC 作为一种管理会计工具，至少包括两个层面的含义，一是它作为一个信息系统，为管理者提供了更好的信息，有助于改善组织的决策和控制；二是它作为一种管理活动，在使用平衡计分卡的过程中，对组织结构和运作产生了积极的调整效应。BSC 是当前国内外战略管理实践和理论研究中，最为广泛使用的工具之一，而 CSR 的履行在原则上至少需要融入现行的战略控制和绩效管理系统，所以，笔者认为平衡计分卡系统很可能是整合 CSR 的优秀工具。

---

① 当初，将宗教的道德观无法接受的酒烟等特定类别从投资对象中被排除出去开始，20 世纪 60 年代，又有适应越南战争的反战需要，将军需产业排除在外的行为。进入 80 年代，以对南非有关有色人种的人种隔离政策的反对运动为开端，将销售活动的跨国企业从投资对象中排除出去，80 年代后半期到 90 年代，环境问题为世人所注目，以环境为焦点的基金开始得到销售。

② 例如，将酒类从投资对象中排除出去的 SRI 基金，就表现出这种多样化的情况。如在我国，"酒文化"源远流长，如"酒为百药之长"等文化是有积极的意义的。此外，相关的问题是如何确认 CSR，每个所归属的年代、所处的文化，以及其价值观将在很大程度上左右我们的认识。

从根本上讲,BSC 是基于多项利益均衡的控制系统,CSR 则是另一种类型的有关利益相关者的控制系统,通过整合二者,企业能够获得潜在优势。从制度理论来看,由于行为惯性,CSR 的履行给企业及其他利益相关者带来的变化,若能够与平衡计分卡系统的管理规则相符,体现渐进性和继承性的特征,不轻易放弃或打乱原有的组织内运行的较为成熟、有效的平衡计分卡管理系统,而是利用原有平衡计分卡框架的系统优势,进行局部调整,则会比挑战现有平衡计分卡系统的变化更容易被企业、管理者、员工以及外部利益相关者所接受和实现。这种继承对 CSR 履行的路径与行为能起到积极的稳定作用,同时也印证了有效管理的变化过程实际是一个变革与稳健的矛盾统一体的理论主张(广原,2004)。

基于平衡计分卡的整合思路之一是将公司战略区分为若干概念,并围绕 CSR 履行路径形成四个课题,具体包括用新产品、新服务开展革新,提升顾客价值,实现卓越的业务,成为优秀的企业公民。此外,有关无形资产和财务上的业绩,可以表述为:"更重要的是,无形资产不仅对财务上的业绩有直接的影响,而且还通过复杂的因果关系发挥间接的作用。"(冯巧根,2008)在本文第二部分叙述的资产结构的变迁方面,顾客、供应方、员工等的利益相关者之间的关系,因基于 CSR 而提升的无形资产,各方的投资价值得到了增加。同时,通过 CSR 与 BSC 的融合,企业在战略中与顾客、交易方等的关系,借助于"成为好的企业公民"的愿望而将 CSR 相关的战略嵌入到了 BSC 的框架之中。由此可见,依据 BSC 的战略计量相关性,可以较好地与本文中阐述的 CSR 的内生变量相互联结,同时围绕 CSR 开展 BSC 战略的研究,积极防范 CSR 风险等值得理论界进一步研究。

四、管理会计的框架重构:基于 CSR 伦理观的考察

有关将 CSR 嵌入管理会计框架中的论述目前较少,伦理观是 CSR 发展过程中的一个重要阶段。伦理作为人与人之间相处时所遵循的道德和行为准则,在企业实践中具有广泛的延展效用。基于 CSR 的伦理观考察管理会计的框架结构,是寻求企业积极履行社会责任的重要途径[①]。

(一) 以伦理为导向优化管理会计的框架结构

一般认为,管理会计的目的是在考虑多元化目标的同时,获得能够满足企业长远规划的最佳收益,进而增大或创造企业价值。传统管理会计的计划和控制功能,在当今激烈变化的市场经济环境下已难以发挥应有的作用。对此,Simons(1995)提出了管理会计的四种控制系统,即信念系统(Beliefs System)、道德行为系统(Boundary System)、诊断控制系统(Diagnostic Control Systems)和相互作用的控制系统(Interactive Control Systems)。所谓信念系统,就是鼓励对新机会的探索,并把握其方向。它具有贡献社会的意愿,传达着组织的核心价值和使命。例如,作为信念,就有以顾客信任为前提的信念等,其中许多公司的经验可供借鉴。所谓道德系统,就是制定商业规则,明确员工不能操作的风险区域。为了正确规范行为,需要制定岗位职责并加以运用。所谓诊断的控制系统,是指通过富有成效的方式实现控制的目标。在

---

① 笔者认为,现阶段基于管理会计的伦理观开展对 CSR 的研究是比较容易展开的。因为各利益相关者的需要多种多样,常常会在各种利益问题上发生冲突,因此强调遵守法规,确立企业伦理是利益相关者的共同要求。换言之,只有在这样的经营系统中才能确保管理者构建出切实有效的内部控制体系。对此,这里重点基于管理会计框架嵌入 CSR 的经营控制理念展开讨论。

实现目标方面,首先要制定明确的目标。在明确规定了员工目标的前提下,即使没有日常的监督,管理者也能从事战略决策等原先应当进行的工作。所谓相互作用的控制系统,是指基于战略创新,促进学习、开展组织交流与沟通的活动。

Simons(1995)通过诊断控制系统与相互作用系统的比较,提出了四个特征:① 以战略相关度和信息为焦点;② 所有的来自组织系统的信息都是重要的;③ 期望员工之间相互传递信息、互相进行探讨;④ 对有关数据及假设、行为规范进行讨论。作为管理会计,从潜在的行为来看,经济方面是最能够履行社会责任的部分。这是因为,企业履行社会责任,是以收益作为前提的,而这些方面是依靠诊断的控制系统和相互作用的控制系统来实现的。但是,现在的问题是不能仅追求收益,将信念系统与道德系统相结合来履行社会责任是十分必要的。对此,有关信念系统应与社会贡献一起作为收益质量考虑的因素,并据此对商品和服务作进一步的开发。实践表明,有关道德行为系统自主的基准是与收益相联结的,社会责任与收益无关联的现象是不存在的。Cowe(2003)认为,企业社会责任(CSR)不同于法律,企业尤其是大企业不仅要对股东负责,还负有对人类及环境的责任。即 CSR 不仅是对股东,且要提升各种利益相关者的价值。然而,CSR 的根本目的是为利益相关者创造价值。

如何结合利益相关者的价值来定义 CSR 呢? 有人认为,CSR 是由社会及市场间的关系及其内容所决定的,对其下具体的定义几乎是不可能的,也许这是正确的。笔者认为,CSR 是以促进、保护企业组织和社会的健康成长为目的,防范各种财务欺诈行为,积极贡献于社会的有关企业内外各种活动方面的制度性义务与责任。它具有两个特征:① 利益相关者的特征。即,顾客、职员、股东或投资家、供应商、竞争对手、政府关系、NPO、社会及环境等,它以围绕企业内外利益相关者为对象。CSR 必须从利益相关者这一点上加以探讨。例如,安然利用经营舞弊对股东的信息加以操纵,属于公司治理的问题;三菱汽车隐瞒缺陷,导致了顾客及社会信用的消失,也是治理问题。② 有关预防的伦理和积极的伦理。它具体包括法律的责任、经济的责任、道德的责任和社会贡献的责任。预防的伦理是将企业与社会的关系从各种风险防范的角度加以管理,并将各种消极意愿的道德违反行为,即一般所说的欺诈现象,通过预防达到防患于未然。积极的伦理是为了促进和保护企业组织和社会健康成长而开展的援助活动。虽然能否将 CSR 从伦理视角加以规范存在着不同意见,但从预防这种积极的方面加以控制,以及主动地促进这种正面视角控制也是客观所需。根据这两种特征来研究 CSR,有助于区别公司治理与管理控制的关系(伊藤,2004)。通过对管理控制的限定,可以归纳出如表 12-5 的框架。

表 12-5　CSR 经营控制的关系

CSR 的特征		CSR 的实施	控制键	管理会计工具
积极的伦理	经济的责任	依据主业在经济活动中履行社会责任	诊断的控制系统	标准成本计算;预算管理
			相互作用的控制系统	平衡计分卡
	社会贡献的责任	不仅积极从事社会、环境的活动,还致力于收益的同时实现,以便更好地履行社会责任	信念系统	环境管理与回收再利用;环境与财务成果,环境与收益相结合;基于社会贡献的产品开发

（续表）

CSR 的特征	CSR 的实施	控制键	管理会计工具
预防的伦理	法律的责任 道德的责任	不仅是预防性地控制环境和道德等的风险，还需要在收益实现的同时，更好地履行社会责任	道德行为系统	企业行为章程； CO_2 排放标准； 道德规范与收益结合的标准； 以风险作为企业价值源泉的风险管理； 以平衡计分卡为基础的风险管理

如表 12-5 所示，CSR 的预防要求遵守法规及相关准则，预防活动与道德行为系统有密切的关系。在开展预防活动时，为了得到利益相关者的信赖，需要积极履行企业的社会责任。与此相应，CSR 的积极方面是从社会贡献和经济方面履行社会责任。前者是与信念系统相关的社会贡献；后者是 CSR 的经济方面，与诊断的控制系统和相互作用的控制系统有密切的关系。作为盈利组织的企业获取收益是企业持续经营的前提，由此才能更好地对利益相关者履行企业的社会责任。CSR 的经济方面能够促进企业经营活动可持续发展。一方面，依据预算管理和标准成本管理，围绕计划值与实际绩效，通过提升管理效率使实绩与计划值达成一致，杜绝不测事件的发生。这就是诊断控制系统。另一方面，为在竞争中获胜，提升顾客价值，有必要通过制定战略来加以实施。在这种情况下，需要求助于战略学习的相互控制系统。使用这两个控制系统，管理企业的经营活动，能够使企业获得竞争优势，从而在经济方面实现企业的社会责任。如果忽视了这一点，将会导致企业破产、损害利益相关者的利益，其结果，必须是难以履行企业的社会责任。

（二）信念系统与道德系统相结合是管理会计履行社会责任的重要手段

有关信念系统的企业社会责任，主要关注以下三点，一是公司的基本方针；二是社会贡献与财务成果的关系；三是通过经营主业拓展提升社会贡献的领域。具体的对策体现在以下几个方面。

第一，为履行 CSR，公司可考虑设置 CSR 部门。设置该部门的目的是应对企业欺诈，适应社会需求，并在 CSR 标准的基础上制定企业的评价体系。CSR 部门的目标，是实现公司的基本方针，譬如，"依据对产品的保证，积极履行环境保护的社会责任"。实施这一目标有助于强化企业与社会的信赖关系，使顾客获得最大限度的满足。公司的基本方针是透过信念体现出企业的道德行为。在公司的基本方针中将道德与顾客满足相结合富有积极的意义。公司在社会责任的履行与主业的关系方面，通过满足道德行为来提升信赖，并与顾客满足相结合加以解释。的确，在企业欺诈多发的今天，提高企业可靠性有助于顾客满意化的实现。但是，目前许多公司在社会贡献方面还是存在一些不足。譬如，中国社会科学院社会学所的某研究员在珠江三角洲调研时发现，尽管这个地区几十年来经济发展非常快，但今天民工的工资收入与几十年前他们父辈打工时的工资差不多。也就是说，经济发展、生产率的提高，并没有带来民工的工资增长。

第二，明确社会贡献与收益的关系。在 *Professional Engineering* 杂志的特别报告（2002）中，就环境保护所涉及收益的效果，介绍了 Smith 的研究成果。这项研究表明，在 80 家公司中有 42 家有正相关的关系，19 家不明确，15 家未作回答，4 家呈负相关。总之,可以说,开展环境保护活动对于提高收益是有相关性的。国内也有一些学者进行了研究,其结果也大都表明,环境责任的履行与财务成果具有正相关(冯巧根,2008)。通过这些实证研究,也许能够得出重视环境经营对于提高收益是有利的结论;业绩好的企业可能更重视环境保护。诚然,在降低环境负荷的同时产生收益也是重要的。为此,对环境管理者来说,在现阶段的经营活动中开发具体的管理会计工具是一项当务之急,以便为企业降低负荷,同时提高经济性服务。总之,无论环境与收益间的因果关系怎样,促进它们同时实现是一种社会共识。

第三,面向社会贡献开发产品。应当进一步拓展信念系统与企业理念相结合的社会贡献活动,如正确认识与主业不相关的文艺活动及植树造林这种社会贡献,它对企业经营理念的传播是具有积极的现实意义的。但是,作为企业最重要的,是通过主业来为社会作出贡献。有关主业的社会责任履行,已经在经济方面进行了阐述。这里,说明一下通过主业的社会贡献。例如,日本经济新闻社(2004-5-25)的早报上介绍了资生堂的社会贡献活动。资生堂谋求社会贡献的口号是,"让脸部受过伤的人们能够挺胸阔步地在大街上行走",即开发出能够修补伤痕的化妆品。进一步讲,就是通过主业研制出有社会贡献度的新产品。基于社会贡献的产品开发,能够尽快地收回用于这种产品上的投资,然而也需要基于长期的视角考虑投资回收。总之,就社会贡献的产品开发而言,作为信念系统的控制是最为重要的。

道德行为系统是提高利益相关者相互信赖的系统。这一系统有两种类型,一是必须遵守的最低限度;二是自主决定道德准则的目标值,进一步提高其可靠性。首先,是遵纪守法。它主要体现在企业的行为章程之中。一般的企业行为章程,通常就其行为方针会列出若干个原则,其最初始的原则是提供"对社会有用的产品、服务,在充分考虑安全性、个人信息、顾客信息保护的前提下搞好产品开发、提供服务,并确保消费者、顾客的满意和信息使用的可靠"。换言之,鉴于21世纪以来国内外所发生的财务欺诈案件,要求企业充分重视遵纪守法经营。遵纪守法的行为是理所当然的,是企业最基本的行为规范。国内外发生的经营欺诈及诚信问题,未必是员工的问题,更多的是管理者道德观的沦丧。道德行为系统的另一种类型是自主制定道德准则。例如,有的企业自主地制定 CO_2 排放标准,并努力予以遵守。自主准则是企业独自的应对举措,不同的企业其道德准则不尽相同。在这种类型下,不只是遵守准则,还需要与利益挂钩。以个案为例,总部位于纽约的电气通信经营商Verizon 制定了自身的道德准则,譬如,一旦由于发生通信纠纷或相关自主设定的服务质量的目标值下降,将向顾客返还电话费用。2002年,纽约州认可了 Verizon 的这种规则。该案例的情况表明,遵纪守法的过程是将自主制定的规则与利益挂钩,并进而形成准则。进一步讲,面对经营中的风险,企业在管理过程中不能以消极的姿态将其仅仅看成是一种阻碍因素,而是应该以乐观的态度将风险看成是"企业对未来产生收益施加影响的经营业务发生的不确定性"。换句话讲,应该将风险作为企业价值的源泉,这种风险意识有助于引导企业开展战略性的风险管理(Schnietz,2005)。

一个全球经济的无边界时代正在来临,成长中的中国企业如何获得世界市场的信任?答案之一就是积极履行自己的企业社会责任(CSR)。中国企业必须加速培养 CSR 意识,借助于新兴的 CSR 潮流提升自身的"软"竞争力。在全球化时代,跨国公司(全球公司)之间的竞争核心已经从过去的设备、厂房以及制度等"硬件",升级为企业价值观、社会责任等"软件"(冯巧根,2009)。跨国公司已经把强化企业社会责任的理念延伸至中国,同时对中国企业提出更高的要求。长期以来,我国企业重"硬"轻"软"的倾向已对企业的可持续发展带来伤害。企业必须明确责任意识,增强主动服务的核心竞争力。

管理会计能够为企业提升核心竞争力服务,通过重构管理会计框架,强化 CSR 风险的控制,提高 SRI 的投资效果,可以促进 CSR 与 SRI 战略与公司经营战略的有机融合。同时,借助于管理会计的确认、计量手段可以进一步完善公司治理,使企业诸如社会、环境、道德等的外生变量在管理会计工具(如 BSC)整合的过程中达到风险最小化和收益最佳化,更好地满足利益相关者的多样化需求。将基于伦理的 CSR 嵌入到管理会计的框架结构之中,有助于提高管理会计的控制功能,实现企业长远的经济与社会效益,推动企业创新履行社会责任的路径,以及优化企业社会责任履行的行为。这对管理会计学科的建设来说,无疑是一个发展的重要契机。当然,为了体现管理会计在促进 CSR 中的应有作用,今后还需要结合其他 CSR 理论加强对管理会计相关问题的研究。同时,进一步挖掘历史事实和企业案例来揭示管理会计在履行企业社会责任(CSR)中的积极贡献。

案例与讨论

☞ 案例一

背景资料

以广州为代表的华南地区的"油荒"事件

这一事件发生在 2005 年 8 月前后。"油荒"的大背景是国际市场上原油价格一路飞涨,而在国内,现行的成品油价格调控政策造成了(国内)原油(国内)成品油的价格倒挂,国内炼油行业纷纷减产,国内市场上对成品油需求量迅速增加,供需缺口不断扩大。"油荒"的导火线是所谓的台风造成的油品运输受阻,7 月月底,广州、深圳等地的加油站开始出现限量供油和无油可供的情况。在广东省的成品油市场供应体系中,中石化、中石油两大国有石油公司占了 85% 以上的市场份额。在"油荒"中,两大石油公司被很多人批评为"未承担应尽的社会责任"。

一是在国内成品油零售价因为管制而低于国际市场价格的情况下,两家公司控制成品油资源的投放,引起整个经销环节的惜售、囤油,加剧了市场供需矛盾。

二是在国内成品油供应紧张而国内外油品价格差距进一步拉大的情况下,两家公司加快出口成品油,以求获取更多的收益。有数据显示,2005 年 1—7 月,经广东省各口岸出口成品油共计 117.3 万吨,比去年同期增长 39.2%;进口成品油 974.3 万吨,下降了 19.1%。而 2005 年 7 月仅 1 个月,广东成品油出口 24.8 万吨,同比上升 92.5%,占当月成品油消耗 157 万吨的 15.8%(数据来源:于厚朴. 谁在制造"油荒"?——一位基金经理的亲历与思考,中国证券报,2005.09.09)。为此,9 月 1 日,国家五部委紧急调整了成品油出口退税政策。

三是在成品油资源有限的情况下,两家公司为保证自有加油站的供应,而限制对民营成品油批发零售企业的供应,有滥用排他性权利和蓄意陷民营企业于经营困境,以利于日后收购便利的不正当竞争倾向。广州市有关部门两次下文要求两大石油公司确保当地社会油站供应。

请讨论

1. 导致上述现象的根本原因是什么?
2. 请结合上述资料,从企业经济目标与社会目标的角度论述企业社会责任。

答案提示

略。

☞ **案例二**

背景资料

管理会计中的社会责任观

以美国一家公司为例,该公司某生产厂家的 CMA 对以有关未来预测问题的判断为典型加以讨论。这是一家生产、销售玩具的工厂,自公开上市以来,企业实现了快速成长。这里的工作流程是,CMA 将业务报告交给 CFO,再由 CFO 交给 CEO。企业业绩自股票公开发行以来,一直在顺利地推进着;同时企业通过引入新产品,前景非常乐观。然而,CMA 也有一件忧虑的事情,是关于这种产品每季度订货数量的变化问题。自从引入这种新产品以来,每季度的订货数量都在增加,但从第二年的第四季度开始,数量减少了,这种情况是该产品进入市场以来首次发生的现象。

公司方面预测这种产品的需求会逐步增加,因此决定增产。一时间,总的产品库存量比前年增加了 85% 还多,库存的大部分都是这种型号的产品。CMA 担忧这种产品在库的增加、需求的减退可能对未来销售以及收益产生影响。为此该 CMA 展开调查,结果发现,原因在于竞争对手开发出了比自己企业在技术上更优秀的产品,对手的这种产品一推出市场就立即得到推广。于是,CMA 以财务报表审计过程中发现的需求减少、竞争对手产品的出现,以及库存增加等理由,向 CFO 汇报了本公司产品会产生减值的担忧情况。对此,董事会围绕这种新产品结合订货的减少和库存的增加等质询了 CEO。CEO 基于与 CFO 有关此事的交流作了说明,没有提出更充分的理由。CEO 和 CFO 认为,调整库存从下期开始可能还不是时机。他们共同认为,基于销售副总的看法,这种产品的订货数虽然在第四季度减少了,但下一年度有可能回升。此外,CEO 就有关库存也作了申辩。

实际状况正如 CMA 所担忧的,总收益比去年减少了 30%,净利益与前年相比下降了33%,这些减少的约 2/3 是由这种产品销售价格的下降和销售数量的减少引起的。在第三年的第二个季度,随着竞争对手公司产品的增加,更加严峻的状况出现了。在这期的报告公开发表之前,CMA 再次向 CFO 递交了担忧的报告。即为了减少库存,即使牺牲一时的利益也是值得的,建议降价促销。对此,CEO、CFO 以及 CMA 进行了讨论。在会议上,CMA 以库存价值的下降为由提出降价销售。然而,CEO 和 CFO 不支持在这一时期降价。CEO 期待着库存的逐渐降低。此外,CEO 也说明了今后公司期望引入的新产品。CMA 根据内部审计人员的询问和外部审计人员的调查事项等,向 CEO 建议调整库存以及编制每季度的库存报告,但没有获准。相反,CEO 请 CMA 注意,如果采取这种意见,那么会对包括 CMA 在内的管理层人员的津贴产生消极影响,要求 CMA 修改自己的意见。

请讨论

请结合上述资料,从企业社会责任的伦理价值视角谈谈管理会计的重要性。

答案提示

略。

本章参考文献

[1] Ackerman R. W. & Bauer, R. A. , Corporate Social Responsiveness[M]. Reston, Virginia, Reston Publishing, 1976.

[2] Bowen, Howard R. Social Responsibilities of the Businessman[M]. New York, Harper & Row, 1953.

[3] Committee for Economic Development. Social Responsibilities of Business Corporations [M]. New York, Committee for Economic Development, 1971.

[4] Carroll A. B. Social issues in management research: expert's views, analysis and commentary[J]. Business and Society, 1994(33).

[5] Cowe R. Behave Responsibility, by order of the Law! [J]. MNew Statesman, 2003:26 - 27.

[6] CSR Europe, Deloitte, Euronext, Investing in Responsible Business: The 2003 Survey of European Fund Managers[J]. Financial Analysts and Investor Relations Officers, 2004.

[7] Davis K. , Can business afford to ignore social responsibilities? [J]. California Management Review, 1960(2:3), pp. 70 - 76.

[8] Global Reporting Initiative. Sustainability Reporting Guidelines[R]. Amsterdam, GRI, 2002.

[9] Frederick W. C. , The growing concern over business responsibility[J]. California Management Review, 1960(2), pp. 54 - 61.

[10] Freeman R. E. , Strategic Management: A Stakeholder Approach[M]. Boston, Pitman, 1984.

[11] McGuire J. W. , Business and Society[M]. New York, McGray-Hill, 1963.

[12] Matten D. , Crane, A. & Chapple W. , Behind the mask: revealing the true face of corporate citizenship[J]. Journal of Business Ethics, 2003(45):1/2, pp. 109 - 120.

[13] Preston L. E. & Post J. E. , Private Management and Public Policy: The Principle of Public Responsibility[M]. Englewood Cliffs, NJ, Prentice Hall, 1975.

[14] Sethi S. P. , Dimensions of corporate social responsibility[J]. California Management Review, 1975(17:3), pp. 58 - 64.

[15] Simons R. Levers of Control: How Managers Use Innovative Control Systems to Drive Strategic Renewal[J]. Boston, Massachusetts: Harvard Business School, 1995.

[16] Schnietz et al. Exploring the Financial Value of a Reputation for Corporate Social Responsibility During a Crisis[J]. Corporate Reputation Review, 2005.

、　[17]　Waliton C. C., Corporate Social Responsibilities[M]. Belmont, CA, Wadsworth, 1967.

[18]　水谷雅一.经营伦理学的实践与课题——经营价值四原理系统的导入与展开[M].东京:白桃书房,1995.

[19]　广原雄二.管理会计与伦理[J].产业经理(日),2004(4).

[20]　郑若娟.西方企业社会责任理论研究进展——基于概念演进的视角[J].国外社会科学,2006(2).

[21]　邓学衷.社会责任环境下企业财务治理研究[J].财务与会计导刊,2008(10).

[22]　李海舰,郭树民.从经营企业到经营社会[J].中国工业经济,2008(5).

[23]　唐一之,李伦.SA8000企业社会责任的伦理解读[J].伦理学研究,2008(1).

第十三章　管理会计研究范式的转变

随着经济全球化的不断推进,企业经营环境发生了巨大的变化,管理会计系统面临着激烈的冲击与挑战(Granlund,2001),必须适应内外部环境加快变革的步伐。本章从社会科学的角度对会计研究的可行性进行探讨,并以会计研究的范式作为切入点。所谓范式,是指研究者共同使用的思维模式或框架。依据对社会科学研究有重大影响的 Burrell & Morgan(1979)提出的社会科学研究范式作为分类的框架展开讨论,探讨哪些方面可以成为会计研究的方法。

第一节　管理会计研究的变迁理论

近年来,以欧美为中心的管理会计变迁研究比较流行。所谓管理会计变迁研究,就是在管理会计系统内,以务实的态度研究管理会计的变化,明确管理会计的普及、导入、变更以及中止的过程及原因的管理活动。探讨管理会计变迁理论有助于寻求管理会计研究范式转变的规律,本节从社会科学的角度对管理会计的相关理论加以分析。

一、管理会计研究的社会制度理论

会计学是社会科学中的一个分支学科,从会计学中可以获得许多社会科学的共同内容。我国现阶段的管理会计研究,在许多方面反映出模仿自然科学路径的研究特征。无疑,这些研究是重要的,但是,仅仅将自然科学的研究路径应用于遵循社会规范的人类学术活动,而忽视来自管理会计实践的内容,有可能产生研究对象片面化的后果。根据Macintosh & Scapens(1991) 的观点,管理会计变迁研究包括案例研究、经验实证(实地)研究和社会制度研究三个方面。案例研究包括单独的个案研究(目的是总结世界领先企业的成功经验)、众案研究(尤其是对相同行业的若干公司进行的研究)、实地观察和访谈、问卷调查形成的基准研究等;经验实证(实地)研究主要是以计量经济学理论为基础而展开的研究;而社会制度研究则以社会制度理论为基础。专注于社会制度的研究认为,管理会计变迁与企业的环境,以及相关的社会制度有密切的关系,管理会计作为企业内部的管理制度,会随着时间的推移巩固其思维和行为方式。专注于社会制度的研究关注概念体系、变迁条件和动因,涉及制度和行为方式,以及制度规范如何在不同时期持续等问题。

Macintosh & Scapens(2000) 认为,会计文献所使用的社会学制度理论有三种,即新制度经济学(或交易成本经济学)、旧制度经济学和新制度社会学(New Institutional Sociology)。新制度经济学对会计的研究,主要是围绕新古典经济学理论展开的。与传统经济学理论一样,新古典经济学理论以合理性和均衡性为理论研究的假设,关注经济行为的合理性或"最优化"

结果,而不是解释从一种均衡走向另一种均衡所呈现的过程也即变化过程。新制度经济学中所分析的"制度"性质涉及两个层面,一是制度环境层面,该制度同时决定了博弈规则和该规则下个人的选择条件。二是更加微观的治理结构制度(市场、层级、官僚、组织机构、管制部门等)。道格拉斯·C·诺斯在其著作《制度、制度变迁与经济绩效》一书中写到"制度是一系列被制定出来的规则,守法程序和行为的道德伦理规范,它旨在约束追求主体福利或效用最大化利益的个人行为"。任何一个制度体系都是在成本收益相对稳定时的一系列行为规则,预期收益和成本变化导致的净收益变化是制度变迁的根本原因,或者说,制度变迁的根本动力是为了改变现存制度环节下的收益分配格局以捕捉获利机会,实现潜在收益。

理论的作用之一在于解释社会存在的事物。基于微观治理结构的制度,着眼于企业的内部结构与控制机制。它将企业中的控制问题引入到制度选择的范式之中,为我们认识管理会计的经济特性,并作出相应的经济学解释提供了更好的依据。从方法论方面来看,作为一个解释性框架,新制度经济学认为管理会计和其他控制工具一样,是组织控制的一部分,应纳入到管理控制的研究范畴之中。在新制度经济学中,会计和组织是一种普遍存在的制度现象,而且只能通过"制度安排"来解决经济与管理问题。这种制度安排就是企业层级及其对应的行政权威机制的建立、使用和运行。管理会计作为新制度经济学范式下的一种制度,并内生于企业层级体系,是企业通过层级命令而非价格机制实现沟通、协调与控制的工具。它表现为一系列管理会计规则、惯例及其遵循程序。这样,管理会计就被制度化为管理控制的工具。新制度社会学对会计的研究,主要集中于会计实践的外部组织制度(社会、经济和政治)的一般影响。旧制度经济学则将视角集中在组织的常规和常规的制度化,认为管理会计系统和实践能够产生组织的规则和路径,实现行为和制度的均衡。制度是社会群体或社区行为的结果。制度的一个重要特征是它们看起来比较规范和客观,是特定社会团体所期望的行为模式。当然,并不是所有的行为模式都能够近似相同地被制度化。特定的制度起作用的时间长度和被集体成员所接受的范围存在差异。因而,研究管理会计的变迁同时也是研究组织常规的变化。

二、管理会计变迁:以普及性理论为例

目前对管理会计研究而言,尽管普及性理论尚难形成深刻的影响力,但该学说在社会学、教育学、人类学等社会科学研究方面已经具备了广泛的经验积累,有了扎实的实践基础。

(一)Rogers(1995)的普及性理论

所谓普及,可以定义为"新发明在社会系统的成员之间通过一定时间的相互交流,以某种方式简捷地传播出去的过程"(Rogers,1995)。下述有关创新方面的五个特点规定了新发明普及的速度:① 相对的有用性。创新在取代传统观念方面具有更好的认知程度。② 对立性。创新是与潜在的采用者在现有价值、规范及过去的经验,以及与组织的、社会的系统方面达成一致状况的认知程度。③ 复杂性。从某种程度上讲,既要理解创新,又要使用创新往往是困难的。④ 可操作性。对部分创新,在某种程度上具有边实验、边导入的能力。⑤ 可观察性。创新的成果,在某种程度上具有可见性和可测性。一般地讲,具有更广的相对有用性、对立性、可操作性、可观察性和拥有更少的复杂性而被认知的创新,具有更快的普及能力。

即使在上述创新的五个特性之外,影响创新普及速度的变量还是存在的,诸如创新决策的类型(如任意决策、集中决策、权威决策等)、交流频道(如宣传媒体或个体等)、社会系统的特性

（例如，规范、相互联结度等）、变迁过程中代理方在普及方面所表现出的积极程度等。

（二）基于普及性理论观点的研究

Perera et al.（2003）对澳大利亚能源公司近 10 年的转移价格的普及情况进行了研究。他认为，即使借助有关战略及组织结构方面的理论，也难以说明为什么该公司的转移价格制度曾经在 1995 年一度被中止，而进入 1998 年又再度采用的内在原因。根据 Rogers（1995）的框架，组织的价值、规范或过去的经验是解释管理工具导入、放弃、再导入的重要因素。此外，Malmi（1999）依据 Abrahamson（1991）用于解释管理工具普及与中止的理论框架，来说明芬兰 ABC 普及的主要原因。Abrahamson（1991）的理论观点包括：由外在的影响和其他组织的模仿这两个维度构成的四种观点（如表 13－1 所示）。

表 13－1　解释管理工具普及与中止的理论观点

		以模仿为焦点	
		非模仿	其他组织的模仿
外在影响的视角	组织内部的自主性大 外部组织的影响大	有效性的选择 迫于压力的选择	一时的流行 流行（时尚）

注：表中内容根据 Abrahamson（1991）的部分内容修正。

表 13－1 中，第一种"有效性的选择"是来自驱动性摩擦的想法。所谓驱动性摩擦，是指当组织目标与达成的可能水平不一致时，环境的变化引发不同的组织产生类似的摩擦现象。对于具有类似目标的组织，由于采用相同的管理工具，会诱发驱动性摩擦的倾向，因此对那些处理这方面摩擦没有经验的组织，或者具有不同目标的组织，可以考虑不采用同样的技术（管理工具）。

第二种"迫于压力的选择"，是假设政治集团之类的外部组织对创新的普及带来的影响程度而体现出的权威性。譬如，迫于政治压力等组织外部的权威，若此时对非效率的管理工具（技术）展开普及，则有效的管理技术就会受到阻碍。换言之，对于这种情况下采用管理技术的组织意图，将不具有解释有关创新的普及或受阻的功能。

第三种"流行（时尚）"，仍然是外部组织具有的对普及施加影响力的情况，但它不是那种迫于压力选择程度的影响力。流行的推动者通常是推销公司或商学院、大众传媒。将流行的视角区分为是否模仿，关键在于对不确定性的把握，在决策环境不确定性高的场合，会认为组织具有模仿其他组织的倾向。

第四种"一时的流行"，它不受流行推动者的影响，处于模仿地位，即采用其他组织已经使用过的管理工具（技术）。组织基于减少经营风险或者为了回避竞争对手，以获得竞争优势，考虑模仿其他组织的管理技术。

从 Malmi（1999）的调查结果中，有关普及管理会计系统创新的主要原因有以下一些情况：首先，管理会计创新在普及的初期阶段，受来自有效性选择的影响大。之后，这种创新发展到广而周知的阶段时，一些企业抱着试试看的心态会增加，从而受这种流行的影响就会变大。渐渐地，这种流行的影响开始变小，经过一段时间以后，受到来自模仿行为（一时的流行）和有效性的选择的影响出现了增大的趋势。

(三)普及性理论的贡献

有关 Rogers(1995) 的普及性理论，Perera et al.（2003）对这种贡献列举了三点：① 创新的特性中包含风险；② 组织的创新，需要按阶段分别予以确认；③ 具有适用于组织内部的个人层次或集团层次的可能性。此外，对 Abrahamson(1991) 的管理工具（技术）普及和受阻的观点也表现出积极的理论贡献。譬如，Malmi(1999) 采用诱导因素研究 ABC 的灵活应用情况，说明某些管理会计工具或系统为什么能够普及或被采用。总之，Abrahamson 的观点对在这些方面展开调查是有帮助的。

第二节　管理会计研究的范式

基于上述社会科学路径的会计研究，英国等的一些会计学会或组织作了相应的研究，他们以 *Accounting Organizations and Society* 杂志为载体，并体现出应用以社会学为中心的社会科学理论的倾向。

一、管理会计研究类型

我国现行的管理会计研究以基于计量结构的方法研究为主流，其次是模仿自然科学的研究路径。下面，概括介绍国内主要的几种研究类型。

(一)基于计量结构的方法研究

传统的管理会计按成本性态进行分类，区分为变动成本与固定成本，并分别对成本性态下的成本结构重新进行计量，从而有了与完全成本法下收益计算不同的基于间接成本（变动成本法下）的收益计量。为了提高管理会计学科的精密性，20 世纪 60～70 年代，管理会计领域开始大量引入数学方法，并将数学模型应用于管理会计研究之中，尤其是运筹学的应用更为普遍，使这种计量结构的研究方法达到高潮。国外一些代表性的管理会计教材中常用的计量基础有微积分、数学规划、矩阵代数、投入/产出模型等。尽管这种倾向在后续有所减弱，但以数学为基础的计量方法仍然占据一定的学术地位。

在我国现阶段的管理会计研究中，许多成果仍然是以计量方法的合理设定及其模型化为重要手段的，这类课题有预算管理、业绩评价、ABC 的应用情况等。在预算管理中，将预算以科学、客观的设计理念为前提，强调预算编制的战略性，并通过零基预算、作业预算等加以改进，在预算设定的结构上合理借鉴超越预算的思想等，进而达到完美传统预算管理的目的。譬如，针对实务界直面的预算管理"计划不如变化快的"的局限，学术界借助于计量模型的设计调整预算结构，提出了较为实用的有关预算基数的"真实诱导预算法"①等方法。此外，适应制造过程间接费用增加这一现状的要求，借助计量手段改进成本管理方法也是例行的做法之一。譬如，对作业成本法（ABC）进行增值与否的作业划分，调整作业的动因结构，如区分为结构性

---

① 所谓"真实诱导预算"(truth-inducing budget scheme) 就是从代理人入手设计预算基数的博弈规则，即通过引入激励约束机制，诱导代理人向委托人预期的目标提供预算基数，使委托方与代理方达到博弈均衡。真实诱导预算法有如下两个特征：① 对预算目标过低，轻易完成目标的管理者，给予惩罚。② 对在正常预算目标额以上完成的管理者，为促使其取得更好的成绩，对其实施激励。

动因与执行性动因等,并对不同情况下的作业成本采用不同的计量手段加以核算等正是这方面的典型体现。

（二）新古典经济学派的路径

其主要是指依据信息经济学、代理理论等新古典经济学方法开展的研究。多少年来,新古典经济学一直是现代微观经济学的核心和管理会计研究的理论基础。进入 20 世纪 70 年代,随着信息经济学、代理人理论、行为科学、相关成本真实信息体系的引入,使以新古典经济学为基础的一些管理会计假设发生了动摇。如"决策者获取的所有信息资料不需花费任何成本代价"[①]"决策者具有很强的分析和处理信息资料的能力"[②],以及"管理决策者是企业所有者或必须承担所有者经营目标"[③]等。

管理会计研究中经常用到的新古典经济学派的研究观点可以归纳为如下几点:① 市场的机制。市场是以生产资料所有权为基础,对各种产权和在产权界定下的人们提供各种行为,旨在适应经济增长的需求并在各种规则下予以运行。当然,市场主要还是依靠价格机制来发挥作用。② 人的经济学假设。即仍然假定人是理性的,但同时认为,市场上的交易和其他经济行为已不只是为了追求利润最大化,而是为了追求效用和经济效益最大化。即它是根据各种制度安排(约束)作出的反映———一系列欲望、期望和偏好的选择过程。③ 交易成本。要理解市场上的交易是一个"过程",就必须肯定并研究为达成交易所花费的时间、人力和其他资源,它们构成交易成本。交易成本不可能为 0,但可以降低交易成本。产权的界定对于降低交易成本和提高经济活动的效率是十分重要的。围绕竞争的市场,产权会经常进行变更和重新安排,从而使人们在更低的交易成本环境下实现经济行为的便捷、高效,使经济得到逐步的增长(即资源可得到更充分有效的利用)。

（三）行为科学的路径

即应用心理学及社会心理学等路径展开的研究。随着科学技术的突飞猛进、IT 技术的广

---

① 信息能够减少决策中的不确定性,增加确定性。特别是随着经营组织的扁平化,分权化趋势增强,经济社会日趋多变,战略决策对生产经营活动的决定意义日益增加,则保持决策的正确性,排除不确定性信息显得越来越重要。但是,获取信息是需要付出代价的,特别是在有风险和不确定性情况下制定决策方案时,搜集信息的成本代价往往是很昂贵的。因此,这一假设是不存在的。此外,信息经济学关于信息成本与效益理论还为当前管理会计实务工作者喜欢应用简单的数学模型提供了一个理论依据。因为高深复杂的数学分析模型不仅令人难以理解,而且搜集其所需要的数据信息的成本很高,而与其所能提供的效益相比,往往得不偿失。

② 正确决策必须要求组织内部各级管理人员的相关协调与配合才能实现(单个决策者能力恐怕难以胜任)。其原因主要是:① 随着新产品的不断问世,企业面临的市场竞争环境愈益尖锐,为应付风险和不确定情况下的实际问题,一些复杂的数学分析模式开始形成。对此,大多数实际决策者现有的定量技术知识将难以胜任。② 现代企业管理决策不仅要求决策人员掌握经济数学知识,而且还要掌握组织行为学、社会学等非定量技术知识;而对于大量信息的搜集、分析、筛选工作,还要求决策者掌握计算机处理信息的技术。这表明,就单个决策者而言,其知识水平和工作能力不可能达到如此高的要求。

③ 代理人理论对这一假设产生了动摇。由于委托人与代理人在性格、信念与处理信息的方式上有所不同,并且双方都是具有各自利益的经济人,因此会引出两个问题,即"道德风险"和"逆向选择",它们影响着企业与经理人员之间的关系协调,损害经理人员的积极性和主动性。那种传统自上而下地单纯依靠行政命令进行强制性控制的管理方式显然就不符合分权管理的要求,而是必须考虑委托人与代理人之间的不同利益和各自的行为动机,在设法增加各自利益而又不损害对方利益的情况下使委托人的效用最大化。

泛应用，以及全球经济一体化步伐的深入，学术界深切地感受到仅仅依靠自然科学及其最新成果去加强"物"的管理，已经满足不了经济形势发展的客观需求，这就迫使人们广泛地运用社会科学、人文科学的科学知识，转向对"人"这个因素的研究。在当前加强企业道德与社会责任的研究过程中，行为科学路径具有积极的意义。以会计道德为例，会计道德体系是会计行为的道德标准，其不对会计行为作深入的研究，而且也研究怎样才能建立起约束、引导会计行为的道德规范（毛伯林，2002）。

中国是世界文明的发祥地之一，早在奴隶社会的商周时代就产生了《周易》著作，春秋战国时期更呈现出思想活跃和学术繁荣的状态，在几千年文化遗产中，不乏"行为"研究方面的珍品。继承前人成果，开展管理会计创新研究是我国会计界应用行为科学理论的基本特征。从管理会计内部来看，在责任会计的责任预算编制过程中，应用行为科学理论要求每一个责任中心都根据企业的总预算编制责任预算。即在编制预算时，让职工参与预算的编制过程。这样，一方面可以利用员工的智慧为实现企业的目标服务；另一方面，还会使他们感受到企业的重视和信任，从而产生一种归属感。这样，员工就会把自己当作企业的主人，把自己的命运和企业的前途紧紧联系在一起，不遗余力地为实现企业的目标服务。

（四）经验实证的路径[①]

这是对管理会计与组织相关的"微观层次的属性"，通过采用统计的方法进行分析研究的路径。自20世纪末实证方法引入我国以来，该方法在会计学术界有逐渐形成研究主流之势。尽管这种研究方法主要应用于财务会计领域，然而管理会计领域也有扩大运用这种方法的倾向。实证研究与规范研究孰优孰劣，目前国内学术界尚存在争议。由于经验实证研究的数据主要来自资本市场，而我国上市公司的历史比较短，因而在具体的研究中，其计量模型、样本选择、数据来源以及研究手段等在我国均存在一定的局限性。同样，将实证研究套用在实用性很强的管理会计研究中，面对我国特有的经济环境，其数据的来源更是存在严重的问题，使得此类研究的应用价值大打折扣。

以实证研究中常用的因素检验法在ABC中的应用为例。因素检验法的目的在于开发成功应用ABC的可进行统计检验因素的理论方法，从一定程度上讲，就是试图对ABC应用中涉及的因素加以简化。因素研究法的问题之一是，对已经报告的过去信息采用因素检验研究，有时不会产生更多的新内容；另一个问题是，影响应用的有关因素的数量本质上可能是无限的，需要确立某些因素的相对重要性。此外，这些解释不能抓住因素与参与会计实践的人们的动机和愿望之间的相互关系，从而影响了管理会计系统稳定性的确立和相应对策的制定。

以上虽然没有囊括所有的研究，但大部分的方法基本上已经作了归纳，并体现于其中。另外，在我国现行的管理会计研究中，以自然科学为特征的研究范式可以说是一种"功能至上"的研究类型。下面对这一范式加以分析。

---

① 在西方学术界有两个英文单词，"positive"和"empirical"，在中文里经常把两者都译为"实证"，或者把前者译为"实证"，后者译为"经验"。英文的"positive"的含义是"有事实根据的""确实的""无可怀疑的"。"empirical"的英文含义是"以经验或观察为依据的""来自经验或观察的"。两者是有一定差异的，本文将两者合在一起称为经验实证研究，或者直接称为实证研究。

二、功能至上的范式

管理会计必须对决策有用。"功能至上"是围绕整体优化思想,根据包含某一要素的整体所产生的贡献,以及对其内在规律的把握,从相互关联的理论或模式出发加以考察的研究路径。功能至上的范式,就是对每一研究对象采用预先准备好的"处理框架",以普遍的、客观的尺度对其加以分析的行为过程,它主要从外部着眼,有一定的主观性。即功能至上可能会脱离企业面临的社会现象,难以体现人的行为主体作用。尽管许多学者致力于完善这种理论,但根本的缺陷仍然难以克服。譬如,虽然 Burrell & Morgan(1979) 针对构成功能至上范式的具体内容,从客观主义和社会系统理论进行了细化,但是脱离现实的现象依然存在。

(一)客观主义

客观主义提出,可以将社会世界犹如自然世界那样加以处理,并将由此产生的社会现象采用类似于物理现象那样的操作方法加以客观地考察。对于人类活动,假定其是被外在的规则全面地规定或限制,研究只不过是对外部条件的一定反映。这种类型的研究方法有实验法、模拟法等。

事实上,客观主义仍然难以体现人类活动的规律,无法对实用性、操作性很强的管理会计活动作出解释和预测。我们认为,与自然科学的"科学思维"方式相对应,人文、社会科学所采用的是"艺术思维"的研究方法。管理会计主要就是在这种艺术思维下形成的"经济文化"。文化的意义是历史赋予的,不同的时间跨度、不同的观者角度,看到不同的景象。这是一个变动的世界,管理会计也处于不断的变化之中。通过客观主义的手段,采用诸如实验室的研究方法等观察管理会计对象是难以真正反映出管理会计的客观现实的。

(二)社会系统理论

社会系统理论对于社会现象的研究,存在无视行为主体的情况。即它将社会看作是"机械"或者"生物"的模式化路径。在社会系统理论中,包含开放系统理论、控制论、我国应用的经验实证理论,这些都是为了对社会现象的理解而构建的单纯"模型"。

三、管理会计研究的定位

在现有的管理会计研究范式中,由于产生的背景及各自国家或地区环境的差异,不同的研究方法均有自身的优缺点。认识到这一点,并在我国管理会计的研究中明确各种方法的适用范围,是管理会计学者的一项重要使命。

(一)基于计量结构的方法研究

诚然,这项研究在推进管理会计理论与方法的形成过程中起到了积极的作用,也使这门学科具有自身特色,且以更精密的特性融入到现代管理科学中。但是,在这种计量方法的运用中,也产生了一些片面性和认识上的局限性。最显著的一点,就是这种以计量结构为特征的方法研究过于偏好复杂数学方法及模型的应用,使管理会计的决策相关性减弱。现阶段的一些管理会计研究在定位上过于考虑它的精密性和成熟性,错误地认为只有建立在严密数学分析基础上的硬科学,才能算得上真正的科学。在具体的研究成果中,则表现为片面强调管理会计的技术功能,并认为以计量为手段的管理会计技术与方法才是组织管理的"唯一最完善的方法",这种思想也体现在管理会计教科书的编写中。

一般的管理会计教材普遍认为,即便在考虑了组织关联性的前提下,也能够依据这种计量结构对管理会计对象加以还原,比如,变动成本法的成本计算可以还原为完全成本法的成本核算。事实上,这种认识具有较大的片面性,它没有对社会现象作出客观的分析,只是以特定环境下的会计问题代替复杂社会条件的会计现象,无法体现人类主体方面所具有的"客观主义"精神。计量结构与方法研究是管理会计研究的重要方法之一,但不能片面地提升这种方法。换言之,任何学科的研究,都可以把数学作为一种工具来使用,数学只是自然科学的语言,而不是一切学科的语言。我们必须充分认识到这一点,这样才能发挥计量结构与方法研究在管理会计中的积极作用。

(二) 新古典经济学派的路径

在采用新古典经济学派思想开展研究的国内文献中,应用新制度经济学的制度变迁理论、产权理论、代理理论等展开研究,并由此产生的成果相对较为丰硕。这种基于新古典经济学派理论的管理会计研究,对于丰富管理会计学术,帮助企业管理当局制定方案、开展决策,尤其是对制定管理会计制度具有积极的贡献。从20世纪管理会计的研究状况分析,尽管代理理论的应用在其中占了极大份额,但在应用代理理论研究管理会计的现实问题时,往往缺乏合理性和应用的可行性。这种研究存在无视管理会计主体的现象,并且常常是"基于主体行为能够'进行经济学变量的还原'"这一假定而开展的客观主义研究。譬如,管理会计"代理人说",以经济学代理理论为基础。这样,按照代理人说的观点,权责划分是确定转移价格的重要因素之一,然而若没有相应的激励制度配套,相关责任中心的经理们就不可能具有履行权责的动力。

因此,欲使"代理人说"在管理会计研究中发挥更大的贡献,必须结合社会现象,充分考虑管理会计主体的主观能动性,同时合理定位委托代理理论在管理会计研究中的地位与作用。此外,综合应用各种经济学方法,关注信息不对称及不确定性环境等因素,是提高管理会计科学性的重要手段。

(三) 行为科学的路径

基于行为科学的研究促使管理会计产生了行为会计这门新兴的分支学科,它对于构建会计道德体系、促进企业积极履行社会责任起到了推动作用。然而,行为科学作为针对"人"的研究,有别于"物"的研究,在管理会计实践中的具体应用有相当的难度。譬如,基于社会心理学路径,普遍认为预算编制的"全员参加"与"员工的工作效率"具有正相关,而实际上,这种研究对象忽视了预算编制过程中组织成员的"主体方面",即员工愿意参加吗?这种命题,从研究者角度讲是设定"假设"来处理的,即假定员工都愿意参加,这是以一般统计意义上的"客观主义"为思维前提的。

现代管理会计的基本职能是为企业的决策提供有用的信息,而有用性实际上是说管理会计信息能够用来激励和影响人的行为。因此,现代管理会计的职能在本质上是一种行为职能,它将激励人的行为力量贯穿于激励职能的全过程。重视"人的行为"方面,是现代管理会计的一个基本方向。

(四) 经验实证研究的路径

经验研究方法以研究者自己的经验或研究者观察到的经验以及别人观察到的经验事实(如档案数据资料)为依据,对经验事实进行理论归纳,或用观察到的经验事实证据来验证已有的理论。经验研究与实证研究之间的关系有三种,一是经验研究与实证研究没有区别,可以相互混用；二是实证研究包含经验研究；三是经验研究包含实证研究。本文倾向于第一种观点。

在经验实证理论中，这种研究路径也存在片面性，譬如，企业预算目标是否成立，往往假定为由"组织的变量"来左右。这种研究，使用了独立变量与从属变量，构成一种单纯的"模型"，对于社会现象的研究考虑不足。可以说，这是应用机械模式开展研究的一种"社会系统理论"。在这样的经验实证理论中，假定会计受到单纯的组织结构及环境所支配，在这一过程中忽视了人类主体自主性的一面，把人类限定在规定的"结构"这一焦点之中，使这些研究不能够恰当地对会计与组织状态间的关系作出"理论说明"。

总之，在我国现行的管理会计研究中，许多是属于"功能至上的范式"。并且，该范式研究作为分析问题的方法存在着模仿自然科学的研究特征。即将单纯的理论及模式、假设演绎的路径强行地应用于社会现象的研究之中，从而表现出"研究对象缺乏生命力的物质现象"，或者体现为"因非现实性而过于单纯化"等的倾向。此外，以传统的社会学为中心的社会科学理论，可以说是以"结构"或"主体"的某一方面为重点的理论架构，"功能至上范式"的界限仅仅以"结构"为焦点，而对行为主体创造社会价值这一方面则被置之度外。本文并不否定这种功能至上范式的研究，只是指出这些研究存在一定的局限性。

第三节　管理会计研究范式的变迁

通过对上述管理会计研究范式的探讨，我们感受到了"功能至上范式"的影响力，面对这种范式存在的种种不足，今后如何有效地应用社会科学的路径，并从哪些方面加以改进，是管理会计研究范式转变的内在要求。

一、基于 IT 技术，创新管理会计系统

全球性的激烈竞争，生产技术的日新月异，以及外币汇率和原材料价格大幅度波动，要求管理会计系统提供相关成本的真实信息。一套完善的管理会计系统，本身并不足以保证企业在经营上获得成功。然而，管理会计如果提供的是虚假的信息，管理者却信以为真，那可真是败事有余了。经营上的成败取决于产品是否符合顾客的需要，以及生产和销售系统的工作是否卓有成效。

IT 技术在生产控制系统中的应用，使生产业绩能迅速地用数字反映并记录在电脑之中，生产中的消耗数字也能够便捷地取得，成本控制上升到一个前所未有的新阶段。过去 20 多年的电脑革命使收集信息、计算成本的工作大大简化了，从而有可能设计并推行一套有效的管理会计系统。100 年以前，在科学管理运动刚起动之时就产生了一种创新精神，这种精神将会在今天再现于那些有创见的经营人员和学术界研究人员的身上，他们担负起开发新理念的责任，并且将设计出与企业管理相关联的创新管理会计系统。

二、转变管理会计的研究范式

社会科学与自然科学不同，它以复杂的现实现象为研究对象。一直以来，人们应用各种不同的路径开展研究，将这些多样的社会科学范式加以比较，在以社会学为中心的学术研究领域，给会计界带来较大冲击的研究成果是 Burrell & Morgan(1979) 提出的模式，他们依据下面的坐标轴对社会科学的范式作出了分类(见图 13-1)。

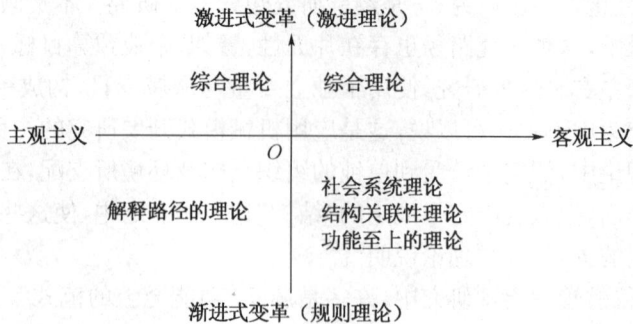

激进式变革（激进理论）

综合理论　　综合理论

主观主义 ————————————→ 客观主义

　　　　　　　　O

解释路径的理论　　　社会系统理论
　　　　　　　　　　结构关联性理论
　　　　　　　　　　功能至上的理论

渐进式变革（规则理论）

注：图中内容根据 Burrell & Morgan(1979)的研究修改而成。

图 13-1　管理会计研究的范式

图 13-1 中横轴表示"客观主义"和"主观主义"。客观主义是"整体的、总括的"路径，从中可以发现与社会相关的"普遍性法则"。主观主义则是"局部的、个别的"路径，是社会原有状况的记述。纵轴表示"激进式变革"与"渐进式变革"。渐进式变革体现了"现状、稳定"这类特征，它有助于人们认识和理解为什么社会需要作为一种现实而加以维系。激进式变革将焦点集中在"变动""纠纷""矛盾"这些方面，它所关心的是将阻碍人们的各种结构予以解放，从而实现突变。

Burrell & Morgan(1979) 依据这两大轴划了四大范式，并且指出这些范式不可能同时实现。即通过这些范式相互替代、排他，获得各种研究形态，使各种不同的范式能够解释完全不同的社会现实。本文在他们的分类基础上，进一步借鉴英国等学者对会计研究分类的结果，提出如下五种范式：① 功能至上；② 解释的路径；③ 结构关联性理论；④ 主体与结构的综合理论；⑤ 激进的理论。下面就上述五种范式，从其性质和其依据的路径对会计研究作一探讨。

（一）功能至上

如第二节所看到的"功能至上"，在图 13-1 中表现为渐进理论和客观主义相交的象限，依据所具有的普遍性法则来说明各种现象，作为方法论应用的是"假设演绎"法（演绎法）和"观察归纳"法（归纳法）。这种范式也具有自然科学的路径特征，作为社会科学研究的范式也同样重要。

（二）解释的路径

图 13-1 的渐进性变革与主观主义相交的象限是解释的路径。社会是行为者们作为媒介意义构成的象征世界，必须将会计现象通过行为者的观点，从行为者的立场传导给该场合中的人们，并借助相互沟通等活动作出具体的分析，并由此得到相应的认识。它属于基于社会学的表征性活动、现象学中的社会学、民族及文化学等范式。该范式重视"主体"并指向"具体的、特殊的对象"，在方法论上则使用"意思解释"。

该范式的研究没有使用功能至上那样的理论及模式，而是将研究对象原封不动地记录下来，是科学活动之前的"日常生活世界"。在这种范式中，涉及会计学之类的社会现象领域，表现出与自然科学不同的情况。在客观现实中，方法是帮助人们对这些现象作出正确思考、加深理解的手段，若没有科学活动之前的解释，直接采用某种技术或管理会计工具，在管理会计应用中可能会产生负面的效果。这是因为，一些技术方法难以有效推行，其真正的问题不是技术变化而是伴随技术革新的人的变化,人们不拒绝技术变化而拒绝社会变化。为保障有益的、成功的会计系统变化,仅关注技术问题甚至一般的组织问题(如确保管理支持)是不够的。因此,这种范式表明,与前面看到的脱离现实的功能至上的研究相比,这是一种完全不同的社会现象。

(三)结构关联性

结构关联性是一种将某一现象与其他现象所具有的依存关系,通过其与现实的相关性进行考察的一种方法。所谓"结构",即一种"关系网络",该范式的研究围绕会计的各种现象,可以看作是会计与社会背景在这种不可视的"结构"、关系的网络中的初次确立。并且,这种"结构"一旦崩溃,会计实践也会崩溃或者变迁。结构性理论由英美传统的领先社会理论学家安东尼·吉登斯(Anthony Giddens,1938)在20世纪七八十年代开发。其目的在于建立一种既能解释社会制度又能包含理解其转变条件的概念体系。吉登斯(Anthony Giddens,1938)认为,结构和行为间存在递归的关系,他称其为结构性(structuration)。其基本假设是任何完整的社会理论必须既包括个人在其中相互作用(结构)的社会结构,又包括有自主意识的人的行为。结构性表达了个人和社会结构间的双重或相互依存。结构性和结构的双重性是行为过程所形成的行为方式的社会模式常规的持续复制,是理解社会繁衍和持续性的一个关键概念。

这种范式在重视"结构"这点上,虽类似于"功能至上",但其侧重于记述。结构关联性这种路径,与功能至上范式中的经验实证理论似是而非。我国应用的经验实证理论被假定为"会计依据外在环境单方面的影响"而构建的一种"模型",该路径是"将会计与其背景构成一种构造、形态的描述"。结构关联性理论对于时间经过的过程,与作为记述相比可能更侧重于结构,与所谓的历史研究相对立,也给予历史研究以影响。传统的管理会计历史研究,是以"会计应有姿态向前发展"这种假设为基础进行的突出编年史为中心的研究。作为该范式的历史研究方法的傅科的"考古学""系谱学",结合会计是以"变化是完全特定的内容,以及面向完全特殊的问题及特定课题解决"情况为前提的"非连续的历史观"。

(四)主体与结构的综合理论

主体与结构的综合理论,是将重视"结构"的理论与重视前述的"主体"理论综合的路径,是一种以这种综合为导向的总括理论的框架。即在会计研究中应用结构性理论束缚会计主体行为结构的同时,依据主体的行为将会计作为媒体对结构再造这种现象进行能动的分析。

Bums & Scapens认为,吉登斯的结构性理论虽然对理解管理会计的性质很重要,但对解释变化的过程帮助不大,它没有与历史时期相结合,而他们所开发的框架能够弥补这些不足。Bums & Scapens的框架是在对Barley & Tolbert(1997)所提出模型修改的基础上建立的。起于结构化理论,Barley和Tolbert研究了随时间推移行为和结构间的关系,并总结了一个描述制度化过程的框架。该框架借鉴了Goffman(1983)的工作,将"脚本(Script)①"的概念由Giddens的更抽象的概念"模式(Modalities)"替代。Bums & Scapens认为,它等同于结构理论中的规则和路径。规则与路径是不同的,其区别详见表13-2。

---

① 脚本指特定场合下可观察到的、循环发生的行为和相互作用特征的模式。

表 13-2　规则与路径的区别

	规　则	路　径
定义	将方法予以规范化	实际使用着的方法
变迁的时机	仅表现为不连续的间隔	不断地重新形成 潜在于累积的变迁环节
管理会计的比较	构建正式的管理会计系统	被实际使用的会计方法

注:表中内容根据 Burns & Scapens(2000)的研究内容整理而成。

表 13-2 中规则是对方法作形式上的规范,而路径则是被实际使用着的方法,这是它们两者的主要区别。

(五)激进理论

激进理论是支持激进性变革的理论基础,它将社会科学作为社会批判来应用,除了采用别的范式那样理解社会,还将"变革"作为一种目的。激进理论认为,人们的思考是社会的产物,当具有超越客观知识界限时,来自该时代的影响力必须要求其变革。因此,社会科学不像其他范式那样是"中立的、客观的"。并且认为,不应该像功能至上那样将"事实(经验法则)"与"价值判断(道德)"分离,对于社会应该采取"批判"的姿态。

在该范式中,"观念形态"这种概念成为一种分析框架。所谓"观念形态",体现的是"社会成员具有的错误意识""社会作用及制度合理化的意识形态"这种思想。有关会计研究或者会计观念形态的性质,若遭遇社会成员可能的错误意识,可以考虑从社会作用及制度合理化工具这一侧面展开分析,以促使这种现象发生积极的变革。从这种范式来看,现有的"功能至上范式"是将学术认识以"法规确立的科学"的一元观来考察社会现状,试图促使现有的社会观念形态进行再造。这种激进性变革,往往将管理会计对象理解为受"技术支配力的扩张"影响,并且"从社会强制力中得到解放"。这种观点正受到来自实务界的强烈批判。换言之,基于功能至上的管理会计研究,与其说以社会科学的方法论为指导,不如说是受到经营管理上的观念形态的支配而展开的研究活动。总之,上述管理会计研究中的五种社会科学范式各具特色,目前我国管理会计研究主要集中在图 13-1 中的客观主义与渐进式变革的象限。我们并不否定"功能至上"研究范式的有用性,而是对过于倚重此研究提出善意的忠告。

本节基于管理会计研究的社会科学基础的范式,在"功能至上"之外,提出了"解释的路径""主体与结构的综合理论""结构关联性理论""激进理论"等,并就管理会计应用的可能性进行了探讨。怎样认识这些范式,本章的结论是承认多种范式的并存。这种多样化范式的存在是"社会科学"应有的姿态。以复杂的现实为对象的社会科学,不同于自然科学,多种多样的研究方法论的存在,能够应用于与各自目的相适应的路径。本章提出的若干范式,如建造房屋的工具一样,需要有锯子、榔头、钳子、扳手等相关工具,各种工具都必须具有优越的性质,并在各自的路径内发挥应有的作用。我国现行的会计研究,以"客观主义"为中心带有自然科学特征的"功能至上"路径的研究居多。但是,如果将会计研究放在社会科学基础上扩张,本章所探讨的路径则是以完善目前的研究,探讨全新的领域为目的,并在借鉴英国一些学者思想的基础上进行了适当的发展。

案例与讨论

背景资料

《南方周末》2006年1月5日有一篇题为《"中国热"的冷思考》(张结海文)的文章,讲到在一次由法国图卢兹大学举办的经济学的国际会议上,一位美国的经济学教授公布了他的一项实证研究成果。他发现"中国是这个世界上迄今为止唯一的一个国家——经济增长不但没有导致贫富差距的加剧,相反缩小了贫富差距"。其资料来源主要是中国公开发布的统计数据。

据另一则新闻报道:一项新的分析表明,多数公开发表的科研结果都是错的。即使单纯的看论文本身没有什么问题,试验方法和统计方法的局限性也会造成结论的错误。希腊约阿尼纳大学医学院流行病学家约翰·伊奥尼迪斯表示,造成错误的原因包括取样范围小、试验设计有误、研究人员自身的偏见、对结果有选择性的报告等。即使是大量取样、设计精致的研究同样会有问题。伊奥尼迪斯说:"我们应该接受大部分研究发现将会被驳倒。有些研究能够被重复和确认。反复试验的过程比首次发现更为重要。"

通常一项研究的试验误差低于5%,被人认为是可以接受的。但是对于一些复杂的问题,其中的影响因素太多,比如,某个基因是否会影响某种疾病这类问题,研究结论错误的可能性很大。伊奥尼迪斯还指出了另外一个制造错误研究结果的"罪魁"——热门领域。如果是"热门"的话,该领域的研究人员会感觉强烈的竞争压力,因为人人都想抢在前面发表研究结果。这也会造成许多错误的产生。

至于错误论文可能造成的影响,有学者认为并不可怕。《国家科学院院刊》资深编辑、美国约翰·霍普金斯大学医学院神经学家所罗门·斯奈德说,大多数处于研究第一线的科学家都了解已发表研究的局限性。"当我阅读文献报告时,我不像对待教科书一样的寻找确凿的证据,而只是想获得一些观点。即使研究报告有错误,如果它能在某一方面有新观点,那就是值得思考的东西。"斯奈德说。

请讨论

结合管理会计的研究方法,谈谈对上述资料中存在的问题及解决方案。

答案提示

略。

本章参考文献

[1] Burns, J. and R. W. Scapens. Conceptualizing Management Accounting Change: An Institutional Framework. *Management Accounting Research*, 2000,11:3-25.

[2] Ittner, C. D., and Larcker, D. F. Are Nofinancial Measures Leading Indicators of Financial Performance? An Analysis of Customer Satisfaction. *Journal of Accounting Research*, 1998,36:1-34.

[3] John Bums and Juhani Vaivio. Management Accounting Change. *Management Accounting Research*, 2001,12:389-402.

[4] John Bums and Robert W. Scapens. Conceptualizing Management Accounting Change: An Institutional Framework. *Management Accounting Research*,2000,11:3 - 25.

[5] Joan Luft,Michael D. Shields. Mapping Management Accounting:Graphics and Guidelines for Theory—Consistent Empirical Research,Accounting. *Organizations and Society*, 2003,28:169 - 249.

[6] Kaplan,R. S. ,and D. P. Norton. The Balanced Scorecard:Measures that Drive Performance. *Harvard Business Review*,1992,70(1):71 - 79.

[7] Markus Granlund. Towards Explaining Stability in and Around Management Accounting Systems. *Management Accounting Research*,2001,12:141 - 166.

[8] 近藤隆史,吉田荣介.基于制度变迁的成本企画导入及变迁过程的案例研究.会计(日),2005(6).

[9] 热若尔·罗兰.理解制度变迁:迅捷变革的制度与缓慢演进的制度.南大商学评论(第五辑).南京:南京大学出版社,2005.

[10] 赵莹.管理会计变化的制度研究及其理论应用.北京工商大学学报(社会科学版),2005(2).